# 新款电动汽车构造原理与故障检修

XINKUAN DIANDONG QICHE
GOUZAO YUANLI YU GUZHANG JIANXIU

李伟 刘强 王军 等编

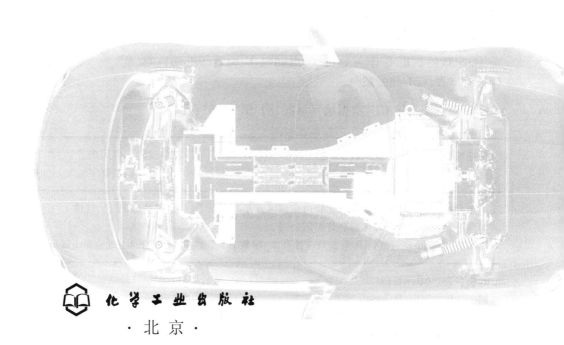

化学工业出版社

·北京·

本书按照当前电动汽车的主流设计理念，系统地阐述了电动汽车的结构和原理知识，涉及电动汽车的能源系统、驱动系统、辅助系统、控制系统等。具体内容包括电动汽车维修安全操作、整车控制系统结构原理与检修、动力电池系统结构原理与检修、驱动电动机及控制系统结构与检修、充电系统结构原理与检修、辅助系统结构原理与检修、电动汽车拆装等。以北汽（EV160/200、EX200-EX260）、江淮、比亚迪（e6、e5）、大众（e-up）、宝马（i3）、特斯拉、中通等车型为例，采用各车型的结构图、原理图、电路图进行详细讲解，并配有故障案例，帮助读者充分学习电动汽车的各系统。

本书可作为职业院校新能源汽车和汽车维修等相关专业的教学用书，也可作为汽车企业的培训资料。

### 图书在版编目（CIP）数据

新款电动汽车构造原理与故障检修/李伟等编. —北京：化学工业出版社，2018.4（2021.4重印）
ISBN 978-7-122-31669-1

Ⅰ.①新… Ⅱ.①李… Ⅲ.①电动汽车-构造②电动汽车-车辆修理 Ⅳ.①U469.72

中国版本图书馆CIP数据核字（2018）第042814号

---

责任编辑：辛　田　陈景薇　　　　　　文字编辑：冯国庆
责任校对：吴　静　　　　　　　　　　装帧设计：王晓宇

---

出版发行：化学工业出版社（北京市东城区青年湖南街13号　邮政编码100011）
印　　装：三河市双峰印刷装订有限公司
787mm×1092mm　1/16　印张26¾　插页3　字数701千字　2021年4月北京第1版第3次印刷

---

购书咨询：010-64518888　　　　　　售后服务：010-64518899
网　　址：http://www.cip.com.cn
凡购买本书，如有缺损质量问题，本社销售中心负责调换。

---

定　　价：98.00元　　　　　　　　　　　　　　　　　　版权所有　违者必究

# 前言

为了解决能源短缺、环境污染等社会问题，国家相继出台了各种节能减排的法规和标准，制定了各种鼓励研发、推广新能源电动汽车的政策和措施，使新能源汽车迅速推向社会，出现了各种纯电动汽车。由于电动汽车及节能装置结构新颖，技术先进，目前大部分人还不熟悉其结构和工作原理，更不熟悉其使用与维修，急需相应的图书同步跟上。目前，我国自主品牌的新能源汽车在全球市场正高歌猛进，很多自主品牌，如北汽新能源、比亚迪等已经在新能源汽车市场取得很优秀的成绩，尤其是近年来在政府的支持下，个人购买电动汽车的数量急剧增加，新能源汽车行业前、后市场对技能人才的需求量不断增大。

本书选取目前市场主流电动汽车北汽（EV160/200、EX200-EX260）、江淮、比亚迪（e6、e5）、大众（e-up）、特斯拉、宝马（i3）、中通等车型为参考，以电动车的主流技术、故障检修、拆装、控制原理为出发点，按照汽车维修职业岗位应掌握的技能和知识，对电动汽车的维修知识进行全方位的讲解。

本书把电动汽车的基本原理与具体车型相结合，在讲述电动汽车共性技术的基础上，通过系统介绍各类电动汽车的结构原理，进一步讲述了各种类型电动汽车的特点和维修诊断问题。结合讲授"电动汽车结构原理与故障分析"，力求全面、系统地讲述电动汽车技术。在章节安排上，先讲述基础和共性知识，再从简单到复杂，讲述各类典型车型，由浅入深，方便学习。本书的重点是电动汽车的应用技术，车型选取主要根据该类车型市场保有量和影响来确定。本书全面系统地介绍了电动汽车的基础知识和必备知识，对电动汽车的车型进行了详细的讲解，同时注重图文结合，对内容进行了充分、生动的讲解，采用大量的结构图、原理图、电路图、故障案例及电动汽车的拆装，配合文字进行讲解与描述。本书由李伟、刘强、王军、李校航、于洪燕、于忠贵、于洪岩、姜春玲、马针、李春山、李校研、吕春影、李微等编写。

由于本书涉及内容新，加之笔者水平有限，书中不妥之处在所难免，恳请广大读者批评指正。

编　者

# 目录 CONTENTS

## 第一章 电动汽车概述与高压检测方法

第一节　电动汽车的结构、组成 / 1
　　一、电动汽车的结构 / 1
　　二、电动汽车的主要部件 / 2
第二节　电动汽车高压检测方法 / 7
　　一、电动汽车高压的危害 / 8
　　二、作业过程 / 8
　　三、电动汽车高压系统绝缘性能检测原则 / 10
　　四、电动汽车高压系统绝缘性检测方法 / 10
　　五、无压状态下切换高压系统 / 12
　　六、高压安全防护处理及作业十不准 / 13

## 第二章 电动汽车动力电池

第一节　电动汽车动力电池概述 / 16
　　一、电芯模块、电池模组及模组布置 / 16
　　二、电池模组高压串联回路的连接方式 / 17
　　三、动力电池控制系统 / 18
第二节　电动汽车动力电池类型 / 22
　　一、镍基蓄电池 / 22
　　二、锂离子电池 / 23
　　三、飞轮电池 / 27
　　四、氢燃料电池 / 29
　　五、动力电池维修及检测 / 35
第三节　动力电池组管理系统 / 39
　　一、动力电池组管理系统简介 / 39
　　二、动力电池组管理系统的功能 / 41
　　三、蓄电池的放电管理 / 43

## 第三章 电动汽车驱动电动机

第一节　电动机类型 / 45
　　一、直流电动机 / 45
　　二、交流电动机 / 47
　　三、永磁电动机 / 48
　　四、开关磁阻电动机 / 53
第二节　变频器 / 56
　　一、变频器的功能和特点 / 56
　　二、变频器的种类 / 57

## 第四章 北汽纯电动汽车

**第一节 北汽纯电动汽车的组成 / 63**
    一、主要部件安装位置 / 63
    二、主要部件结构 / 63

**第二节 驱动电动机 / 74**
    一、驱动电动机的结构 / 75
    二、驱动电动机控制器 / 77
    三、驱动电动机系统的工作原理 / 79
    四、驱动电动机的工作过程 / 81

**第三节 空调系统 / 84**
    一、电动汽车空调系统的结构组成 / 84
    二、纯电动汽车空调系统的控制原理 / 85
    三、北汽 EV 汽车空调电动压缩机的控制电路 / 85
    四、电动空调压缩机的工作原理 / 86
    五、电动压缩机常见故障原因及排除 / 87

**第四节 制动系统 / 89**
    一、电动机制动馈能控制 / 89
    二、真空助力制动系统 / 92
    三、制动系统常见故障排除与诊断 / 93

**第五节 转向系统 / 96**
    一、转向系统部件 / 97
    二、转向系统控制策略 / 97
    三、EPS 故障 / 98

**第六节 北汽电动汽车故障诊断与排除 / 100**
    一、驱动电动机的故障排除 / 100
    二、动力电池故障 / 100
    三、充电系统常见故障及维修 / 101
    四、高压互锁故障排查 / 101
    五、北汽 EV VCU 损坏无法行驶 / 102

**第七节 北汽电动汽车电路图及端子含义 / 104**
    一、整车电路图 / 104
    二、线束端子含义 / 111

**第八节 北汽电动汽车 EX200/EX260 / 117**
    一、高压蓄电池拆装及检测 / 117
    二、高压控制盒 PDU 及高压线束 / 124
    三、驱动电动机拆装及检测 / 139

# 目 录 CONTENTS

　　四、空调与暖风系统 / 149

　　五、冷却系统结构、故障检测及拆装 / 154

　　六、电动真空泵 / 158

　　七、整车控制器 / 161

　　八、换挡旋钮及能量回收系统 / 175

　　九、数据采集终端系统 / 177

　　十、VSP 行人警示系统 / 179

　　十一、充电插座控制单元（CMU）/ 181

　　十二、电路原理图 / 184

第一节　新款江淮纯电动汽车的结构 / 206

　　一、新款江淮纯电动汽车整车结构 / 206

　　二、驱动电动机 / 208

　　三、整车控制器 / 209

　　四、车辆仪表 / 209

第二节　江淮纯电动汽车充电与电气工作原理 / 210

　　一、江淮纯电动车运行操作与充电方法 / 210

　　二、江淮纯电动车电气系统工作原理 / 211

第三节　江淮纯电动汽车电动管理系统 / 213

　　一、整车控制器的功能 / 213

　　二、直流转换器 / 214

　　三、永磁无刷直流牵引电动机控制器 / 214

　　四、电池系统 / 218

　　五、高压电气系统 / 219

　　六、充电系统与蓄电池充电 / 220

第四节　江淮纯电动汽车故障案例 / 221

　　一、车辆无法行驶故障排除 / 221

　　二、车辆无法提速故障排除 / 223

　　三、12V 蓄电池亏电引起的车辆无法充电 / 224

　　四、充电桩不能充电故障 / 225

　　五、车辆无法充电故障 / 226

　　六、无法启动故障 / 227

第五节　故障检修与拆装 / 227

　　一、充电系统维修 / 227

第五章 Chapter 05

江淮EV纯电动汽车

206

二、车载充电器的拆卸和安装 / 229

三、简易充电桩的维修 / 229

四、高压系统的维修 / 230

五、驱动电动机的安装 / 232

六、DC/DC 总成的安装及检修 / 235

第六节　江淮高压电池及整车控制电路 / 237

第六章 大众e-up电动汽车　242

第一节　大众 e-up 电动汽车概述 / 242

一、高压系统 / 242

二、电气系统 / 248

三、车身与底盘 / 249

四、空调系统 / 250

五、制动系统 / 252

第二节　大众 e-up 电动汽车拆装 / 256

一、高压蓄电池单元拆装 / 256

二、拆卸和安装蓄电池调节控制单元 J840 / 260

三、拆卸和安装高压蓄电池充电电压控制单元 J966 / 260

四、电动驱动系统的功率电子装置和电子控制装置的拆卸和安装 / 261

五、拆卸和安装空调压缩机熔丝 S355 / 264

六、三相电流驱动电动机 VX54、温度传感器 G712 及转子位置传感器 1-G713 的拆卸和安装 / 265

七、拆卸和安装牵引电动机高压线束 PX2 / 271

第七章 比亚迪纯电汽车　274

第一节　比亚迪 e6 纯电动汽车结构原理 / 274

一、比亚迪 e6 纯电动汽车动力系统 / 274

二、动力控制系统的工作原理 / 274

第二节　比亚迪 e6 纯电动汽车主要部件 / 275

一、驱动电动机控制器 / 275

二、DC/DC 转换器 / 278

三、高压配电箱 / 279

四、电池管理单元 / 281

五、动力电动机 / 284

六、动力总成 / 287

# 目　录 CONTENTS

　　六、车载充电器 / 290
　　八、漏电保护器 / 293
　　九、挡位控制器 / 293
　　十、P挡控制器 / 295
　　十一、软关断控制器 / 297
　　十二、e6先行者整车电器、CAN网络系统 / 297
　　十三、e6先行者组合仪表 / 298
　　十四、刹车深度传感器 / 298
第三节　比亚迪e6故障诊断与排除 / 300
　　一、使用便携式交流充电器无法充电 / 300
　　二、无法挂前进挡 / 302
第四节　比亚迪e6电路图 / 304
　　一、高压配电图 / 304
　　二、充电口电路图 / 304
　　三、加速踏板、制动踏板电路图 / 305
　　四、电池管理器电路图 / 307
　　五、主控制器电路图 / 308
　　六、P挡电动机控制器电路图 / 309
　　七、挡位控制器电路图 / 310
　　八、DC/DC转换器电路图 / 311

第一节　宝马i3电动汽车维修安全操作 / 312
　　一、高电压组件的标记 / 312
　　二、高电压系统作业 / 312
第二节　宝马i3电动汽车电动驱动装置 / 316
　　一、技术规范 / 316
　　二、电动机结构 / 317
　　三、传感器 / 318
　　四、外部特征和机械接口 / 319
　　五、电气接口 / 320
　　六、电动机电子装置 / 321
第三节　宝马i3电动汽车变速箱 / 328
　　一、变速箱概述 / 328
　　二、变速箱结构 / 329

第八章
宝马i3电动汽车

第四节　宝马 i3 电动汽车高压蓄电池 / 335
　　一、高压蓄电池概述 / 335
　　二、机械接口 / 336
　　三、电气接口 / 339
　　四、加热装置和冷却系统 / 341
　　五、高电压蓄电池单元的内部结构 / 343
　　六、高电压蓄电池充电 / 349
第五节　宝马 i3 电动汽车电动制冷剂压缩机 / 356
　　一、安装位置和接口 / 356
　　二、EKK 的结构 / 357
第六节　宝马 i3 电动汽车电气加热装置 / 358
　　一、安装位置和接口 / 359
　　二、工作原理 / 359
第七节　宝马 i3 电动汽车增程电动机 / 361
　　一、技术数据 / 361
　　二、冷却系统 / 362
　　三、传感器 / 362
　　四、外部特征和接口 / 362
　　五、增程电动机电子装置 / 363
第八节　宝马 i3 电动汽车拆装 / 367
　　一、拆卸和安装电动变速箱 I01 / 367
　　二、拆卸和安装驱动单元 / 369
　　三、拆卸和安装便捷充电系统 / 372
　　四、拆卸和安装高压蓄电池单元 / 373
　　五、拆卸和安装高压蓄电池单元 / 374

第一节　特斯拉电动车概述 / 377
　　一、特斯拉三元锂离子电池结构 / 377
　　二、特斯拉电池系统 / 380
第二节　特斯拉电动汽车充电技术 / 385
　　一、特斯拉 Model S 充电情况 / 385
　　二、充电方式 / 386

第九章　特斯拉电动汽车

# 目录 CONTENTS

## 第十章 纯电动公交客车 / 389

第一节　纯电动公交客车结构 / 389
　　一、纯电驱动系统的整体布置 / 389
　　二、中通公交客车纯电驱动系统的组成 / 390
　　三、中通公交客车纯电驱动系统主要零部件 / 390

第二节　纯电动公交客车控制原理 / 401
　　一、纯电动公交客车的运行模式 / 401
　　二、中通纯电动公交客车的控制策略 / 403

第三节　AMT 变速器 / 404
　　一、AMT 变速器结构 / 404
　　二、AMT 变速器控制单元 / 405
　　三、电子离合器执行器（ECA）及离合器 / 406

第四节　维护及故障检修 / 406
　　一、日常维护及车辆检查 / 406
　　二、故障诊断及检测 / 407

## 第十一章 电动汽车 CAN 总线 / 411

第一节　电动汽车 CAN 网络概述 / 411
　　一、术语释义 / 412
　　二、CAN 总线结构 / 413

第二节　电动汽车 CAN 报文 / 414
　　一、CAN 报文的组成 / 414
　　二、CAN 报文的解析 / 415

第三节　CAN 总线故障检修 / 415
　　一、CAN 总线经常出现的故障 / 415
　　二、CAN 总线检测 / 416

# 第一章 电动汽车概述与高压检测方法

## 第一节 电动汽车的结构、组成

### 一、电动汽车的结构

电动汽车是指以车载电源为动力，用电动机驱动车轮行驶，符合道路交通、安全法规各项要求的车辆。电动汽车的组成主要包括电源（动力电池）、驱动电动机系统、整车控制器及充电系统、空调系统、冷却系统、制动系统、转向系统和数据采集终端等，其他部分基本与传统的内燃机汽车相同，如图 1-1 所示。

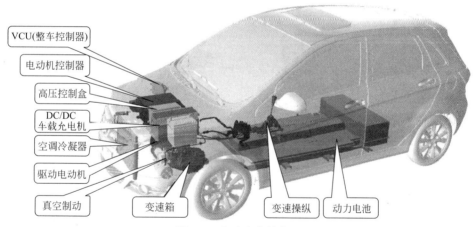

图 1-1 电动汽车结构图

从电动车的工作原理、结构和特点出发，可简单归纳出"三大电、六小电"的概念。"三大电"是指电动机控制器、电池与管理系统和整车控制器。其中电动机与控制器为新能源汽车提供驱动力；电池与管理系统提供动力源；整车控制器通过总线系统对全车各系统综合控制。"六小电"是指车载充电器、DC/DC 转换器、空调与加热系统、仪表系统、转向电动机和制动助力真空泵电动机。用于为常规汽车电器供电的低压蓄电池在车辆工作时，由高压动力电池通过 DC/DC 转换成低压直流电后充电。高压动力电池关闭后，低压蓄电池维持低压系统供电。高压动力电池接入工作后，DC/DC 转换器与蓄电池可同时为常规电器供电。电动汽车的空调由高压直流驱动电动机带动压缩机制冷；热风由高压直流电通过 PTC（热敏电阻）等加热器件发热产生热量，由热风电动机风扇吹到车内。

电动助力转向是以低压直流电驱动助力电动机作为转向助力，根据车速来控制驱动电流的大小，从而调节助力的大小，实现车速高时助力小、车速低时助力大的要求。

电动助力转向现在已不是电动汽车的专有配置。现在的电动汽车制动系统多数仍以电动真空泵为动力产生真空源，辅助能量回收系统进行制动。只有部分车型采用智能制动系统，即使用全新的技术代替了原先的真空助力技术，从而彻底终结了制动系统对真空的依赖，并与其他系统结合，这将是未来电动汽车制动系统的发展方向。目前比较有代表性的是博世公司的 iBooster 和大陆公司的 MKC1。

## 二、电动汽车的主要部件

### 1. 电源（动力电池）

电动汽车的电源为化学电源，向高压动力回路提供电能。目前应用最广泛的电源是磷酸铁锂电池和三元锂聚合物电池，如图1-2所示。动力电池区别于普通电池有其一定的特殊性，总结如下。

① 电池的串并联。
② 电池的容量较大。
③ 电池的放电倍率较大。
④ 电池的安全性要求较高。
⑤ 电池的工作温度范围较宽。
⑥ 电池的使用寿命长，一般要求5～10年。

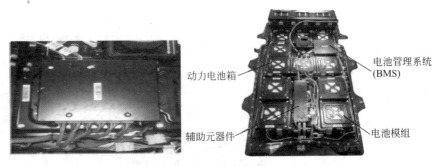

图1-2 动力电池

### 2. 驱动电动机系统

驱动电动机（PMSM）是将电源的电能转化为机械能的装置，其工作原理如图1-3所

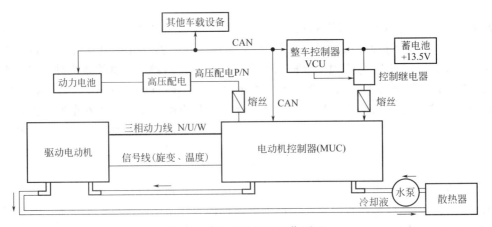

图1-3 驱动电动机的工作原理

示。目前国内外电动汽车生产厂家应用的电动机主要有永磁同步电动机和交流异步电动机。电动机控制器将动力电池提供的高压直流电转换为三相交流电，在整车控制策略下根据驾驶员的意图控制电动机的电压或电流，完成电动机驱动扭矩、旋转方向及速度的控制。

### 3. 整车控制器

整车控制器对电动汽车动力链的各个环节进行管理、协调和监控，以提高整车能量利用效率，确保安全性和可靠性（图1-4）。整车控制器采集驾驶员操作信号，通过CAN总线获得电动机和电池系统的相关信息，进行分析和运算，通过CAN总线给出电动机控制和电池管理指令，实现整车驱动控制、能量优化控制和制动回馈控制，具备完善的故障诊断和处理功能。

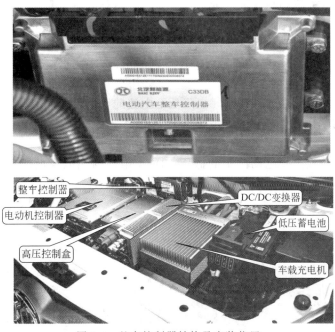

图1-4 整车控制器结构及安装位置

### 4. 充电系统

在电动汽车上为动力电池充电有两种方式和路径：一种是交流车载充电机将家庭用的220V交流电转换为略高于300V的直流电，为动力电池充电（交流慢充）；另一种是充电桩与电动汽车高压接口连接，直接用大电流的直流电给动力电池充电（直流快充）。

（1）交流慢充　动力电池在放电终止后，应立即充电，充电电流比较低，这种充电叫作常规充电。常规充电方法都采用小电流的恒压或恒流充电，一般充电时间为5～8h，甚至更长。这种充电方式是利用车载充电机进行的，接220V交流电，如图1-5所示。

① 慢充模式的优点

a. 充电机及其安装成本比较低。

b. 可充分利用电力低谷时段进行充电，降低充电成本。

c. 可提高充电效率和延长电池的使用寿命。

② 慢充模式的缺点

a. 充电时间过长，因此当车辆需要紧急出行时难以满足要求。

b. 充电时占用停车场时间过长，因此对停车位的数量和环境的要求比较高。

(2) 直流快充 动力电池常规的充电方式时间较长,给车辆出行带来很多不便。为此,又增加了直流快充的充电方式。直流快充又称应急充电,是通过充电桩以较大电流在电动汽车停车的 30~120min 内,为其提供短时间充电,一般充电电流为几十到上百安培,如图1-6所示。

图 1-5 车载充电机

图 1-6 充电桩快速充电

① 快充模式的优点 充电时间短,方便车辆的出行。
② 快充模式的缺点
a. 增加了电网的载荷和冲击,同时也降低了电池的使用寿命。
b. 快充设备功率比较大,控制也比较复杂,成本高,安装时对接入电网的容量要求比较高。

(3) 低压蓄电池充电 电动汽车的低压 12V 蓄电池的充电及低压电气设备的辅助供电是由 DC/DC 转换器将动力电池的高压直流电转换为低压直流电提供的,如图 1-7 所示,输出范围在 14V 左右。

图 1-7 DC/DC 转换器

### 5. 空调系统

电动汽车空调系统(图 1-8)与传统汽车空调最大的不同就是压缩机和暖风。电动汽车的压缩机多采用电动涡旋式压缩机,通过高压电来驱动,这一点区别于传统汽车空调压缩

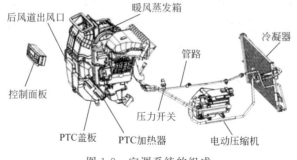
图 1-8 空调系统的组成

机；暖风功能是PTC加热器通过将高压电转化为热能实现的，所以，当开启空调的制冷或制热时，消耗的是动力电池的电量，电动汽车空调的响应速度比较快，效率高，在启动空调后很短时间内就会达到设定温度。

### 6. 冷却系统

电动汽车的冷却系统比较简单，冷却系统由散热器、储液罐、12V电子水泵、电动机水道、电动机控制器水道、PDU水道及水管组成，主要是给大功率用电设备和大功率开关元器件进行散热，加注的冷却液类型与传统汽车一样。电动水泵的位置如图1-9所示。

### 7. 制动系统

目前国产电动汽车大部分为并联制动，并联制动制动力分配原理如图1-10所示。与串联制动不同，并联制动按一个固定的比例分配再生制动力和机械摩擦制动力。由于没有充分发挥再生制动力的作用，因此其回收的能量没有串联制动高。但并联制动对传统机械摩擦制动系统的改动少，结构简单，只需增加一些控制功能即可，成本低。

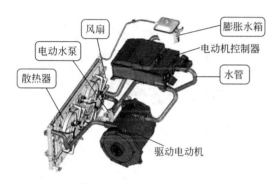

图1-9 电动水泵的位置

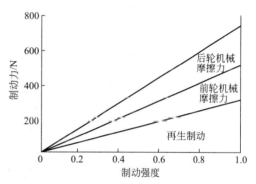

图1-10 并联制动系统制动力分配原理

并联制动系统的控制原理如图1-11所示。根据驾驶员的命令，电动机控制器确定需要加在液压制动基础上的电动机制动转矩，其大小由液压主缸压力确定。同样，电动机制动扭矩是电动机转速的函数。因此能够加在液压制动基础上的电动机制动力要根据汽车的静态制动力分配关系、电动机扭矩特性、驾驶员的感觉和轮胎与路面附着极限综合确定。很明显，由于缺乏主动制动控制功能，在电动机制动和液压制动系统之间不能进行协调控制，因此，并联制动对电动机制动扭矩使用不充分，能量回收率低。

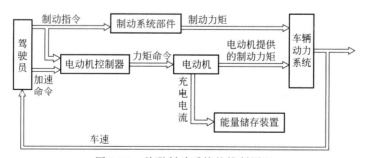

图1-11 并联制动系统的控制原理

### 8. 转向系统

目前1.3t以内的中小型电动汽车多采用小齿轮式电动助力转向系统（P-EPS），这种转

图 1-12 电动助力转向系统

向助力系统在传统汽车上也有应用,主要由机械转向部分和电控系统组成,如图 1-12 所示。该转向系统的特点如下。

① 助力扭矩通过转向器放大,因此要求电动机的减速机构的传动比也相对较小。

② 由于电动机的安装位置距离驾驶员有一定距离,因此对电动机的噪声要求不是太高。

③ 电动机的扭矩波动不容易传到方向盘上,驾驶员手感适中。

④ 助力扭矩不通过转向管柱传递,因此对转向管柱的刚度和强度要求较低。

### 9. 数据采集终端

数据采集终端由一根天线和一个数据记录仪(图 1-13)组成,数据记录仪指示灯说明如表 1-1 所示,其作用如下。

图 1-13 数据记录仪

表 1-1 数据记录仪指示灯含义

| 项目 | 颜色 | 状态 | 含义 |
| --- | --- | --- | --- |
| RUN | 红色 | 闪烁,1Hz | 终端运行正常 |
| | | 其他 | 终端运行故障 |
| GPRS | 绿色 | 亮 | GPRS 已登陆 |
| | | 灭 | GPRS 未登陆 |
| GPS | 绿色 | 亮 | GPS 已定位 |
| | | 灭 | GPS 未定位 |
| CAN1 | 绿色 | 亮 | CAN1 接收到数据 |
| | | 灭 | CAN1 未接收到数据 |
| CAN2 | 绿色 | 亮 | CAN2 接收到数据 |
| | | 灭 | CAN2 未接收到数据 |
| SD | 绿色 | 亮 | SD 卡正在记录数据 |
| | | 闪烁,1Hz | SD 卡暂停数据记录 |
| | | 闪烁,2Hz | 插入的 SD 卡未格式化或容量已满 |
| | | 灭 | 无 SD 卡,或者 SD 卡加锁(只读) |

① 车载终端能够与整车控制器（VCU）通过 CAN 总线进行通信，服从 VCU 的控制命令，获取整车的相关信息。车载终端采用"行程长度编码"压缩机制，对 CAN 数据进行压缩，以减少存储空间的占用，同时节约网络带宽资源与流量，加快数据传输速度。

② 车载终端能够用 GPS 对车辆进行定位。

③ 车载终端能够将大量数据（最大 8G）存储到本地移动存储设备（SD 储存卡，如图 1-14 所示）中。存储的数据可由分析处理软件读取和分析。

④ 车载终端能够将信息按照规定的时间和数据量，以无线通信（GPRS）的方式发送到服务平台。在此信息传输的过程中，要保证信息的正确性，并且不能将信息丢失；同时，还需要做到信息的保密，使无线通信的信息不能被他人窃取。

图 1-14　SD 储存卡

⑤ 车载终端将在本地保存车辆最近运行一段时间的数据作为"黑匣子"，提供车辆发生故障或发生前的数据信息。

⑥ 车载终端支持在通信网络不畅情况下，自动将数据保存至采集终端 Flash 存储区内，待网络正常后，自动/人工将数据上传至服务平台。

⑦ 自检功能：当检测到 GPS 模块、主电源等故障时，会主动上报警情到监控中心，辅助设备进行检修。

⑧ 远程升级：支持远程自动升级功能，自动接收来自服务平台的升级指令完成软件升级，大大节约了维护成本。必要情况下，借助车载终端可通过 CAN 协议对车辆进行软件升级。

⑨ 车载终端与远程控制平台及手机 APP 配合工作，可实现车辆远程状态查询（图 1-15）和远程车辆控制等功能（比如远程开启空调、充电等）。

图 1-15　远程查看车辆状态

## 第二节　电动汽车高压检测方法

电动汽车的一个重要特点就是带有高压动力回路，其工作回路中的电压甚至可以达到 600V 以上。因此在考虑电动汽车给我们带来环保效益的同时，高压安全问题同样不容忽视。因此，如何保护相关人员的安全已成为关注的重点。

## 一、电动汽车高压的危害

人体电阻主要是皮肤电阻,人体表皮角质层的电阻很大,在干燥情况下可达到 6～10kΩ,甚至更高,潮湿情况下可降到 1kΩ。在理论研究中,我们可以把人体本身看作是一个大电阻(1kΩ),当对人体施加一个电压时,便会产生对应的电流,电流的强度和作用时间的长短会对人体造成不同的伤害。从图 1-16 中可以看出,当电流强度大于 50mA。作用时间超过 10ms 时,会造成人体心室颤动、呼吸困难,危及触电人员安全。若以 800～1200Ω 作为人体电阻值,根据欧姆定律($U=IR$),40～60V 的电压就可能造成这类危害。

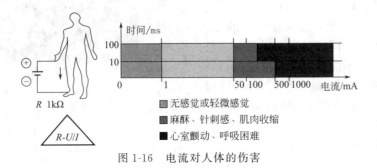

图 1-16 电流对人体的伤害

如之前提到的,电动汽车的电压可高达 600V 以上,因此,在电动汽车推广的同时,如何保证驾驶人员、乘车人员以及汽车保养与维修人员的安全,是值得我们关注的话题。在电动汽车安全要求标准 GB/T 18384.3—2001 中,也对电动汽车的电压作了规范定义,标准里将电动汽车的工作电压分为 A、B 两级,如表 1-2 所示。

对于 A 级电压,不需要进行触电防护,对于任何 B 级电压电路的中的带电部件,都应为接触人员提供防护。

表 1-2 电动汽车的工作电压等级划分

| 级别 | 直流工作电压 $U/V$ | 交流(15～150Hz)工作电压 $U/V$ |
| --- | --- | --- |
| A 级 | $0<U\leq60$ | $0<U\leq25$ |
| B 级 | $60<U\leq1000$ | $25<U\leq660$ |

## 二、作业过程

### 1. 作业前

① 切断高压线路检查逆变器放电系统,用高压警告牌(图 1-17)警示正在执行涉及高压电气的作业。对高压系统进行作业时,使用带有警告"正在进行高压作业,请勿触碰!"或类似内容的标牌,以警告其他维修人员。

 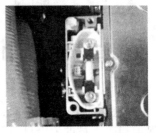

图 1-17 高压警告牌

② 使用绝缘安全器具。

a. 为防止电击,对高压电路执行检查或保养时,戴上绝缘手套并穿上安全鞋等安全器具。

b. 检查绝缘手套是否破裂、撕裂、磨损或潮湿,如图 1-18 所示。

图 1-18　检查绝缘手套

③ 切断高压电路。

a. 对高压电路执行检查和保养时,断开维修塞。将维修塞存放在口袋内,以防止其他维修人员插入维修塞。

b. 断开维修塞后,开始作业前确保遵照规定的必要时间等待,以使高压电容器充分放电。

c. 由于放电时间因车型而异,务必查阅相应车型《修理手册》中规定的所需时间。

④ 检查逆变器放电系统

a. 断开维修塞,经过规定时间后,通过电压检查并确认电容器已放电。

b. 使用自动量程或手动 1000V 量程的检测仪确保端子电压为 0。

⑤ 检查个人物品,不要携带掉落时可能导致短路的物品,如金属自动铅笔或直尺。

## 2. 作业期间

① 在拆下绝缘盖的情况下触碰高压端子如图 1-19 所示。

a. 戴上绝缘手套,触碰高压端子前使用检测仪确保电压为 0。

b. 在未戴绝缘手套的情况下,使用检测仪检查端子可能遭受电击。

② 绝缘工具。

a. 拆下或安装螺栓和螺母前,务必将使用工具绝缘。

b. 如果工具触碰到高压电路的正极或负极端子,则可能发生短路,这是非常危险的。

③ 将拆下的高压端子绝缘如图 1-20 所示。

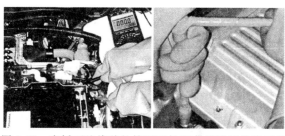

图 1-19　在拆下绝缘盖的情况下触碰高压端子绝缘工具

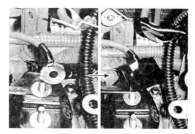

图 1-20　将拆下的高压端子绝缘

④ 在高压、大电流电路下紧固螺栓和螺母。

a. 务必紧固至《修理手册》中规定的扭矩。过度紧固可能导致疲劳断裂,或因螺钉和螺母塑性变形而降低轴向力。这会导致接触电阻增大并产生热量，引起车辆失火。

b. 务必在不可重复使用的零件上使用新螺母。为使安装更加稳固，高压蓄电池（不可重复使用的零件）的锥形螺母在紧固至规定扭矩值后会变形。紧固螺母时，紧固至规定扭矩前会感觉已经达到了规定扭矩，因此如果用手紧固，则可能无法将螺母紧固至正确扭矩。紧固新螺母时，务必使用扭矩扳手。

c. 不要修理高压紧固件的螺纹部位，这样会产生热量并可能引起车辆失火。

⑤ 断开冷却液软管等操作：清除高压紧固件上的异物；如果紧固件不干净，则高压端子之间短路会产生热量，从而导致车辆失火。

⑥ 确认工作细节：完成作业后，确保没有零件或工具遗落在作业区域内，高压端子已正确紧固，并检查连接器的连接情况。

### 三、电动汽车高压系统绝缘性能检测原则

首先应保证测量者安全，测量者须配戴好有一定安全等级、符合国家相关标准要求的防护用品（防护用品通常有使用年限要求），如安全帽、安全手套、绝缘鞋等。同时测量者不得佩戴金属饰物，如手表、戒指、项链等，工作服衣袋内不得有金属物件，如钥匙、金属壳笔、手机、硬币等。

检测前须保证电路线束已经不带电，最可靠的方法是测量前使用放电仪器（图1-21）放电，并使用专用万用表进行验电操作，确认高压系统无电后再进行绝缘检测。测量仪器兆欧表如图1-22所示。

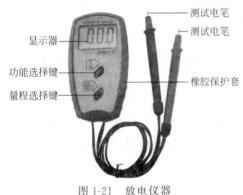

图1-21　放电仪器

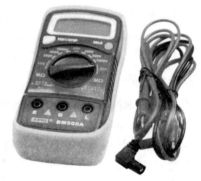

图1-22　测量仪器兆欧表

### 四、电动汽车高压系统绝缘性检测方法

① 作业前必须确认汽车附近已经放置了警示牌（车顶位置比较醒目），确认驻车制动处于拉紧位置，点火钥匙处于"OFF"挡。

② 用专用工具拆卸高压蓄电池负极。动力电池包总成上方的左上角连接了动力电池的一个正极和一个负极，其在车辆维修时直接断开高压回路，从而保证操作人员的安全。注：维修开关在正常状态时，手柄处于水平位置；需要拔出时，应先将手柄旋转至竖直状态，再向上拔出；需要插上时，应先沿竖直方向用力向下插入，再将手柄旋转至水平状态。拆卸后必须将负极电缆接头及负极极桩缠绕绝缘胶带，避免两者相互接触，如图1-23所示。

③ 正确拆卸动力电池高压维修开关。注意：拆卸后要封闭接口，以免杂物进入，且拆下的维修开关切勿随意摆放，要妥善保管。

④ 举升车辆，并做到"锁、稳、平"。

 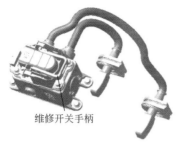 

图 1-23 拆卸蓄电池负极

⑤ 正确规范拆拔各高压部件线束连接器。拆拔高压线束连接器前首先将安全锁止机构解除，动力电池插接器有三道锁，第一道在最下部，是个拨片，将其拨出，听到"咔"响声为解锁成功。第二、三道锁在两侧和下部，两边锁扣用一只手按住，下方锁扣用另一只手的大拇指或食指按住后，两只手一起用力向外拔即可。向外拔出时用力方向要垂直于结合面，可轻微摇动，但幅度不能过大。安装时，首先保证最后两道保险锁全部到位，必须能听到"咔"的响声，最后按上拨片，若拨片不能按到位，说明最后两道锁没有锁到位。

⑥ 各高压部件及线束的绝缘性能检测。使用兆欧表测量各高压部件及线束的绝缘值时，首先使用放电器对正、负极端子进行放电（若无放电器，则需静置 10min 以上）。表 1-3 为各高压部件绝缘阻值检验执行标准。

表 1-3 各高压部件绝缘阻值检验执行标准

| 测量对象 | 标准参数/MΩ |
| --- | --- |
| 动力电池端正、负极输出端子 | >500 |
| 动力电池线束端正、负极输出端子 | >500 |
| 车载充电机正、负极 | >20 |
| 空调压缩电机正、负极 | >20 |
| PTC 正、负极 | >500 |
| 电机控制器正、负极 | >20 |

高压部件绝缘性能检测具体步骤如下。

① 动力电池端正、负极绝缘性检测。黑表笔接于车身，红表笔逐个测量动力电池输出插座的正、负极，如图 1-24 所示。

② 动力电池线束端正、负极输出绝缘性检测。黑表笔接于车身，红表笔逐个测量输出插头的正、负极，如图 1-25 所示。

图 1-24 动力电池端正、负极绝缘性检测

图 1-25 动力电池线束端正、负极输出绝缘性检测
1—正极；2—负极

③ 车载充电机正、负极绝缘性检测。黑表笔接于车身，红表笔逐个测量高压盒 11 芯插头的正（E）、负（F）极，如图 1-26 所示。

④ DC/DC 正、负极绝缘性检测。黑表笔接于车身，红表笔逐个测量高压盒 11 芯插头的正（A）、负（G）极。

⑤ 空调压缩电动机正、负极绝缘性检测。黑表笔接于车身，红表笔逐个测量高压盒 11 芯插头的正（C）、负（H）极。

⑥ PTC 正、负极绝缘性检测。黑表笔接于车身，红表笔逐个测量高压盒 11 芯插头的 B 极、D 极（A 组负极）、J 极（B 组负极）。

⑦ 电动机控制器正、负极绝缘性检测。黑表笔接于车身，红表笔逐个测量电动机控制器电缆插头（图 1-27）的正（B）、负（A）极。

图 1-26　高压盒 11 芯插头　　　　　图 1-27　电动机控制器插头

A—DC/DC 电源正极；B—PTC 电源正极；C—压缩机电源正极；D—PTC-A 组负极；
E—充电机电源正极；F—充电机电源负极；G—DC/DC 电源负极；H—压缩机
电源负极；J—PTC-B 组负极；L—互锁信号线；K—空引脚

## 五、无压状态下切换高压系统

### 1. 请务必遵循操作步骤

① 拔下可能已连接的高压充电电缆。
② 打开发动机舱盖。
③ 关闭点火开关。
④ 在脱开高压安全插头之前应确保车辆处于"休眠状态"。

### 2. 遵守再次试运转的操作步骤

① 如果已连接，则断开 12V 充电器。
② 移除挂锁。
③ 连接高压安全开关。
④ 进行两次总线端切换（操作 4 次启动/停止按钮，每次间隔 1s）。

### 3. 无压状态下切换高压系统

（1）高压安全插头不能完全脱开　将高压安全插头 1 解除联锁，并将其拔出，直至插头 2 和插座上的孔不再连接。在高压安全插头上能够看到"关闭"标记，如图 1-28 所示。

（2）防止高压系统再次连接　将挂锁 1 插入高压安全开关预留孔 2 中并锁定，如图 1-29 所示。注意：挂锁的钥匙应置于安全位置保管。

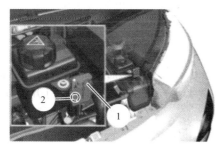
图 1-28 解除联锁

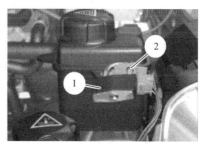
图 1-29 将挂锁 1 插入高压安全开关

（3）确定无电压 在进行后续维修工作前务必要做到以下几点。

① 打开点火开关，检查组合仪表无电压。检查控制信息必须显示"高电压系统已关闭"，如图 1-30 所示。

② 注意出现的高压警告牌（指示灯、检查控制等），找出原因并排除故障。

③ 只有当组合仪表中显示检查控制信息"高电压系统已关闭"时，才允许将 12V 蓄电池断开。

提示：点火开关关闭且高压安全插头脱开时，依据标准检查控制信息将显示"高压系统故障"。只有点火开关打开时，才能显示无电压（高电压系统已关闭）。

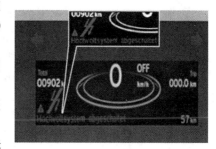
图 1-30 高电压系统已关闭

如果未明确确定 KOMBI 组合仪表中无电压，则不允许开始工作，否则有生命危险！

在开始工作之前，必须由具备资质且经过认证的 1000V DC 电气专业人员、使用相应的测量仪/测量方法确定已断电。

## 六、高压安全防护处理及作业十不准

电动汽车的电气安全工作是一项综合性的工作，有技术的一面，也有组织管理的一面。技术和组织管理相辅相成，有着十分密切的联系。电气安全工作主要有两方面的任务：一方面是研究各种电气事故，研究电气事故的机理、原因、构成、特点、规律和防护措施；另一方面是研究用电气的方法，解决各种安全问题，即研究运用电气监测、电气检查和电气控制的方法来评价系统的安全性或获得必要的安全条件。

### 1. 车辆充电

交流电路和电源插座（16A 插座）不允许使用外接转换接头、插线板等，且应确保 16A 电源插座接地良好。专用交流电路是为了避免线路被破坏或者由于给动力电池充电时的大功率导致线路跳闸保护，如果没有使用专用线路，可能影响线路上其他设备的正常工作。为了避免对充电设备造成破坏，应注意以下几点。

① 不要在充电插座塑料口盖打开的状态下关闭充电口盖板。

② 不要用力拉或者扭转充电电缆。

③ 不要使充电设备承受撞击。

④ 不要把充电设备放在靠近加热器或其他热源的地方。

⑤ 充电时，不建议人员停留在车辆内。

⑥ 充电时，建议将车辆停放在通风处。

⑦ 停止充电时应先断开交流充电连接装置的车辆插头，再断开电源端供电插头。

⑧ 不要将车辆搁置在超过 55℃ 以上环境下超过 24h；或低于 -25℃ 环境下超过 24h。

### 2. 电动汽车机舱使用注意事项

① 打开电动汽车机舱前，须将钥匙拧至 OFF 挡；电动汽车机舱内部标有高压危险警示标示的器件，严禁用手直接去触摸；车辆机舱内严禁喷水、冲洗；不要在雨中打开前舱盖，以防止漏电。

② 用户不得私自开启高压电器盒。如果高压熔丝熔断，表示汽车电器系统有较大的故障，用户应立即与特约维修店联系。

③ 在机舱内进行作业之前，必须关闭启动开关。

### 3. 安全用具选用注意事项

① 对电动汽车高压部件维修维护前，维修人员要首先准备必需的基本绝缘安全用具（如验电、放电工装，绝缘罩和绝缘隔板等）、辅助安全用具（如绝缘手套、绝缘靴和绝缘胶垫等）以及安全围栏（网）和标示牌。

② 在维修高压系统时必须使用电工专用绝缘工具。

③ 安全用具要加强日常保养，防止受潮、损坏和脏污。

④ 使用绝缘手套前要仔细检查，不能有破损和漏气现象。

⑤ 辅助安全用具不能直接接触 1000V 以上的电气设备，在高压环境下使用时，需要与其他安全用具配合使用。

⑥ 使用验电器时应将验电器慢慢地靠近电气设备，如氖光灯发亮表示有电。验电器必须按其额定电压使用，不得将低压验电器在高压上使用，也不得将高压验电器在低压上使用。

### 4. 高压断电步骤及注意事项

① 在电动汽车全部停电或部分停电的电气设备上工作，必须完成下列措施（七步法）：停电、挂锁、验电、放电、悬挂标示牌、装设遮栏、有监护人。

② 在高压设备上的检修工作需要停电时，将检修设备断电，必须把各方面的电源完全断开，禁止在只给开关断开电源的设备上工作，工作地点各方必须有明显断开点。

③ 对电气设备验电前，应先在有电设备上进行试验，确定验电器良好；必须使用电压等级合适而且合格的验电器，在检修设备进出线两侧各相分别放电后，用测量用具确认放电完成，无电压。

④ 对于大事故车辆或异常车辆（如有焦煳味、冒烟和浸水等）要有专用的场地（或工位）进行观测 48h，并有防爆防火设施。

⑤ 维修动力电池组或更换电芯时，施工人员应做好相应的防护和警示工作，并出示施工的内容及工作进程。离开施工现场时，应用绝缘隔板或绝缘罩设置在动力电池组的外露部分，写明离开原因并进行公示（维修或更换其他高压部件时，安全工作按照动力电池的安全措施）。

### 5. 电动汽车作业十不准

① 非持证电工不准装接电动汽车高压电气设备。

② 任何人不准玩弄电气设备和开关。

③ 破损的电气设备应及时调换，不准使用绝缘损坏的电气设备。

④ 不准利用车身电源对电动汽车以外部的用电设备供电。

⑤ 设备检修切断电源时，任何人不准启动挂有警告牌的电气设备，或合上拔去的熔断器。

⑥ 不准用水冲洗揩擦电气设备。

⑦ 熔丝熔断时，不准调换容量不符的熔丝。

⑧ 不经技术部门或主管部门审批，不准私自改动和私自加装整车线路，如加装较大功率的灯泡、喇叭、低音炮等，加大了转换器输出负载，易烧坏转换器内部元件，造成短路。

⑨ 发现有人触电，应立即切断电源进行抢救，未脱离电源前不准直接接触触电者。

⑩ 雷雨天气，禁止在室外对车辆进行充电和维修维护。

# 第二章　电动汽车动力电池

## 第一节　电动汽车动力电池概述

动力电池是纯电动汽车驱动能量的唯一来源，直接关系到电动汽车的动力性能、续航能力和安全性。从纯电动汽车成本构成看，电池系统占据了其成本的 30%～50%。动力电池技术一直影响着电动汽车的实用化进程。

锂离子电池是目前电动汽车上最常用的电池种类之一，从 1970 年诞生至今时间并不算长，但相对于铅酸蓄电池、镍镉电池和镍氢电池，凭借其能量密度高、循环使用寿命长等特点迅速在电动汽车上被广泛应用。目前在电动汽车上配备的锂离子电池主要有锰酸锂电池、钛酸锂电池、磷酸铁锂电池及三元锂电池。

### 一、电芯模块、电池模组及模组布置

为了提升电池容量，需要把单个电芯进行并联，通常把几个容量、性能参数一致的电芯用激光焊接并联组成基础模块，如 3 个软包电芯并联（3P parallel），当然也可以更多的电芯并联，如 5P，甚至 16P 等。

为了提升电池电压，则需要把电芯再进行串联，因此再把几个基础模块用激光焊接串联成模块，如 2 个 3P 基础模块串联为 3P2S（series）电池模块，如图 2-1 所示，或者 3 个 3P 基础模块串联为 3P3S 电池模块。同时，为了在动力电池内布置方便，模块的组合方式有多种选择：可以单用 1 个 3P2S 模块，电池上面可以布置其他电器元件；也可以把 2 个 3P2S 叠放串联成 3P4S；还可以把 1 个 3P2S 和 1 个 3P3S 叠放组成 3P5S。多种组合方式错落有致地固定在动力电池底板上，方便了总体布局。

图 2-1　3P2S 模组及电压

图 2-2　温度传感器（模组内）

选用电芯时要保证一致性，包括容量一致性、内阻一致性、充放电一致性、温升一致性、寿命一致性。电池基础模块或者模组要设置温度传感器，以检测电池温度；温度传感器

有的放置在串联模组内部（图2-2）有的放置在模组极柱处（图2-3），还有的放置在串联模块的镍板背面（图2-4）。镍板用激光焊接到极柱上。每个电池基础模块都设置了电压检测线，这些检测信号线汇集到电池电压与温度控制单元（从控盒）；从控盒对每一个电芯（基础模块）的电压随时巡检，检测电芯的电压、检测电压最高的电芯、检测电压最低的电芯；计算某个电池电压的偏离情况；根据电压计算出电池的SOC数值，报告给电池主控盒，然后报告给整车控制器。电池各个组合模块必须用螺栓可靠地固定在动力电池的底板上，耐受冲击振动，不得松动。

图2-3　温度传感器（模组极柱处）

图2-4　温度传感器（镍板背面）

## 二、电池模组高压串联回路的连接方式

动力电池通常由90～100个电池串联组成，直流电压高达380V（有些车达到600V），因此对外供电安全的措施必须可靠。

电池模组用多层铜皮制成的成型母线带，通过螺栓可靠连接。母线带柔软，避免因车辆振动导致母线与螺栓连接根部产生裂纹。母线带外部用绝缘材料做了耐压绝缘处理。通常在串联的高压回路中，设置了内外部电压检测点、主正负极母线继电器、预充继电器、预充电阻，如图2-5所示。维修开关设置在串联回路的中间，同时维修开关内部还有一个熔断器（图2-6），假如回路电流过大，熔断器会断开，当维修开关拔出时，高压回路呈开路状态。正负极母线对外部负载输出端分别接了继电器，只有正负极母线继电器都接通，才能对外供电或对电池充电。高压母线还设置了电流检测器件，目前有串联在母线上的无感分流器方式和套装在母线外部的霍尔传感器方式（图2-7）。两种传感器都是把检测到的母线电流送到主控盒，用于控制母线输出不能过流，充电和能量回收时电流不能过大。

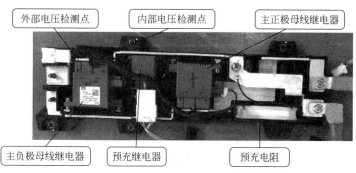

图2-5　高压控制箱内的继电器

图2-6　维修开关内的熔断器

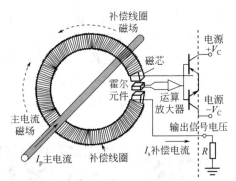

图 2-7　霍尔电流传感器

## 三、动力电池控制系统

### 1. 预充电控制电路

电动汽车的动力电池负载是电动机，如驱动电动机、空调电动机。这些电动机的控制器内部都有电容，另外车载充电机、DC/DC 控制器等内部也有电容器。车辆断电时，电容会放电到零，此时的电容对直流电来讲是短路状态。如果直接把 370V 左右的直流电加到电容上，瞬时的浪涌电流会烧毁母线、烧蚀继电器主触点、击穿电容器。为了避免此类事故发生，需要设置预充电电阻和预充电继电器。

预充电继电器与预充电阻串联后，并联在正极母线继电器 2 个主触点之间。动力电池初始上电阶段，不允许同时接通正负极母线继电器，一般是先由整车控制器接通负极母线继电器，动力电池 BMS 系统对高压母线绝缘检测合格、各个电池电压检测合格后，接通预充电继电器，电流从正极母线经过预充电阻对负载中的电容器件先进行充电。当检测到电容的两端电压接近母线电压后，正极母线继电器再闭合，随后断开预充电继电器，动力电池对外正式供电。

### 2. 高压绝缘检测盒

高压绝缘检测盒的任务一是高压回路绝缘检测，二是母线继电器触点开闭监测。如图 2-8 所示，高压绝缘检测的检测点设置在动力电池内高压回路上，当动力电池没有对外供电时，检测盒对电池内部高压回路进行绝缘检测，当正负极母线继电器接通负载后，检测盒对全部回路的绝缘进行检测，检测点放在正负极母线继电器主触点上，检测线连接到高压绝缘检测盒内部。

从预充电继电器、正极母线继电器及负极母线继电器的触点处，分别引出检测线送回高压绝缘检测盒。各继电器触点开闭状态可以从各自继电器内外两触点的电位是否相同做出判断，通过主触点两端电位状况与触点控制信号目标的比较，做出触点工作是否正确的判断，并报送上一级控制器。绝缘检测控制单元如图 2-9 所示，接到高压正负极母线继电器供电指令后，立即开始对高压回路进行绝缘监测。无论电池内部还是外部负载端，只要高压回路绝缘电阻值不合格、超过阈值，立即停止高压供电，并在仪表板上报出高压绝缘故障文字提示。同时，对各个继电器触点开闭状态进行检测，判断总正继电器、总负继电器、预充电继电器的触点是否按照控制策略正常开闭。通过相应监测点的电压检测，分析判断各个继电器触点的开闭状况，报告给动力电池的主控盒。

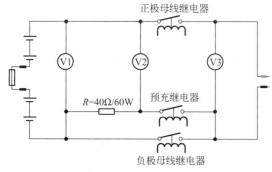
图 2-8 绝缘检测与主触点开闭检测原理图

图 2-9 绝缘检测控制单元（高压绝缘检测盒）

### 3. 电芯电压、温度采集线束与从控盒

布置电芯电压，温度采集点与采集线束涉及的电压都不高，一般不会到 5V，属于低压直流，但是和车身不能搭铁，是绝缘的。每个电芯的采集线实际是把每个电池基础模块的正负极分别引出导线，连同温度传感器信号线，通过低压线束汇集到从控盒（图 2-10）。

图 2-10 从控盒

从控盒中的每一个采样电阻对应一组电池电极电压采样线，从采样电阻上可以采集到各个串联电池的电压数据。从控盒对各个并联模块（或单独大电芯）的电压进行巡检采集、计算与处理。从监测数据中需要找出最高电压电芯和最低电压电芯，计算电芯电压最高与最低的差值，差值应小于 0.03V。充电时有一节电芯电压达到充电截止电压，即停止充电；放电时有一节电芯电压降到放电截止电压，即停止放电。温度采集单元用于采集监控动力电池的单体或电池组的温度，防止过温导致热失控，造成重大损失。在低温充电时，温度采集单元会给出信号指令，首先对电池加热，达到一定温度时再开通充电。

### 4. BMS 动力电池主控盒的功能

BMS 动力电池主控盒（图 2-11）是动力电池的管理核心，是一个连接外部通信和内部通信的平台，其主要功能如下。

① 接收电池管理系统反馈的实时温度和单体电压（并计算最大值和最小值）。

② 接收高压绝缘盒反馈的绝缘、总电压和电流情况。

图 2-11 BMS 动力电池主控盒

③ 与整车控制器的通信。

④ 与充电机或快充桩通信。

⑤ 控制主继电器。

⑥ 控制电池加热。充电时当电芯温度低于设定值，BMS 控制加热继电器闭合，通过加热熔丝接通加热膜电路。

⑦ 启动钥匙在 ON 挡时，对来自整车控制器的唤醒以及充电时来自整车控制器的唤醒做出应答。

⑧ 控制充/放电电流。

⑨ 预充电控制。

⑩ 电池组 SOC 的测量与估算。

⑪ 整车电池数据的故障分析、判断及在线报警。

⑫ 通过内部 CAN 总线统计电池箱的电池数据及参数信息。

⑬ 通过 CAN1 与整车控制器通信，发送电池状态及告警信息。

⑭ 通过 CAN2 总线将电池数据发送至仪表和充电机。

⑮ 计算电池组最大允许充电电流，通过 CAN2 总线传送给充电机，实现充电过程闭环控制。

⑯ 当监测到电池出现过热（参数由电池生产厂家决定，可修改）的时候，电池管理系统能启动安装在电池箱的冷却风机，实施强制风冷从而让电池组降温，从而提高电池运行的稳定性和延长电池的使用寿命。

⑰ 充电时当电芯温度低于设定值，BMS 控制加热继电器闭合，通过加热熔丝接通加热膜电路（图 2-12）。

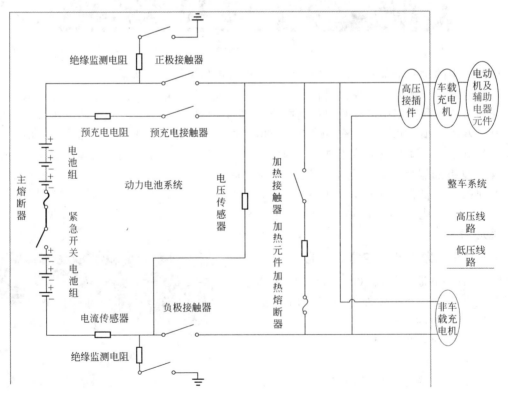

图 2-12 动力电池低温充电加热电路图

如图 2-13 所示是动力电池控制盒，它把从控盒、高压绝缘盒、主控盒集成在一起，整个动力电池内只有一个控制盒，完成全部管理功能。左侧电路板下部是电池电压主采样电阻群，左上部有绝缘检测和继电器触点开闭检测电路，右上部是计算、处理、执行部分，输出对三个继电器的控制指令以及与整车控制器、充电机的 CAN 通信。

动力电池模块组放置在一个密封并且电磁屏蔽的动力电池箱里面。动力电池系统使用可靠的高低压接插件与整车进行连接。动力电池箱体的防护等级为 IP67，用螺栓紧固在车身地板下方，力矩为 80~150N·m。整车维护时需要观察电池箱体螺栓是否松动，电池箱是否有破损变形，密封胶是否完整。

 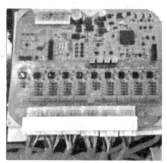

图 2-13　动力电池控制盒

### 5. 动力电池为整车供电过程

① 启动钥匙置于 ON 挡时，蓄电池提供 12V 电压，对全车高压有控制器的部件（动力电池、电动机控制器、整车控制器、空调控制器、DC/DC 控制器）进行低压唤醒、初始化及自检，如无故障，上报整车控制器（VCU）。

② 动力电池内部动力母线绝缘检测合格，各个继电器状态正常，各个电池模组电压及温度状态合格，上报整车控制器（VCU）。

③ VCU 控制动力电池负极母线继电器闭合，动力电池内部主控盒控制预充电继电器闭合，为负载端各个电容充电。

④ 电池管理系统根据充电电阻两端电压状态，检测判断到电容充满电后，闭合正极母线继电器，然后断开预充电继电器，此时仪表上出现 RADEY 灯符号。

### 6. 动力电池充电过程

车辆停止后，启动钥匙在 OFF 挡位，12V 蓄电池 ON 挡供电断开，车辆高压系统包括整车控制器处于休眠状态。车辆充电时，启动钥匙要求在 OFF 挡位，充电枪连接正常后，充电机（慢充和快充）送出自有的 12V 低压电，唤醒整车控制器（VCU），仪表盘出现充电插头信号，表示充电枪连接正常。整车控制器（VCU）以 12V 低压唤醒动力电池管理系统和 DC/DC 控制器，并控制闭合动力电池的负极母线继电器。动力电池控制器对电池电芯电压以及总的荷电情况进行检测，对电池内部绝缘进行检测。动力电池内部自检合格后，通过 CAN 先向充电机发出充电请求信号，闭合正负极母线继电器，开始充电。

充电过程中主控盒与从控盒采集的电池电压和温度信息，随时通过内部 CAN 线通信。主控盒把信息通过对外 CAN 总线与整车控制器（VCU）和充电机通信，把动力电池的充电要求信息传给充电机。充电机随时调节充电电流和电压，保证充电安全合理。当充电结束拔出充电枪后，整车控制器停止高压系统供电。

### 7. 动力电池的 CAN 通信

电池管理系统（主控模块）通过 CAN 总线将实时的电池状态告知整车控制器以及电动机控制器等设备，使整车采用更加合理的控制策略，将电池组的详细信息告知车载监控系统，完成电池状态数据的显示和故障报警等功能，为电池的维护和更换提供依据。

（1）系统自检　BMS 设置了强大的系统自检功能，系统上电后对电压、温度、通信、时钟及存储器等部件进行检测，保证系统自身的工作正常。

（2）系统监测　BMS 对整车电池的离散性进行分析并根据不同故障类型进行报警，同时对电池充放电次数以及历史数据进行记录，以便进行系统诊断及性能优化。

## 第二节　电动汽车动力电池类型

### 一、镍基蓄电池

镍基蓄电池是指用氢氧化亚镍作正极活性物质的碱性蓄电池。所谓碱性蓄电池，是指以氢氧化钾（KOH）、氢氧化钠（NaOH）水溶液作为电解质的蓄电池。目前在电动汽车上使用的镍基蓄电池主要有镍镉（Ni-Cd）蓄电池、镍锌（Ni-Zn）蓄电池和镍氢（Ni-MH）蓄电池等。镍镉蓄电池和铅酸蓄电池相比，比能量能够达到 $55W·h/kg$，比功率能够达到 $200W/kg$，循环寿命可达到 2000 次，而且可以快速充电，虽说其价格为铅酸蓄电池的 4～5 倍，但由于其在比能量和使用寿命方面的优势，因此其长期的实际使用成本并不高。由于其含有重金属镉，在使用中不注意回收的话，就会造成环境污染，目前许多发达国家都已限制发展和使用镍镉蓄电池。而镍氢蓄电池则是一种绿色镍金属电池，它的正负极分别为镍氢氧化物和储氢合金材料，不存在重金属污染问题，且其在工作过程中不会出现电解液增减现象，蓄电池可以实现密封设计。镍氢蓄电池在比能量、比功率及循环寿命等方面都比镍镉蓄电池有所提高，使用镍氢蓄电池的电动汽车一次充电后的续驶里程曾经达到过 600km，目前在欧洲及美国已实现了批量生产和使用。

镍氢（Ni-MH）蓄电池是镍镉（Ni-Cd）蓄电池的新发展，是目前人们看好的第二代蓄电池之一，是取代镍镉蓄电池的产品，当然也是取代铅酸蓄电池的产品。镍氢蓄电池刚刚进入成熟期，是目前电动汽车所用动力电池体系中唯一被实际验证并被商业化、规模化的动力电池体系，全世界已经批量生产的混合动力汽车一般采用镍氢动力电池体系。

（1）镍氢（Ni-MH）蓄电池的结构和类型　镍氢（Ni-MH）蓄电池可以分为方形和圆柱形两种类型，如图 2-14 及图 2-15 所示。镍氢蓄电池主要由正极、负极、极板、隔板、电解液等组成。隔板采用多孔维尼纶无纺布或尼龙无纺布等。为了防止充电过程后期蓄电池内压过高，蓄电池中装有防爆装置。

（2）镍氢（Ni-MH）蓄电池的工作原理　镍氢蓄电池正极活性物质采用氢氧化亚镍，负极活性物质为储氢合金，电解液为氢氧化钾溶液，电池充电时，正极的氢进入负极储氢合金中，放电时过程正好相反。充电时，负极析出氢气，储存在容器中，正极由氢氧化亚镍变成羟基氧化镍（NiOOH）和 $H_2O$；放电时氢气在负极上被消耗掉，正极由羟基氧化镍变成氢氧化亚镍。

蓄电池过量充电时，正极板析出氧气，负极板析出氢气。由于有催化剂的氢电极面积大，而且氢气能够随时扩散到氢电极表面，因此，氢气和氧气能够很容易在蓄电池内部再化合生成水，使容器内的气体压力保持不变，这种再化合的速率很快，可以有效控制蓄电池内部氧气的浓度。

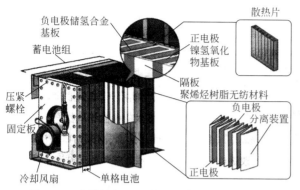

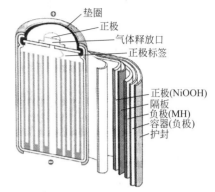

图 2-14 方形镍氢（Ni-MH）蓄电池及其结构

图 2-15 圆柱形镍氢（Ni-MH）蓄电池及其结构

镍氢蓄电池的电极反应与镍镉蓄电池相似，只是负极充放电过程中生成物不同，镍氢蓄电池也可以做成密封型结构。镍氢蓄电池的电解液多采用 KOH 水溶液，并加入少量的 LiOH。镍氢（Ni-MH）蓄电池化学反应如下。

$$\overset{\text{正极}}{2NiOOH} + \overset{\text{负极}}{KOH} + H_2 \underset{\text{充电}}{\overset{\text{放电}}{\rightleftharpoons}} \overset{\text{正极}}{Ni(OH)_2} + KOH + \overset{\text{负极}}{Ni(OH)_2}$$

## 二、锂离子电池

### 1. 概念

锂离子电池是指电化学体系中含有锂（包括金属锂、锂合金和锂离子、锂聚合物）的电池。

无论是方形还是圆柱形锂离子电池，基本都由正极、负极、电解液及隔膜组成，另外加上正负极引线、安全阀、PTC（正温度控制端子）和电池壳等。

（1）正极 采用锂化合物如 $Li_xCoO_2$（钴酸锂）、$Li_xNiO_2$（镍酸锂）、$LiFePO_4$（磷酸铁锂）和 $Li_xMnO_2$（锰酸锂）以及三元材料镍、钴、锰酸锂。

（2）负极 采用锂-碳层间化合物 $Li_xC_6$。

（3）电解质 一般采用溶解有锂盐的有机制剂，根据所用电解质的状态可分为液态锂离子电池、聚合物锂离子电池、全固态锂离子电池。

隔膜只允许锂离子（$Li^+$）往返通过，阻止电子（$e^-$）通过，在正负极之间起到绝缘作用。

三元锂离子电池是指正极材料使用镍钴锰酸锂「$Li(NiCOMn)O_2$」的锂离子电池，是以镍盐、钴盐、锰盐为原料，其中的镍、钴、锰的比例可以根据实际需要调整。由此可以看出，是以锂离子电池的正极对其进行更细的分类与命名的。

### 2. 锂离子电池的结构

如图 2-16 所示，锂离子电池主要由正极、负极、电解质、隔膜、正极引线、负极引线、中心

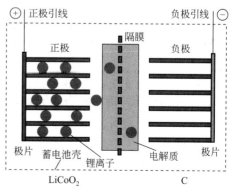

图 2-16 锂离子电池的结构

端子、绝缘材料、安全阀、密封圈、PTC（正温度控制端子）和蓄电池壳（或盖板）组成。负极与蓄电池壳接触，并且将负极镍带点焊在蓄电池壳内壁上；隔膜处于正极和负极之间，起隔离作用；正极片被包在内层，正极极耳将正极与蓄电池壳连为一体，正极极耳缠有高温胶纸；电解质分布于极片、隔膜纸及蓄电池内部，电芯底部缠有普通胶纸。

### 3. 锂离子电池的工作原理

如图 2-17 所示，充电时，正电极（阴极）发生氧化反应，向外电路释放出电子和向内电路释放出锂离子。电子经过外电路和充电机被输送到负电极，与此同时，锂离子则经过内电路中的电解质和穿过隔膜纸，进入负电极的晶体结构。因此，正电极中的锂离子数量逐渐减少。但是，电解质中的锂离子数量没有改变。隔膜纸是电子的绝缘体，锂离子的"透明体"。负电极（阳极）发生还原反应，同时吸收电子和锂离子。电子和锂离子在负极的晶体结构中形成电池中性。

如图 2-18 所示，放电时正电极（阴极）发生还原反应，从外电路获得电子和从内电路吸取锂离子。电子经过外电路和用电器被输送到正电极，与此同时，锂离子则经过内电路中的电解液和穿过隔膜纸，回到正电极的晶体结构。因此，负电极中的锂离子数量逐渐减少，而正电极中的锂离子数量逐渐增多。但是，电解液中的锂离子数量没有改变。负电极（阳极）发生氧化反应，同时释放出电子和锂离子。电子和锂离子经过内外电路，回到正电极的晶体结构中形成电池中性。

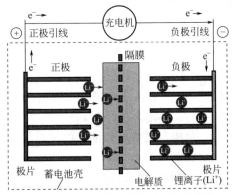
图 2-17 充电时锂离子电池工作示意图

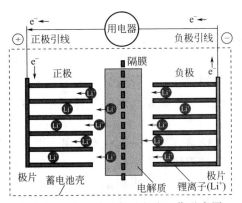
图 2-18 放电时锂离子电池工作示意图

### 4. 比亚迪 e5 磷酸铁锂离子电池

比亚迪 e5 磷酸铁锂离子电池是指用磷酸铁锂作为正极材料的锂离子电池，电池负极是石墨，中间是由聚乙烯或聚丙烯材料制成的隔膜板，电池中部的上下端间装有有机电解质，锂离子的电解质是由有机溶剂和锂盐组成的，对人体组织具有腐蚀性，并且可燃外壳由金属材料密封。

（1）外部结构  比亚迪 e5 磷酸铁锂离子电池系统最重要的外部特征是高电压导线或高电压接口和 12V 车载网络接口布置在整车地板下面，电量为 47.5kW·h。

动力电池组的密封盖一般通过几十个螺栓加密封胶以机械方式与托盘连接在一起。在动力电池组的密封盖上一般粘贴有几个提示牌，如一个型号铭牌和两个警告提示牌。型号铭牌提供逻辑信息（例如电池参数标签和电池编号）和最重要的技术数据（例如额定电压）。两个警告提示牌提醒注意动力电池组采用锂离子技术且电压较高，以及可能存在的相关危险。如图 2-19 所示为比亚迪 e5 动力电池组密封盖上的提示牌。

在动力电池组上带有一个 2 芯高电压接口,动力电池组通过该接口与高电压车载网络连接,如图 2-20 所示。围绕高电压导线的两个电气触点还各有一个屏蔽触点,这样可使高压电缆屏蔽层(每根导线各有一个屏蔽层),一直持续到动力电池组密封盖内,从而有助于确保电磁兼容性 EMV。

图 2-19 比亚迪 e5 动力电池组密封盖上的提示牌

图 2-20 比亚迪 e5 动力电池组高电压接口

电动汽车基本都会在整车的关键连接部件上使用低压互锁电路,如图 2-21 所示为比亚迪 e5 主要部件内的互锁电路。互锁电路是一种低压电路,在被断路时向控制模块发出信号,或者当动力电池组的维修开关被部分或完全拆下时主动断开电路。然而,维修开关上的互锁电路通常并不是汽车上唯一的互锁电路,比如在高压电缆连接插头处或保护盖上也有互锁电路。这样做的目的是确保在高压系统某部分被断接或暴露的情况下,车辆高压系统能够立刻断开(READY 为 OFF)。有些车辆还会采用这样的设计:只有互锁电路断开,同时车辆以小于每小时几千米的速度行驶或者停车时,汽车才会断电。

12V 车载网络接口为集成式控制单元提供电压、总线信号、传感器信号和监控信号,如图 2-22 所示。

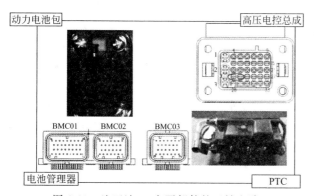

图 2-21 比亚迪 e5 主要部件的互锁电路

图 2-22 比亚迪 e5 动力电池组低电压接口

直流高压电缆组件由两根绝缘的高压电缆组成，用来连接混合动力汽车或纯电动汽车的动力电池组及汽车的变频器。由于大部分高压电缆都位于汽车底盘下（夹在动力电池组和底盘之间），因此它能受到很好的保护，避免碰撞到路面带来的损坏。而纯电动汽车和一些插电式车辆安装的电池组要大得多，往往要延长到几乎车辆前部的位置，所以其高压电缆通常也会相对混合动力汽车中的短一些。比亚迪 e5 电池高压电缆从电池端输出，从高压电控总成端输入，如图 2-23 所示。

（2）内部结构　比亚迪 e5 电池内部结构由电池模组、动力连接片、连接电缆、电池采集器、采样线、电池组固定压条、密封条等组成，如图 2-24 所示。

图 2-23　比亚迪 e5 电池高压电缆

图 2-24　比亚迪 e5 电池组内部结构

磷酸铁锂电池的单体电池标称电压是 3.2V，充电终止时的最高电压为 3.6V，最大放电的电压为 2.0V。如图 2-25 所示，比亚迪 e5 由 13 个模组串联组成，总电压为 633.6V，容量为 75A·h；电池组高压接口位于 1 号电池负极、13 号电池正极。13 号模组在 1 号模组的上层，12 号模组在 11 号模组的上层，6~8 号模组分别在 5 号、4 号、9 号模组的上层。

比亚迪 e5 使用电池信息采集器（BIC）监控电池组传感器测量的数据和电池性能。通常情况下，数据被报告给电池管理器（BMS），然后 BMS 根据工作条件和驾驶员的需求命令电池进行相应的充电或放电。

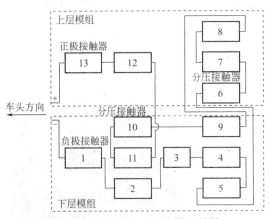

图 2-25　比亚迪 e5 电池模组结构

如果单体电池、电池模组或部分电路的电压变得不平衡，部分带充电系统的电池还可以用 BIC 进行电池电压均衡。BIC 的安装位置如图 2-26 所示，其主要是进行电压、温度和通信信号的采集。

比亚迪 e5 动力电池组内部含有 4 个接触器（影响电池组是否可以串联）和 2 个保险：2 个分压接触器和 2 个保险（6 号和 10 号模组内部各一个），1 个正极接触器（13 号模组内部），1个负极接触器（1号模组内部），如图2-27所示。分压接触器在电池模组内部，无法单独拆卸，只可以通过插头施加电压进行间接判断。

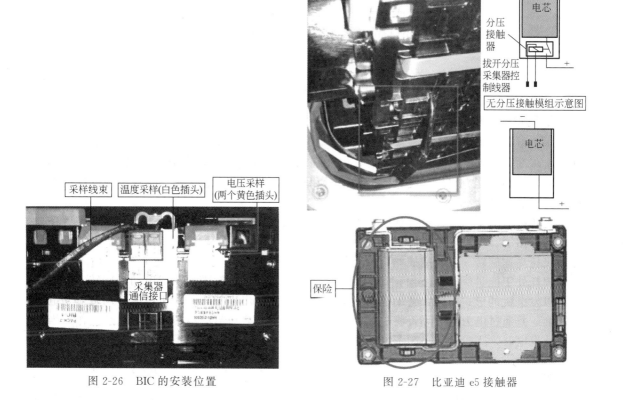

图2-26　BIC的安装位置

图2-27　比亚迪e5接触器

## 三、飞轮电池

### 1. 飞轮电池的结构与原理

飞轮电池是一种典型的机电一体化装置，由飞轮电池本体、电力电子装置及控制器三部分组成，如图2-28所示。如图2-29所示，飞轮电池本体主要包括飞轮、集成电动机（电动机-发电机集成为一体）、真空容器、磁悬浮轴承四大部分。为使真空容器密封良好，飞轮电池本体仅通过三根导线与外部的控制系统相连接。飞轮电池本体中的磁悬浮轴承和集成电动机均需通过控制器对电力电子装置的控制来保证飞轮电池正常工作，以及发挥其使用性能。为了减轻飞轮电池的重量及提高飞轮的强度，飞轮的转子可以采用碳纤维材料；电动机采用电动/发电于一体的集成电动

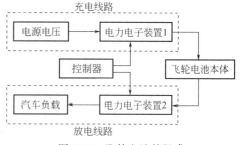

图2-28　飞轮电池的组成

机，可以减小飞轮电池的体积和重量；采用磁悬浮轴承可以减少高速旋转情况下机械零件间的摩擦损耗；将整体系统置于真空中的目的是为了减少飞轮高速旋转情况下产生的风阻损耗。

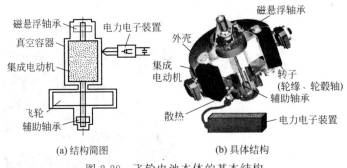

图 2-29 飞轮电池本体的基本结构

### 2. 飞轮电池的工作原理

飞轮电池分为充电、能量保持和放电三种工作状态。飞轮电池能量的存储是靠飞轮的惯性来实现的,若飞轮运行于理想状态,没有任何阻力损耗,能量将全部被保存并释放出来。飞轮电池的储能能力取决于飞轮的转动惯量和转速,而提高转速能够使飞轮电池的储能能力得到更大的提高。

飞轮电池的工作原理示意如图 2-30(a) 所示,飞轮电池的工作过程是电力电子装置在控制器的作用下,飞轮电池中的集成电动机在外部电源的驱动下,以电动机形式运转,电动机带动飞轮高速旋转,飞轮完成储存动能的过程,即用电给飞轮电池"充电",之后飞轮以较低的损耗处于能量保持状态,直到汽车负载需要能量时,飞轮带动集成电动机旋转,集成电动机以发电机的形式旋转,将动能转化为电能,对外输出电能,完成机械能(动能)到电能的转换,并通过电力电子装置将电能转换成汽车各种负载所需的电压来驱动负载工作。当飞轮电池发电时,飞轮转速逐渐下降,飞轮电池的飞轮是在真空环境下运转的,转速极高(高达 $2\times10^5$ r/min,使用的轴承为非接触式磁悬浮轴承)。飞轮电池充放电的工作过程如图 2-30(b) 所示。

飞轮电池储能密度可达 $100\sim200$ W·h/kg,比功率可达 $5000\sim10000$ W/kg,能够循环

(a) 飞轮电池的原理示意

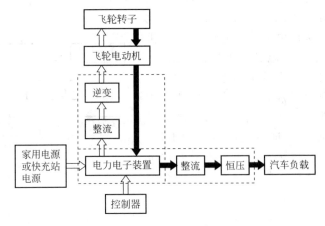

(b) 飞轮电池充放电的工作过程

图 2-30 飞轮电池的工作原理

运行几百万次，预期寿命长达 25 年，可供电动汽车行驶 500 万千米。

美国飞轮系统公司已用最新研制的飞轮电池成功地把一辆克莱斯勒 LHS 轿车改装成电动轿车，一次充电可行驶 600km，由静止到 96kW·h 加速时间为 65s。

## 四、氢燃料电池

氢燃料电池车更像是一种增程式电动汽车。也许有些人会认为氢燃料电池车是以燃烧氢原料作为动力的，其实不然，氢燃料电池指的是氢通过与氧的化学反应而产生电能的装置（单纯依靠燃烧氢来驱动的"氢内燃机车"也曾出现过，比如宝马的氢能 7 系）。氢燃料电池车的驱动力来自于车上的电动机，就像纯电动汽车一样，因此，氢燃料电池车可以理解为一辆"自带氢燃料发电机的电动汽车"，其理念与增程式电动汽车相类似，只不过电能的来源由一台内燃机变成了氢燃料动力单元。

### 1. 氢燃料电池车及其基本结构

到目前为止，各个车企的氢燃料电池车的基本原理较为一致，只是细节设计上有所区别。笔者仅以丰田汽车公司刚刚发布的氢燃料电池车 Mirai 为例来说明氢燃料电池车的结构和工作原理。

如图 2-31 所示，Mirai 氢燃料电池车主要由高压储氢罐、氢燃料电池堆栈、燃料电池升压器、动力蓄电池组、驱动电动机和动力控制单元等组成。高压储氢罐内存储燃料用氢气，压力大约为 70MPa；氢燃料电池堆栈为丰田汽车公司第一个量产的燃料电池，体积能量密度为 3.1kW/L，输出功率为 114kW；燃料电池采用紧凑高效的大容量升压器，能够将电压升高到 650V；动力蓄电池组采用镍锰蓄电池，用以回收制动能量，在加速时辅助燃料电池供

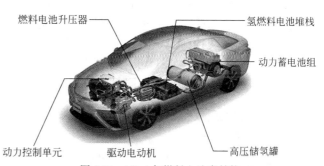

图 2-31 Mirai 氢燃料电池车结构

电；驱动电动机由燃料电池和动力蓄电池组供电，最大功率为 113kW，最大转矩为 335N·m；动力控制单元用于在不同的行驶工况下分别控制动力蓄电池组的充放电策略。

Mirai 车的动力系统被称作 TFSC，即丰田燃料电池堆栈，是以燃料电池堆栈为核心组件的混合动力系统。TFSC 没有传统的汽油发动机，也没有变速器，发动机舱内部是电动机和电动机的控制单元。在驾驶舱底部布置着的燃料电池堆栈是整套系统的核心；在车身后桥部分放置着一个镍氢动力电池组和前后 2 个高压储氢罐，没有油箱和大面积的锂离子电池，Mirai 车唯一需要消耗的"燃料"就是氢气，不用加油也不用充电，加满 5kg 氢气可行驶 640km。

直接驱动 Mirai 车车轮的电动机功率为 113kW，峰值转矩为 335N·m，基本相当于一辆 2.0L 自然吸气发动机的动力水平。除燃料电池堆栈发电之外，Mirai 车后轴上方布置了一个 1.6kW·h 的镍氢电池组，充当动力电池＋储能电池的作用。该电池组基本上与凯美瑞混合动力车的电池一样，在整车负载低时可单独用其供电驱动车辆前进，与此同时燃料电池堆栈发出来的电可以给电池组充电，用镍氢电池充当一个"缓存"。当车辆有更大的动力需求时，镍氢电池组的电会很快耗光，此时燃料电池堆栈就直接向电动机输电，与镍氢电池组实现双重供电以满足车辆需求；当车辆减速行驶时，电动机转化为发电机来回收动能，电量直接输送到镍氢电池组内储存起来。Mirai 氢燃料电池车的工作原理如图 2-32 所示。

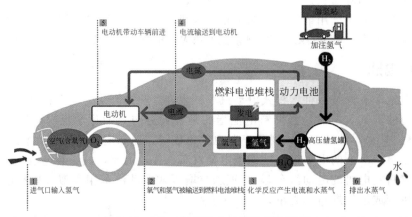

图 2-32 Mirai 氢燃料电池车的工作原理

**2. 燃料电池堆栈的构成和工作原理**

丰田 Mirai 车搭载的燃料电池堆栈（图 2-33）是由 370 片薄片燃料电池组成的，因此被称为"堆栈"，一共可以输出 114kW 的发电功率。虽然氢燃料电池名字里面有"燃料"字样，同时氢气也能够与氧气在一起剧烈燃烧，但氢燃料电池却不是利用燃烧来获取能量的，而是利用氢气与氧气化学反应过程中的电荷转移来形成电流的，这一过程最关键的技术就是利用特殊的"质子交换薄膜"将氢气拆分，质子交换薄膜也是燃料电池领域最难被攻克的技术壁垒。如图 2-34 所示，在燃料电池堆栈里，进行着氢与氧相结合的反应，其过程中存在电荷转移，从而产生电流。与此同时，氢与氧发生化学反应后生成水。

图 2-33 氢燃料电池堆栈的构成

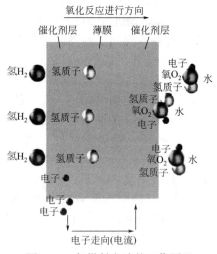

图 2-34 氢燃料电池的工作原理

燃料电池堆栈作为一个化学反应池，其最为关键的技术核心在于"质子交换薄膜"。在这层薄膜的两侧紧贴着催化剂层，将氢气分解为带电离子状态，因为氢分子体积小，携带电子的氢分子可以透过薄膜的微小孔洞游离到对面去，但是在这个过程中，电子被从分子上剥离，只留下带正电的氢质子通过薄膜到达另一端。氢质子被吸引到薄膜另一侧的电极与氧分子结合。薄膜两侧的电极板将氢气拆分成氢离子（正电）和电子，将氧分子拆分成氧原子以捕获电子变为氧离子（负电），电子在电极板之间形成电流，2 个氢离子和 1 个氧离子结合成水，水成为了该反应过程中的唯一"废料"。从本质来讲，整个运行过程就是发电过程。随着氧化反应的进行，电子不断发生转移，就形成了驱动汽车所需的电流。如果说，氢燃料电池车的技术突破是在发明一种汽车，倒不如说是在发明一种全新的"发电机"，然后整合进一辆车里。在燃料电池堆栈中，排布了诸多薄膜，可以产生大量的电子转移，形成供车辆行驶所需的电流。因此 Mimi 车是纯电动汽车，燃料电池堆栈代替的就是厚重且充电效率低下的锂离子电池组。一般情况下，燃料电池堆栈所产生的整体电压为 300V 左右，不足以带动一台车用大功率电动机，因此，Mirai 氢燃料电池车还装备了燃料电池升压器，将电压升至 600V 以上，从而顺利驱动电动机。

丰田的燃料电池堆栈经历了 10 多年的技术优化，形成了自己的特色结构。丰田汽车公司 2008 年采用的燃料电池技术如图 2-35 所示，由于通路宽度过大，氢和氧发生化学反应产生的副产品水会在通路内堆积，阻碍氧向催化剂层扩散，降低发电效率。Mirai 氢燃料电池车采用新型高性能燃料电池（图 2-36），阴极采用了 3D 立体精微流道技术，氢和氧发生化学反应产生的水可以通过 3D 立体精微流道迅速排出，防止堆积的水对氧气的进一步进入产生阻碍，使空气可以充分通过微流道流动并与催化剂层（采用铂钴合金催化剂，活性提升 1.8 倍）接触；正极的质子交换薄膜被做得更薄（厚度减小 1/3，导电性提高 3 倍），气体在扩散层（采用低密度材料）的扩散性得到屁用，催化剂层处于"超激活"状态，显著提升了电极的响应性能，有效地改善了发电效率，因此，整个燃料电池堆栈的发电效率达到了 3.1kW/L，是 2008 年丰田燃料电池技术的 2.2 倍（图 2-37）。

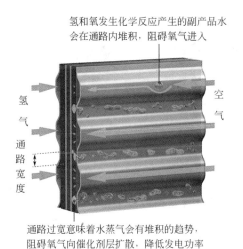

图 2-35　丰田汽车公司 2008 年采用的燃料电池技术　　图 2-36　Mirai 氢燃料电池车采用的燃料电池技术

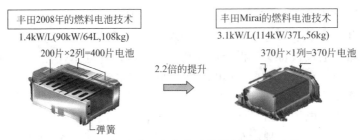

图 2-37 新旧丰田汽车公司燃料电池技术对比

### 3. 高压储气罐

了解氢气物理特性的人都知道,氢气和汽油不同,常温下氢气是气体,密度非常低,并且非常难液化,常温下更是无法液化,因此氢气要安全储藏和运输并不容易,所以,氢气无法像汽油那样直接注入普通油箱里。丰田汽车公司设计了一大一小2个储氢罐,通过高压的方式尽可能多地充入氢气。以目前的主流存储技术,丰田汽车公司选用了70MPa的高压储氢罐(图2-38)。2个储氢罐总的容量是122.4L,采用70MPa的压力,也只能容纳约5kg的氢气,因此实际上燃料的质量并不大,反而储氢罐特别笨重。

为了在承受70MPa的前提下仍旧保持行驶安全性,所以储氢罐被设计成4层结构,铝合金的罐体内部衬有塑料密封内衬,外面包裹一层碳纤维强化塑料(CFRP)抗压层,抗压层外侧再增加一层玻璃纤维强化塑料外壳,起到减振保护作用,并实现外壳的轻量化,并且每一层的纤维纹路都根据所处罐身位置不同而做了额外的优化,使纤维顺着压力分布的方向,提升保护层的效果。多重纤维材料的组合应用及不同的纤维编制形式,能够有效发挥各种纤维的物理特性,适应不同的罐体区域的受力情况,可以减少40%的纤维用量。

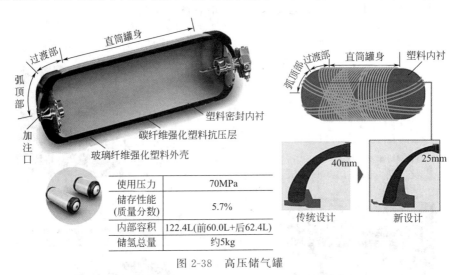

图 2-38 高压储气罐

### 4. 丰田燃料电池车的驱动模式

丰田汽车公司的氢燃料电池汽车Mirai在2017年进行了量产。Mirai意为"未来",丰田汽车公司对于未来的探索在该车型上得以实现。从开始研发到最终上市,丰田汽车公司耗费20余年的时间,该车的核心组件包括动力控制单元、燃料电池堆、驱动用电池、电动机、升压转换器以及高压储氢罐,具备低重心化、空气动力性能好、优化的重量分配以及高强度车身等特点。下面就其驱动模式进行简介。

燃料电池车行驶工况分为以下四种：启动、一般行驶、加速行驶以及减速行驶，驱动模拟图如图 2-39 所示。

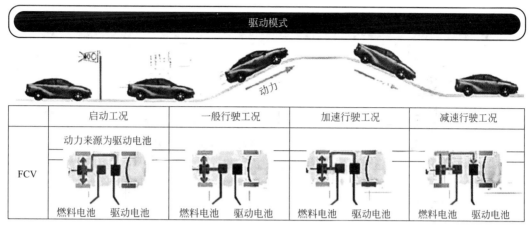

图 2-39　驱动模拟图

（1）启动工况　车辆启动时，由车载蓄电池进行供电，此时，来自镍锰蓄电池的电源直接提供给驱动电动机，使电动机工作，驱动车轮转动，此时，燃料电池不参与工作，如图 2-40 所示。

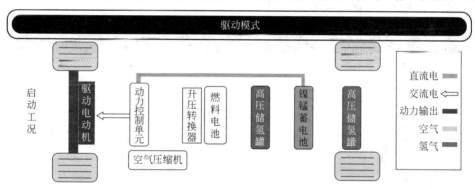

图 2-40　启动工况

（2）一般行驶工况　一般行驶工况下，来自高压储氢罐的氢气经高压管路提供给燃料电池，同时，来自空气压缩机的氧气也提供给燃料电池，经质子交换膜内部产生电化学反应，产生大约 300V 的电压，然后经 DC/DC 转换器进行升压，转变为 650V 的直流电，经动力控制单元转换为交流电提供给驱动电动机，驱动电动机运转，带动车轮转动，如图 2-41 所示。

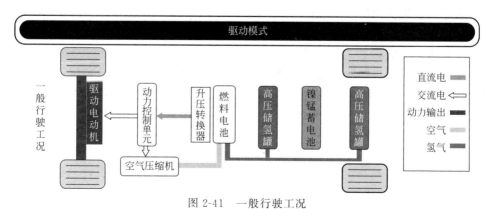

图 2-41　一般行驶工况

(3) 加速行驶工况　加速时，除了燃料电池正常工作外，需要由车载蓄电池参与工作，以提供额外的电力供驱动电动机使用，此时车辆处于大负荷工况下，如图2-42所示。

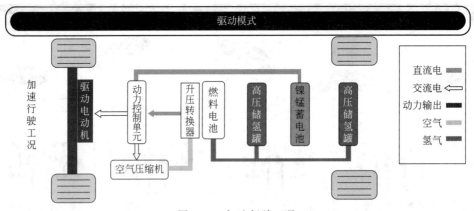

图2-42　加速行驶工况

(4) 减速行驶工况　减速时，车辆在惯性作用下行驶，此时燃料电池不再工作，由车辆减速所产生的惯性能量由驱动电动机转换为发电机进行发电，经动力控制单元将其转换为直流电后，反馈回车载蓄电池进行电能的回收，如图2-43所示。

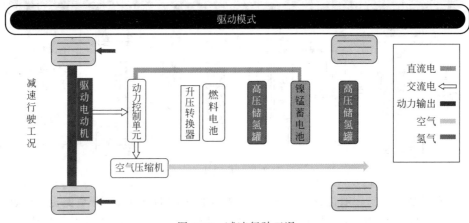

图2-43　减速行驶工况

## 5. 氢燃料电池优势

(1) 消除"里程忧虑"　一般情况下，氢燃料电池车每行驶100km大约需要消耗1kg氢气，而像丰田Mirai、奥迪A7 Sporback h-tron quattro等车型，可储存约5kg的压缩氢气，理论上，在加满氢气的状态下续航里程可达500km。

(2) 燃料补充时间与燃油车相当　氢燃料电池车加注氢气的过程非常快速且便捷，专用的加氢气设备仅需3min即可充满氢原料，相对于纯电动汽车较长的充电等待时间（目前充电最快的特斯拉Model S车的超级充电站也需要1.25h才能充满电量）而言，优势极其明显。

(3) 性能媲美燃油车　像奥迪A7 Sporback h-tron quattro这款氢燃料电池车，前后轴各配备了一台最大输出功率为85kW、最大转矩为270N·m的电动机，总功率达170kW，可提供高达540N·m的转矩，该车0~100km/h加速时间仅7.9s。

## 五、动力电池维修及检测

### 1. 维修安全注意事项

应特别重视维修动力电池的安全事项,首先应在保证人身安全的前提下,切断动力电池的高压电,必须遵循下列程序,如图 2-44 所示。

① 关闭点火开关,取下钥匙并将其放置妥当,以避免意外启动。

② 打开后备厢,戴绝缘手套,拔出红色动力电池组的维修手柄。一般打开电动汽车后各厢盖后,就能发现很醒目的红色手柄,依要求按压维修手柄锁扣,用力拔出此维修手柄。

③ 切断车辆 12V 低压蓄电池的线路,拆除其负极端电缆,保证车上没有低压电,这时可听到有动力电池高压继电器的释放声音。

④ 等待约 10min 后,让变频器中的高压电容自动放完电,再用万用表电压挡检验证明,动力电池组高压线端确实没有电压。

⑤ 再次分别检查动力电池的正负端,对地无电压或电压小于 3V,这时方可进行动力电池组的相关检测和修理。

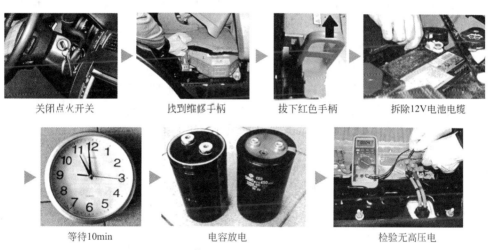

图 2-44 维修动力电池组前的安全断电程序

### 2. 动力电池母线绝缘故障检测

当仪表报高压绝缘故障后,要做高压系统绝缘检测。

(1) 区分是动力电池的绝缘故障还是负载侧绝缘故障 启动钥匙置于 OFF 挡,断开 12V 蓄电池负极,举升车辆,拔下动力电池低压控制航插,拔下动力母线接插件,对动力电池输出端以及负载端进行验电、放电、再验电。然后,用绝缘检测仪检测负载端绝缘状况。

(2) 电池内部绝缘监测 在负载端断开的状况下,插上动力电池低压控制航插,蓄电池负极接通 12V 供电,启动钥匙置于 ON 挡,整车控制器(VCU)控制接通动力电池负极。动力电池内部动力母线进行绝缘检测,如有故障,会上报整车控制器(VCU)并在仪表板显示出来。这时仪表板上显示的是排除负载端之后,动力电池内部的绝缘情况。如报绝缘故障,则需要进一步检查电池内部高压路径。由于负载端断开,动力电池主控盒不会闭合正极母线继电器,对外不能供电。这时用绝缘检测仪检测负极母线绝缘状况,检测正极输出口到母线继电器的绝缘状况。

(3) 直流母线电压故障检查步骤

① 检查直流高压接插件　断开维修开关，拔下高压接插件，用万用表测量控制器上高压接插件正极、负极对控制器外壳阻抗，一般大于 20MΩ。

a. 若正常，进行下一步检查。

b. 若异常，检查高压电缆。

② 检查高压输入信号　用万用表检查高压输入端，看是否在 480~500V 范围内。

a. 若正常，则为驱动电机控制器故障。

b. 若小于 480V，则为外部输入异常，应检查电池系统和预充系统。

(4) 高压配电箱故障判断

① 接触器异常检测　先判断接触器低压端是否同时满足吸合时所需的电压，即外围信号是否正常。若正常，判断为接触器异常；否则，需检查外围信号。

② 霍尔异常检测　车辆上电，测试电流霍尔是否有 "+15V" "-15V" 的电源，若电源电压正常，则测试霍尔信号（1V/100A）并与电源管理器的当前电流进行对比，从而来判断电流霍尔的正常与否。

③ 配电箱内高压保险的异常检测　在检查高压模块是否有高压输入时，先检查高压保险是否烧毁。保险的好坏，用万用表的通断挡进行检测。若导通，则保险正常；若不导通，则保险烧毁；需检查其负载是否正常，并进行更换。

**3. 检测动力电池漏电情况**

(1) 常见电池包漏电的故障诊断方法　一般故障表现形式：仪表 "OK" 灯不亮，仪表提示应检查动力系统，高压系统漏电故障。断开电池包与车身所有连接（正负极引出、采样线接口），闭合维修开关，万用表测试电池包各项步骤如下。

第 1 步：闭合高压维修开关。

第 2 步：使用万用表测量动力电池总电压 $U$。

第 3 步：使用万用表测量正极与车身电压 $U_1$，如图 2-45 所示。将万用表选择直流 1000V 挡位，必须戴上绝缘手套检测；红表笔接动力电池正极端子，黑表笔接动力电池外壳搭铁位置。

第 4 步：使用万用表测量负极与车身电压 $U_2$，如图 2-46 所示。将万用表选择直流 1000V 挡位，必须戴上绝缘手套检测；红表笔接动力电池负极端子，黑表笔接动力电池外壳搭铁位置。

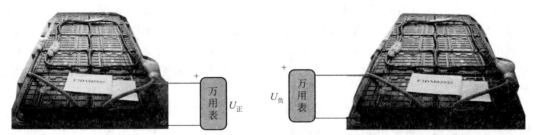

图 2-45　用万用表测量正极与车身电压　　图 2-46　用万用表测量负极与车身电压

第 5 步：将万用表笔更换为并联定值电阻表笔。将万用表挡位拨至电阻挡，测量一个定值电阻的阻值 $R$；将红、黑表笔之间并联测量一个电阻，大约为 100kΩ。

第 6 步：将万用表挡位拨回直流电压挡，测量并联电阻后检测正极与车身 $U_1$ 和 $U_2$ 的电压，如图 2-47 所示。

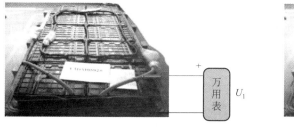 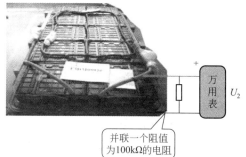

图 2-47 测量并联电阻后检测正极与车身 $U_1$ 和 $U_2$ 的电压

第 7 步：测量并联电阻后，检测负极与车身电压 $U_2$。
第 8 步：测量结束后必须断开维修开关，确保维修安全及高压保护。
第 9 步：动力电池漏电的测量，如图 2-48 所示。

（2）电池漏电测量
① 测量出正极对地的电压为 266.4V。
② 测量出定值电阻为 150kΩ。
③ 测量出并联绝缘电阻正极对地电压为 133.5V。
④ 动力电池漏电的计算如下。

$$\frac{\dfrac{U_1-U_2}{U_2}R}{\text{动力电池当前总电压}} > 500\Omega/V(\text{不漏电}) \qquad \frac{\dfrac{U_1-U_2}{U_2}R}{\text{动力电池当前总电压}} \leqslant 500\Omega/V(\text{漏电})$$

$$(266.4-133.5)\div 133.5\times 150000\div 330 = 452.5\Omega/V < 500\Omega/V(\text{漏电})$$

(a) 正极对地266.4V　　(b) 电阻值150kΩ　　(c) 并联绝缘电阻正极对地133.5V

图 2-48 动力电池漏电的测量

### 4. 检查动力电池总正继电器与总负继电器的性能

动力电池主正继电器与主负继电器如图 2-49 所示。

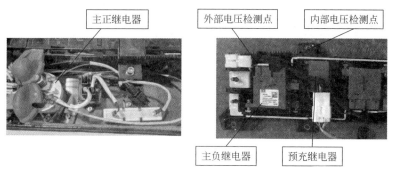

图 2-49 动力电池主正继电器与主负继电器

(1) 目的  防止继电器损坏，确保车辆正常上电。

(2) 要求  用监控软件启动和关闭的功能检查主正和主负继电器的性能，保证高压正常上电。

(3) 工具  万用表、笔记本、CAN 卡。

(4) 方法  用监控软件启动和关闭主正和主负继电器。

① 将诊断线插到诊断接口上，然后将车钥匙置于 ON 挡。

② 开启车辆诊断测试仪，按照屏幕上的显示进行操作，以启动所需功能。

(5) 检查动力电池内部的熔断器  用万用表二极管挡或电阻挡测量熔断器是否导通，如图 2-50 所示。

(6) 检测主正和主负继电器线圈电阻  用万用表检测主正和主负继电器的线圈电阻，如图 2-51 所示。

图 2-50  测量熔断器        图 2-51  检测主正和主负继电器的线圈电阻

(7) 检查动力电池预充电加热电阻  用万用表欧姆挡检测加热电阻是否正常，如图 2-52 所示。

图 2-52  检查动力电池预充电加热电阻

**5. 检查电池模组连接状态**

(1) 目的  防止电池模组螺钉松动。

(2) 要求  确保电池模组电路连接可靠。

(3) 工具  绝缘套筒及扭力扳手。

(4) 方法  使用绝缘套筒扭力扳手紧固模组连接螺栓，检查完成后做好极柱绝缘，如图 2-53 所示。

**6. 检查动力电池外部高压插接件**

(1) 目的  确保接插件连接可靠。

图 2-53 检查电池模组连接状态

（2）要求 检查线束及插件连接紧固状态，无松动、破损、腐蚀等问题。

（3）工具 目测、紧固。

（4）方法 检查动力电池高压插接件有无变形、松脱、过热、损坏的情况，如图 2-54 所示。

① 检查用电器插接件与线束插接件是否对插，并检查是否对插到位。

② 检查线束与插针是否连接牢固、插针是否出现退针、弯曲等异常现象。

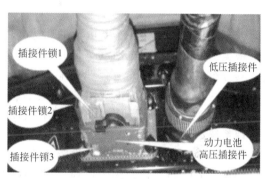

图 2-54 检查动力电池外部高压插接件

③ 根据电路图引脚定义检查插接件线束位置是否正确，如发现问题应予以修理或更换。

## 第三节　动力电池组管理系统

### 一、动力电池组管理系统简介

电动汽车的整车性能很大程度上依赖于动力蓄电池，高性能、高可靠性的电池管理系统能使电池在各种工作条件下获得最佳的性能，通过蓄电池管理系统（BMS）来实时监测电池状态，如电池电压、充放电电流等，预测电池最大允许充放电电流，以提升电池性能和寿命，提高混合动力汽车的可靠性和安全性。

根据电动汽车所采用的电池的类型和动力电池组的组合方法，电池组管理系统主要包括热（温度）管理子系统、电池组管理子系统、线路管理子系统，如图 2-55 所示。

#### 1. 热（温度）管理子系统

温度是直接影响电池性能和寿命的关键性因素，混合动力汽车上使用的动力电池组在工作时都会有发热现象，不同的蓄电池其发热程度各不相同，有的蓄电池采用自然通风即可满足电池组的散热要求，但有的蓄电池则必须采取强制通风来进行冷却，才能保证电池组正常工作并延长蓄电池的寿命。另外，在混合动力汽车上由于动力电池组的各个蓄电池或各个分电池组布置在车架不同的位置上，各处的散热条件和周围环境都不同，这些差别也会对蓄电池充、放电性能和蓄电池的使用寿命造成影响。为了保证每个蓄电池都能有良好的散热条件和环境，将混合动力汽车的动力电池组装在一个强制冷却系统中，使各个蓄电池的温度保持

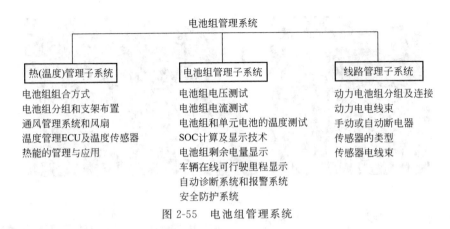

图 2-55 电池组管理系统

一致或相接近,以及使各个蓄电池的周边环境条件相似。

根据动力电池组在电动汽车上的布置,动力电池组的热管理子系统中,为便于动力电池组或其分组的安装,首先应合理安排动力电池组的支架,要求能够实现机械化装卸,便于各种电线束的连接。在动力电池组的支架位置和形状确定后设计通风管道、风扇、动力电池组ECU及温度传感器等,动力电池组水平布置的温度管理系统如图2-56所示,垂直布置的温度管理系统如图2-57所示。

某些蓄电池在工作时,会产生较高的温度,这时,可以充分利用其产生的热量用于取暖和给挡风玻璃除霜等,使热量得到管理与应用。

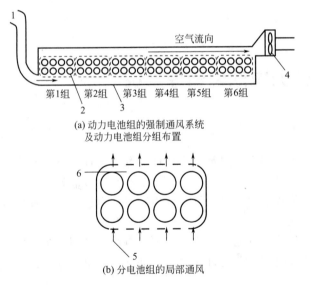

图 2-56 动力电池组水平布置的温度管理系统
1—空气吸入管道；2—分电池组；3—动力电池组密封支架；4—冷却风扇；5—分电池组冷却气流；6—温度传感器

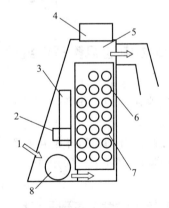

图 2-57 动力电池组垂直布置的温度管理系统
1—冷却空气吸入管道；2—温度传感器；3—电池组管理ECU；4—充电器；5—电池组通风箱；6—单元电池；7—分电池组；8—风扇

## 2. 电池组管理子系统

电池组管理子系统的作用是对电池的组合、安装、充电、放电、电池组中各个电池的不均衡性、电池的热管理和电池的维护等进行监管，使电池组能够提高工作效率，保证正常运转并达到最佳状态，避免发生电池的过充电和过放电，可以有效延长电池的寿命，以及对动力电池组的安全管理和保洁等。电池管理子系统主要包括以下几个方面。

（1）电池的技术性能　不同类型、不同型号和不同使用程度的电池都具有不同的性能，包括电池的容量、工作电压、终止电压、质量、外形尺寸和电池特性（包括记忆特性）等，因此，要对动力电池组建立技术档案。实际上即使是同一型号、同一批量的电池，由于制造原因、电解质的浓度差异和使用情况的不同，性能也不尽相同。如果将性能差异较大的电池组合在一起，会给整个动力电池组的性能带来影响。因此，在安装电池组之前，应对每个电池进行认真检测，将性能差异不大的电池组成动力电池组。

（2）电池状态的管理　混合动力汽车的动力电池组由多个单节电池组成，其基本状态包括充电和放电时双向作业的电压、电流、温度、SOC的比例等。在正常情况下动力电池组的电压、电流、温度、SOC的比例等应能够进行双向计算和显示。

由于多种原因，在动力电池组中个别电池会出现性能的改变，使得动力电池组在充电时不能充足，而在放电时很快将电能放尽，这就要求电池管理系统应能够及时自动检测各个单节电池的状态，当检测出某节电池出现损坏状态时，及时报警，以便将"坏"电池剔出、更换。

（3）动力电池组的安全管理　动力电池组的总电压可以达到400V，如此高的电压对人体会造成危害，应采取有效的隔离措施，一般是将动力电池组与车辆的乘坐区分离，将动力电池组放在地板下面或车架的两侧。在正常的情况下，车辆停止使用时，通常会自动切断电源，只有在混合动力汽车启动时才接通电源，当混合动力汽车发生碰撞或倾覆时，电池管理系统应能立即切断电源，防止高压电引起的人身事故和火灾，并防止电解液造成的伤害，以保证人身安全。

**3. 线路管理子系统**

动力电池组是由很多节单节电池串联组成的，如果是铅酸蓄电池，需要8~32节12V的单节电池串联起来，其他电池需要用更多的单节电池串联而成。为了能够分别安装在混合动力汽车的不同位置处，通常动力电池组上分为多个小的电池组分散进行布置，这样有利于电池组的机械化安装、拆卸和检修。

线路管理子系统管理电池与电池、电池组与电池组之间的线路。当动力电池组的总电压较高时，导线的截面积比较小，有利于电线束的连接和固定，但高电压要求有更可靠的防护；当动力电池组的总电压较低时，电流比较大，线路损耗也很大，需要的导线截面积也比较大，安装不太方便。在各个电池组之间还需要安装连接导线将其串联起来，一般在电池组与电池组之间，装有手动或自动断电器，以便在安装、拆卸和检修时切断电流。另外，在电池管理系统中还有各种传感器线路等，因此在混合动力汽车上有尺寸很长的各种各样的电线束，要求电线之间有可靠的绝缘，并能快速连接。

## 二、动力电池组管理系统的功能

动力电池组管理系统承担着动力电池组的全面管理，一方面要保证动力电池组的正常运作，显示动力电池组的动态响应并及时报警，以便使驾驶人随时都能掌握动力电池组的情况；另一方面要对人身和车辆进行安全保护，避免因电池引起的各种事故。

**1. 动力电池组管理系统的基本功能**

动力电池组管理系统采用先进的微处理器进行控制，通过标准通信接口和控制模块对动力电池组进行管理,一般有以下几个方面。

(1) 动力电池组管理　监视动力电池组的双向总电压和电流、动力电池组的温升,并通过液晶屏幕动态显示出总电压、电流及温升的变化,避免动力电池组过充电或过放电,使动力电池组不会受到人为的损坏。

(2) 单节电池管理　对动力电池组中的单节电池的管理,可以监测单节电池的状态,对单节电池动态电压和温度的变化进行实时监测,以便及时发现单节电池存在的问题,并采取有效的预防措施。

(3) 荷电状态的估计和故障诊断　动力电池组管理系统应具有对荷电状态的估计和故障诊断的功能,能够有效地反映和显示荷电状态SOC。目前对荷电状态的估计误差一般控制在10%左右,配备故障诊断专家系统,可以早期预报动力电池组的故障和隐患。

### 2. 动力电池组管理系统的组成

综合动力电池组管理系统的各种功能,动力电池组管理系统的基本组成如图2-58所示。带有温度测量装置的动力电池组管理系统的基本组成如图2-59所示。带有温度测量装置的动力电池组管理系统,是利用损坏的电池在充电过程中电池的温度高于正常电池温度的原理,用温度传感器来测定和监控每一个电池在充电过程中的温度是否在允许的范围内。如果发现某个电池的温度处于异常状态,荷电状态SOC显示也不正常时,即刻向动力电池组管理系统反馈某个电池在线的响应信息,并由故障诊断系统预报动力电池组的故障。

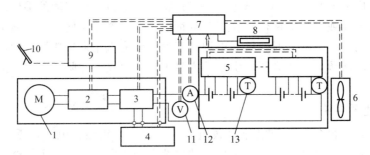

图2-58　动力电池组管理系统的基本组成

1—电动机；2—逆变器；3—继电器箱；4—充电器；5—动力电池组（由多个分电池组组成）；
6—冷却风扇；7—动力电池组管理系统；8—荷电状态SOC显示器；9—车辆中央控制器；
10—驾驶人控制信号输入；11—电压表；12—电流表；13—温度测量计

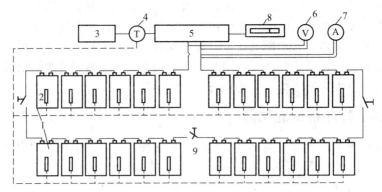

图2-59　带有温度测量装置的动力电池组管理系统的基本组成

1—电池组；2—温度传感器；3—故障诊断器；4—温度表；5—动力电池组
管理系统；6—电压表；7—电流表；8—荷电状态SOC显示；9—断路线

## 三、蓄电池的放电管理

### 1. 蓄电池放电过程中的硫化现象

蓄电池在放电过程中,两极活性物质均转化为硫酸铅。充电不足或者充足电量的蓄电池因过量放电,譬如在 ACC 状态下长时间使用音响设备等,使电解液中存在大量的硫酸铅,如果车辆长期放置不用,硫酸铅就会从电解液中析出,极板上会逐渐生成一层白色的粗晶粒的硫酸铅,这种物质很难在正常充电时溶解还原成活性物质(称为硫酸铅硬化)。同时这种物质会堵塞极板的孔隙,阻碍电解液的渗入,导致容量下降,内电阻增大,启动和充电性能明显下降。充电时,充电电压和电解液温度会异常升高,并过早产生气泡;放电时,电压下降很快,严重影响蓄电池的寿命。

### 2. ACC/ON 电源状态下的自充电方法

传统汽车在 ACC/ON 电源状态下,如果长时间使用音响等电器,由于发动机没有工作,因此交流发电机无法给蓄电池及时充电,很容易使蓄电池过度放电,如果车辆再长时间停放,蓄电池就会出现极板硫化的现象,影响蓄电池的使用。

在混合动力车型中,由于采用了智能启动系统,通过 PS 模块(或者 HCU)实时检测蓄电池的电压,当蓄电池电压下降到所允许的下限值时自动启动充电系统,就可以达到防止蓄电池出现过度放电的现象,从而避免蓄电池出现极板硫化的问题。

如图 2-60 所示是 12V 蓄电池自充电系统拓扑图,该系统主要由无钥匙启动系统(PS)、整车控制器(VCU)、电池管理系统(BMS)和电机控制器(PEU)组成(PEU 内含 DC/DC 功能),可以将直流 288V 的动力电源转换成低压直流电源给 12V 蓄电池充电。

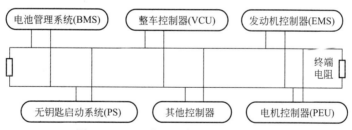

图 2-60　12V 蓄电池自充电系统拓扑图

### 3. 蓄电池自充电系统工作过程

① 整车电源处于 ACC 或 ON 状态时,由于较长时间内使用音响等电器,使蓄电池电压有所降低,当 PS 模块内部电源监测电路检测到电压低于设定值时,开始进入自行充电模式。

② PS 模块控制相应的电路闭合,并向 VCU 提出充电请求。

③ VCU 进行诊断,确认进入 READY 的条件满足,则接通主继电器,使 PEU、BMS、EMS 进入工作状态,并启动 DC/DC 转化,如果同时检测到动力电池 SOC 值低于设定值时,则启动发动机充电。

④ 动力电池的 SOC 值充电到设定值时,停止发动机充电,保持 READY 状态,以备随时行车需要。

⑤ 如不需使用电器,可按 PS 模块上的 POWER 开关退出,使电源回到 OFF 状态。根据上面所述的工作过程,将其转化成如图 2-61 所示的蓄电池自充电流程。

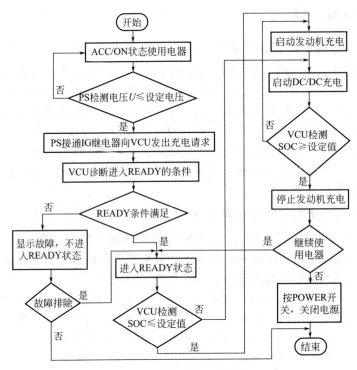

图 2-61 蓄电池自充电流程

# 第三章 电动汽车驱动电动机

## 第一节 电动机类型

早期开发的混合动力汽车上多采用直流电动机,即使到现在,还有一些电动汽车上仍然使用了直流电动机来驱动,但在新研制的混合动力汽车上已基本不再采用直流电动机。直流电动机的优点是具有优良的电磁转矩控制特性,调速比较方便,控制装置简单,价格低廉;缺点是效率较低、重量大、体积大。

### 一、直流电动机

#### 1. 直流电动机的控制系统

在电源电路上,直流电动机可以采用较少的控制元件,一般用斩波器来控制。最常采用的有 IGBT 电子功率开关的斩波器,IGBT 斩波器是在直流电源与直流电动机之间的一个周期性的通断开关装置。斩波器根据直流电动机输出转矩的需要,脉冲输出和变换直流电动机所需电压从 0 到最高电压,与直流电动机输出的功率相匹配,来驱动和控制直流电动机运转。IGBT 斩波器已经商品化,可供用户选用。

直流斩波控制方式由于体积小、重量轻、效率高、可控制性好,而且根据所选的加速度,能平稳加速到理想的速度,所以该控制方式在电力驱动领域得到了广泛应用。如图 3-1 所示为用于直流电动机速度控制的一象限直流斩波控制。四象限运行是指 $x$ 轴表示电动机转速,$y$ 轴表示电流,第一象限就是电动状态。四象限是指正向电动、正向发电、反向电动、反向发电。

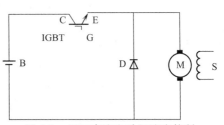

图 3-1 用于直流电动机速度控制的一象限直流斩波控制

一象限直流斩波控制的工作原理是电流经蓄电池正极输出,经绝缘栅极双极型晶体管(insulated gate bipolar transistor,IGBT)的集电极 C 和发射极 E,再经电刷进入电动机 M 的转子,电动机的定子 S 可以是线圈也可能是永磁体。驾驶人踏下加速踏板时,实际上就是电路在控制 IGBT 管的门极 G 的 PWM 波占空比加大,汽车减速时,若定子 S 为永磁体,则电动机转为发电机发电,但发出的电流无法经 IGBT 将电流充入蓄电池。要想在第二象限工作,则可在 IGBT 的 G 和 E 间反加一个大功率二极管,这时电动机再生制动的能量就可以返回蓄电池了。

#### 2. IGBT 结构原理与检测

(1) IGBT 的结构  IGBT 是 MOSFET(场效应晶体管)与 GTR(功率晶体管)的复合器件。它既有 MOSFET 易驱动的特点,又具有功率晶体管电压、电流容量大等优点。其频率特性介于 MOSFET 与功率晶体管之间，可正常工作于几十赫兹的频率范围内，故在较高频率的大、中功率应用中占据了主导地位。

如图 3-2 所示，GTR 由 $N^+$、P、$N^-$、$N^+$ 四层半导体组成，无 $SiO_2$ 绝缘层；MOSFET 由 $N^+$、P、$N^-$、$N^+$ 四层半导体组成，但有 $SiO_2$ 绝缘层；IGBT 由 $N^+$、P、$N^-$、$N^+$、$P^+$ 五层半导体组成，有 $SiO_2$ 绝缘层。图中黑色箭头代表正电子；白箭头代表负电子。仅有电子流动的为单极性管，有正负电子流动的为双极性管。

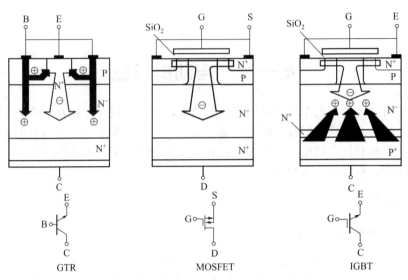

图 3-2　IGBT 等电子元件结构比较

（2）IGBT 的工作原理　GTR 是指集电极 C、基极 B、发射极 E 三个电极，当 B、E 间通过一个小电流，则在 C、E 间有大电流流过，是电流放大电流的器件。MOSFET 是指漏极 D、栅极 G、源极 S 三个极，当 G、S 间施加一个电压，则在 G、S 间有大电流流过，是电压放大电流的器件。IGBT 是指集电极 C、极栅 G、发射极 E 三个极，当 G、E 间施加一个电压，则在 C、E 间有大电流流过，是电压放大电流的器件。

IGBT 通过栅极驱动电压来控制的开关晶体管，工作原理同 MOSFET 相似，区别在于 IGBT 是通过电导调制来降低通态损耗。GTR 电力晶体管饱和压降低，载流密度大，但驱动电流也较大。MOSFET 驱动功率很小，开关速度快，但导通压降大，载流密度小。IGBT 综合了两种器件的优点，驱动功率小而饱和压降低。如图 3-3 所示为 IGBT 功率模块。

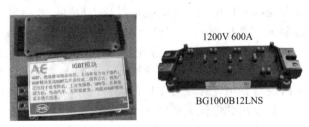

图 3-3　IGBT 功率模块

（3）IGBT 使用注意事项　由于 IGBT 模块为 MOSFET 结构，IGBT 的栅极通过一层氧化膜与发射极实现电隔离。由于此氧化膜很薄，其击穿电压一般仅能承受到 20～30V，所以因静电而导致栅极击穿是 IGBT 失效的常见原因之一。因此，使用中要注意以下几点。

① 在使用模块时，尽量不要用手触摸驱动端子部分，当必须触摸模块端子时，要先将人体或衣服上的静电用大电阻接地进行放电后再触摸；在用导电材料连接模块驱动端子时，在配线未接好之前请先不要接上模块，在良好接地的情况下操作。在应用中有时虽然保证了栅极驱动电压没有超过栅极最大额定电压，但栅极连线的寄生电感和栅极与集电极间的电容耦合，也会产生使氧化层损坏的振荡电压。为此，通常采用双绞线来传送驱动信号，以减少寄生电感。在栅极连线中串联小电阻也可以抑制振荡电压。

② 在栅极-发射极间开路时，若在集电极与发射极间加上电压，随着集电极电位的变化，由于集电极有漏电流流过，栅极电位升高，集电极则有电流流过。这时，如果集电极与发射极间存在高电压，则有可能使 IGBT 发热及至损坏。

③ 在使用 IGBT 的场合，当栅极回路不正常或栅极回路损坏时（栅极处于开路状态），若在主回路上加上电压，则 IGBT 就会损坏。为防止此类故障，应在栅极与发射极之间串接一个 $10k\Omega$ 左右的电阻。

④ 在安装或更换 IGBT 模块时，应十分重视 IGBT 模块与散热片的接触面状态和拧紧程度。为了减少接触热阻，最好在散热器与 IGBT 模块间涂抹导热硅脂，安装时应受力均匀，避免用力过度而损坏。

⑤ 一般散热片底部安装有散热风扇，当散热风扇损坏，散热片散热不良时，将导致 IGBT 模块发热，从而发生故障。因此对散热风扇应定期进行检查，一般在散热片上靠近 IGBT 模块的地方安装有温度感应器，当温度过高时报警或停止 IGBT 模块工作。

(4) IGBT 管极性测量　判断极性，首先将万用表拨在 $R \times 1k$ 挡，用万用表测量时，若某一极与其他两极阻值为无穷大，调换表笔后该极与其他两极的阻值仍为无穷大，则判断此极为栅极 G。其余两极再用万用表测量，若测得阻值为无穷大，调换表笔后测量阻值较小，则在测量阻值较小的一次中，红表笔接的为集电极 C，黑表笔接的为发射极 E。

(5) 检测判断 IGBT 管的好坏　IGBT 管的好坏可用指针式万用表的 $R \times 1k$ 挡来检测，或用数字式万用表的"二极管"挡来测量 PN 结正向压降进行判断。检测前先将 IGBT 管三个引脚短路放电，避免影响检测的准确度；然后用指针式万用表的两支表笔正反测 G、E 两极及 G、C 两极的电阻。正常 G、C 两极与 G、E 两极间的正反向电阻均为无穷大；内含阻尼二极管的 IGBT 管正常时，E、C 极间均有 $4k\Omega$ 的正向电阻。

最后用指针式万用表的红笔接 C 极，黑笔接 E 极，若所测值在 $3.5k\Omega$ 左右，则所测管为含阻尼二极管的 IGBT 管，若所测值在 $50k\Omega$ 左右，则所测 IGBT 管内不含尼二极管。对于数字式万用表，正常情况下，IGBT 管的 C、E 极间正向压降约为 0.5V。

综上所述，内含阻尼二极管的 IGBT 管检测，除红黑表笔连接 C、E 阻值较大，反接阻值较小外，其他连接检测的读数均为无穷大。测得 IGBT 管三个引脚间电阻均很小，则说明该管已击穿损坏，维修中 IGBT 管多为击穿损坏。若测得 IGBT 管三个引脚间电阻均为无穷大，说明该管已开路损坏。

## 二、交流电动机

### 1. 三相异步感应电动机的结构（图3-4）

三相异步感应电动机有鼠笼式异步感应电动机（简称感应电动机）和绕线式异步感应电动机两种。鼠笼式感应电动机是应用最广泛的电动机。

三相异步感应电动机的定子和转子由更薄的硅钢片叠成，两端采用铝盖封装，在转子和定子之间没有相互接触的部件，结构简单，运行可靠，经久耐用，价格低廉，被众多电动汽车所采用。

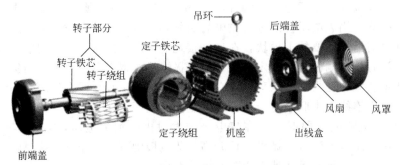

图 3-4　三相异步感应电动机的结构

### 2. 三相异步感应电动机的控制系统

电动汽车上，一般采用发电机或动力电池组作为电源，三相异步感应电动机不能直接使用直流电源。另外，三相异步感应电动机具有非线性输出特性，因此，在采用三相异步感应电动机时，需要应用逆变器中的功率半导体变换器件，将直流电变换为频率和幅值都可以调节的交流电，来实现对三相异步感应电动机的控制。在混合动力汽车上，根据混合动力汽车的结构不同，通常功率电路有交-直-交变频器系统、交-交变频器系统、直-交逆变器系统。

在装有交流发电机的混合动力汽车上，根据动力系统结构模型的要求，可采用如图 3-5(a)、(b) 所示的变频器。如图 3-5(c) 所示的变频器普遍应用在电动汽车上。

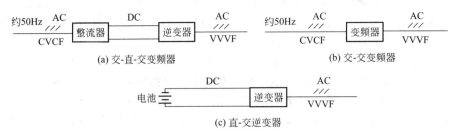

图 3-5　交流电动机调速系统功率电路的基本形式

## 三、永磁电动机

### 1. 永磁电动机的种类

按永久磁铁在永磁电动机上的布置，可以将永磁电动机分为内部永磁型磁性转子（IPM）、表面永磁型磁性转子（SPM）和镶嵌式（混合式）永磁型磁性转子（ISPM）几种结构形式，将永磁磁极按 N 极和 S 极顺序排列组成永磁电动机的磁性转子。

（1）内部永磁型磁性转子　内部永磁型磁性转子的磁路结构可分为径向型磁路结构、切向型磁路结构和混合型磁路结构。

永久磁铁的磁路结构形式如图 3-6 所示。径向型内部永磁转子漏磁小，而且不需要隔离环，但它的每个磁极的有效面积约为切向型内部永磁转子的一半，为了提高径向型内部永磁转子的有效面积，多采用图 3-6 中 5 的截面形状。切向型内部永磁转子会因为 $q$ 轴电枢反应较强，从而减少了有效转矩，可以采用图 3-6 中 8 的形式，在转子上开闭口空气槽，可以改善对其转矩的影响。

（2）表面永磁型磁性转子　表面永磁型转子的应用正在逐渐增多。如图 3-7 所示为表面永磁型磁性转子电动机的横截面图。

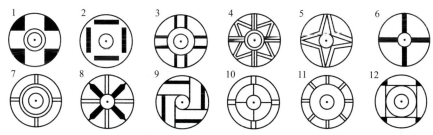

图 3-6 永久磁铁的磁路结构形式

1～5—径向型内部永磁转子结构；6～8—切向型内部永磁转子结构；
9—混合型内部永磁转子结构；10～12—表面永磁型转子结构

（3）镶嵌式永磁型磁性转子　如图 3-8 所示为镶嵌式永磁型磁性转子的结构，这种转子可以用嵌入永久磁铁中的励磁绕组来对磁通量进行控制，从而改变永磁电动机的力学特性。

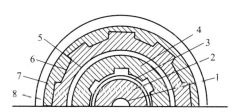

图 3-7 表面永磁型磁性转子电动机的横截面图

1—电动机轴；2—转子；3—转子磁体固定环；4—钕-铁-硼永磁体；5—钕-铁-硼永磁体卡环；6—定子绕组；7—定子铁芯；8—电动机冷却水套

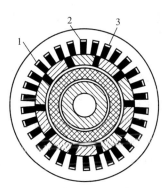

图 3-8 镶嵌式永磁型磁性转子的结构

1—定子绕组；2—励磁绕组；3—永久磁体

## 2. 磁极的数量

一般感应电动机的磁极数量增多以后，电动机在同样的转速下，工作频率随之增加，定子的铜损和铁损也相应增加，将导致功率因数急剧下降。磁阻电动机的磁极数量增多以后，会使电动机输出的最大转矩与最小转矩之间的差值很大，对磁阻电动机的性能影响较大，独立励磁电动机的磁极数量增多以后，将无法达到额定的转矩。而永磁电动机的磁极增加一定数量以后，不仅对电动机的性能没有明显的影响，还可以有效地减小永磁电动机的尺寸和重量。永磁电动机的气隙直径和有效长度，受电动机的额定转矩、气隙磁通密度、定子绕组的线电流密度等参数变化的影响。气隙磁通密度主要受磁性材料磁性的限制，因此需要采用磁能密度高的磁性材料。另外，在气隙磁通密度相同的条件下，增加磁极的数量，就可以减小电动机磁极的横截面面积，从而减小电动机转子铁芯的直径。如图 3-9 所示为四极永磁铁芯与十六极永磁转子铁芯的尺寸比较，减小电动机

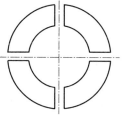　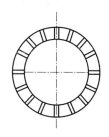

(a) 四极永磁转子铁芯　　　　(b) 十六极永磁转子铁芯

图 3-9 四极永磁转子铁芯与十六极永磁转子铁芯的尺寸比较

的重量、增加磁通密度、改进磁路结构,是提高永磁电动机性能和效率的主要途径,后者的截面面积要小于前者,因此可减弱电枢反应和提高电动机的转速。

### 3. 永磁材料

永磁电动机的永磁材料种类很多,如 KS-磁钢、铁氧体、锰铝碳、铝镍钴和稀土合金等。铁氧体价格低廉,而且去磁特性接近一条直线,但铁氧体的磁能很低,使得永磁电动机的体积增大,结构很笨重。目前主要采用稀土合金永磁材料来制造永磁电动机的磁极,它的能量密度远远超过其他永磁材料制成的磁极。钕-铁-硼(Nd-Fe-B)稀土合金的磁能积最高,有最高的剩磁和矫顽力,加工性能好,资源广泛,应用发展最快,是目前最理想的永磁材料,而且相对价格也比较低。磁极的磁性材料不同,电动机的磁通量密度也不同,磁通量密度大时,永磁电动机的体积和重量都将减小。采用钕-铁-硼(Nd-FeoB)稀土合金永磁材料时,由于其在高温时磁性会发生不可逆的急速衰退,以致完全失去磁性,因此,用钕-铁-硼稀土合金永磁材料制成的永磁电动机的工作温度必须控制在150℃以下,一般在电动机上要采取强制冷却。钕-铁-硼稀土合金永磁材料要比钐-钴(Sm-Co)稀土合金永磁材料具有更好的力学性能,价格也比较便宜。稀土合金永磁材料在制造中都必须进行适当加固,否则不能承受高速运转时的作用力。

### 4. 永磁无刷直流电动机

(1)永磁无刷直流电动机的结构　永磁无刷直流电动机(图3-10)可以看作是一台用电子换向装置取代机械换向的直流电动机,永磁无刷直流电动机主要由永磁电动机本体、转子位置传感器和电子换向电路组成。无论是结构或控制方式,永磁无刷直流电动机与传统的直流电动机都有很多相似之处:用装有永磁体的转子取代有刷直流电动机的定子磁极;用具有多相绕组的定子取代电枢;用由固态逆变器和轴位置检测器组成的电子换向器取代机械换向器和电刷。

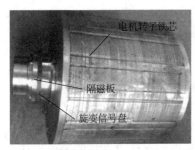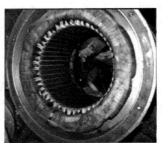

图 3-10　永磁无刷直流电动机

(2)永磁无刷直流电动机的控制系统　永磁无刷直流电动机具有很高的功率密度和宽广的调速范围。永磁无刷直流电动机的控制系统较为复杂,有多种控制策略,采用方波电流(实际上方波为顶宽不小于120°的矩形波)的永磁无刷直流电动机的控制则比较容易,驱动效率也最高。方波电动机可以比正弦波电动机产生大15%左右的电功率,由于磁饱和等因素的影响,三相合成产生的恒定电磁转矩是一种脉动电磁转矩。永磁无刷直流电动机实际上是一种隐极式同步电动机,在正常运行时电枢电流磁动势与永磁磁极的磁动势在空间位置相差90°电角度。在高速运行时通过"弱磁调速"的技术来提速。

永磁无刷直流电动机的基本控制系统由直流电源、电容器、三相绝缘栅双极晶体管逆变器、永磁无刷直流电动机(PMBDC)、电动机转轴位置检测器(PS)、逻辑控制单元120°导通型脉宽调制信号(PWM)发生器驱动电路和其他一些电子器件共同组成。

转轴位置检测器检测转轴位置的信号，经过位置信号处理，将信号输送到逻辑控制单元，码盘检测电动机的转速，经过速度反馈单元和速度调节器对电动机的运行状态进行判别，将信号输送到逻辑控制单元，经过逻辑控制单元计算后，将控制信号传送到 PWM 发生器。

电流检测器按照闭环控制方式，将反馈电流进行综合，经过电流调节器调控，也将电流信号输入 PWM 发生器。

由转轴位置检测器根据转角 $\theta$ 和速度调节器，对电动机的运行状态进行判别，共同发出转子位置的信号 DA、DB、DC，以及电流检测器对电流的调控信号，共同输入 PWM 发生器后，产生脉宽调制的信号，通过自动换流来改变定子绕组的供电频率和电流的大小，控制逆变器的功率开关元件的导通规律。如图 3-11 所示，逆变器的功率开关由上半桥开关元件 $S_1 \sim S_3$ 和下半桥开关元件 $S_4 \sim S_6$ 组成，在同一时刻只有处于不同桥臂上的一个开关元件 IGBT 被导通（例如 $S_1$ 和 $S_6$），电动机的电磁转矩 $T$ 与开关元件导的电流成正比。

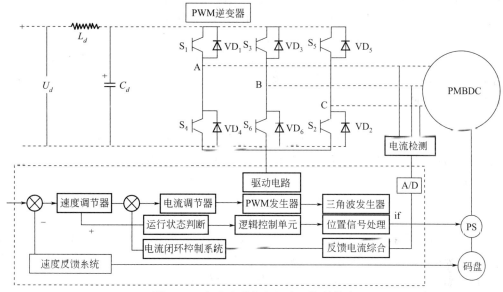

图 3-11 永磁无刷直流电动机控制策略

### 5. 永磁磁阻同步电动机

（1）永磁磁阻同步电动机的结构　永磁磁阻同步电动机是将永久磁铁取代他励同步电动机的转子励磁绕组，将磁铁插入转子内部，形成同步旋转的磁极。电动机的定子与普通同步电动机两层六极永磁磁阻同步电动机的定子和转子一样，如图 3-12 所示，转子上不再用励磁绕组、集电环和电刷等来为转子输入励磁电流，输入定子的是三相正弦波电流，这种电动机称为永磁磁阻同步电动机。

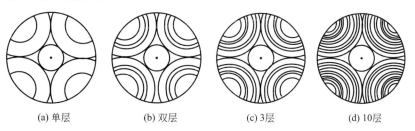

(a) 单层　　(b) 双层　　(c) 3层　　(d) 10层

图 3-12 不同层数的永磁磁阻同步电动机的转子

永磁磁阻同步电动机具有高效率（达 97%）和高比功率（远远超过 1kW/kg）的优点。输出转矩与转动惯量比都大于相类似的三相感应电动机。在高速转动时有良好的可靠性，平稳工作时电流损耗小，永磁磁阻电动机在材料的电磁、磁极数量、磁场衰退等多方面的性能都优于其他种类的电动机，工作噪声也低。

在同步电动机的轴上装置转子位置传感器和速度传感器，它们产生的信号是驱动控制器的输入信号。永磁磁阻同步电动机具有功率密度高、调速范围宽、效率高、性能更加可靠、结构更加简单、体积小的优点。与相同功率的其他类型电动机相比较，更加适合作为 EV、FCEV 和混合动力汽车的驱动电动机。

永磁磁阻电动机为了增加电动机的转矩，采用增加 $q$ 轴磁阻与 $d$ 轴磁阻之差来获得更大的磁阻转矩，因此采用多层的转子结构，有单层、双层、3 层和 10 层等，用于优化转子结构。转子的层数增加，$L_q - L_d$ 也增大，但增加层数超过 3 层，$L_q - L_d$ 变化不大，一般为 2～3 层。

(2) 永磁磁阻同步电动机的控制系统　永磁磁阻同步电动机采用了带有矢量变换电路的逆变器系统来控制，其控制系统由直流电源、电容器、三相绝缘栅双极晶体管（IGBT）逆变器、永磁同步电动机（PSM）、电动机转轴位置检测器（PS）、速度传感器、电流检测器、驱动电路和其他一些元件等共同组成。微处理器控制模块中包括乘法器、矢量变换电路、弱磁控制器、转子位置检测系统、速度调节系统、电流控制系统、PWM 发生器等主要电子器件，PWM 逆变器的作用是将直流电经过脉宽调制变为频率及电压可变的交流电，电压波形有正弦波或方波。

① 转子位置检测器根据检测转子磁极的位置信号和矢量变换电路发出的控制信号，共同通过电流分配信号发生器来对转子位置信号进行调节，产生电流分配信号，将信号分别输入 A、B 乘法器中。

② 速度传感器、速度变换电路和速度调节器，对电动机的运行状态进行判别和处理，将电动机的运行状态信号分别输入 A、B 乘法器中。

③ 控制驱动器采用不同的控制方法，由电流分配信号发生器和速度调节器对系统提供信号，经过乘法器逻辑控制单元的计算后产生控制信号，并与电流传感器输入的电流信号，共同保持转子磁链与定子电流之间的确定关系，将电流频率和相位变换信号分别输入各自独立的电流调节器中，然后输出到 PWM 发生器中，控制逆变器换流 IGBT 开关元件的通断，完成脉宽调制，为永磁同步电动机提供正弦波形的三相交流电，同时控制定子绕组的供电频率、电压和电流的大小，使永磁同步电动机产生恒定的转矩和对永磁同步电动机进行调速控制。

④ 系统的给定量是转子转速的大小，系统可以根据不同的给定速度运行，调速范围宽，调速精度也较高。根据电动机转子位置检测器测得的转子的正方向转角 $\theta$ 位置的信号 DA、DB、DC，使分别属于上桥臂和下桥臂的两个开关元件导通，而且只有在下桥臂的开关元件受控于 PWM 状态时，电动机处于电动状态运转。

根据电动机转轴位置检测器得到的转子反方向转动的信号 DA′、DB′、DC′时，分别属于上桥臂和下桥臂的 6 个开关元件按周期规律交替导通，在每个周期中每个开关元件轮流导通工作 60°电角度，PWM 处于脉宽调制状态时，电动机处于发电状态运转。永磁磁阻同步电动机的控制系统如图 3-13 所示。

(3) 永磁磁阻同步电动机的机械特性　永磁磁阻同步电动机在牵引控制中采用矢量控制方法，在额定转速以下恒转矩运转时，使定子电流相位领先一个 $\beta$ 角，这样，一方面可增加电动机的转矩，另一方面由于 $\beta$ 角领先产生的弱薄作用，使电动机额定转速点增高，从而增

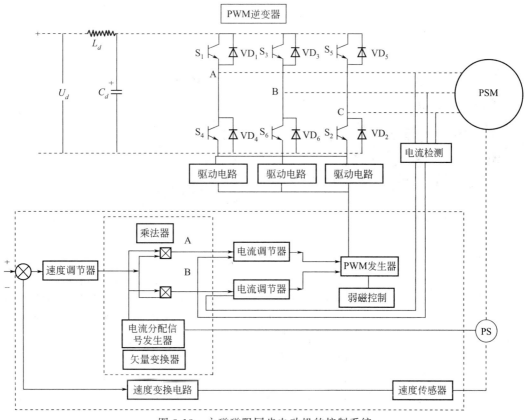

图 3-13 永磁磁阻同步电动机的控制系统

大了电动机在恒转矩运转时的调速范围,如 β 角继续增加,电动机将运行在恒功率状态。永磁磁阻同步电动机能够实现反馈制动。如图 3-14 所示为永磁磁阻同步电动机的力学特性曲线。

## 四、开关磁阻电动机

电动汽车热门的主驱电动机——开关磁阻电动机(swtched relutmce motor, SRM)及其控制调速系统具有免维护、控制简捷便利、启/制动性能好、较佳的动态运行性能和稳态精度、运行效率高、可

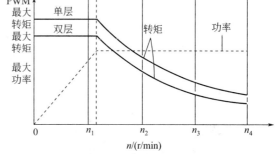

图 3-14 永磁磁阻同步电动机的力学特性曲线

靠性优异、环境适应性强、成本低等特点,正快速普及至家用电器、工矿机械、自动化设备、电子工程、航空、航天及电动车辆等国民经济中的各个领域。

### 1. 结构

开关磁阻电动机硅钢片叠压带绕组的定子磁极和"齿槽"形的转子磁极有不同的极对数。定子极数与转子齿槽数不能相等,又必须相近。只有两者相近,才能加大定子相绕组电感随转角变化的平均变化率,这是提高电动机输出的重要条件。定子绕组可配置为三相、四相、五相等多种类型,定子绕组的组数与其类型相对应。相数较大,其转矩脉动则较小。图 3-15 为拆解的开关磁阻电动机的定转子。

图 3-16 为 8/6 极 SRM 的定转子透视图，用 4 种色彩表示绕组，绕组连接成四相。当前，开关磁阻电动机的定子磁极数和转子齿极数的差值必须有规律，以四相（8/6）结构和三相（12/8）结构应用较多。

图 3-15 拆解的开关磁阻电动机的定转子

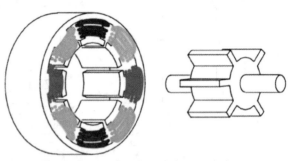

图 3-16 8/6 极 SRM 的定转子透视图

### 2. 原理

开关磁阻电动机不同于由电磁感应作用产生转矩的传统交直流电动机，它由磁路中定转子间气隙磁阻变化的原理产生转矩-磁阻转矩。开关磁阻电动机是因励磁绕组通断状态的变换皆受开关控制而得名。如图 3-17 所示为定转子 8/6 极的开关磁阻电动机的横截面，其中定子直径方向上一对磁极绕组形成一相电路。

开关磁阻电动机运行原理：磁通总是要沿着磁阻最小的路径闭合，转子磁极与定子磁极主轴线相重合时，即是磁阻最小位置，于是就促使转子向最小磁阻的位置转移，励磁绕组依次通电，产生旋转转矩，从而形成旋转的磁场。如图 3-18 所示的转矩作用，类同于励磁的电磁铁吸引铁磁物质而产生拉动转子转动的现象。

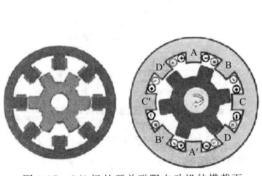

图 3-17 8/6 极的开关磁阻电动机的横截面

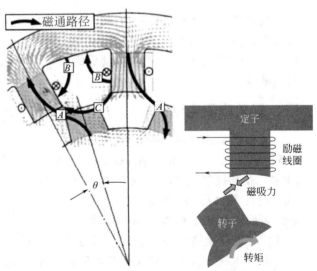

图 3-18 最小磁阻原理及产生的旋转转矩
θ—定转子磁极中心线的夹角

图 3-19 中，$S_1$、$S_2$ 是电子开关，$D_1$、$D_2$ 为二极管，$U$ 是直流电源。定转子磁极对数的差异，使电动机磁路的磁阻随着定转子磁极中心线的重合或错位的不同角度而变化。磁阻反比于电感量，当定转子磁极的中心线相重叠时，相绕组电感量最大，这段磁路有最小的磁阻；而当定子磁极的中心线与转子两极间（相当于"槽"）的中心线对准时，该段磁路磁阻

最大，相绕组电感量最小。正因如此，SRM 也被称为可变磁阻电动机。

图 3-19 中仅标出 A 相励磁绕组及其供电电路。"磁阻最小原理"揭示，磁通会沿着磁阻最小途径闭合，转子的凸极中心轴线与励磁定子凸极磁场轴线相重合时，磁路有最小磁阻。亦即通电的一组励极对产生的磁通会追逐到最近的磁导体闭合磁通，由于磁通总是沿磁阻最小的路径闭合而产生力矩，将转子由 0°旋转到 10°，实现最小磁阻。当 A-A′极

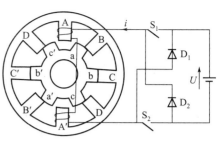

图 3-19　一对磁极通电的情况

励磁时，转子 a-a′向定子 A-A′轴线重合的位置转动，这时 A 相励磁绕组的电感量 $L$ 最大。若以图 3-19 定转子的相对位置作为起始态，依次给 D→A→B→C 相绕组通电，转子即会逆着励磁顺序以逆时针方向连续转动；相反，若依次给 B→A→D→C 相通电，则电动机即会沿顺时针方向转动。故依次对 A-A′、B-B′、C-C′、D-D′按顺序变换绕组正负极通电，即可控制形成一个固定转向的旋转磁场。完整的相位变换，使采用简单的开关变换电路便可实现转向的变换。其顺序是，A-A′相绕组通电→a-a′与 A-A′重合；B-B′相绕组通电→b-b′与 B-B′重合；C-C′相绕组通电→c-c′与 C-C′重合；D-D′相绕组通电→a-a′与 D-D′重合；电动机转子便会逆励磁顺序方向连续旋转。

当向 A～D 各相绕组依次通电流时，电动机转子会逐步沿着逆励磁顺序方向连续旋转。若改变各相绕组通电的顺序，电动机将改变旋转方向。但是，绕组相电流通电的方向，并不会影响转子旋转的方向。亦即开关磁阻电动机的转向与相绕组电流方向无直接关联，而仅取决于各相绕组通电的顺序。

励磁供电回路的每个开关晶体管皆并联一个二极管用来续流。当主开关器件 $S_1$、$S_2$ 导通时，A 相绕组从直流电源 $U$ 吸收电能，而当 $S_1$、$S_2$ 断开时，绕组电流经续流二极管 $D_1$、$D_2$ 继续流通，并回馈电能给电源 $U$。图 3-20 为 6/4 极三相 SRM 的供电回路，图中配置的电容器用以抑制电源电压的波动和由此所引起的电动机电磁噪声。

开关磁阻电动机使电动机无需受三相交流电的局限，而采用多相的旋转磁场。当然，简单的开关电路基于复杂精准的控制系统，多相位的变换也需要精准的转子位置信息才能实现。开关磁阻电动机回避了三相交流电动机极对数越少转速越高、极对数越多旋转转矩越大的特性，实现了转矩与转速同步，能在较宽范围内按需求提供转速，不受制于负载。

开关磁阻电动机传动的一大特色是具有再生作用。如图 3-21 所示，在转矩 $T$ 的发电机工作段，电动机反过来向系统馈送能量，呈发电机状态。

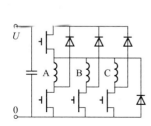

图 3-20　6/4 极三相 SRM 的供电回路

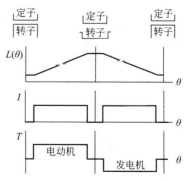

图 3-21　定转子不同相对位置的电感电流和转矩

转矩和励磁绕组的电感对转子位置角 θ 的变化率呈正比关系。只有当绕组电感随转子位置角增大时，给绕组通电才能产生正向电动转矩；而当电感随转子位置角变化下降时，若绕组中仍有电流，则将产生制动转矩。必须注意：相绕组关断后，因电感的延迟作用电流不能突变为 0，为防止绕组电流延续到负转矩区（制动转矩），必须在绕组电感开始下降前，提前关断绕组。

### 3. 开关磁阻电动机调速系统的组成

开关磁阻电动机的调速控制原理是通过控制加至 SRM 绕组端的电流脉冲的幅度、宽度及其与转子相对位置的导通角、关断角来实现的，从而控制开关磁阻电动机转矩大小与方向，成为一种新型的无级调速驱动系统，广为应用。

正是因为开关磁阻电动机是一类机电一体化的产品，实际现场使用，电动机无法直接连接一个简单的交流或直流电源来驱动负载工作，必须和驱动控制部分不可分割地联系在一起，形成一个系统。开关磁阻电动机调速系统（SRD），由开关磁阻电动机、功率变换器、控制器和位置检测器等几部分组成，也有把功率变换器和控制电路合称为控制器的，而转子位置检测器一般总是装置在电动机的非输出轴一侧。如图 3-22 所示为 SRM 及其简化的 SRD 系统。如图 3-23 所示为可供调速控制的 SRD 系统。

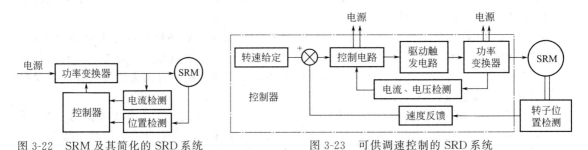

图 3-22　SRM 及其简化的 SRD 系统　　图 3-23　可供调速控制的 SRD 系统

## 第二节　变　频　器

### 一、变频器的功能和特点

#### 1. 功能

电动汽车上，采用动力电池组的直流电作为电源，和采用三相交流电动机作为驱动电动机时，三相交流电动机不能直接使用直流电源，另外三相交流电动机具有非线性输出特性，需要应用变频器中的功率半导体变换器件，来实现直流电源与三相交流电动机之间电流的传输和变换，并要求能够实现频率调节，在所调节的频率范围内保持功率的连续输出，同时实现电压的调节，能够在恒定转矩范围内维持气隙磁通恒定。将直流电变换为频率和幅值可调且电压可调的交流电来驱动三相交流电动机。

#### 2. 特点

用变频器对三相交流电动机进行调速控制的控制系统的特点如下。

① 实现了对三相交流电动机的调速控制，拓宽了交流电动机的转速范围，实现恒功率范围内的运转，可以对交流电动机进行高速驱动。

② 可以实现大范围内的高效率连续调速控制。进行高频率启动和停止运转，并进行电

气制动，快速控制交流电动机的正、反转的切换。

③ 所需要的电源容量较小，电源功率因数较大，可以用一台变频器对数台交流电动机进行控制，组成高性能的控制系统等。

### 3. 基本结构模型

变频器在混合动力汽车上应用十分普遍，变频器的基本功率电路有以下几种。

（1）交-直-交逆变器系统　在有 220V/380V 交流电源处，一般采用交-直-交逆变器系统，其基本功率电路如图 3-24 所示。

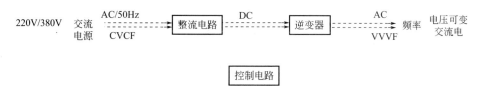

图 3-24　交-直-交逆变器系统基本功率电路

（2）交-交变频器系统　在有 220V/380V 交流电源处，还可以采用交-交变频器系统，其基本功率电路如图 3-25 所示。

图 3-25　交-交变频器系统基本功率电路

（3）直-交逆变器系统　在混合动力汽车有直流动力电池组电源时，还可以采用直-交逆变器系统，其基本功率电路如图 3-26 所示。

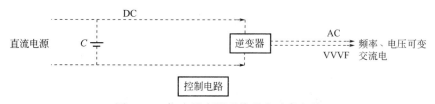

图 3-26　直-交逆变器系统基本功率电路

## 二、变频器的种类

随着电气设备技术的发展，变频器和逆变器都是采用现代电子控制技术或智能控制，使它们在多种电动机的控制上得到广泛应用，变频器有多种结构模型和多种应用场合，可以用以下方法分类，使读者对变频器有一个较完整的了解。

### 1. 按主要功率电路分

（1）电压型变频器　电压型变频器又称为电压源逆变器，其基本电路如图 3-27 所示，最简单的电压型变频器由可控整流器和电压型逆变器组成，用晶闸管整流器调压，逆变器调频，电源电流经过整流器整流为直流电，经平滑大电容滤波，使得中间直流电源近似恒压源和低阻抗，经过逆变器输出的交流电压，具有电压源性质，不受负载性质的影响，适合于多电动机的驱动，但调速动态响应较慢，由于反馈能量传送到中间直流电环节并联的电容中，会导致直流电压上升，为防止换流器件被损坏，需要在功率电路中配置专门的放电电路。

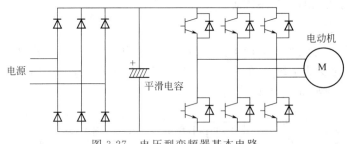

图 3-27　电压型变频器基本电路

电压型变频器的三相逆变电路是由六个具有单向导电性的功率半导体电子开关组成的，每个电子开关上反并联一个续流二极管，六个电子开关每隔 60°电角度触发导通一次。

（2）电流型变频器　电流型变频器又称为电流源逆变器，其基本电路如图 3-28 所示，最简单的电流型变频器由晶闸管整流器和电流逆变器组成，用晶闸管整流器调压，逆变器调频，电源电流经过整流器整流为直流电，利用串联在回路中的大容量电感起限流作用，使得中间直流电波平滑输出，逆变器向负载输出的交流电流为不受负载影响的矩形波，具有电流源性质，电流型变频器调速动态响应快，可以实现正、反转动并便于反馈制动。

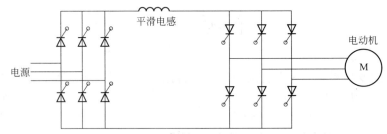

图 3-28　电流型变频器基本电路

在电动机制动时，可以通过中间直流电环节的电压反向的方式使整流电路变为逆变电路，将负载反馈的能量回馈给电源，而且在负载短路时比较容易处理，更适合于混合动力汽车应用。电流型变频器的三相逆变电路仍然由六个具有单向导电性的功率半导体电子开关所组成，但在每个电子开关上没有反并联续流二极管。

### 2. 按开关方式分

变频器按开关方式分类，是指按变频器中的逆变器开关方式分类，一般分为以下几种。

（1）PAM（pulse amplitude modulation）控制　PAM 称为脉冲振幅调制，是指在变频器整流电路中对输出电压（电流）的幅值进行控制，以及在变频器逆变电路中对输出的频率进行控制的控制方式，PAM 控制时，在逆变器中换流器件的开关频率（载波频率）为变频器的输出频率，是一种同步调速方式。

PAM 控制载波频率比较低，在用 PAM 控制进行调速驱动时，电动机的运转效率高，噪声较低。但 PAM 控制必须对整流电路和逆变器电路同时进行控制，控制电路比较复杂，另外在电动机低速运转时波动较大，其基本电路如图 3-29 所示。

（2）PWM（pulse width modulation）控制　PWM 称为脉冲宽度调制，是在变频器的

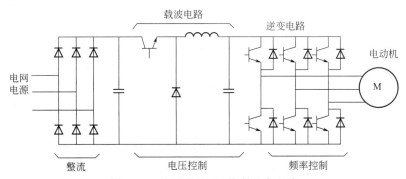

图 3-29 电压型 PAM 控制基本电路

逆变电路中，同时对输出电压（电流）的幅值和频率进行控制的控制方式。在 PWM 控制时，比较高的频率对逆变电路的半导体开关元器件进行通断控制，通过改变输出脉冲的宽度来达到控制电压（电流）的目的。PWM 控制时变频器输出的频率不等于逆变电路换流器件的开关频率，属于异步调速方式。

PWM 控制方式可以减少高次谐波带来的各种不良影响，转矩波动小，控制电路简单，成本也较低。但当载波频率不合适时，电动机在运转时会产生较大的运转噪声，在系统中增加一个调整变频器载波频率的系统，即可降低电动机在运转时的运转噪声。

通常采用正弦波 PWM 的控制，通过改变 PWM 输出的脉冲宽度，使电压的平均值近似于正弦波，可以使异步电动机在进行调速运转时能够更加平稳。电压型 PWM 控制基本电路如图 3-30 所示。

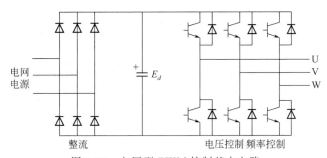

图 3-30 电压型 PWM 控制基本电路

（3）高载频 PWM 控制　高载频 PWM 称为高载脉冲宽度调制，是 PWM 控制方式的改进，在高载频 PWM 控制方式中，将载频的频率提高到超过人耳可以分辨的频率（10～20kHz）以上，从而降低电动机运转噪声，由于高载频 PWM 要求逆变器的换流器件的开关速度很快，因此只能采用 IGBT 和 MOSFET 等有较大容量的半导体元器件，但变频器的容量还是受到限制，高载频 PWM 控制时变频器输出的频率不等于逆变电路换流器件的开关频率，属于异步调速方式，高载频 PWM 控制适用于低噪声型变频器。

### 3. 按工作原理分

（1）$V/f$ 变频器　$V/f$（幅/频比）变频器在工作时对变频器的电压幅度和频率同时进行控制，使 $V/f$ 保持一定，来获得电动机所需要的转矩。$V/f$ 控制方式是一种比较简单的控制方式，多用于对精度要求不太高的通用变频器中，控制电路的成本也比较低。

（2）转差率控制变频器　转差率控制变频器是由 $V/f$ 变频器的改进，在转差率控制变频器控制系统中，利用装在电动机上的速度传感器的速度闭环控制和变频器电脉冲控制电动机的实际转速。变频器的输出频率则是由电动机的实际转速与所需要转差频率而被自动设定的,从而达到在进行速度调控的同时控制电动机输出转矩的目的。这种变频器的优点是在负载发生较大变化时,仍然可以保持较高的速度精度和较好的转矩特性。

(3) 矢量控制变频器　矢量控制变频器的原理是将交流电动机定子电流进行矢量变换,按矢量变换规律由三相变为两相,将静止坐标转换为旋转坐标,把交流电动机定子电流矢量分为产生磁场的励磁电流分量和与其相垂直的产生转矩的转矩电流分量。在控制中同时对定子电流的幅值和相位进行控制,也就是对定子电流矢量的控制。

矢量控制方式可以对交流电动机进行高性能的控制,采用矢量控制方式不仅使交流电动机的调速范围可以达到直流电动机的水平,而且可以控制交流电动机产生的转矩。采用矢量控制方式一般需要准确地掌握所控制的电动机的性能参数,因此需要变频器与专用电动机配套使用,新型矢量控制方式具有自调整功能,自调整矢量控制方式可以在电动机正常运转之前,自动对电动机的运转参数进行识别,并根据识别情况调整和控制计算中的有关参数,使得自动调整矢量控制方式能够应用到普通交流电动机上。

### 4. 按用途分

(1) 通用变频器　通用变频器可以对普通交流电动机进行控制。分为简易型通用变频器和高性能通用变频器两种。简易型通用变频器,主要用于对调速性能要求不高的场合。高性能通用变频器在控制系统硬件和软件方面增加了相应的功能,用户可以根据电动机负载的特性选择算法和对变频器的参数进行设定。如图 3-31 所示为通用变频器的内部结构,此类通

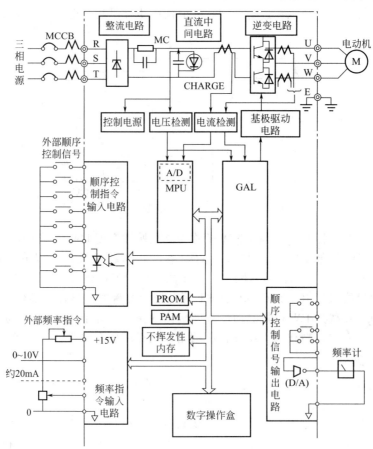

图 3-31　通用变频器的内部结构

用变频器具有以下功能。

① 对电动机具有全区域自动转矩补偿功能，防止失速功能和过转矩限定运行等。

② 对带励磁释放型制动器电动机进行可靠的驱动和调速控制，并保证带励磁释放型制动器电动机的制动器能够可靠释放。

③ 减少机械振动和降低冲击作用的功能。

④ 运转状态检测显示功能，根据设定机械运行的互锁，使操作人员及时了解和控制变频器的运行状态，对机械进行保护等。

（2）高频变频器　在混合动力汽车上常采用高速电动机，用 PAM 控制方式控制的高速电动机用变频器输出的频率可达到 3kHz，可以在驱动交流电动机时，最高转速可达到 18000r/min。

（3）高性能专用变频器　高性能专用变频器基本上都采用矢量控制方式，并与专用电动机配套使用，在调速性能和对转矩的控制方面都超过了直流伺服系统，而且能够满足特定的电动机的需要，一般在混合动力汽车上都采用高性能专用变频器进行控制。

高性能专用变频器的主要功能如下。

① 根据驾驶操纵装置输入的信号和各部分传感器的反馈信号自动调节与控制电动机的转速与转矩。

② 在恒转矩范围和恒功率的大范围内对电动机的转速和转矩进行调节与控制。

③ 蓄电池过电压或不足电压的限制。

④ 制动能量的反馈回收。

⑤ 自动热控制、保护系统和安全系统。

⑥ 在显示屏上显示蓄电池、动力系统和车辆的动态信号等。

⑦ 各种不同控制方式变频器的特点。

各种控制方式变频器的应用范围和基本特性对比如表 3-1 所示。

表 3-1　各种控制方式变频器的应用范围和基本特性对比

| 比较项目 | | 控制方式 | | | |
| --- | --- | --- | --- | --- | --- |
| | | $V/f$ 控制 | 转差频率控制 | 矢量控制（无速度传感器） | 矢量控制（有速度传感器） |
| 变频器形式 | 电压型变频器 | 适合 | 适合 | 不适合① | 不适合① |
| | 电流型变频器 | 适合 | 适合 | 适合 | 适合 |
| | 电压型 PWM 变频器 | 适合 | 适中 | 适合 | 适合 |
| 速度传感器 | | 不需要 | 需要 | 不需要 | 需要 |
| 速度控制 | 零速运行 | 不可 | 不可 | 不可 | 可 |
| | 极低速运行 | 不可 | 可 | 不可 | 可 |
| | 速度控制范围 | (1:0)~(1:12) | (1:20)~(1:50) | (1:20)~(1:50) | 1:1000 |
| | 响应速度 | 慢 | 快于 $V/f$ 控制 | 快 | 快（30~1000rad/s）|
| | 定常精度 | 转差随负载转矩 | 模拟控制 0.1%<br>数字控制 0.1% | 0.5% | 模拟控制 0.1%<br>数字控制 0.01% |
| 转矩控制 | 是否适合 | 不可 | 一般不用 | 适合 | 适合 |
| | 响应速度 | 慢 | 快 | 快 | 快 |
| 电路结构 | | 最简单 | 简单 | 最复杂 | 复杂 |

续表

| 比较项目 | | 控制方式 | | | |
|---|---|---|---|---|---|
| | | $V/f$ 控制 | 转差频率控制 | 矢量控制（无速度传感器） | 矢量控制（有速度传感器） |
| 特征 | 优点 | (1)结构简单<br>(2)容易调整<br>(3)可以用于普通电动机 | 加减速和定常特性优于 $V/f$ 控制 | (1)可以进行转矩控制<br>(2)不需要PG<br>(3)转矩响应速度快 | (1)转矩性能控制好<br>(2)转矩响应速度快<br>(3)速度控制范围宽 |
| | 缺点 | (1)低速时难以保证转矩<br>(2)不能进行转矩控制<br>(3)急加速和负载突增时将发生失速 | (1)需要设定转差频率<br>(2)需要高精度的PG | 需要正确设定电动机参数 | (1)需要正确设定电动机参数<br>(2)需要高精度的PG |

①由于采用的是电压源，因此无法在逆变电路部分对瞬时电流进行控制。

# 第四章　北汽纯电动汽车

## 第一节　北汽纯电动汽车的组成

### 一、主要部件安装位置

新款北汽纯电动汽车整车前舱布置如图 4-1 所示。

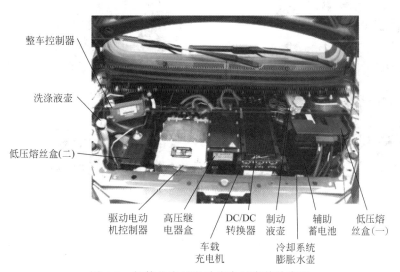

图 4-1　新款北汽纯电动汽车整车前舱布置

### 二、主要部件结构

#### 1. 动力电池

北汽 EV200 采用的是三元锂离子电池,其动力电池系统主要由动力电池模组、电池管理系统、电池箱体及辅助元器件四部分组成。动力电池的组成及结构如图 4-2 和图 4-3 所示。电池组的参数如表 4-1 所示。

表 4-1　电池组的参数

| 项目 | SK +30.4kW·h | PPST +25.6kW·h |
| --- | --- | --- |
| 零部件号 | E00008302 | E00008417 |
| 额定电压/V | 332 | 320 |
| 电芯容量/A·h | 91.5 | 80 |

续表

| 项目 | SK +30.4kW·h | PPST +25.6kW·h |
| --- | --- | --- |
| 额定能量/kW·h | 30.4 | 25.6 |
| 连接方式 | 3P91S | 1P100S |
| 电池系统供应商 | BESK | PPST |
| 电芯供应商 | SKI | ATL |
| BMS供应商 | SK innovation | E-power |
| 总质量/kg | 291 | 295 |
| 总体积/L | 240 | 240 |
| 工作电压范围/V | 250~382 | 250~365 |
| 能量密度/(W·h/kg) | 104 | 86 |
| 体积比能量/(W·h/L) | 127 | 107 |

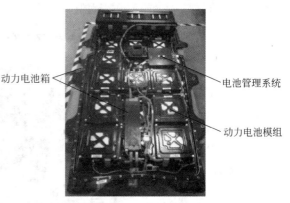

图 4-2 动力电池的组成

(1) 电池模组

① 电池单体 构成动力电池模块的最小单元。一般由正极、负极、电解质及外壳等构成。可实现电能与化学能之间的直接转换。

② 电池模块 一组并联的电池单体的组合，该组合额定电压与电池单体的额定电压相等，是电池单体在物理结构和电路上连接起来的最小分组，可作为一个单元替换。

③ 模组 由多个电池模块或单体电芯串联组成的一个组合体。

(2) 电池管理系统

① BMS的作用 电池保护和管理的核心部件，在动力电池系统中，它的作用就相当于人的大脑。它不仅要保证电池的安全可靠使用，而且要充分发挥电池的能力和延长使用寿命，作为电池和整车控制器以及驾驶者沟通的桥梁，通过控制接触器控制动力电池组的充放电，并向VCU上报动力电池系统的基本参数及故障信息。

② BMS具备的功能 通过电压、电流及温度检测等功能实现对动力电池系统的过压、欠压、过流、过高温和过低温保护、继电器控制、SOC估算、充放电管理、均衡控制、故障报警及处理、与其他控制器通信功能等功能；此外电池管理系统还具有高压回路绝缘检测功能，以及为动力电池系统加热功能。

③ BMS的组成 按性质可分为硬件和软件，按功能可分为数据采集单元和控制单元。

④ BMS的硬件 主板、从板及高压盒，还包括采集电压线、电流、温度等数据的电子器件。

⑤ BMS 的软件  监测电池的电压、电流、SOC 值、绝缘电阻值、温度值，通过与 VCU、充电机的通信，来控制动力电池系统的充放电。

（3）辅助元器件  主要包括动力电池系统内部的电子电器元件，如熔断器、继电器、分流器、接插件、紧急开关、烟雾传感器等；维修开关以及电子电器元件以外的辅助元器件，如密封条，绝缘材料等。

注：以动力电池为例说明如下。

动力电池系统的额定电压＝单体电芯额定电压×单体电芯串联数

动力电池系统的容量＝单体电芯容量×单体电芯并联数量

动力电池系统的总能量＝动力电池系统的额定电压×动力电池系统的容量

动力电池系统重量比能量＝动力电池系统总能量÷动力电池系统重量

（4）工作原理  动力电池模组放置在一个密封并且屏蔽的动力电池箱内，如图 4-4 所示，动力电池系统使用可靠的高压接插件与高压控制盒相连，然后输出的直流电由电动机控制器转变为三相交流高压电，驱动电动机工作；系统内的 BMS 实时采集各电芯的电压、各温度传感器的温度值、电池系统的总电压值和总电流值等数据，时时监控动力电池的工作状态，并通过 CAN 线与 VCU 或充电机之间进行通信，对动力电池系统进行充放电等进行综合管理。

图 4-3  动力电池的结构

图 4-4  动力电池模组的放置

### 2. 整车控制器

整车控制器是进行纯电动轿车动力控制及电能管理的载体，如图 4-5 所示。一方面，VCU 通过自身数据采集模块获取驾驶员需求信息；另一方面与电动机控制器、电池管理系统、电动辅助系统等部件组成 CAN 总线网络，可以实时获取当前整车状态、电动机、电池、电动辅助等部件的参数，采用优化算法协调电动辅助部件和电动机运行，在满足驾驶员对整车动力性和舒适性需求的前提下，最大限度地节约电能的消耗。

### 3. 车载充电机

车载充电机安装位置如图 4-6 所示。

（1）功用

① 为动力电池进行充电，为其补充电能。

图 4-5  整车控制器

② 具有CAN通信功能，收到允许充电信号后，将输入220V交流电，经过滤波整流后，通过升压电路和降压电路，输出适合的电压和电流给动力电池进行充电。

(2) 车载充电机工作流程

① 交流供电。

② 低压唤醒整车控制系统。

③ BMS检测充电需求。

④ BMS给车载充电机发送工作指令并闭合继电器。

⑤ 车载充电机开始工作，进行充电。

⑥ 电池检测充电完成后，给车载充电机发送停止指令。

⑦ 车载充电机停止工作。

⑧ 电池断开继电器。

(3) 快充线束　连接快充口到高压盒之间的线束如图4-7所示。接整车低压线束脚：1脚为A－（低压辅助电源负极）；2脚为A＋（低压辅助电源正极）；3脚为CC2（充电连接器确认）；4脚为S＋（充电通信CAN-H）；5脚为S－（充电通信CAN-L）；6脚为车身搭铁。

图4-6　车载充电机安装位置

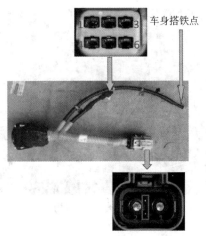

图4-7　连接快充口到高压盒之间的线束

快速充电接口如图4-8所示。

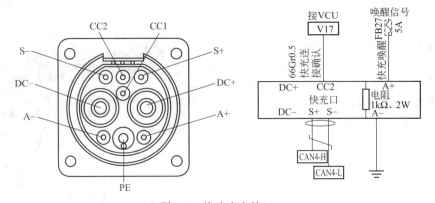

图4-8　快速充电接口

DC－—直流电源负；DC＋—直流电源正；PE—车身地（搭铁）；A－—低压辅助电源负极；A＋—低压辅助电源正极；CC1—充电连接确认；CC2—充电连接确认；S＋—充电通信CAN-H；S－—充电通信CAN-L

(4) 慢充线束　连接慢充口到车载充电机之间的线束,如图4-9和图4-10所示。

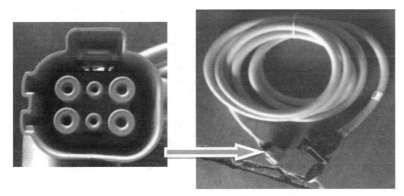

图4-9　慢充口到车载充电机之间的线束

(5) 车载充电机端子接口　车载充电机端子接口及接口定义如图4-11和图4-12所示。低压控制端子如图4-13所示。

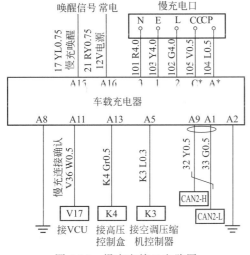

图4-10　慢充电接口电路图

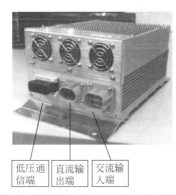

图4-11　车载充电机端子接口

(a) 交流输入端

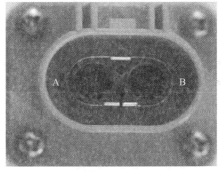

(b) 直流输出端

图4-12　接口定义

A脚—电源负极；B脚—电源正极；1脚—L（交流电源）；2脚—N（交流电源）；3脚—PE［车身地（搭铁）］；4脚—空；5脚—CC（充电连接确认）；6脚—CP（控制确认线）

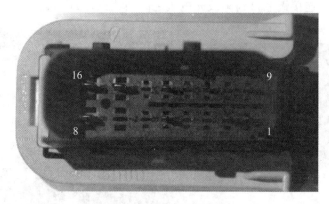

图 4-13 低压控制端子

1脚—CAN-L；2脚—CAN-GND；3,4,6,7,10,12,14—CP（预留）；5脚—互锁输出（到高压盒低压插件）；8脚—GND；9脚—新能源 CAN-H；11脚—CC 信号输出；13脚—互锁输入（到空调压缩机低压插件）；15脚—12V+ OUT；16脚—12V+ IN

### 4. DC/DC 转换器

DC/DC 转换器的安装位置如图 4-14 所示。

（1）功用

① 将动力电池的高压直流电转换为能够为整车所使用的低压直流电。

② 整车上电所用的电是蓄电池提供的 12V 的低压电，整车启动以后动力电池代替蓄电池，通过 DC/DC 转换器为整车提供低压电。

（2）DC/DC 转换器的工作流程

① 整车 ON 挡上电或充电唤醒上电。

② 动力电池完成高压系统预充电流程。

③ VCU 发给 DC/DC 转换器使能信号。

④ DC/DC 转换器开始工作。

（3）接口定义及端口含义  DC/DC 转换器接口定义及各端子含义如图 4-15 和图 4-16 所示。

图 4-14 DC/DC 转换器的安装位置

图 4-15 DC/DC 转换器的接口

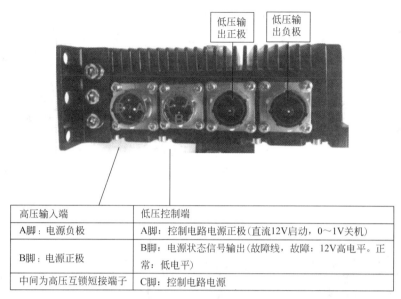

| 高压输入端 | 低压控制端 |
|---|---|
| A脚：电源负极 | A脚：控制电路电源正极（直流12V启动，0～1V关机） |
| B脚：电源正极 | B脚：电源状态信号输出（故障线，故障：12V高电平。正常：低电平） |
| 中间为高压互锁短接端子 | C脚：控制电路电源 |

图 4-16　DC/DC 转换器各端子含义

### 5. 高压部件

（1）工作条件

① 高压输入范围为 DC 290～420V。

② 低压使能输入范围为 DC 9～14V。

（2）判断 DC/DC 转换器是否工作的方法

① 保证整车线束正常连接的情况下，上电前使用万用表测量铅酸蓄电池端电压，并记录。

② 整车上通电，继续读取万用表数值，查看变化情况，如果数值在 13.8～14V 之间，判断为 DC/DC 转换器工作。

（3）整车高压线束分布　整车共分为 5 段高压线束，如图 4-17 所示。

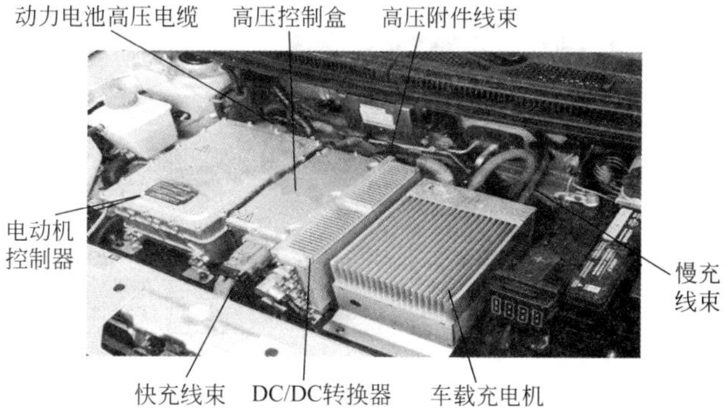

① 动力电池高压电缆　连接动力电池到高压盒之间的线缆。

② 电动机控制器电缆　连接高压盒到电动机控制器之间的线缆。

③ 快充线束　连接快充口到高压盒之间的线束。

④ 慢充线束　连接慢充口到车载充电机之间的线束。

⑤ 高压附件线束（高压线束总成）　连接高压盒到 DC/DC 转换器、车载充电机、空调压缩机、空调 PTC 之间的线束。

图 4-17　高压线束

a. 动力电池高压电缆　连接动力电池到高压盒之间的线缆，如图 4-18 所示。

b. 电动机控制器电缆　连接高压盒到电动机控制器之间的线缆如图 4-19 所示。

c. 高压附件线束（高压线束总成）　连接高压盒到 DC/DC 转换器、车载充电机、空调

图 4-18 动力电池高压电缆

接高压盒端：B 脚—电源正极；A 脚—电源负极；C 脚—互锁线短接；D 脚—互锁线短接

接动力电池端：1 脚—电源负极；2 脚—电源正极

注：中间互锁端子

图 4-19 连接高压盒到电动机控制器之间的线缆

接高压盒端：B 脚—电源正极；A 脚—电源负极；C 脚—互锁线短接；D 脚—互锁线短接

压缩机、空调 PTC 之间的线束如图 4-20 所示。高压附件线束（高压线束总成）接口定义如图 4-21 所示。

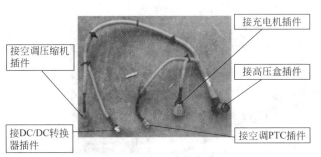

图 4-20 高压附件线束

图 4-21 高压附件线束接口定义

接高压盒插件：A—DC/DC 转换器电源正极；B—PTC 电源正极；C—压缩机电源正极；D—PTC-A 组负极；E—充电机电源正极；F—充电机电源负极；G—DC/DC 转换器电源负极；H—压缩机电源负极；J—PTC-B 组负极；L—互锁信号线；K—空引

d. 高压线束总成接口定义

ⓐ 接充电机插件端子如图 4-22 所示。

ⓑ 接 DC/DC 转换器插件、接空调 PTC 插件端子如图 4-23 和图 4-24 所示。

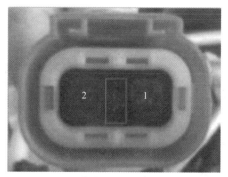

(a) 接充电机插件　　　　　　　　(b) 接空调压缩机插件

图 4-22　接充电机插件端子

A—电源负极；B—电源正极；4—电源正极；2—电源负极；中间—互锁端子

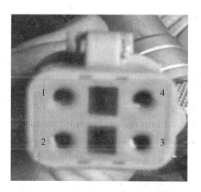

图 4-23　接 DC/DC 转换器插件端子　　　图 4-24　接空调 PTC 插件端子

A—电源负极；B—电源正极；　　　　1—PTC-A 组负极；2—PTC-B 组负极；
1—互锁信号输入；2—互锁信号输出　　　3—电源正极；4—互锁信号线

e. 互锁接线原理　如图 4-25 所示。

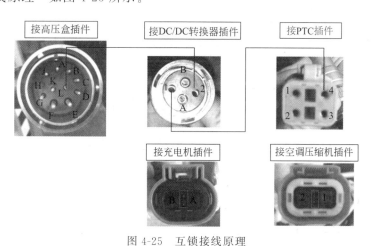

图 4-25　互锁接线原理

（4）高压控制盒　完成动力电池电源的输出及分配，实现对支路用电器的保护及切断，其结构如图 4-26 所示。

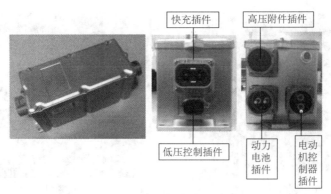

图 4-26　高压控制盒的结构

① 高压控制盒的内部结构如图 4-27 所示。

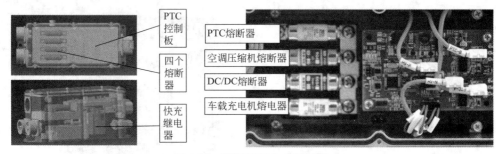

图 4-27　高压控制盒内部结构

② 高压控制盒内部原理电路如图 4-28 所示。
③ 高压控制盒外部接口定义如图 4-29 所示。
④ 接高压附件线束插件端子如图 4-30 所示。

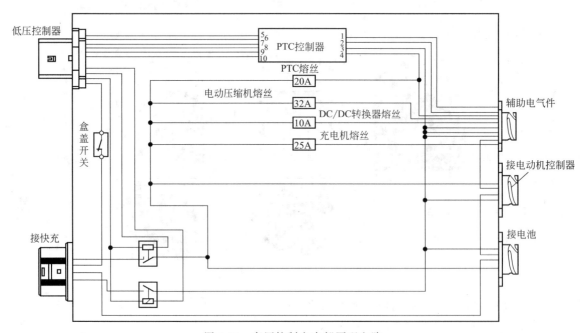

图 4-28　高压控制盒内部原理电路

图 4-29 高压控制盒外部接口定义

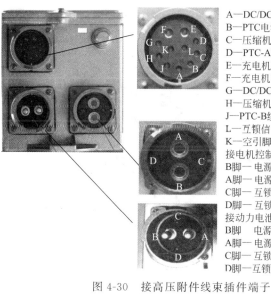

图 4-30 接高压附件线束插件端子

⑤ 高压控制盒互锁线接线如图 4-31 所示。

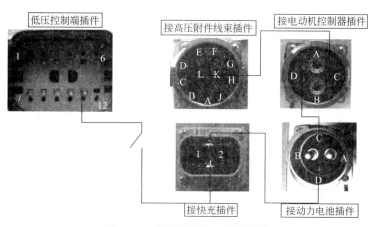

图 4-31 高压控制盒互锁线接线

### 6. 仪表

仪表的作用是显示用户最关心的车辆信息，北汽电动车仪表如图 4-32 所示。

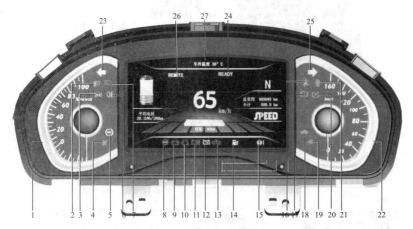

图 4-32 北汽电动车仪表

1—驱动电动机功率表；2—前雾灯；3—示廓灯；4—安全气囊指示灯；5—ABS 指示灯；6—后雾灯；7—远光灯；8—跛行指示灯；9—蓄电池故障指示灯；10—电动机及控制器过热指示灯；11—动力电池故障指示灯；12—动力电池断开指示灯；13—系统故障灯；14—充电提醒灯；15—EPS 故障指示灯；16—安全带未系指示灯；17—制动故障指示灯；18—防盗指示灯；19—充电线连接指示灯；20—手刹指示灯；21—门开指示灯；22—车速表；23,25—左/右转向指示灯；24—READY 指示灯；26—REMOTE 指示灯；27—室外温度提示

## 第二节　驱动电动机

驱动电动机系统是纯电动汽车三大核心部件之一，是车辆行驶的主要执行机构，其特性决定了车辆的主要性能指标，直接影响车辆动力性、经济性和用户驾乘感受。可见，驱动电动机系统是纯电动汽车中十分重要的部件。

驱动电动机系统由驱动电动机（DM）和驱动电动机控制器（MCU）构成，通过高低压线束及冷却管路，与整车其他系统作电气和散热连接，如图 4-33 所示。

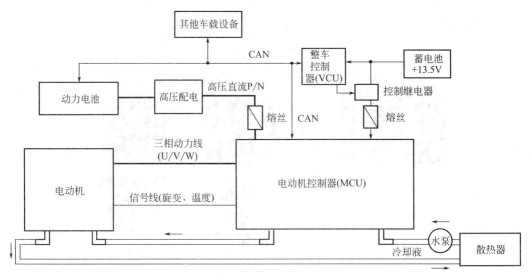

图 4-33 系统连接图

整车控制器（VCU）根据驾驶员意图发出各种指令，电动机控制器响应并反馈，实时调整驱动电动机输出，以实现整车的急速、前行、倒车、停车、能量回收及驻坡等功能。电动机控制器的另一个重要功能是通信和保护，实时进行状态和故障检测，保护驱动电动机系统和整车安全可靠运行。驱动电动机系统技术指标参数如表4-2所示。

表4-2 驱动电动机系统技术指标参数

| 驱动电动机 | | 控制器 | |
| --- | --- | --- | --- |
| 类型 | 永磁同步 | 直流输入电压 | 336V |
| 基速 | 2812r/min | 工作电压范围 | 265～410V |
| 转速范围 | 0～9000r/min | 控制电源 | 12V |
| 额定功率 | 30kW | 控制电源电压范围 | 9～16V |
| 峰值功率 | 53kW | 标称容量 | 85kVA |
| 额定扭矩 | 102N·m | 重量 | 9kg |
| 峰值扭矩 | 180N·m | 防护等级 | IP67 |
| 重量 | 45kg | | |
| 防护等级 | IP67 | | |
| 尺寸(定子直径×总长) | 245mm×280mm | | |

# 一、驱动电动机的结构

C33DB驱动电动机采用永磁同步电动机（PMSM），其结构如图4-34所示。具有效率高、体积小、重量轻及可靠性高等优点。它是动力系统的重要执行机构，是电能与机械能转

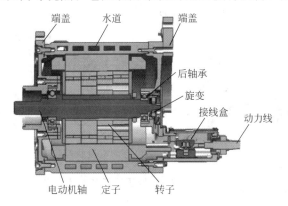

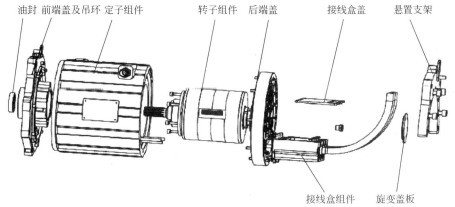

图 4-34 驱动电动机的结构

化的部件，且自身的运行状态等信息可以被采集到驱动电动机控制器。

依靠内置传感器来提供电动机的工作信息，这些传感器如下。

（1）旋转变压器　用以检测电动机转子位置，控制器解码后可以获知电动机转速；

（2）温度传感器　用以检测电动机的绕组温度，控制器可以保护电动机避免过热，如图 4-35 所示。

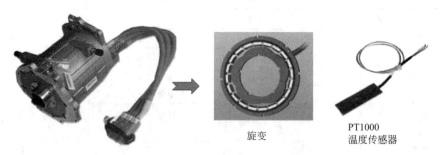

图 4-35　电动机温度传感器

旋转变压器检测电动机转子位置，经过电动机控制器内旋变解码器解码后，电动机控制器可获知电动机当前转子位置，从而控制相应的 IGBT 功率管导通，按顺序给定子的 3 个线圈通电，驱动电动机旋转。温度传感器是检测电动机绕组温度信息，并提供给 MCU，再由 MCU 通过 CAN 线传给整车控制器 VCU，进而控制水泵工作、水路循环和冷却电子扇工作，调节电动机温度。驱动电动机上有 1 个低压接口和 3 个高压线（V、U、W）接口，如图 4-36 所示，其中低压接口各端子定义如表 4-3 所示。电动机控制器也正是通过低压端口获取电动机温度信息和电动机转子当前位置信息的。

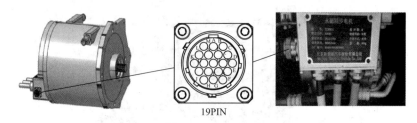

图 4-36　电动机接线端口

表 4-3　低压接口各端子定义

| 编号 | 信号名称 | 说明 |
| --- | --- | --- |
| A | 激励绕组 $R_1$ | 电动机旋转变压器接口 |
| B | 激励绕组 $R_2$ | |
| C | 余弦绕组 $S_1$ | |
| D | 余弦绕组 $S_3$ | |
| E | 正弦绕组 $S_2$ | |
| F | 正弦绕组 $S_4$ | |
| G | TH0 | 电动机温度接口 |
| H | TL0 | |
| L | $HVIL_1(+L_1)$ | 高低压互锁接口 |
| M | $HVIL_2(+L_2)$ | |

## 二、驱动电动机控制器

驱动电动机控制器结构及控制电路图如图 4-37 和图 4-38 所示，其内部采用三相两电平

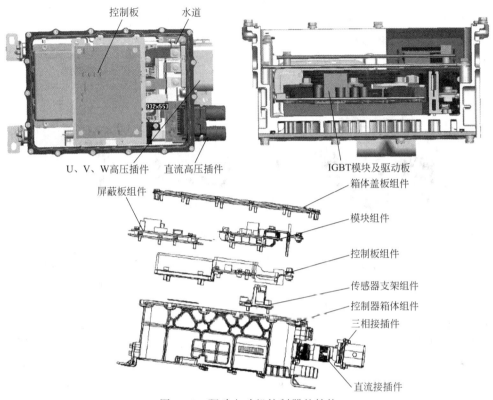

图 4-37　驱动电动机控制器的结构

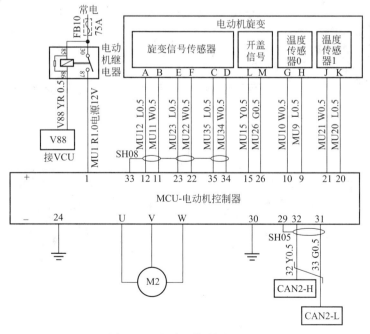

图 4-38　电动机控制器原理图

电压源型逆变器,是驱动电动机系统的控制核心,又称为智能功率模块,又以 IGBT(绝缘栅双极型晶体管)模块为核心,辅以驱动集成电路、主控集成电路。它对所有的输入信号进行处理,并将驱动电动机控制系统运行状态信息通过 CAN2.0 网络发送给整车控制器。驱动电动机控制器内含故障诊断电路,当电动机出现异常时,达到一定条件,它将会激活一个错误代码并发送给整车控制器,同时也会储存该故障码和相关数据。

使用以下传感器来提供驱动电动机系统的工作信息。

(1)电流传感器 用以检测电动机工作的实际电流,包括母线电流、三相交流电流,如图 4-39 所示。

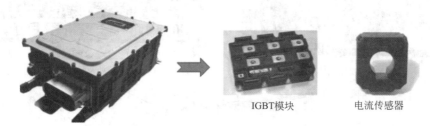

图 4-39 电流传感器

(2)电压传感器 用以检测供给电动机控制器工作的实际电压,包括动力电池电压、12V 蓄电池电压。

(3)温度传感器 用以检测电动机控制系统的工作温度,包括 IGBT 模块温度、电动机控制器板载温度。

驱动电动机控制器上分为低压接口和高压接口,如图 4-40 及图 4-41 所示,低压接口端子定义如表 4-4 所示。动力电池的直流电通过高压盒提供给驱动电动机控制器,在驱动电动机控制器上布置有 2 个安菲诺高压连接插座。

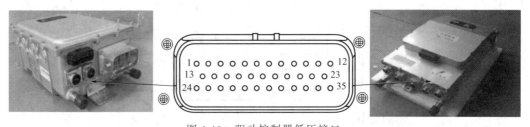

图 4-40 驱动控制器低压接口

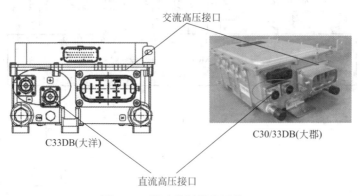

图 4-41 驱动控制器高压接口

驱动电动机控制器提供三相交流电到驱动电动机,主要依靠规格 $35mm^2$ 的三根电缆及高压连接器,除大洋的驱动电动机在 C30DB 上采用安菲诺独立插头外(对应的控制器上布置有 3 个安菲诺高压连接插座),其余的都是 LS 整体式插头。上述高压连接器均具备防错差功能。

表 4-4 低压端接口含义

| 编号 | 信号名称 | 说明 |
|---|---|---|
| 12 | 激励绕组 $R_1$ | |
| 11 | 激励绕组 $R_2$ | |
| 35 | 余弦绕组 $S_1$ | |
| 34 | 余弦绕组 $S_3$ | 电动机旋转变压器接口 |
| 23 | 正弦绕组 $S_2$ | |
| 22 | 正弦绕组 $S_4$ | |
| 33 | 屏蔽层 | |
| 24 | 12V,GND | 控制电源接口 |
| 1 | 12V+ | |
| 32 | CAN-H | |
| 31 | CAN-L | CAN 总线接口 |
| 30 | CAN-PB | |
| 29 | CAN-SHIELD | |
| 10 | TH | |
| 9 | TL | 电动机温度传感器接口 |
| 28 | 屏蔽层 | |
| 8 | 485+ | RS485 总线接口 |
| 7 | 485− | |
| 15 | $HVIL_1(+L_1)$ | 高低压互锁接口 |
| 26 | $HVIL_2(+L_2)$ | |

## 三、驱动电动机系统的工作原理

在驱动电动机系统中,驱动电动机的输出动作主要是靠控制单元给定命令执行,即控制器输出命令。控制器主要是将输入的直流电逆变成电压、频率可调的三相交流电,供给配套的三相交流永磁同步电动机使用,其工作原理如图 4-42 所示。

电动汽车永磁同步电动机控制系统组成框图如图 4-43 所示。在控制方法中,磁场定向

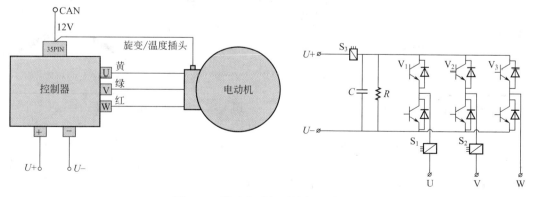

图 4-42 驱动电动机系统的工作原理

控制 FOC 和直接转矩控制 DTC 作为交流电动机的 2 种高性能控制策略,在实际中得到了广泛的应用。最初仅用于异步电动机的控制,现在已经被扩展到同步电动机、永磁同步电动机的控制上,对电动机的启动、加速、运转、减速及停止进行控制。根据不同类型的电动机及对电动机的使用场合有不同的要求时,通过控制达到快速启动、快速响应以及高效率、高转矩输出和高过载能力的目的。在电动机控制中,三相逆变桥如图 4-44 所示,它是最重要的部分,是将输入的直流电转换为交流电的装置,既属于主回路部分,也属于控制执行部分,以下主要介绍三相逆变器的工作原理。

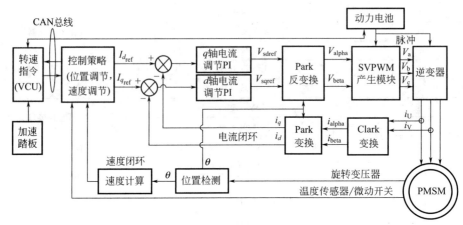

图 4-43 电动汽车永磁同步电动机控制系统组成框图

逆变器的内部结构,也就是主回路电路,如图 4-45 所示,由 6 个 IGBT(绝缘栅双极型晶体管)组成,每一相输出线和正负直流母线之间各连接一个 IGBT 功率管。连接正极母线的 IGBT 与输出端节点为被称为"上桥臂",连接负极母线的 IGBT 与输出端节点被称为"下桥臂",每一相的上、下桥臂统称为"半桥"。6 个 IGBT 的序号一般为 $T_1 \sim T_6$(或 $VD_1 \sim VD_6$),第一相的上桥臂是 $T_1$(或 $VD_1$),其他的 IGBT 所对应的位置都可以从 PWM 的坐标图里去找。

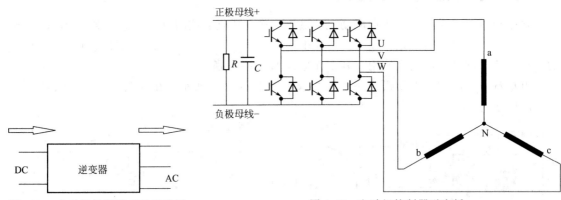

图 4-44 电动机控制器三相逆变桥　　图 4-45 电动机控制器逆变桥

为了能够将输入的直流电变成交流电,6 个 IGBT 会从 $T_1 \sim T_6$($VD_1 \sim VD_6$)依序循环地导通和关闭,并依次间隔 60°顺序导通(或关断)。U/V/W 三相的相位差为 120°,这也就意味着和第一相(U 相)上桥臂导通(或关断)时刻间隔 120°的 IGBT 为第二相(V 相)的上桥臂;和第二相(V 相)上桥臂导通(或关断)时刻间隔 120°的 IGBT 为第三相(W

相)的上桥臂。下桥臂的序号很好辨别,一个周期的正弦交流电所经过的角度是360°(2π),其中正半波经过180°(π)会从第二象限进入第三象限,变为负半波并经过180°(π)。在每一相的上、下桥臂不能同时导通,也不可以有叠加关系。因为上下桥臂中间直接连接并作为这一相的输出端,如果有同时导通或者是叠加导通,会导致正负母线之间直接跨导,造成短路,显然这是禁止发生的。

所以当某一相的上桥臂导通区间内,下桥臂是不可以导通的,也就是完全关断状态。上桥臂导通180°(π)后立刻关断,这视为此相的正半波。另外哪一项在上桥臂关断区间内完全导通并经过180°(π),就为此相的下桥臂,如图4-46所示。每一相间隔120°的循环输出就会产生交流电。连接永磁同步电动机后就会建立旋转磁场,电动机转子就可以旋转并对外做功。

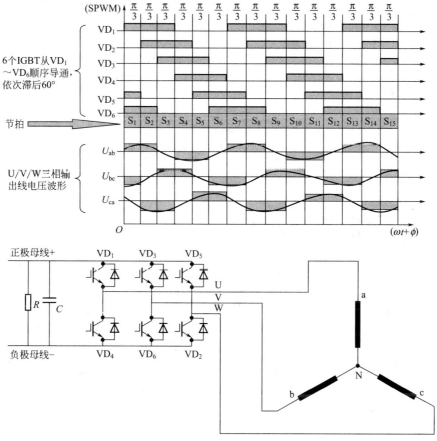

图4-46 逆变桥功率元件驱动时序

## 四、驱动电动机的工作过程

驱动电动机在车辆上的工作过程和原理可根据驾驶员的意愿为几种状态,对在D挡加速行车、减速制动以及在R挡倒车时进行介绍。

### 1. D挡加速行车

驾驶员换D挡并踩加速踏板,此时挡位信息和加速信息通过信号线传递给整车控制器(VCU),VCU把驾驶员的操作意图通过CAN线传递给驱动电动机控制器(MCU),再由驱动电动机控制器（MCU）结合旋变传感器信息（转子位置），进而向永磁同步电动机的定子通入三相交流电，三相电流在定子绕组的电阻上产生电压降。由三相交流电产生的旋转电枢磁动势及建立的电枢磁场，一方面切割定子绕组，并在定子绕组中产生感应电动势；另一方面以电磁力拖动转子以同步转速正向旋转。

随着加速踏板行程不断加大，电动机控制器控制的 6 个 IGBT 导通频率上升，电动机的转矩随着电流的增加而增加，因此，基本上拥有最大的转矩。随着电动机转速的增加，电动机的功率也增加，同时电压也随之增加。在电动汽车上，一般要求电动机的输出功率保持恒定，即电动机的输出功率不随转速的增加而变化。这就要求在电动机转速增加时，电压保持恒定，如图 4-47 所示。

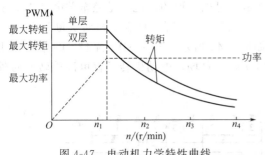

图 4-47 电动机力学特性曲线

与此同时，电动机控制器也会通过电流传感器和电压传感器感知电动机当前功率、消耗电流大小和电压大小，并把这些信息数据通过 CAN 网络传送给仪表、整车控制器，其具体工作原理如图 4-48 所示。

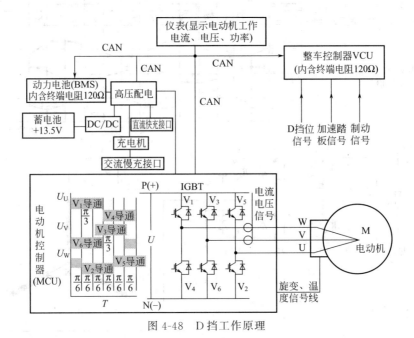

图 4-48 D挡工作原理

## 2. R挡行车

当驾驶员挂 R 挡时，请求信号发给 VCU，再通过 CAN 线发送给 MCU。此时 MCU 结合当前转子位置（旋变传感器）信息，通过改变 IGBT 模块改变 W/V/U 的通电顺序，进而控制电动机反转。

## 3. 制动时能量回收

在驾驶员松开加速踏板时，电动机在惯性的作用下仍在旋转，设车轮转速为 $v_\text{轮}$、电动机转速为 $v_\text{电动机}$、车轮与电动机固定传动比为 $K$。当车辆减速、$v_\text{轮}$ 乘以 $K$ 小于 $v_\text{电动机}$ 时，电动机仍是动力源。随着电动机转速下降，当 $v_\text{轮}$ 乘以 $K$ 大于 $v_\text{电动机}$ 时，电动机相当于被车辆带动而旋转,此时电动机变为发电机。

BMS 可以根据电池充电特性曲线(充电电流、电压变化曲线与电池容量的关系)和采集电池温度等参数计算出相应的允许最大充电电流。MCU 根据电池允许的最大充电电流,通过控制 IGBT 模块使发电机定子线圈旋转磁场角速度与电动机转子角速度保持到发电电流不超过允许最大充电电流,以调整发电机向蓄电池充电的电流,同时这也控制了车辆的减速度 $a$,具体过程如图 4-49 所示。

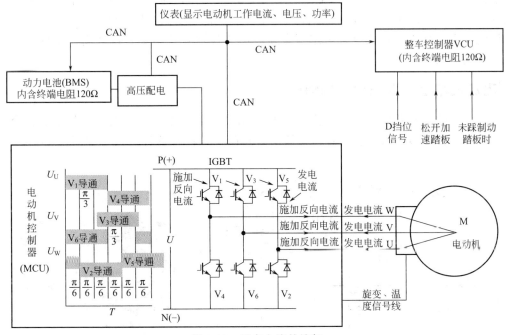

图 4-49 反向电流的施加

当踩下制动踏板时,该过程 MCU 输出的电流频率会急剧下降,馈能电流在 MCU 的调节下充入高压电池。当 IGBT 全部关闭时在当前的反拖速度和模式下为最大馈能状态,此时 MCU 对发电机没有实施速度和电流的调整,发电机所发的电量全部转移给蓄电池。由于发电机负载较大,因此此时车辆减速也比较快。

### 4. 能量回收的条件

电池包温度低于 5℃ 时,能量不回收。单体电压在 4.05~4.12V 时,能量回收 6.1kW。单体电压超过 4.12V 时,能量不回收。单体电压低于 4.05V 时,能量满反馈 SOC 大于 95%、车速低于 30km/h 时,没有能量回收功能,且能量回收及辅助制动力大小与车速和踩下制动踏板行程相关。

### 5. E 挡行驶时

E 挡为经济驾驶模式,在车辆正常行驶时,E 挡与 D 挡的根本区别在于 MCU 和 VCU 内部程序、控制策略不同。在加速行驶时,E 挡相对于 D 挡来说提速较为平缓,蓄电池放电电流也较为平缓,目的是尽可能节省电量以延长行驶距离,而 D 挡提速较为灵敏,响应较快。E 挡更注重能量回收。松开加速踏板时,驱动电动机被车轮反拖发电时所需的"机械能"牵制了车辆的滑行,从而起到了一定的降速、制动的效果,所以 E 挡此时的滑行距离比 D 挡短。

## 第三节　空调系统

北汽纯电动汽车的空调压缩机由高压电驱动，压缩机控制器安装在压缩机上，受整车控制单元（VCU）控制。压缩机是空调制冷系统制冷剂循环的动力。压缩机的故障有机械故障和电气系统故障，电气系统故障又分为高压电故障和低压电故障，压缩机的高压上电受到低压电控制。空调压缩机高压电不能上电，无法正常工作，往往是由于低压控制系统的故障引起的。因此，空调压缩机的电气故障诊断重点应从低压电路控制系统着手。当然压缩机的故障诊断关系到高压电，从业者一定要有相应的高压从业资格证，遵守高压维修的相关规范，才能确保人身安全。

### 一、电动汽车空调系统的结构组成

电动汽车的空调系统与传统动力汽车基本相同，由压缩机、冷凝器、蒸发器、冷却风扇、鼓风机、膨胀阀、储液干燥器和高低压管路附件、传感器等组成，如图4-50所示。传

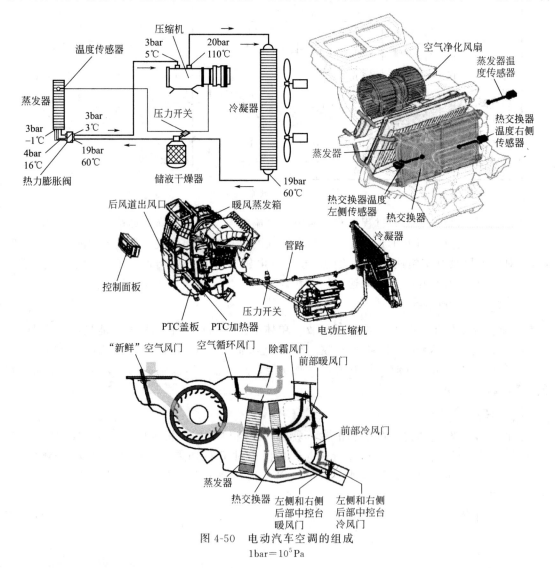

图4-50　电动汽车空调的组成
$1 bar = 10^5 Pa$

统汽车压缩机由发动机传动带通过电磁离合器带动，而电动汽车采用电动压缩机，电动压缩机由动力电池提供高压电驱动。

## 二、纯电动汽车空调系统的控制原理

VCU 采集到空调 A/C 开关信号、空调压力开关信号、蒸发器温度信号、风速信号以及环境温度信号，经过运算处理形成控制信号，通过 CAN 总线传输给空调控制器，由空调控制器控制空调压缩机高压电路的通断，如图 4-51 所示。

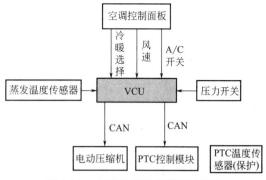

图 4-51 空调控制系统原理示意图

## 三、北汽 EV 汽车空调电动压缩机的控制电路

北汽 EV 汽车空调电动压缩机电路原理如图 4-52 所示。

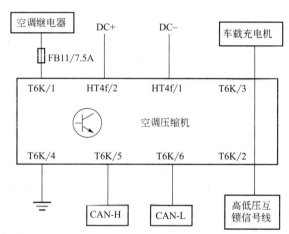

图 4-52 北汽 EV 汽车空调电动压缩机电路原理

空调继电器控制压缩机 12V 低压电源，低压电源电压是空调压缩机控制器的通信信号传输及控制功能得以正常运行的可靠保证。整车控制器（VCU）通过数据总线"CAN-H、CAN-L"与空调压缩机控制器相连接，再由压缩机控制器控制空调压缩机的高压电源线"DC＋与DC－"通断。高压互锁信号线在高压上电前确保整个高压系统的完整性，使高压电在一个封闭的环境下工作，提高安全性。空调压缩机的高压线束与低压线束相互独立，线束的各个端子定义如图 4-53 和图 4-54 所示，其中高压端子 B 与 DC＋对应，为高压电源正极；A 与 DC－对应，为高压电源负极。电动压缩机引脚定义如表 4-5 所示。

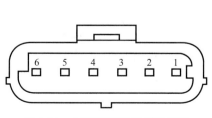

图 4-53 空调压缩机低压连接器

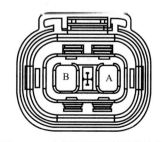

图 4-54 空调压缩机高压线连接

表 4-5 电动压缩机引脚定义

| 接插件 | 端口 | 接口定义 | 备注 |
|---|---|---|---|
| 高压两芯<br>(动力接口) | A | 高压正 | 控制器与动力电池连接 |
| | B | 高压负 | |
| 低压六芯<br>(控制信号接口) | 1 | 12V DC 正极 | 控制器与低压控制系统连接 |
| | 2 | 高低压互锁信号 | |
| | 3 | 高低压互锁信号 | |
| | 4 | 地 | |
| | 5 | CAN-H | |
| | 6 | CAN-L | |

## 四、电动空调压缩机的工作原理

空调压缩机是空调系统的动力,当空调系统工作的时候压缩机使制冷剂在制冷系统中正常循环流动,实现制冷。一旦压缩机有故障不能正常工作,空调循环系统则无法运行,当然也就无法制冷。因此压缩机就像汽车的发动机、人体的心脏,是空调系统动力的源泉。如图 4-55 所示为北汽 EV 纯电动汽车空调压缩机的结构,压缩机及其控制器连接在一起,形成整体结构。

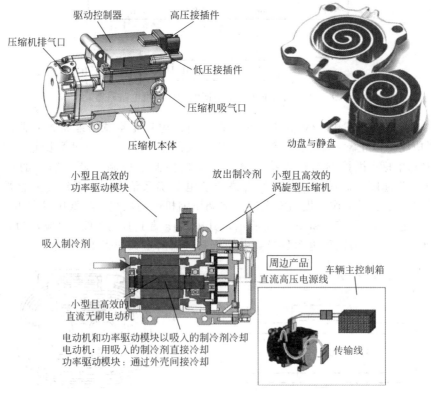

图 4-55 北汽 EV 纯电动汽车空调压缩机的结构

涡旋式压缩机包括一个定涡盘和一个动涡盘,这两个相互啮合的涡盘,其线型是相同的,它们相互错开180°安装在一起,即相位角相差180°。涡旋式压缩机的基本构造和工作原理如图4-56所示,其定涡盘固定在机架上,而动涡盘由电动机直接驱动。动涡盘是不能自转的,只能围绕定涡盘做很小回转半径的公转运动。当驱动电动机旋转带动涡盘公转时,制冷气体通过滤芯吸入到定涡盘的外围部分,随着驱动轴的旋转,动涡盘在定涡盘内按轨迹运转,使动、定涡盘之间形成由外向内体积逐渐缩小的六个腔:A腔、B腔、C腔、D腔、E腔和F腔,制冷气体在动、定涡盘所组成的六个月牙形压缩腔内被逐步压缩,最后从定涡盘中心孔通过阀片将被压缩后的制冷气体连续排出。

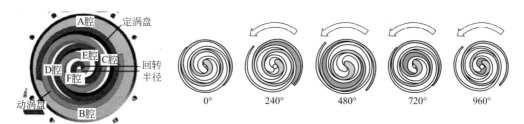

图 4-56　涡旋式压缩机的基本构造和工作原理

在压缩机整个工作过程中,所有工作腔均由外向内逐渐变小且处于不同的压缩状况,从而保证涡旋式压缩机能连续不断地吸气、压缩和排气。虽然涡旋式压缩机每次排出制冷剂的气量较小(排出量为 $27\sim30cm^3$),但由于其动涡盘可进行高达 $9000\sim13000r/min$ 的公转,所以它的总排量足够大,能满足车辆空调制冷的需求,当然压缩机的功耗也较大,可达 $4\sim7kW$。

## 五、电动压缩机常见故障原因及排除

空调电动压缩机不能工作的故障有机械故障和电子控制系统方面的故障,其常见故障原因及排除方法见表4-6所示。

表 4-6　电动压缩机常见故障原因及排除方法

| 故障 | 现象 | 原因及判断 | 检测及排除方法 |
| --- | --- | --- | --- |
| 驱动控制器不工作,压缩机不工作 | 压缩机无启动声音,电源电流无变化 | ①12V 控制电源未通入驱动控制器<br>②控制电源电压不足或超压<br>③接插件端子接触不良或松脱 | ①检查驱动控制器控制电源插头端子是否松脱<br>②检查控制电源到驱动控制器之间的导线是否有断路<br>③测量控制电源电压是否达到要求(对 12V DC 控制电源驱动控制器,控制电源电压至少大于 9V DC,不得高于 15V DC) |
| 驱动控制器工作正常,压缩机不正常工作 | 压缩机发出异常声音 | ①电机缺相<br>②冷凝器风机未正常工作,系统压差过大,电机负载过大 | ①检查驱动控制器与电动机连接的三相插头及相关导线,保证其接触良好及导通<br>②保证冷凝器风机正常工作,待系统压力平衡后再次启动 |

续表

| 故障 | 现象 | 原因及判断 | 检测及排除方法 |
| --- | --- | --- | --- |
| 驱动控制器工作正常,压缩机不工作 | 压缩机无启动声音,电源电流无变化,各端口电压正常 | 驱动控制器未接收到空调系统的A/C开关信号 | ①检查A/C开关是否有故障<br>②检查与A/C开关相连的导线是否断路<br>③A/C开关连接方式是否正确接地(低电平:0~0.8V),开启压缩机,接高电平或悬空关闭压缩机 |
| | 压缩机无启动声音,电源电流无变化,高压端口电压不足或无供电 | 欠压保护启动 | 关闭整车主电源<br>①检查驱动控制器主电源输入接口处的接插件端子是否有松脱<br>②主电源到驱动控制器之间的导线是否断路<br>③控制主电源输入的继电器是否正常动作 |
| 驱动控制器自检正常,压缩机不工作 | 压缩机启动时有轻微抖动,电源电流有变化随后降为0 | ①冷凝器风机未正常工作,系统压差过大,电动机负载过大导致的过流保护启动<br>②电动机缺相导致的过流保护启动 | ①保证冷凝器风机正常工作,待系统压力平衡后再次启动<br>②检查驱动控制器与电动机连接的三相插头及相关导线,保证其接触良好及导通 |

### 1. 空调压缩机故障的判别

把点火开关旋至"ON"挡,打开空调"A/C"开关,风量开至最大,观察发现鼓风机工作正常,但无冷风,汽车仪表无高压绝缘性故障描述。进一步检查,发现空调压缩机不工作,初步断定为空调压缩机或其控制系统的问题,决定对空调压缩机及其控制线路进行诊断,查找故障原因,并修复排除故障。

压缩机维修诊断关系到高压危险,操作前一定要穿橡胶绝缘鞋,戴绝缘手套。严格按照高压电的操作规范操作。举升汽车,拆下空调压缩机低压连接器,空调压缩机低压连接器及高压连接器如图4-57所示。

图4-57 空调压缩机低压连接器与高压连接器

### 2. 测量搭铁线、CAN总线

点火开关处于"OFF"状态,断开空调压缩机低压连接器,分别测量搭铁线、CAN总线。

(1) 搭铁线的测量 用万用表测量低压连接器4号脚与车身之间的电阻,如图4-58所示,其正常电阻应不超过1Ω,如果电阻为无穷大,则故障为搭铁线断路。若搭铁线有故障,则压缩机控制器无法控制压缩机工作。

(2) 空调压缩机CAN总线电阻的测量 用万用表测量低压连接器5号脚与6号脚之间的电阻,如图4-59所示,其电阻值约60Ω,若电阻为无穷大,则故障为断路;若电阻接近于0,则可能为CAN-H与CAN-L短路或与其连接的相关部件有短路现象。

（3）测量空调缩机 CAN 总线的搭铁短路　用万用表分别测量低压连接器 5 号脚与车身、6 号脚与车身之间的电阻，电阻值应为无穷大，若电阻接近于 0，则故障为导线有搭铁现象。导线搭短路往往是由于导线绝缘胶老化、磨损导致导线的金属直接与车身相通。

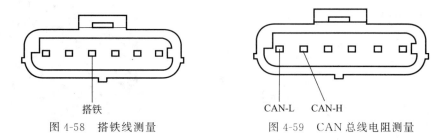

图 4-58　搭铁线测量　　　　图 4-59　CAN 总线电阻测量

（4）空调压缩机高压互锁信号线的测量　用万用表测量空调压缩机低压接口内部 2 号脚与 3 号脚之间的电阻，如图 4-60 所示，电阻值应小于 1Ω，如果电阻无穷大，则故障为线路断路。

（5）空调压缩机高压线 A、B 线电流的测量　连接空调压缩机低压连接器，把点火开关旋至"ON"挡，打开空调"A/C"开关，把风量开至最大，用数字钳形万用表分别测量 A 线和 B 线的电流，如图 4-61 所示，电流值应为 1~1.5A，若电流值为 0，则检查动力电池高压线连接器以及高压控制盒高压线束连接器；如果连接器正常，则为空调压缩机内部控制器故障。

（6）12V 低压电源线测量　点火开关旋至"ON"挡，用万用表测量低压连接器 1 号脚的直流电压，如图 4-62 所示，电压值应为 9~14V，如果测得电压 0，则检查 FB11/7.5A 熔丝、空调继电器；若熔丝及继电器良好，那么检查低压连接器 1 号脚与 FB11/7.5A 熔丝之间有否断路。

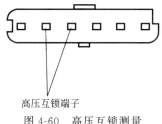 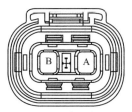 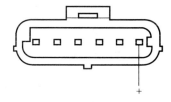

图 4-60　高压互锁测量　　　图 4-61　高压线电流测量　　　图 4-62　低压电源电压测量

## 第四节　制动系统

北汽新能源汽车的制动系统基本是在传统汽车的基础上进行改造升级的，行车制动系统和驻车制动系统与传统能源车辆基本没有本质上的区别。

### 一、电动机制动馈能控制

电动机制动馈能控制策略及方法是各新能源主机厂整车控制系统的核心内容之一。如图 4-63 所示是北汽新能源车装配的旋钮式换挡手柄，其中 E 挡就是电动机制动馈能的选择位置，能根据用户不同需求改善能量回收强度及制动性能，妥善使用能量回收系统，可增加续航 5%~15%。车辆前进挡分 2 种，一种是 D 挡，另一种是 E 挡（经济模式）。E 挡行驶过程中，松开加速踏板时，车辆自动回收能量。回收强度可通过换挡旋钮左上方"E+"和"E－"进行选择，如图4-65所示，在仪表中会进行相应地显示。

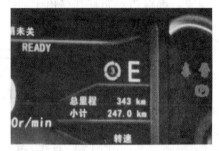

图4-63　北汽新能源汽车装配的旋钮式换挡手柄　　　　图4-64　仪表显示的电动机制动馈能模式

电动机制动馈能控制开关的电路图及端子如图4-65和图4-66所示，挡位传感器的真值判断表如表4-7所示，根据电路图或表中数据，我们可以对开关的信号进行故障分析及判断。

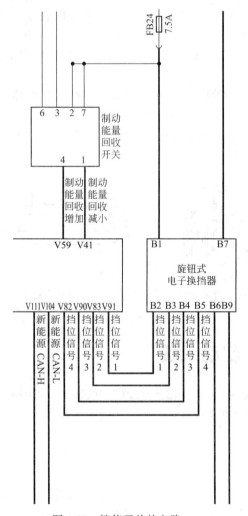
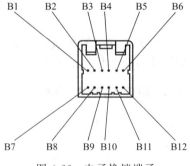

图4-65　馈能开关的电路　　　　图4-66　电子换挡端子

表 4-7 挡位传感器的真值判断

| 序号 | 功能定义 | 电压/V | | | 电流/mA |
|---|---|---|---|---|---|
| | | 最小 | 正常 | 最大 | |
| B1 | 电源供电 | 6.50 | 12.00 | 19.00 | 500.00 |
| B2 | 相位信号 1 | — | 4.45/0.28 | — | 1.00 |
| B3 | 相位信号 2 | — | 4.45/0.28 | — | 1.00 |
| B4 | 相位信号 3 | — | 4.45/0.28 | — | 1.00 |
| B5 | 相位信号 4 | — | 4.45/0.28 | — | 1.00 |
| B6 | 电源地端 | — | — | — | 500.00 |
| B7 | 背光灯电源 | 0 | 12.00 | — | 50.00 |
| B8 | 备用 | | | | |
| B9 | 背光灯地端 | — | — | — | 50.00 |
| B10 | 方向盘换挡拨片接插件脚 1(未采用) | | | | |
| B11 | 方向盘换挡拨片接插件脚 2(未采用) | | | | |
| B12 | 备用 | — | — | — | |

在产生足够制动力矩的同时,通过电动机发电模式在制动的同时能回收的能量越多越好。但是,制动力矩的大小受到诸多因素的制约,因此,为保证可靠的制动效能,电动汽车必须保留传统的机械摩擦制动系统,并与制动馈能组成混合制动结构。这种混合制动系统可以按照 2 种制动系统工作的方式,分为串联和并联 2 种类型。

(1) 串联制动 串联制动系统动力分配原理如图 4-67 所示。串联制动的特点是电动机馈能时的制动力达到其最大值时,机械摩擦制动系统才参与工作,以满足车辆的制动需求。串联制动需要与车辆的 ABS 集成控制,它能够对单个车轮的液压制动力进行单独调整,并可以保证使用再生制动与路面附着(滑移率)

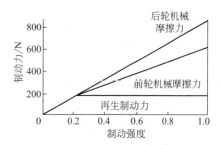

图 4-67 串联制动系统动力分配原理

所能允许的最大极限。很显然,由于充分利用了再生制动,因此串联制动将获得最大的能量回收率。但是,串联制动结构复杂、成本高,需要集成的控制系统。

串联制动系统的控制过程如图 4-68 所示。根据驾驶员的制动命令,考虑到为保持车辆

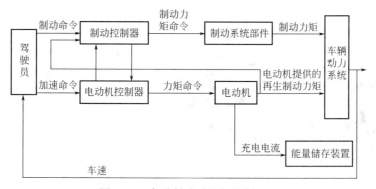

图 4-68 串联制动系统的控制过程

的稳定制动而要求的前后轮制动力平衡，制动控制器分别计算需要由电动机和液压制动系统提供的制动力，并给液压制动系统和电动机控制器发出指令。电动机能够提供的制动转矩是电动机转速的函数，该转矩反馈回制动控制器。如果没有达到需求的制动力矩，则需要由液压制动系统予以弥补。由此可见，在串联制动中，通过电动机制动和液压制动之间的协调控制，可以最大化地利用电动机的制动转矩，其能量回收率高。

（2）并联制动　并联制动的原理如图4-69所示。与串联制动不同，并联制动是按一个固定的比例分配再生制动力和机械摩擦制动力。由于没有充分发挥电动机馈能制动力的作用，因此其回收的能量没有串联制动高。但并联制动对传统机械摩擦制动系统的改动少，结构简单，只需增加一些控制功能即可，成本低。并联制动系统的控制原理如图4-70所示。根据驾驶员的命令，电动机控制器确定需要加在液压制动基础上的电动机制动转矩，其大小由液压主缸压力确定。同样，电动机制动转矩是电动机转速的函数。因此，能够加在液压制动基础上的电动机制动力要根基汽车的静态制动力分配关系、电动机转矩特性、驾驶员的感觉和轮胎与路面附着极限综合确定。很明显，由于缺乏主动制动控制功能，在电动机制动和液压制动系统之间不能进行协调控制。因此，并联制动对电动机制动转矩使用不充分，能量回收率低。

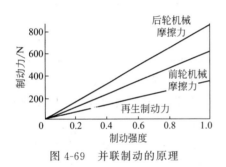

图4-69　并联制动的原理

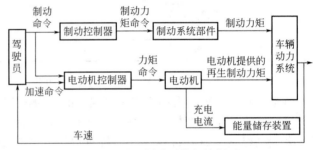

图4-70　并联制动系统的控制原理

## 二、真空助力制动系统

传统汽油机轿车的制动系统真空助力装置的真空源来自于发动机进气歧管，真空度一般可达到0.05~0.07MPa。对于由传统车型改装成的纯电动车或燃料电池汽车，发动机总成被拆除后，制动系统由于没有真空动力源而丧失真空助力功能，仅由人力所产生的制动力无法满足行车制动的需要，因此需要对制动系统真空助力装置进行改进，而改进的核心问题是产生足够压力的真空源，这就需要为制动系统增加电动真空泵及真空罐，如图4-71所示。真空制动系统的工作原理如图4-72所示。

电动真空助力系统的工作过程：当驾驶员发动汽车时，12V电源接通，电子控制系统

图4-71　电动真空泵及真空罐

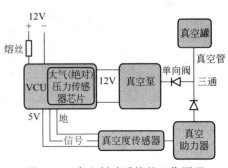

图4-72　真空制动系统的工作原理

模块开始自检,如果真空罐内的真空度小于设定值,真空压力传感器输出相应电压值至控制器,此时控制器控制电动真空泵开始工作,当真空度达到设定值后,真空压力传感器输出相应电压值至控制器,此时控制器控制真空泵停止工作,当真空罐内的真空度因制动消耗,真空度小于设定值时,电动真空泵再次开始工作,如此循环。

目前北汽新能源汽车的电动真空助力系统已经发展到第二代,与第一代相比,第二代汽车主要有以下几点改进:一是增加了一个大气压力传感器,集成在控制器内部,使真空泵能够在不同海拔高度都能正常工作;二是将真空度传感器集成到真空助力器的单向阀上,如图 4-73 所示,减少了线束长度;三是采用了塑料材质的真空罐,减轻重量。根据真空压力传感器特性(图 4-74)可知,随着管路中真空度的变化,传感器输出电压也成比例地发生变化,整车控制器将根据此电压变化判断真空源是否符合系统要求。

图 4-73 真空压力传感器位置

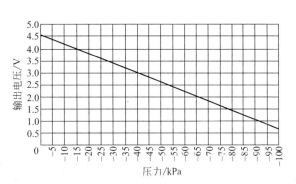

图 4-74 真空压力传感器特性曲线

## 三、制动系统常见故障排除与诊断

### 1. 行车制动系统

与传统燃油车相同部分故障内容的排除方法基本相同,在此仅提供 ABS 系统故障码作为故障诊断与排除时的参考,如表 4-8 所示。

表 4-8 ABS 系统故障码及含义

| 故障代码 | 含义 | 故障代码 | 含义 |
| --- | --- | --- | --- |
| C0031 | 左前轮速传感器线路故障(信号故障) | C0032 | 左前轮传感器线路故障 |
| C0034 | 右前轮速传感器线路故障(信号故障) | C0035 | 右前轮传感器线路故障 |
| C0037 | 左后轮速传感器线路故障(信号故障) | C0038 | 左后轮速传感器线路故障 |
| C003A | 右后轮速传感器线路故障(信号故障) | C003B | 右后轮传感器线路故障 |
| C0010 | 左前 ABS 进油口电磁阀或者 1 号电动机线路故障 | C001C | 右后 ABS 进油口电磁阀或者 1 号电动机线路故障 |
| C0011 | 左前 ABS 出油口电磁阀或者 2 号电动机线路故障 | C001D | 右后 ABS 出油口电磁阀或者 2 号电动机线路故障 |
| C0014 | 右前 ABS 进油口电磁阀或者 1 号电动机线路故障 | C0020 | 泵电动机控制故障 |
| C0015 | 右前 ABS 出油口电磁阀或者 2 号电动机线路故障 | C0121 | 阀继电器线路故障 |
| | | C0245 | 轮速传感器频率错误 |
| C0018 | 左后 ABS 进油口电磁阀或者 1 号电动机线路故障 | C0800 | 01 高压故障(过压);02 低压故障(欠压) |
| C0019 | 左后 ABS 出油口电磁阀或者 2 号电动机线路故障 | C1001 | CAN 硬件故障 |
| | | U1000 | CAN 总线关闭故障 |

## 2. 电动真空泵常见故障诊断及排除方法

电动真空泵常见故障及其排除方法如表 4-9 所示。

表 4-9 电动真空泵常见故障及排除方法

| 故障现象 | 检查方法与处理措施 | |
| --- | --- | --- |
| 连接电源后电动机不转 | 检查熔丝是否熔断 | |
| | 熔断 | 未熔断 |
| | (1)线路短路 | (1)蓄电池亏电 |
| | (2)控制器损坏 | (2)线路断路 |
| | (3)电动机烧毁短路 | (3)控制器损坏 |
| 接通电源后,真空度抽至上限设定值电动机不停转 | (1)开头触头短路常开 | |
| | (2)电子延时模块坏,应更换 | |
| 压力开关不能正常开启和断开 | (1)压力开关触头污损、锈蚀或接触不良。应清洁触头或更换压力开关 | |
| | (2)连接线折断或插头连接处脱焊。应更换连接线 | |
| | (3)管路密封性不好,检查管路密封性,必要时更换 | |
| 设备的机壳带电 | (1)电源线接错,壳体与电源的正极连接。应纠正错误的连接 | |
| | (2)电源插座的地线未真实与地连接。应把电源插座中的地线连接好 | |
| 真空泵喷油 | 部分新装车的真空泵在工作时会出现从排气孔带出润滑油的现象。此为真空泵自身缺陷,工作一段时间可消除 | |

## 3. 真空助力制动系统的故障诊断

北汽电动汽车真空助力制动系统可能的故障原因：真空压力传感器故障、SB06 熔丝故障、真空管路有泄漏、真空泵线路故障、真空泵本身故障、真空助力制动系统控制单元 VBU 自身或线路故障。下面介绍具体的诊断方法。

(1) 故障码及数据流的读取　真空助力制动系统出现故障通常会报故障码,并点亮故障警示灯,如图 4-75 所示。因此首先应观察仪表显示故障信息,并连接诊断仪读取故障码及数据流,如真空泵的性能状态、真空泵的工作电流及真空系统压力值,如图 4-76 所示,初步判断可能的故障原因。

图 4-75　故障信息及故障灯

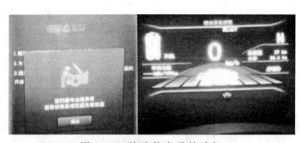

图 4-76　读取车辆的故障信息

(2) 真空泵和控制器的功能检测　车辆静止状态下打开钥匙开关（ON 挡），踩制动踏板 1~3 次后观察真空泵的状态，并据此判断制动系统的工作状态是否正常。

制动系统正常工作时，真空泵会保持真空压力在 50~70kPa 之间，由于制动踏板踩下后会造成真空管路的真空度降低（绝对压力提高），当接收到真空压力传感器信号时，系统判断此压力不在保持压力范围内，会自动启动真空泵运转，此时可听到真空泵运转的"嗡嗡"声，并在 3s 左右后真空度到达设定值时停止运转；如若不然，则可初步判断系统工作不正常。制动真空泵运转 5min 后（反复踩踏制动踏板至真空泵连续运转几次），检查真空泵有无异响和异味，并检查真空泵控制器及连接线是否变形发热。如果真空泵出现异响或异味，有可能是真空泵内部严重磨损造成的。

(3) 真空管路密封性检测　在制动真空泵工作时，检查连接软管有无漏气现象，检查各气管连接处有无破损或泄漏。制动软管不能扭曲，在最大转向角度时，制动软管不得接触到汽车零件。

(4) 相关线路检查

① 查找真空助力制动系统工作电路及原理图，分析工作原理，如电源、接地、控制单元、传感器及真空泵电路。根据电路图（图 4-77），检查驾驶舱内熔丝盒上的 SB06 熔丝（30A），它是真空泵的主供电熔丝（图 4-78）。

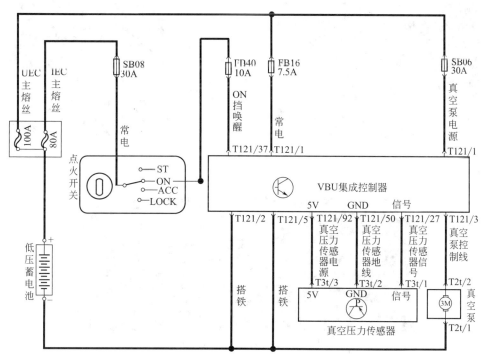

图 4-77　真空助力制动系统电路图

② 测量真空助力制动系统控制单元 VBU 插接器的 92 号端子电压（图 4-79），该端子为真空压力传感器提供电源，据此判断传感器的供电情况。

③ 测量真空助力制动系统控制单元 VBU 插接器的 50 号（搭铁）和 27 号（信号）端子（图 4-80），判断传感器信号线的导通和搭铁是否正常。

图 4-78　SB06 熔丝位置

图 4-79　VBU 插接器的 92 号端子

图 4-80　VBU 插接器的 50 号和 27 号端子

④ 测量电动真空泵的接线端子（图 4-81），判断真空泵的供电及搭铁是否正常，并检查真空泵搭铁点的搭铁性能。需特别注意的是，真空泵电动机的电源电压为 14V 左右，而不是传统能源车辆的 12V。

（5）完工后的常规检查　故障排除后，一定要对制动系统进行常规的检查。除对制动盘片等进行检查外，新能源汽车还需要重点检查真空助力制动管路及相关插接件（图 4-82）。车辆故障排除后，仪表板显示 READY 指示灯表示车辆完全恢复正常（图 4-83）。

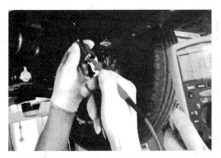
图 4-81　测量电动真空泵的接线端子

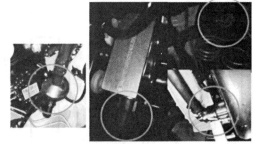
图 4-82　检查真空助力制动管路及相关插接件

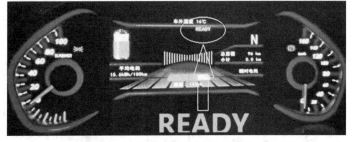
图 4-83　仪表板显示 READY

## 第五节　转向系统

电动助力转向系统（EPS）是由扭矩传感器、电子控制单元和助力电动机共同组成的。电子控制单元根据各传感器输出的信号计算所需的转向助力，并通过功率放大模块控制助力电动机的转动，电动机的输出经过减速机构减速增扭后驱动齿轮齿条机构产生相应的转向助力。

目前电动助力转向系统按助力作用位置分为管柱助力式（C-EPS）、齿轮助力式（P-EPS）和齿条助力式（R-EPS）。

## 一、转向系统部件

（1）电机总成　安装在转向器上的电动机总成由一个蜗杆、一个蜗轮和一个直流电动机组成。当蜗杆与安装在转向器输出轴上的蜗轮啮合时，它降低电动机速度并把电动机输出力矩传递到输出轴。电动汽车转向系统组成如图4-84所示。

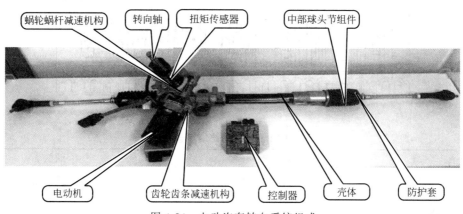

图 4-84　电动汽车转向系统组成

（2）扭矩传感器　由两个带孔圆坯、线圈、线圈盒及电路板组成。它获得方向盘上操作力大小和方向信号，并把它们转换为电信号，传递到EPS控制盒。其性能参数如表4-10所示。

表 4-10　转向系统部件性能参数

| 性能 | 参数 | 性能 | 参数 |
| --- | --- | --- | --- |
| 适用的载荷/kg | ≤890 | 储存环境温度/℃ | −40～120 |
| 齿条行程/mm | ±71.5 | 控制器额定电压(DC)/V | 12 |
| 线传动比/(mm/r) | 44.15 | 控制器工作电压范围/V | 9～16 |
| 蜗轮蜗杆传动比 | 1∶18 | 控制器工作电流/A | 0～90 |
| 电机额定电流/A | 52 | 传感器额定电压(DC)/V | 5 |
| 电机额定扭矩/N·m | 2.36 | 传感器类型 | 非接触式 |
| 电机额定电压(DC)/V | 12 | 助力电机功率/W | 360 |
| 工作环境温度/℃ | −30～100 | | |

## 二、转向系统控制策略

EPS电气原理图如图4-85所示。

① 当整车处于停车下电状态，EPS不工作（EPS不进行自检、不与VCU通信、EPS驱动电动机不工作）；当钥匙开关处于ON挡时，ON挡继电器吸合后EPS开始工作。

② EPS正常工作时，EPS根据接收来自VCU的车速信号、唤醒信号，以及来自扭矩传感器的扭矩信号和EPS

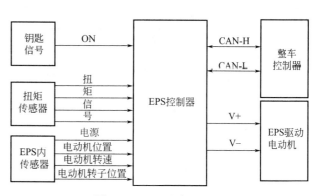

图 4-85　EPS电气原理图

助力电动机的电动机位置、电动机转速、电动机转子位置、电流、电压信号等进行综合判断,以控制 EPS 助力电动机的扭矩、转速和方向。

③ 转向控制器在上电 200ms 内完成自检,上电 200ms 后可以与 CAN 线交互信息,上电 300ms 后输出 470 帧(转向故障和转向状态上报帧),上电 1200ms 后输出 471 帧(版本信息帧)。

④ 当 EPS 检测到故障时,通过 CAN 总线向 VCU 发送故障信息,并采取相应的处理措施。
转向系统端子如图 4-86 所示,其端子含义如表 4-11 所示。

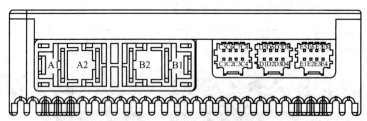

图 4-86 转向系统端子

表 4-11 转向系统端子含义

| 端子 | 端子用途定义 | 颜色 |
| --- | --- | --- |
| A1 | 电源正 | 红 |
| A2 | 电源负 | 黑 |
| B1 | 电动机正 | 黑 |
| B2 | 电动机负 | 红 |
| C2 | 辅路 T2 | 绿 |
| C5 | 主路 T1 | 黑 |
| C6 | 地 GND | |
| C7 | 电源+12VA | 红 |
| C8 | 电源 TSV5 | |
| D5 | CAN-H | 黄 |
| D6 | CAN-L | 白 |
| D8 | 点火 IG | 绿 |

## 三、EPS 故障

EPS 故障处理流程如图 4-87 所示。主要诊断步骤、故障现象如表 4-12 和表 4-13 所示。ESP 端子含义如图 4-88 所示。

表 4-12 主要诊断步骤

| 步骤 | 操作 | 是 | 否 |
| --- | --- | --- | --- |
| 1 | 主熔丝和线路熔丝是否完好 | 进入第 2 步 | 主熔丝和线路熔丝断 |
| 2 | (1)打开点火开关<br>(2)检查终端"D8"和控制盒体接地之间的电压<br>(3)是否为电池电压 | 进入第 3 步 | 整车信号线断开或短路 |
| 3 | (1)检查终端"A1"和控制盒体接地之间的电压<br>(2)是否为电池电压 | 进入第 4 步 | 整车电源线断开或短路 |
| 4 | 整车无助力可以行驶 | 进入第 5 步 | CAN 通信不畅 |
| 5 | 插头与 EPS 控制盒之间连接是否牢靠 | 如果上述各项都没问题,更换一个 EPS 控制盒,重新检查 | 接地不良 |

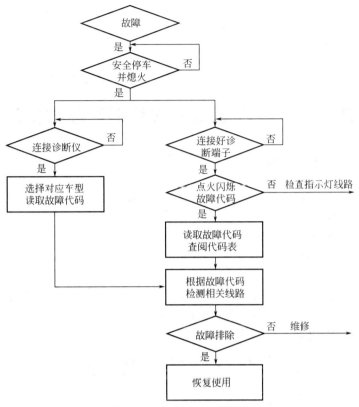

图 4-87 ESP 故障处理流程

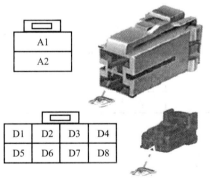

| 端子 | 名称 |
|---|---|
| A1 | 电源 |
| A2 | 地 |
| D5 | CAN-H |
| D6 | CAN-L |
| D8 | 点火 |

图 4-88 EPS 端子含义

表 4-13 故障现象

| 故障现象 | 可能的原因 | 修理方法 |
|---|---|---|
| 转向沉重 | 接插件未插好<br>线束接触不良或破损<br>方向盘安装不正确（扭曲）<br>扭矩传感器性能不良<br>转向器故障<br>车速传感器性能不良<br>主熔丝和线路熔丝烧坏<br>EPS 控制器故障 | 插好插头<br>更换线束<br>正确安装方向盘<br>更换转向器<br>更换转向器<br>更换车速传感器<br>更换熔丝<br>更换控制器 |

续表

| 故障现象 | 可能的原因 | 修理方法 |
|---|---|---|
| 在直行时车总是偏向一侧 | 扭矩传感器性能不良 | 更换转向器 |
| 转向力不平顺 | 扭矩传感器性能不良 | 更换转向器 |

## 第六节 北汽电动汽车故障诊断与排除

### 一、驱动电动机的故障排除

在进行下列检测步骤前，确认蓄电池电压为正常电压。
① 将点火开关置于 OFF 挡。
② 将诊断仪 IMS-D60 连接至车辆诊断接口上。
③ 将点火开关置于 ON 挡。
④ 用诊断仪读取和清除 DTC。

驱动电动机系统常见的故障代码及含义如表 4-14 所示，上述检测步骤中如果检测到故障代码，则说明车辆有故障，要按照表中的可能故障原因进行相应的诊断步骤；如果没有检测到故障代码，则说明之前读取的故障为偶发性故障。

表 4-14 驱动电动机系统常见的故障代码及含义

| 故障代码 | 定义 | 可能故障原因 |
|---|---|---|
| P0519 | 驱动电动机超速保护故障 | 旋转变压器及其线路故障 |
| P0520 | 驱动电动机温度传感器短路故障 | 驱动电动机温度传感器及其线路故障 |
| P0772 | 驱动电动机系统生命信号故障 | 供电熔丝熔断或线路故障，驱动电动机控制器损坏 |
| P1280 | 驱动电动机过热故障 | 冷却液不足<br>冷却系统堵塞<br>冷却液泵不工作<br>散热风扇不工作 |
| P1793 | 驱动电动机发电模式失效故障 | 驱动电动机控制器及其线路故障 |

### 二、动力电池故障

#### 1. 动力电池高压母线连接故障

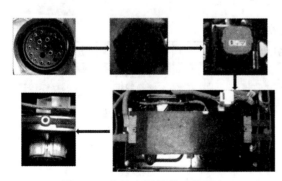

图 4-89 电池高压母线连接检查

此故障的报出是 BMS 检测不到高低压互锁信号所致，所以排查步骤按箭头方向检查，如图 4-89 所示。

① 首先用万用表测量线束端是否导通（12V），若导通则进入②。
② 检查 MSD 是否松动，重新插拔后若问题依然存在，则进入③。
③ 插拔高压线束，看是否存在接触不良问题，若问题依然存在，则需联系电池工程师进行检测维修。

根据统计，此故障除了软件的误报之外，MSD 没插到位引起的故障占到 70%，高压线束端问题占到 20%，电池内部线束连接出问题的概率很小。

### 2. 绝缘故障说明

无论电池自身还是电池外电路的高压回路上存在绝缘故障，电池都会上报，直接导致高压电路断开。在排查时要先断开动力电池与其他部件的连接，然后用摇表依次测量各部件的绝缘值。建议优先排查方向：高压盒、电动机控制器、空调压缩机、PTC。

## 三、充电系统常见故障及维修

① DC/DC 转换器常见故障：DC/DC 转换器未正常工作。

解决方案：检查连接器是否正常连接；检查高压熔丝是否熔断；检查电能信号是否给出。

② 车载充电机常见故障：充电桩显示车辆未连接。

解决方案：检查车辆与充电桩两端充电枪是否反接。

③ 动力电池继电器未闭合。

解决方案：检查连接器是否正常连接，检查充电机输出唤醒是否正常。

④ 电池继电器正常闭合，但充电机无输出电流。

解决方案：检查车端充电枪是否连接到位，检查高压熔丝是否熔断，检查高压连接器及线缆是否正确连接。

## 四、高压互锁故障排查

（1）故障现象　整车报高压故障。

（2）故障原因　某个高压插接件未插或未插到位造成高压互锁回路，如图 4-90 所示。

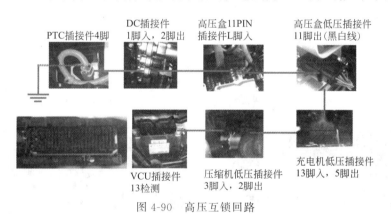

图 4-90　高压互锁回路

（3）常见的高压互锁问题　PTC、DC/DC 转换器、高压盒、车载充电机、空调压缩机高低压插接件未插。

（4）高压互锁设计的目的

① 整车在高压上电前确保整个高压系统的完整性，使高压系统处于一个封闭环境下工作，提高安全性。

② 当整车在运行过程中高压系统回路断开或者完整性受到破坏的时候，需启动安全防护，如图 4-91 所示。

③ 防止带电插拔高压连接器给高压端子造成的拉弧损坏。

(a) 高压插接件互锁端　　(b) 高压插接件未装配到位　　(c) 高压盒盖开关端子损坏

图 4-91　高压系统高压盒盖开关端子损坏

## 五、北汽 EV VCU 损坏无法行驶

### 1. 故障现象

一辆北汽 EV 纯电动汽车，行驶 5000km，车辆无法行驶，动力电池断开故障灯和整车系统故障灯报警。

### 2. 故障诊断与排除

该车由于气囊故障更换过主副安全气囊及安全气囊电脑板。维修工拆下机舱内所有高压部件和二次支架及机舱线束，进行外围部件更换，线束和高压部件外壳未变形受损。

通过目测，机舱内低压线束和高压线束（包括保险盒）没有破损、变形和挤压，高压部件（MCU、DC/DC 转换器、高压控制盒、车载充电机）外观没有受损挤压变形现象。

修复好后开了一段距离，就无法行驶了，动力电池断开故障灯和整车系统故障灯都点亮了。经检查发现，将加速踏板踩到底，仪表会黑屏或不规律闪烁，电动真空助力泵常转。修理工认为剩余电量不足，于是进行慢充。

在充电时还观察了机舱的情况，打开发动机盖观察车载充电机，发现充电机散热风扇不转。用手触摸车载充电机散热片时（图 4-92）能明显触觉到发热现象，无法充电。随后打开高压控制盒后，进行高压熔丝测量。发现车载充电机的高压熔丝并没有烧毁，而其余的三个高压熔丝全部烧毁，在 PTC 控制器电路板上有一处 IC 芯片也烧毁了，如图 4-93 所示。

图 4-92　车载充电机散热片　　　　图 4-93　高压控制盒内烧坏的原件

开始对与烧毁熔丝相连接的高压部件进行逐一拆解检查，接着又对 DC/DC 转换器进行拆解，拆开后发现 DC/DC 转换器电路板上有一个蓝色的圆片插接件（图 4-94）已烧毁，模块也有烧蚀的迹象。所有烧毁的部件除了电子空调压缩机外都替换了新的部件试车，结果车辆还是不能行驶。

对车辆进行了仔细观察，怀疑高压部件烧毁可能与维修时不正确操作有关。检查了高压系统（B 类电压系统）所有的连接插头，包括极性和插头紧实牢固，全都正确。得知点火开关可以打到 ON 挡，低压系统（A 类电压系统）可以供电时，马上对该车进行专用电脑检测读码，发现除了安全气囊电脑可以与检测仪建立通信外，其余模块均无法通信。在清除安全气囊相关故障码后（图 4-95），故障码并没有再出现。

图 4-94　DC/DC 转换器模块内部烧坏

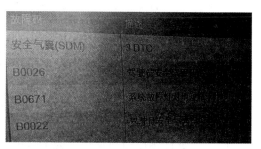

图 4-95　安全气囊相关故障码

由于检测电脑与 VCU 和动力电池无法建立通信，对低压总熔丝和熔断器进行了检测，熔丝与同款正常车辆对比，除了真空助力泵的熔丝拔出外（因为常转故障，在车辆不能行驶后就把其熔丝拔出了，此故障为常见故障，发生概率比较高，一般情况下更换真空罐压力开关就可以修复此故障），其他都良好。

后经检查点发现火开关各挡位、VCU 供电均正常，15 号线继电器工作也正常，网络 CAN 线也无短路或断路现象，如图 4-96 所示。由于 VCU 在整车控制策略里权位最高、优先级最高，因此判断故障原因是 VCU 损坏。

图 4-96　所有熔丝良好

说明：纯电动汽车动力系统主要包括动力蓄电池、驱动电动机等部件以及整车控制器、电动机控制器等（图 4-97），通过机械连接、电气连接以及 CAN 总线连接来保证各个部件

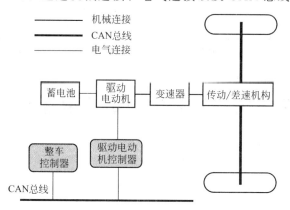

图 4-97　纯电动车的动力系统结构

间的协调运行,实现纯电动汽车整车性能以及经济性的要求。对于纯电动汽车而言,整车控制器是车辆的"大脑",它应该具有以下功能。

(1) 对汽车行驶功能的控制　整车控制器通过对驾驶员意图识别和车辆状态的分析,在满足车辆安全性的基础上,对动力蓄电池放电电流和电动机输出转矩进行控制,使得车辆各个部件能够协调运行。

(2) 制动能量回收控制　纯电动汽车以电动机作为驱动转矩的输出机构。电动机具有回馈制动的性能,此时电动机作为发电机,利用制动能量发电,将此能量存储在储能装置中。在这个过程中,整车控制器根据加速踏板和制动踏板的开度以及动力电池的 SOC 值来判断某一时刻能否进行制动能量回馈,如果可以进行,整车控制器向电动机控制器发出制动指令,回收部分能量。

(3) 能量优化控制和管理　为了使电动汽车能够有最大的续驶里程,必须对能量进行优化管理,以提高能量的利用率。

(4) 车辆状态的监测和显示　整车控制器应该对车辆的状态进行实时检测,来确定车辆状态及其各子系统状态信息,驱动显示仪表,将状态信息和故障诊断信息通过显示仪表显示出来。显示内容包括车速、电池的电量、电流以及各种指示信息等。

(5) 故障诊断和处理　对整车控制系统进行实时监控,进行故障报警和诊断。故障指示灯指示出故障并进行报警,根据故障内容,及时进行相应安全保护处理,如图 4-98 和图 4-99 所示。

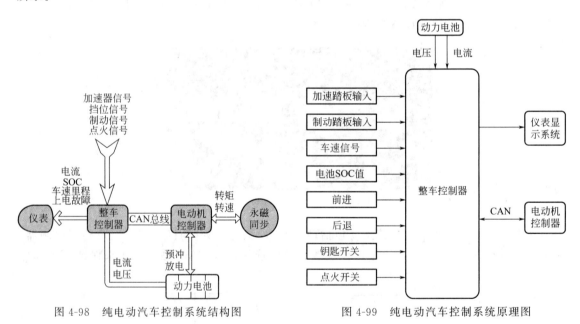

图 4-98　纯电动汽车控制系统结构图　　图 4-99　纯电动汽车控制系统原理图

## 第七节　北汽电动汽车电路图及端子含义

### 一、整车电路图

北汽纯电动汽车整车电路图 4-100～图 4-106 所示。

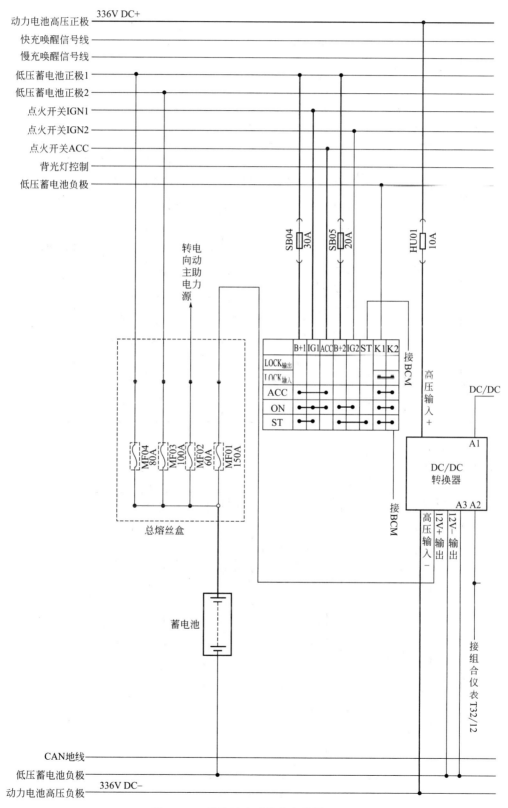

图 4-100 北汽纯电动汽车电路图（一）

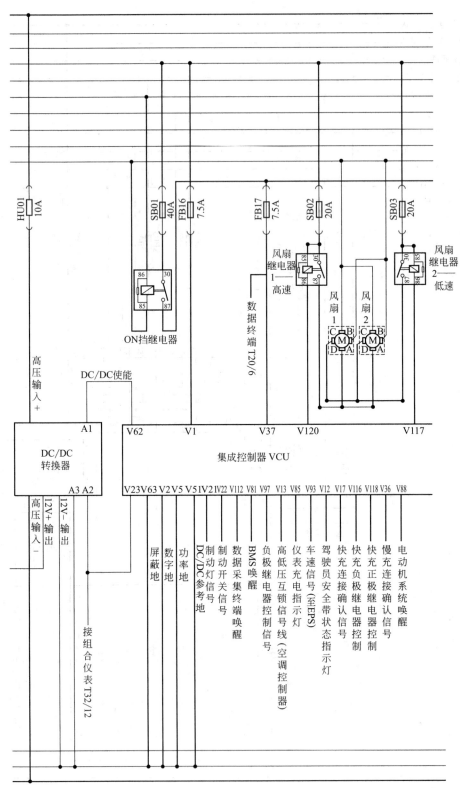

图 4-101 北汽纯电动汽车电路图(二)

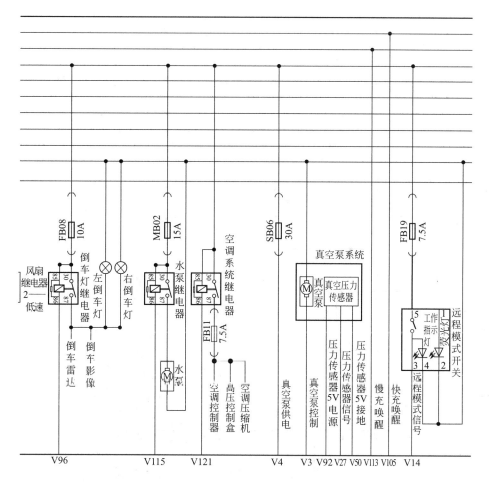
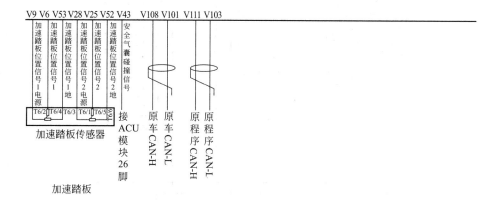

图 4-102 北汽纯电动汽车电路图（三）

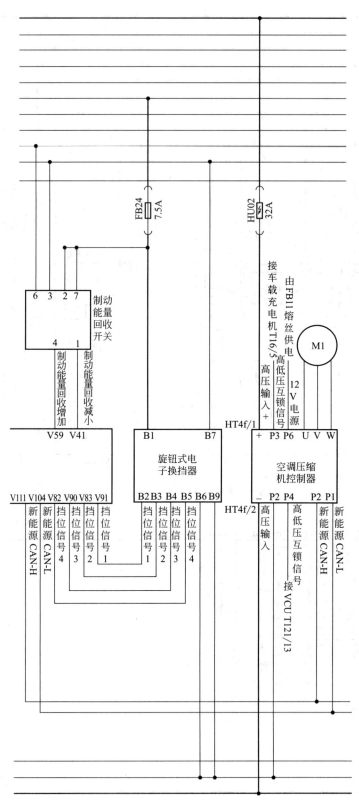

图 4-103 北汽纯电动汽车电路图（四）

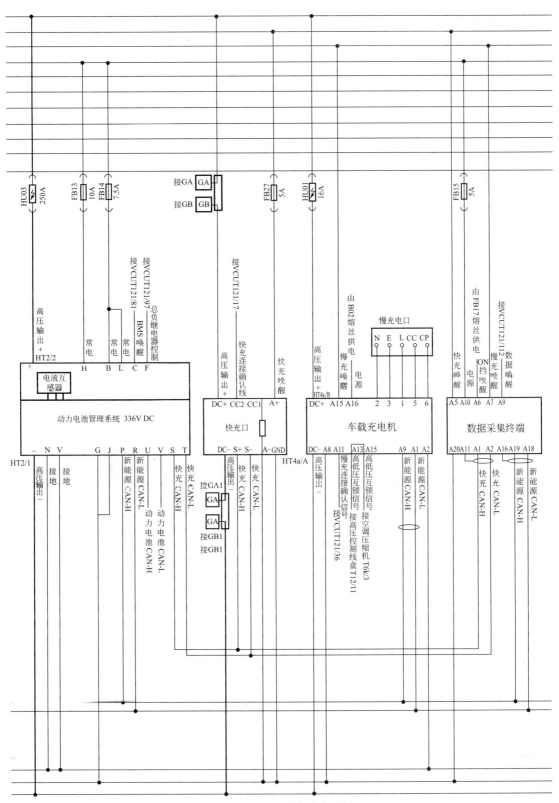

图 4-104 北汽纯电动汽车电路图（五）

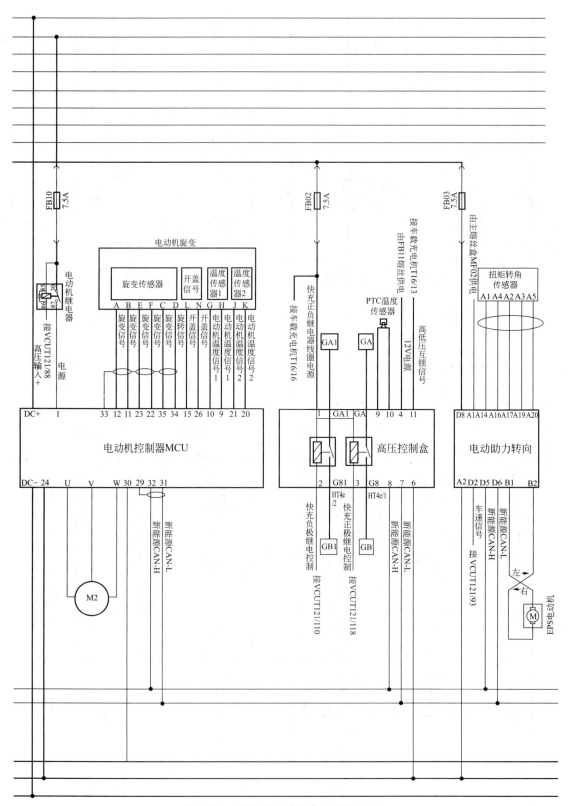

图 4-105 北汽纯电动汽车电路图（六）

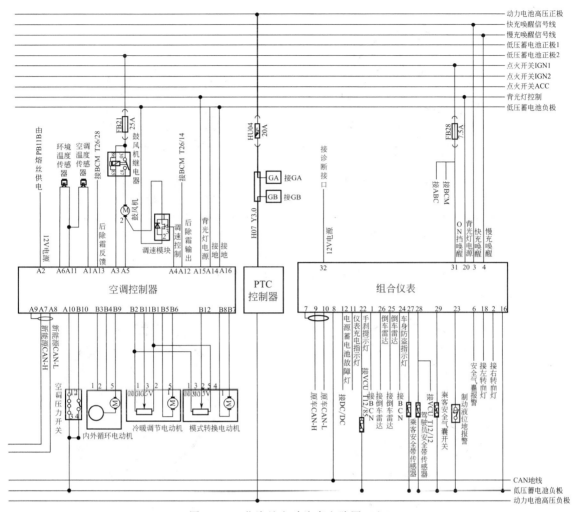

图 4-106 北汽纯电动汽车电路图（七）

## 二、线束端子含义

### 1. 高压部分

① 动力电池高压输出电缆端 2 芯插接件 HT2 如图 4-107 所示。

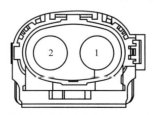

图 4-107 动力电池高压输出电缆端 2 芯插接件 HT2
1—高压负极输出；2—高压正极输出

② 动力电池电缆高压控制盒 4 芯插接件 HT4b 如图 4-108 所示。
③ 电动机控制器电缆高压控制盒 4 芯插接件 HT4d 如图 4-109 所示。

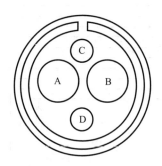 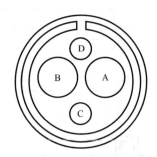

图 4-108　动力电池电缆高压
控制盒 4 芯插接件 HT4b
A—高压电源负极；B—高压电源正极；
C—互锁线短接；D—互锁线短接

图 4-109　电动机控制器电缆
高压控制盒 4 芯插接件 HT4d
A—高压电源负极；B—高压电源正极；
C—互锁线短接；D—互锁线短接

④ 高压线束高压控制盒 11 芯插接件 HT11a 如图 4-110 所示。

⑤ 高压线束 DC/DC 转换器 4 芯插接件 HT4 如图 4-111 所示。

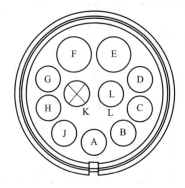 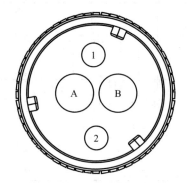

图 4-110　高压线束高压
控制盒 11 芯插接件 HT11a
A—DC/DC 转换器电源正极；B—PTC 电源正极；C—压缩机电源正极；D—PTC-A 组负极；E—充电机电源正极；F—充电机电源负极；G—DC/DC 转换器电源负极；H—压缩机电源负极；J—PTC-B 组负极；K—互锁信号线；L—空引脚

图 4-111　高压线束 DC/DC
转换器 4 芯插接件 HT4
A—高压电源负极；B—高压电源正极；
1—互锁信号；2—互锁信号

⑥ 高压线束车载充电机 4 芯插接件 HT4a 如图 4-112 所示。

⑦ 高压线束 PTC 4 芯插接件 HT4c 如图 4-113 所示。

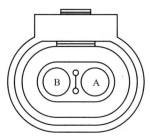 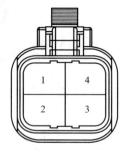

图 4-112　高压线束车载充电机 4 芯插接件 HT4a　　图 4-113　高压线束 PTC 4 芯插接件 HT4c
A—高压电源负极；B—高压电源正极；中间—互锁端子　1—PTC-A 组负极；2—PTC-B 组负极；3—高压电源正极；4—互锁信号线

⑧ 高压线束空调压缩机 4 芯插接件 HT4f 如图 4-114 所示。

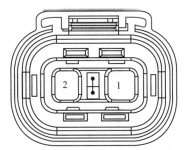

图 4-114　高压线束空调压缩机 4 芯插接件 HT4f
1—高压电源正极；2—高压电源负极；中间—互锁端子

⑨ 快充口 HT9 端子如图 4-115 所示。

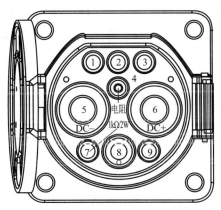

图 4-115　快充口 HT9 端子
1—S−（充电通信 CAN-L）；2—CC2（充电连接确认）；3—S+（充电通信 CAN-H）；4—CC1（充电连接确认）；5—DC−（直流电源负极）；6—DC+（直流电源正极）；7—A−（低压辅助电源负极）；8—PE［车身地（搭铁）］；9—A+（低压辅助电源正极）

⑩ 慢充口 HT7 端子如图 4-116 所示。

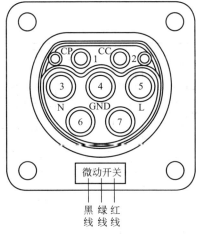

图 4-116　慢充口 HT7 端子
1—CP（控制确认线）；2—CC（充电连接确认）；3—N（交流电源）；4—PE［车身地（搭铁）］；5—L（交流电源）；6—空脚；7—空脚

⑪ 慢充线束车载充电机 6 芯插件 HT6a 如图 4-117 所示。

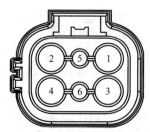

图 4-117　慢充线束车载充电机 6 芯插接件 HT6a
1—L（交流电源）；2—N（交流电源）；3—PE［车身地（搭铁）］；
4—空；5—CC（充电连接确认）；6—CP（控制确认线）

## 2. 低压部分

① 整车控制器线束端 121 芯插接件 A（1～81）如图 4-118 所示。

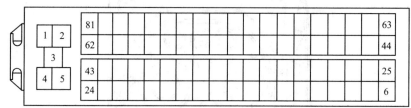

图 4-118　整车控制器线束端 121 芯插接件 A

1—蓄电池正极；2—蓄电池负极；3—真空泵 12V 输出信号；4—真空泵供电电源；5—蓄电池负极；6—加速踏板位置信号 1；7—未使用；8—未使用；9—加速踏板位置信号 1 电源；10—未使用；11—未使用；12—安全带状态；13—高低压互锁信号；14—远程模式开关；15—EPS 故障信号；16—管路压力开关 2 信号；17—快充连接确认 CC2 信号；18—未使用；19—未使用；20—未使用；21—制动开关信号；22—制动灯信号；23—DC/DC 转换器故障信号；24—未使用；25—加速踏板位置信号 2；26—未使用；27—真空助力压力传感器；28—加速踏板位置信号 2 电源；29—未使用；30—未使用；31—未使用；32—未使用；33—出租车报警熄火信号；34—未使用；35—管路压力 1 信号；36—慢充连接确认 CC 信号；37—ON 挡唤醒；38—未使用；39—未使用；40—未使用；41—制动能量回收增加；42—未使用；43—安全气囊碰撞信号；44—未使用；45—未使用；46—未使用；47—未使用；48—未使用；49—未使用；50—真空压力传感器地线；51—DC/DC 转换器参考地；52—加速踏板位置信号 2 接地；53—加速踏板位置信号 1 接地；54—未使用；55—未使用；56—未使用；57—未使用；58—未使用；59—制动能量回收减小；60—未使用；61—未使用；62—DC/DC 转换器使能；63—屏蔽地线；64～80—未使用；81—BCU 唤醒

② 整车控制器线束端 121 芯插接件 B（82～121）如图 4-119 所示。

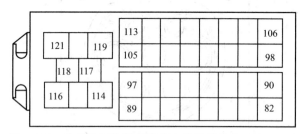

图 4-119　整车控制器线束端 121 芯插接件 B（82～121）

82—挡位信号 4；83—挡位信号 2；84—挡位信号地；85—仪表充电灯点亮信号；86—未使用；87—未使用；88—电机继电器使能输出；89—未使用；90—挡位信号 3；91—挡位信号 1；92—真空助力压力传感器电源；93—EPS 助力转向车速信号；94—未使用；95—未使用；96—倒车灯继电器控制；97—总负继电器开关；98—未使用；99—未使用；100—未使用；101—原车 CAN-L；102—未使用；103—XC2234 刷新程序 CAN-L；104—新能源 CAN-L；105—快充唤醒；106—未使用；107—未使用；108—原车 CAN-H；109—未使用；110—XC2234 刷程序 CAN-H；111—新能源 CAN-H；112—远程唤醒；113—慢充唤醒；114—未使用；115—冷却水泵继电器控制；116—充电负极继电器控制；117—低速冷却风扇控制；118—充电正极继电器控制；119—DC/DC 转换器使能；120—高速冷却风扇控制；121—空调系统继电器控制

③ 动力电池低压线束端 21 芯插接件 T21 如图 4-120 所示。

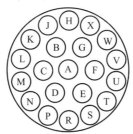

图 4-120　动力电池低压线束端 21 芯插接件 T21

A—未使用；B—BMS 供电正极；C—唤醒；D—未使用；E—未使用；F—负极继电器控制；G—BMS 供电负极；H—继电器供电正极；J—继电器供电负极；K—未使用；L—HVIL 信号；M—未使用；N—新能源 CAN 屏蔽；P—新能源 CAN-H；R—新能源 CAN-L；S—动力电池内部 CAN-H；T—动力电池内部 CAN-L；U—快充 CAN-H；V—快充 CAN-H；W—动力电池 CAN 屏蔽；X—未使用

④ 驱动电动机线束端旋变 19 芯插接件 T19b 如图 4-121 所示。

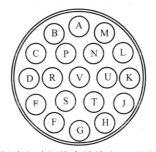

图 4-121　驱动电动机线束端旋变 19 芯插接件 T19b

A—激励绕组 $R_1$；B—激励绕组 $R_2$；C—余弦绕组 $S_1$；D—余弦绕组 $S_3$；E—正弦绕组 $S_2$；F—正弦绕组 $S_4$；G—电动机温度传感器 TH0；H—电动机温度传感器 TL0；L—开盖信号 $HVIL_1$（$+L_1$）；M—$HVIL_2$（$+L_2$）

⑤ 车载充电机线束端 16 芯插接件 T16b 如图 4-122 所示。

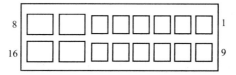

图 4-122　车载充电机线束端 16 芯插接件 T16b

1—新能源 CAN-L；2—CAN GND；3—CP（预留）；4—未使用；5—高压互锁 1；6—未使用；7—未使用；8—GND；9—新能源 CAN-H；10—未使用；11—CC；12—未使用；13—高压互锁 2；14—使能（预留）；15—12V 唤醒输出；16—12V 电源

⑥ DC/DC 转换器线束端 3 芯低压插接件 T3a 如图 4-123 所示。

图 4-123　DC/DC 转换器线束端 3 芯低压插接件 T3a

1—DC/DC 转换器使能；2—DC/DC 转换器故障信号；3—接地

⑦ 空调压缩机低压 6 芯插接件 T6k 如图 4-124 所示。

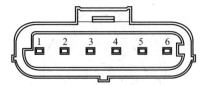

图 4-124　空调压缩机低压 6 芯插接件 T6k

1—新能源 CAN-H；2—新能源 CAN-L；3—接地 GND；4—调速信号；5—启停信号；6—电源

⑧ 电动机控制器线束端 35 芯插接件 T35 如图 4-125 所示。

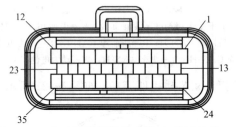

图 4-125　电动机控制器线束端 35 芯插接件 T35

1—电源；2~8 未占用；9,10,20,21—电动机温度；11,12,22,23,34,35—旋变信号；13~19—未占用；24—接地；25~29—未占用；30—CAN 屏蔽；31—CAN 总线-L；32—CAN 总线-H；33—旋变线屏蔽线

⑨ 高压控制盒线束端 12 芯插件 T12f 如图 4-126 所示。

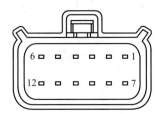

图 4-126　高压控制盒线束端 12 芯插接件 T12f

1—快充继电器线圈（正极）；2—快充负继电器线圈（控制端）；3—快充正继电器线圈（控制端）；4—空调继电器线圈（正极）；5—空调继电器线圈（控制端）；6—PTC 控制器 GND；7—PTC 控制器 CAN-L；8—PTC 控制器 CAN-H；9—PTC 温度传感器负极；10—PTC 温度传感器正极；11,12—未占用

⑩ 前机舱线束与仪表线束对接 36 芯插接件 T36 如图 4-127 所示。

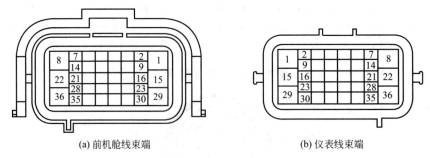

(a) 前机舱线束端　　　　　(b) 仪表线束端

图 4-127　前机舱线束与仪表线束对接 36 芯插接件 T36

1—K 线；2—制动系统保险报警信号；3—原车 ON 电信号；4—原车倒车信号；5—充电门板线号；6—DC 故障信号；7,14,15,25,26,28—加速踏板信号；8—原车 ACC 信号；9—原车制动信号；10—原车空调温度信号；11—电池 CAN 信号；12—电池 CAN 信号；13—未占用；16~18,24—换挡信号；19—车载充电机 12V 输出；20—原车 CAN-H；21—原车 CAN-L；22—未占用；23—原车空调 A/C 开关信号；27—PTC 温度传感器；29—空调温度信号；30—空调调速模块信号；31—压缩机反馈信号；32—冷暖转换电机信号；33—新能源 CAN-H；34—新能源 CAN-L；35—PTC 温度传感器；36—未占用

⑪ 数据终端 20 芯插头 T20a 如图 4-128 所示。

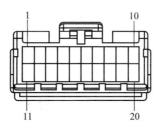

图 4-128 数据终端 20 芯插头 T20a

1,2—动力电池通信总线 CAN-H；3～5—未占用；6—点火开关 ON 挡供电；7—数据终端/仪表（ON 挡及充电时供电）；8,9—未占用；10—车载充电机 12V 输出；11—动力电池通信总线屏蔽层；12～15—未占用；16—新能源通信总线屏蔽层；17—未占用；18,19—新能源通信总线 CAN-L；20—接地

⑫ 转向助力 EPS 控制器 20 芯插头 T20b 如图 4-129 所示。

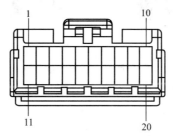

图 4-129 转向助力 EPS 控制器 20 芯插头 T20b

1—EPS 故障；2—未占用；3—EPS 助力转向车速；4—未占用；5—电源 ON；6—未占用；7,8,10,19,20—EPS 电动机控制信号；9—未占用；11～18—未占用

## 第八节　北汽电动汽车 EX200/EX260

### 一、高压蓄电池拆装及检测

北汽电动汽车 EX260 高压蓄电池技术参数如表 4-15 所示。

表 4-15　北汽电动汽车 EX260 高压蓄电池技术参数

| 项目名称 | 孚能-EX260 |
| --- | --- |
| 电动汽车储能装置种类 | 三元镍钴锰酸锂电池 |
| 储能装置单体型号 | IMP06160230 |
| 储能装置单体外形尺寸/mm | 6×160×230 |
| 储能装置单体的标称电压/V | 3.65 |
| 动力蓄电池单体 3h 额定容量/A·h | 29 |
| 储能装置单体质量/kg | 0.51 |
| 储能装置单体数量/个 | 384 |
| 储能装置单体生产企业 | 孚能科技(赣州)有限公司 |
| 储能装置总成生产企业 | 孚能科技(赣州)有限公司 |
| 储能装置组合方式 | 4P96S |

## 1. 高压蓄电池拆装

① 将车辆放于举升机位置,关闭点火开关;通过仪表左下方的前舱盖开启手柄,打开前舱盖,如图 4-130 所示。

② 断开低压蓄电池负极,如图 4-131 所示。

图 4-130 前舱盖开启手柄

图 4-131 断开蓄电池负极

③ 拆下动力电池电缆护板上的 7 个固定螺栓,取下护板,如图 4-132 所示。

④ 动力电池高压件按照以下步骤进行拆卸:逆时针旋出黑色低压控制插头箭头 A;向后拨动高压线束蓝色锁销箭头 B,如图 4-133 所示。

图 4-132 取下护板

图 4-133 拆卸高压插件

⑤ 按下锁止销向后拨到底,如图 4-134 所示。

⑥ 按下锁止销向后拨出插头,如图 4-135 所示。

图 4-134 按下锁止销

图 4-135 拔出插头

⑦ 将车辆举升至一定高度并锁止举升机安全锁。

⑧ 将动力电池举升车推放到动力电池正下方,升高电池举升车平板与电池包底部接触,如图 4-136 所示。

⑨ 拆下动力电池上的 10 个固定螺栓,如图 4-137 所示。

⑩ 缓慢下降电池举升车,降到需要的高度后将电池举升推出。

图 4-136 将电池举升车放到动力电池下方　　图 4-137 拆下固定螺栓

⑪ 按相反顺序进行安装。注意:举升动力电池的时候要确保电池箱体上的定位销对准底盘上的定位孔。

## 2. 电池低压控制插件定义

电池低压控制插接件端子如图 4-138 所示。端子含义如表 4-16 所示。

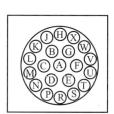

图 4-138 电池低压控制插接件端子

表 4-16 端子含义

| 编号 | 针脚定义 | 编号 | 针脚定义 |
|---|---|---|---|
| A | 空 | M | 空 |
| B | BMS 供电正 | N | 新能源 CAN1-屏蔽 |
| C | BMS 唤醒 | P | 新能源 CAN1-H |
| D | 空位 | R | 新能源 CAN1-L |
| E | 空位 | S | 快充 CAN2-H |
| F | 负继电器控制 | T | 快充 CAN2-L |
| G | BMS 供电负 | U | 动力电池内部 CAN3-H |
| H | 继电器供电正 | V | 动力电池内部 CAN3-L |
| J | 继电器供电负 | W | CAN2 屏蔽 |
| K | 空 | X | 空 |
| L | HVIL 信号 | | |

### 3. 动力电池低压控制电路检测

（1）BMS 电源电路检查

① 拔下 BMS 插接件，测量 B 与 G 端子、H 与 J 端子，之间应该有 12V 蓄电池电压。

② 如无电压，则检查前机舱熔断器 FB14、FB13 中的熔丝是否烧坏。如熔断器正常，则检测 BMS 插件 B 端子与前机舱熔断器 FB14、FB13 之间的电路是否导通。

③ 如正极电路正常，则检查 BMS 插件 G 与 J 端子与车身搭铁是否导通，若不导通，则检修负极电路，如图 4-139 所示。

（2）BMS 唤醒信号检查

① 拔下 BMS 插接件，打开点火开关并置于 ON 位置，BMS 插件 C 端子与车身搭铁之间有 12V 电压，如图 4-140 所示。

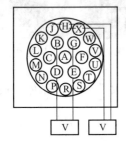
图 4-139　BMS 电源电路检查

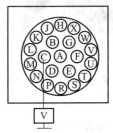
图 4-140　C 端子与车身搭铁之间的电压检测

② 如无电压，则检测 BMS 插件 C 端子与 VCU 81 脚电路是否导通或插接件是否退针（图 4-141），如电路正常，则为 VCU 故障，应更换 VCU。

（3）CAN 线通路检查　拔下 BMS 插接件，测量 P 端子与 VCU 111、R 端子与 VCU 104 端子之间，应该导通，如不能导通，则检查插接件是否退针或线束问题，如图 4-142 所示。

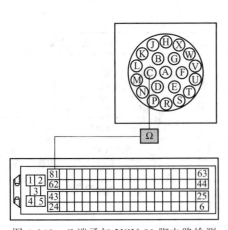
图 4-141　C 端子与 VCU 81 脚电路检测

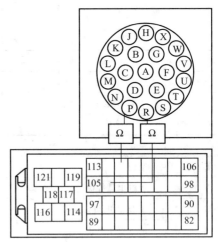
图 4-142　CAN 线通路检查

（4）故障码分析与处理方法　故障码分析与处理方法如表 4-17 所示。

表 4-17 故障码分析与处理方法

| 序号 | 故障名称 | 故障码 | 可能导致故障的原因 | 处理方法 |
|---|---|---|---|---|
| 1 | 电池单体过压 | P118822 | 电动机系统失控、充电机失控 | (1)如果重新上电,车辆恢复正常,则不需要派工。如果重新上电车辆不能恢复正常,则需要派工<br>(2)充电过程出现该问题,进行派工(联系电池公司售后) |
| 2 | 电池单体电压不均衡 | P118522 | 电池单体一致性不好或者均衡效果不好 | (1)重新上电,进行反复几次慢充,如恢复正常,则不需要派工<br>(2)如仍频繁出现该故障,则需派工 |
| 3 | 电池外部短路 | P118111 | (1)高压回路异常<br>(2)高压负载异常 | (1)如果重新上电,车辆恢复正常,则不需要派工<br>(2)如果重新上电车辆不能恢复正常,则需要派工 |
| 4 | 电池内部短路 | P118312 | 电池内部焊接、装配等问题 | 派电池售后人员确认无故障,用诊断仪手动清除故障码后重新上电 |
| 5 | 电池温度过高 | P0A7E22 | (1)电池热管理系统有问题<br>(2)电芯本身有问题<br>(3)电池装配节点松弛 | (1)车辆断电,等待一段时间,温度自然降低。如果重新上电,车辆恢复正常,则不需要派工<br>(2)如果重新上电车辆不能恢复正常,或者较短时间内温度仍迅速上升,则需要派工 |
| 6 | 温度不均衡 | P118722 | 电池热管理系统故障 | (1)车辆断电,重新上电,车辆恢复正常,则不需要派工<br>(2)如果重新上电车辆恢复正常后仍频繁出现故障,则需要派工 |
| 7 | 电池温升过快 | P118427 | (1)电池内部短路<br>(2)电池焊接、装配等问题引起火花 | (1)车辆断电,等待一段时间,温度自然降低。如果重新上电,车辆恢复正常,则不需要派工<br>(2)如果重新上电车辆不能恢复正常,或者较短时间内温度仍迅速上升,则需要派工 |
| 8 | 绝缘电阻低 | P0AA61A | (1)高压部件内部有短路<br>(2)高压回路对车身绝缘阻值下降 | 派工,确认无故障,用诊断仪手动清除故障码后重新上电 |
| 9 | 充电电流异常 | P118674 | 充电机故障或者充电回路故障 | (1)如果重新上电,车辆恢复正常,则不需要派工<br>(2)如果重新上电车辆不能恢复正常,则需要派工 |
| 10 | 电池系统内部通信故障 | U025482 | (1)CAN总线线路故障<br>(2)BMU或BMS掉线 | (1)如果重新上电,车辆恢复正常,则不需要派工<br>(2)如果重新上电车辆不能恢复正常,则需要派工 |
| 11 | BMS与车载充电机通信故障 | U025387 | (1)CAN总线线路故障<br>(2)车载充电机故障 | (1)如果重新上电,车辆恢复正常,则不需要派工<br>(2)如果重新上电车辆不能恢复正常,则需要派工 |
| 12 | 内部总电压检测故障(v1) | P118964 | 系统电压检测回路故障 | (1)如果重新上电,车辆恢复正常,则不需要派工<br>(2)如果重新上电车辆不能恢复正常,则需要派工 |
| 13 | 外部总电压检测故障(v2) | P118A64 | 系统电压检测回路故障 | (1)如果重新上电,车辆恢复正常,则不需要派工<br>(2)如果重新上电车辆不能恢复正常,则需要派工 |

续表

| 序号 | 故障名称 | 故障码 | 可能导致故障的原因 | 处理方法 |
|---|---|---|---|---|
| 14 | BMS-EEPROM 读写故障 | P119844 | — | (1)如果重新上电,车辆恢复正常,则不需要派工<br>(2)如果重新上电车辆不能恢复正常,则需要派工 |
| 15 | 高低压互锁故障 | P0A0A94 | 高压接插件连接问题,零部件质量问题 | 紧固高压连接件后重新上电<br>(1)车辆恢复正常,则不需要派工<br>(2)如果重新上电车辆不能恢复正常,则需要派工 |
| 16 | 加热元件故障 | P119796 | 加热元件失效 | 该故障不影响行车和上电 |
| 17 | 负极继电器粘连 | P0AA473 | (1)继电器带载动作或者严重过流<br>(2)负极继电器控制相关线路故障 | (1)如果重新上电,车辆恢复正常,则不需要派工<br>(2)如果重新上电车辆不能恢复正常,则需要派工 |
| 18 | 预充继电器粘连 | P0AE273 | (1)继电器带载动作或者严重过流<br>(2)预充继电器相关线路故障 | 需派电池售后人员确认无故障,用诊断仪手动清除故障码后重新上电 |
| 19 | 正极继电器粘连 | P0AA073 | (1)继电器带载动作或者严重过流<br>(2)继电器控制相关线路故障 | 需派电池售后人员确认无故障,用诊断仪手动清除故障码后重新上电 |
| 20 | 负极继电器断路 | P0AA572 | (1)负极继电器控制相关线路故障<br>(2)负极继电器失效 | (1)如果重新上电,车辆恢复正常,则不需要派工<br>(2)如果重新上电车辆不能恢复正常,则需要派工 |
| 21 | 预充继电器断路 | P0AE372 | (1)预充继电器控制相关线路故障<br>(2)预充继电器失效 | (1)如果重新上电,车辆恢复正常,则不需要派工<br>(2)如果重新上电车辆不能恢复正常,则需要派工 |
| 22 | 正极继电器断路 | P0AA272 | (1)正极继电器控制相关线路故障<br>(2)正极继电器失效 | (1)如果重新上电,车辆恢复正常,则不需要派工<br>(2)如果重新上电车辆不能恢复正常,则需要派工 |
| 23 | 预充电阻断路 | P11D213 | 预充继电器失效 | (1)如果重新上电,车辆恢复正常,则不需要派工<br>(2)如果重新上电车辆不能恢复正常,则需要派工 |
| 24 | MSD/主熔丝断路 | P0A9513 | (1)MSD开关故障或者熔丝断路 | (1)如果重新上电,车辆恢复正常,则不需要派工<br>(2)如果重新上电车辆不能恢复正常,则需要派工 |
| 25 | 内部总电压检测电路故障 | P11D329 | 内部总电压检测电路异常 | (1)如果重新上电,车辆恢复正常,则不需要派工<br>(2)如果重新上电车辆不能恢复正常,则需要派工 |
| 26 | 外部总电压检测电路故障 | P11D429 | 外部总电压检测电路异常 | (1)如果重新上电,车辆恢复正常,则不需要派工<br>(2)如果重新上电车辆不能恢复正常,则需要派工 |

续表

| 序号 | 故障名称 | 故障码 | 可能导致故障的原因 | 处理方法 |
|---|---|---|---|---|
| 27 | 总电流检测电路故障 | P11D829 | 电流传感器故障 | (1)如果重新上电,车辆恢复正常,则不需要派工<br>(2)如果重新上电车辆不能恢复正常,则需要派工 |
| 28 | BCU-EEPROM读写故障 | P11D144 | — | (1)如果重新上电,车辆恢复正常,则不需要派工<br>(2)如果重新上电车辆不能恢复正常,则需要派工 |
| 29 | 正端继电器驱动通道故障 | P11D574 | 高压板硬件故障 | (1)如果重新上电,车辆恢复正常,则不需要派工<br>(2)如果重新上电车辆不能恢复正常,则需要派工 |
| 30 | 预充电继电器驱动通道故障 | P11D674 | 高压板硬件故障 | (1)如果重新上电,车辆恢复正常,则不需要派工<br>(2)如果重新上电车辆不能恢复正常,则需要派工 |
| 31 | 绝缘检测电路故障 | P11D729 | 高压板硬件故障 | (1)如果重新上电,车辆恢复正常,则不需要派工<br>(2)如果重新上电车辆不能恢复正常,则需要派工 |
| 32 | (高压板)VBU/VCU节点通信丢失 | U025582 | 总线故障 | (1)如果重新上电,车辆恢复正常,则不需要派工<br>(2)如果重新上电车辆不能恢复正常,则需要派工 |
| 33 | 子板EEPROM读写故障 | P121144 | | (1)如果重新上电,车辆恢复正常,则不需要派工<br>(2)如果重新上电车辆不能恢复正常,则需要派工 |
| 34 | 子板单体电压采集电路故障 | P121229 | 采集板电路故障 | (1)如果重新上电,车辆恢复正常,则不需要派工<br>(2)如果重新上电车辆不能恢复正常,则需要派工 |
| 35 | 子板模组电压采集电路故障 | P121329 | 子板采集电路故障,导致底层采集到超范围的无效值 | 该故障不影响行车和上电,将信息反馈至技术中心的相应电池系统工程师 |
| 36 | 子板温度采集电路故障 | P121429 | 子板采集电路故障 | (1)如果重新上电,车辆恢复正常,则不需要派工<br>(2)如果重新上电车辆不能恢复正常,则需要派工 |
| 37 | 子板主动均衡通道故障 | P121574 | 主动均衡回路通道没有响应控制 | 该故障不影响行车和上电,将信息反馈至技术中心的相应电池系统工程师 |
| 38 | 子板被动均衡通道故障 | P121674 | 被动均衡回路通道没有响应控制 | 该故障不影响行车和上电,将信息反馈至技术中心的相应电池系统工程师 |
| 39 | 子板VBU/BMS节点通信丢失 | P121782 | 总线故障 | 该故障不影响行车和上电,将信息反馈至技术中心的相应电池系统工程师 |
| 40 | 钢板松动(接触内阻加大)故障 | P119B94 | 单体件连接内阻大导致充放电时单体比实际值偏差大 | 电池售后维护 |

## 二、高压控制盒 PDU 及高压线束

### 1. 用电分配

车辆在行驶状态时，高压电从高压电池输出到 PDU，然后经 PDU 分配给直流转化模块 DC/DC、电动机控制模块 MCU、电动空调压缩机 EAS 和 PTC 电阻加热器，如图 4-143 所示。

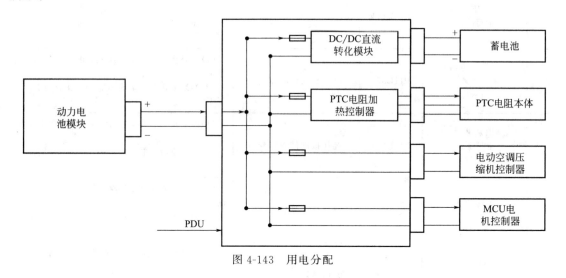

图 4-143 用电分配

### 2. 充电线路

此车配有快充和慢充两种充电方式，因此在 PDU 内设计了 2 种充电回路。

① 车辆在快充状态时，高压直流电以快充口到达 PDU，在 PDU 内经过快充继电器后，从 PDU 输出到动力电池，如图 4-144 所示。

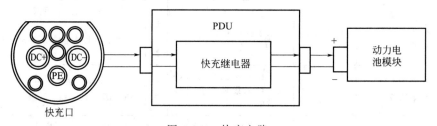

图 4-144 快充电路

② 车辆在进行慢充状态时，高压交流电经过慢充口到达 PDU，在 PDU 内进入车载充电机并转化为直流高压电，从 PDU 输出到动力电池，如图 4-145 所示。

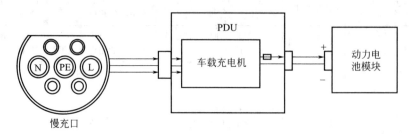

图 4-145 慢充电路

### 3. PDU 内各系统原理

（1）DC/DC 直流转化模块　由于车上大量的元件和控制系统都在使用 12V 电源，所以必须有一种装置能够对蓄电池进行充电，以保证充足的电量供车辆使用，通过使用 DC/DC 直流电源转化模块能够将动力电池的 300 多伏的电压转化成 14V 的直流恒压，供车辆使用。

在车辆整车使用过程中，VCU 会随时监测蓄电池的电压，一旦监测到其电源低于 12V 后，并会立即启动 DC/DC 直流电源转化模块，给蓄电池充电和提供低压系统所需的电量。当 VCU 监测到蓄电池电压高于 14V 后，系统会关闭 DC/DC 直流电源转化模块使能命令，DC/DC 直流电源转化模块停止工作。

在车辆不启动时，由于低压系统仍有电量需求，同样会导致蓄电池电量不足，为此车辆将经过数据终端进行计数，在车辆连续停用 96h 后，启动 DC/DC 直流电源转化模块，给蓄电池充电，并在工作 30min 后，关闭 DC/DC 系统。若此时电池管理系统检测到动力电池电量小于 10%，即停止 DC/DC 直流电源转化模块工作，以保护动力电池的性能。其工作逻辑判断图如图 4-146 所示。

（2）PTC 电阻加热器　为了提高用户的舒适度，尤其在寒冷天气，车辆上安装了给车内提高温度的 PTC 电阻加热器，PTC 电阻加热器的电源由

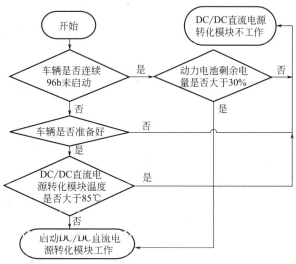

图 4-146　DC/DC 直流电源转化模块工作逻辑判断图

动力电池输出经 PDU 后进入 PTC 控制器，最后到达 PTC 本体。在此车辆上配置了 2 路 PTC 本体加热器，系统会根据环境温度与空调控制面板预设的温度及风量，来控制 PTC 电阻器的功率大小，如图 4-147 所示，其工作原理如图 4-148 所示。

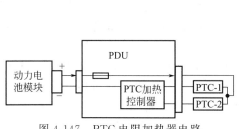

图 4-147　PTC 电阻加热器电路

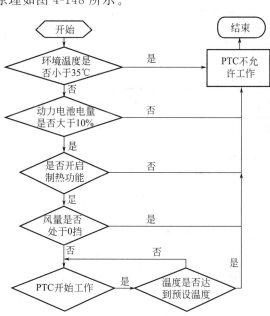

图 4-148　PTC 电阻加热器的工作原理

### 4. 电动空调压缩机

为了提高用户的舒适度，尤其在炎热天气的时候，车辆上安装了空调系统，作为空调系统的重要组成部分——空调压缩机，本车采用的是电动空调压缩机。其电源是由动力电池输出 PDU 后再输送至电动压缩控制器内。压缩机控制器受控来自 VCU 的信号，而 VCU 的数据则来自空调控制器。VCU 会根据空调控制器接受用预设的温度及环境温度及温度来决定压缩机的理想转速级别。电动空调压缩机电路如图 4-149 所示，其工作原理如图 4-150 所示。

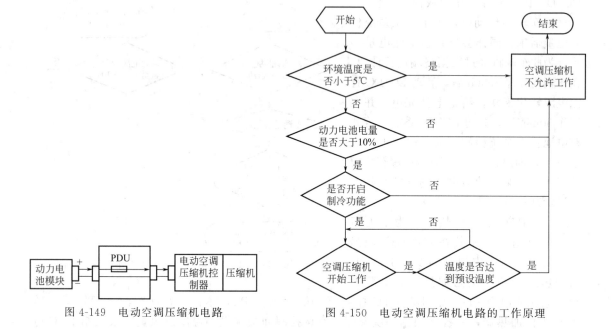

图 4-149　电动空调压缩机电路

图 4-150　电动空调压缩机电路的工作原理

### 5. 电动机控制器（MCU）

PDU 的一个重要作用是将动力电池的电力分配给电动机控制器，电动机控制器接受来自 VCU 的信号，通过系统调节来实现对电动机的转速和方向的控制，而 VCU 的数据则来自驾驶员的操作意图，其工作原理如图 4-151 所示。

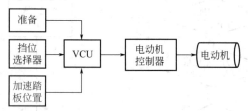

图 4-151　电动机控制器（MCU）的工作原理

### 6. 车载充电器

由于车辆在使用过程中会消耗一定的电能，所以在行驶结束后或车辆显示动力电池电量低时，应尽快进行充电，选用车载充电器进行充电的方式称为慢充。本车配有 2 个 3.3kW 的车载充电器，VCU 会根据充电线的类别来识别是充电宝还是慢充桩，再根据车辆动力电池的剩余电量 SOC 和动力电池电芯的温度来选择车载充电器的功率。

在 EX260 车型上，除了上述功能外，还配备了 CMU 模块用来锁止慢充枪及监测交流母线温度，当慢充枪连接到车辆上，CMU 一旦监测到交流母线有电流通过后，就会自动启动电子锁，锁止慢充枪，以防意外被拔出，在紧急情况，可从后备厢配备的拉锁进行电子锁解锁。同时启动交流母线监测功能，将停止 OBC 工作，其工作逻辑图如图 4-152 所示。

#### 7. 快充继电器

当检测到车辆在进行快充时,如果快充连接和通信等一切情况适合快充时,并根据实时通信,使快充桩输出功率与车辆动力电池的接收能力相匹配。VCU 会闭合快充继电器,让车辆进行快充。

在 EX260 上还配备了快充口直流母线温度监测,VCU 根据快充口直流母线的温度是否过高,来确定是否停止快充功能,其工作逻辑图如图 4-153 所示。

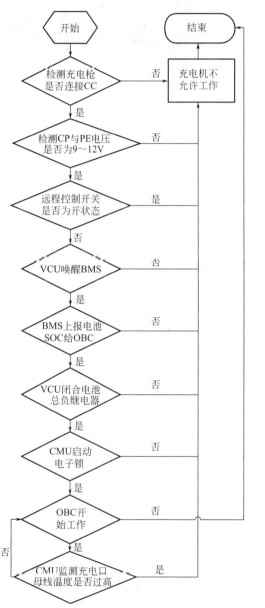

图 4-152 车载充电器工作逻辑图

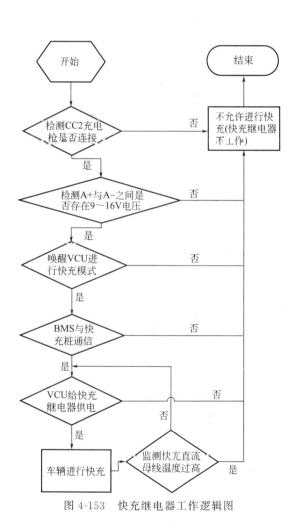

图 4-153 快充继电器工作逻辑图

#### 8. PDU 接口说明

PDU 接口、端子如图 4-154 和图 4-155 所示。PDU 线束走向如表 4-18 所示。PDU 端子含义如表 4-19 所示。

图 4-154　PDU 接口　　　　　　　图 4-155　PDU 端子

表 4-18　PDU 线束走向

| 端口名称 | 线束走向 | 说明 |
| --- | --- | --- |
| 空调压缩机高压线束 | 空调压缩机控制器 | 连接 PDU 至空调压缩机控制器并供电 |
| 快充线束 | 车辆快充口 | 连接车辆快充口至 PDU，供快充用 |
| DC/DC 转换器负极线 | 前机舱 PDU 支架 | DC/DC 转换器负极 |
| DC/DC 转换器正极线 | 蓄电池正极 | 给蓄电池充电 |
| 低压控制线束 | 前机舱电机线束 | PDU 内系统控制 |
| 慢充线束 | 车辆慢充口 | 连接车辆慢充口至 PDU 供慢充用 |
| 动力电池高压线束 | 动力电池输出端 | 给 PDU 提供高压直流电源 |
| 电动机控制器线束 | 电动机控制器 MCU | 给电动机控制提供高压直流电源 |
| PTC 高压线束 | 空调系统内 PTC 本体 | 给 PTC 提供高压直流电源 |
| 冷却水道（左） | 电动机控制器冷却水道出口 | 给 PDU 提供冷却液 |
| 冷却水道（右） | 电机冷却水道进口 | 排出 PDU 的冷却液 |

表 4-19　PDU 端子含义

| 针脚编号 | 针脚名称 | 功能描述 | 信号走向 |
| --- | --- | --- | --- |
| 1 | 备用 | | |
| 2 | 备用 | | |
| 3 | BAT_Power | 常电 12V | 输入 12V |
| 4 | BAT_Power | 常电 12V | 输入 12V |
| 5 | Grand | 蓄电池负极 | 输出 |
| 6 | Grand | 蓄电池负极 | 输出 |
| 7 | CANH EVBUS | 新能源 CAN 高 | 连接至 CAN 网络 |
| 8 | CANL EVBUS | 新能源 CAN 低 | 连接至 CAN 网络 |
| 9 | CAN_SHIELD | CAN 屏蔽线 | 连接至 CAN 网络 |
| 10 | CAN_GND | CAN 地线 | 连接至 CAN 网络 |
| 11 | CANH-VBUS | 原车 CAN 高 | |
| 12 | CANL-VBUS | 原车 CAN 低 | |
| 13 | CC-out | 充电口连接状态检测 | 连接至 VCU |

续表

| 针脚编号 | 针脚名称 | 功能描述 | 信号走向 |
|---|---|---|---|
| 14 | OBC_EN_VCU | 充电过程中唤醒 VCU 及 BMS 等低压控制器 | 对外唤醒 |
| 15 | VCU_EN_OBC | VCU 使能控制 OBC | 外部唤醒 OBC 控制 |
| 16 | 备用 | | |
| 17 | EN_DC/DC | DC/DC 使能信号 | 输入 12V |
| 18 | PTC_SENSE+ | PTC 温度采集 | 输入信号 |
| 19 | PTC_SENSE- | PTC 温度采集 | 输入信号 |
| 20 | 备用 | | |
| 21 | 备用 | | |
| 22 | 备用 | | |
| 23 | 备用 | | |
| 24 | QC-RELAY+ | 快充高压正极继电器线圈控制 | 输入信号 |
| 25 | QC-RELAY- | 快充高压负极继电器线圈控制 | 输入信号 |
| 26 | HV-LOCK | 高压互锁开关线 | NA |
| 27 | HV-LOCK | 高压互锁开关线 | NA |
| 28 | 12V_PTC_RUN | PTC 控制器供电 | 输入电源 |
| 29 | 备用 | | |
| 30 | 备用 | | |
| 31 | 备用 | | |
| 32 | 备用 | | |
| 33 | 备用 | | |
| 34 | 备用 | | |
| 35 | 备用 | | |

### 9. 整车高压线束分布

整车共分为 7 段高压线束，如图 4-156 所示。

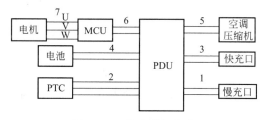

图 4-156　整车高压线束

1—慢充线：连接慢充口到 PDU 之间的线束；2—PTC 高压线束：连接 PDU 到空调 PTC 之间的线束；3—快充线速：连接快充口到 PDU 之间的线束；4—动力电池高压线束：连接动力电池到 PDU 之间的线束；5—空调压缩机高压线束：连接 PDU 到空调压缩机之间的线束；6—电动机高压线束：连接 PDU 到电动机控制器间的线束；7—UVW 高压电缆：连接电动机控制器与电动机的线缆

### 10. PDU 总成外、内部连接端名称及含义

① PDU 外部连接端子如图 4-157 所示。

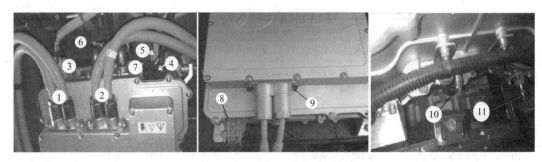

图 4-157 PDU 外部连接端子

1—高压电源来自 PDU 到电动机控制器输入端；2—动力电池高压输入端；3—PTC 高压输出端；4—低压控制 35 针插接件；5—慢充输端；6—冷却水出水管；7—冷却入水管；8—空调压缩机高压电输出端；9—快充高压输入端；10—蓄电池充电负极搭铁；11—蓄电池充电正极

高压电缆接头如图 4-158 所示，主要包括高压电缆的插接件的公端和母端。另外还有一个高压互锁端子。系统通过此端子的连接状况，来检测高压插接件的连接情况，并上报给 VCU。所有的高压插接件都设置了此检测端子，并以此来警告司机和维修人员。

② PDU 内部连接端子如图 4-159 所示。

图 4-158 高压电缆接头

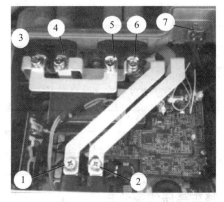

图 4-159 PDU 内部连接端子

1—接快充输入负极；2—接快充输入正极；3—高压输出到电动机控制器负极；4—高压输出到电动机控制器正极；5—动力电池高压输入负极；6—动力电池高压输入正极；7—开盖开关感应器

各系统保险如图 4-160 所示。所有高压线束与 PDU 连接点必须连接可靠，不允许有虚接和松脱现象，以免造成打火、烧蚀以及用电器的损坏。

## 11. PDU 的拆装

① 关闭点火开关，拆下低压蓄电池负极连接线，如有可能，用塑料帽将电池的负极接线柱盖好，如图 4-161 所示。

② 拔下 PDU 低压插接件，并保护好插接件，避免进入灰尘及水分等杂物。将插接件的舌头往上挑后，用力将插接件往外拔，即可将插头往外拔，如图 4-162 所示。

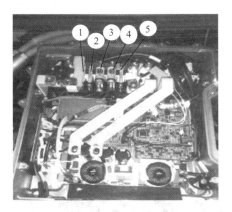

图 4-160　各系统保险

1—PTC 高压熔断器（20A）；2—压缩机熔断器（16A）；
3—备用高压熔断器（32A）；4—充电机高压熔断器
（10A）；5—DC/DC 高压熔断器（10A）

图 4-161　拆下低压蓄电池负极

③ 断开空调压缩机高压母线插接件。如图 4-163 所示，先将 1 往外拉出至图示位置，按住 2 将插接件用力往外拔出一段距离，最后按住 3 将插座彻底往外拔，即可断开此插座。

图 4-162　拔下 PDU 低压插接件

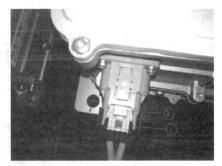

图 4-163　断开空调压缩机高压母线插接件

④ 将快充线束插接件的两个紧固螺栓用图 4-164 所示工具拆开后，用力将插接件往外拔出，即可将快充线束从 PDU 移开。

⑤ 用步骤④的方法将动力电池高压线束和电动机控制线从 PDU 移开，如图 4-165 所示。

图 4-164　拆下快充线束插接件

图 4-165　拆下电动机和动力电池线束插件

⑥ 用步骤③中断开空调压缩机高压母线的方法，从 PDU 端断开 PTC 高压母线插件，如图 4-166 所示。

⑦ 用步骤③中断开空调压缩机高压母线的方法，从 PDU 端断开慢充线束插接件，如图 4-167 所示。

图 4-166　断开 PTC 高压母线插接件　　　　图 4-167　断开慢充线束插接件

⑧ 用 13mm 的套筒和棘轮将 DC/DC 转换器的正负极接线端子上的螺栓拆下，然后将线束固定卡子松开并移开线束，做好相的保护，如图 4-168 所示。

⑨ 用合适的容器收集冷却液，打开散热器底部的阀门，排空所有的冷却液，在冷却软管下面放置的容器和毛垫，用以接收在软管中残余的冷却液。用螺丝刀或鲤鱼钳将水管管卡松开后，移开软管，如图 4-169 所示。

图 4-168　将 DC/DC 转换器的正负极接线端子上的螺栓拆下　　　　图 4-169　排空冷却液

⑩ 拆下 PDU 总成上的 4 个固定螺栓（拧紧力矩：50~60N·m），用 13mm 的套筒将螺栓拆下，如图 4-170 所示。

⑪ 用吊带固定好 PDU，并用相关举升设备，将 PDU 吊离车辆，放在工作台上，如图 4-171 所示。注：超过 20kg 的物体，请勿试图用人搬运。

图 4-170　拆下 PDU 总成螺栓　　　　图 4-171　拆下 PDU

⑫ 安装以相反顺序执行，安装完毕后，检查各插接件是否到位和牢靠。注：补充冷却液，并检查软管接头。

## 12. PDU 内部拆装

① 使用 T20 的内六角工具将 PDU 的盖板螺钉松开，共有 13 个，然后将盖板移开，如图 4-172 所示。

② 使用 T25 的内六角工具将 PDU 的第二层螺钉松开，共 15 个，如图 4-173 所示。

图 4-172　将 PDU 的盖板螺钉松开　　　图 4-173　将 PDU 的第二层螺钉松开

③ 用 6mm 的小套筒将开盖感应开关上的三个螺钉松开，然后将开盖移开，请注意上面的弹簧片，否则很容易掉进 PDU 内（开盖感应开关能够感应到 PDU 的盖的状况，如果感应到盖开，VCU 将会断开动力电池的总负继电器，从而达到系统断电的目的，确保安全），如图 4-174 所示。

④ 用 13mm 的套筒将 PDU 插接件内部母线端子螺栓松开，共计 6 个，另外用 6mm 的内六角工具将另一根母线接线端子松开，并移开母排，如图 4-175 所示。

图 4-174　将开盖感应开关上的三个螺钉松开　　　图 4-175　将 PDU 插接件内部母线端子螺栓松开

⑤ 用 5mm 和 4mm 的内六角工具就可以将相关的高压熔断器拆下，进行检查或更换，如图 4-176 所示。

⑥ 安装以相反的顺序进行即可。

## 13. 动力电池高压线束拆装

① 用 S2 T30 的内六角工具拆下 2 个紧固动力电池的螺栓。拆下 PDU 端高压插接件，然后移开高压母线，如图 4-177 所示。

② 用 10mm 的套筒拆下高压线束固定卡扣及其他固定卡扣并移开，如图 4-178 所示。

图 4-176 拆下高压熔断器

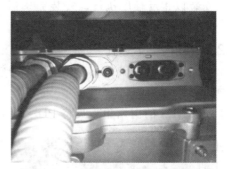
图 4-177 拆下 PDU 端高压插接件

③ 拔下动力电池插接件，如图 4-179 所示。将锁扣 1 拔出，按下 2 后用力往外拔出一段距离，然后按住 3 用力将插件往外拔，直至分离。

④ 安装：对准插座后将高压线束往里插，直至到位后将锁扣往里推，锁住插座；线束固定卡子安装，先将高压电缆及固定卡子安装到车身螺栓上面，然后拧紧安装螺母；将动力电池高压电缆插接件与 PDU 对接，然后拧紧 2 个安装点的螺栓，力矩为 (10±2)N·m。

图 4-178 拆下高压线束固定卡

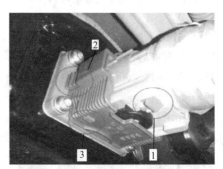
图 4-179 拔下动力电池插接件

### 14. 快充线束拆装

① 用 T30 的内六角工具拆下 PDU 端高压插接件的 2 个固定螺栓，然后用力将快充线束插拔出，如图 4-180 所示。

② 拔下快充低压插接件，如图 4-181 所示，按下箭头所示的锁片，然后拔开插头。

图 4-180 将快充线束插拔出

图 4-181 拔下快充低压插接件

③ 用 8mm 的套筒拆下快充的 PE 线，将 PE 线从车身上分离，如图 4-182 所示。

④ 用 8mm 的套筒拆下快充口的 4 个固定螺栓，然后取下快充线束总成，如图 4-183 所示。

⑤ 安装快充线束，以相反步骤进行。

图 4-182　拆下快充的 PE 线

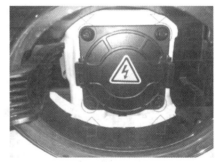

图 4-183　拆下快充口的 4 个固定螺栓

### 15. 慢充线束拆装

① 拔下 PDU 端高压插接件，如图 4-184 所示。将锁片 1 往外拉出一段距离，按住锁片 2，将插头往外拔出，直至插头从 PDU 上分离。

② 从车后保险杠下方将 CMU（慢充检测单元）线束拔开，按图 4-185 所示的方法按住箭头所示的锁片，往外拔即将插头分离。

图 4-184　拔下 PDU 端高压插接件

图 4-185　CMU 线束拔开

③ 用 8mm 的套筒拆下慢充口 4 个固定螺栓，如图 4-186 所示。

④ 将慢充锁的紧急拉锁从 CMU 上拆除，如图 4-187 所示。

图 4-186　拆下慢充口的 4 个固定螺栓

图 4-187　将慢充锁的紧急拉锁拆下

⑤ 将慢充线束上的固定卡子从线束上松开，将线束从车上移开。

⑥ 安装以相反的顺序进行。

### 16. 压缩机线束拆装

① 拔下 PDU 端输出插件，先将 1 往外拉出至图 4-188 所示位置，按住 2 将插件用力往

外拔出一段距离,最后按住 3 将插座彻底往外拔,即可断开此插座。

② 拔下压缩机端直流高压母线线束插头,如图 4-189 所示。按下 1 往上拔出一小段,然后按住 2 往上拔,直至插座分离。

图 4-188　拔下 PDU 端输出插件

图 4-189　拔下压缩机端直流高压母线线束插头

③ 拆下线束固定点,即可将线束拆下。
④ 安装按相反的顺序进行。

### 17. PTC 高压线束拆装

① 如图 4-190 所示,将锁片 1 往外拔出,然后将按下锁片 2 后往外拔出插接件一段距离,最后按下锁片 3 向外用力拔,直至插头完全从 PDU 分离。

② 如图 4-191 所示,将 PTC 连接插头上的红色安全卡移除。

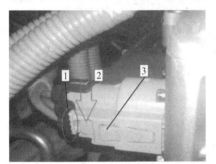

图 4-190　将锁片往外拔出

图 4-191　将 PTC 连接插头上的红色安全卡移除

③ 按住图 4-192 所示的锁片,然后向下拔出插头,即可断开 PTC 空调箱端的线束。
④ 将图 4-193 所示的橡胶保护套撬开后,将 PTC 高压线束取出即可。
⑤ 以相反的顺序,安装 PTC 高压线束。

图 4-192　拔出插头

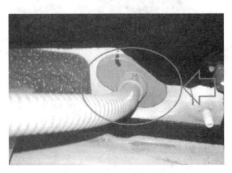

图 4-193　将 PTC 高压线束取出

### 18. PDU 控制电路排查

在进行电路故障排查时，请牢记大部的故障来自熔丝、插头和线路故障，并遵循从易到难、从外到内的原则，控制器及其软件损坏的概率非常低。应先检查高压母线的保险后再进行控制电路的检查。

（1）DC/DC（PDU）控制电路排查

① 检查 DC/DC 电源　拔下 PDU 35 针插接件，用万用表直流挡测量 35 针插件 3 号端脚与蓄电池负极之间应该有 12V 蓄电池电压；如无电压则检查前机舱熔断器 FB02 熔丝是否烧坏，如熔丝正常，则检查 FB02 熔丝与 35 针插接件 3 号端脚线路是否导通，如图 4-194 所示。

② 检查 DC/DC 电源负极　拔下 PDU 35 针插接件，用万用表欧姆挡测量 35 针插件 5、6 号端脚与车身搭铁之间是否导通，如果不导通，则排查线束与针脚退位，如图 4-195 所示。

图 4-194　检查 DC/DC 电源

图 4-195　检查 DC/DC 电源负极

③ 检查 DC/DC 使用信号　拔下 PDU 35 针插接件，用万用表直流电压挡测量 35 针插接件 17 号端脚与蓄电池负极之间应该有 12V 电压，如无电压，则用万用表欧姆挡测量 35 针插件 17 号端脚与 VCU 62 号端脚之间是否导通，如图 4-196 所示。

（2）快充继电器电路排查

① 检查快充继电器电源　拔下 PDU 35 针插接件，用万用表直流电压挡测量 35 针插接件 4 号端脚与蓄电池负极之间应该有 12V 电压，如无电压，则检查熔丝 FB02 是否烧坏；如熔丝正常，则检查熔丝与 35 针插接件 4 号端脚线路是否导通，如图 4-197 所示。

图 4-196　检查 DC/DC 使用信号

图 4-197　检查快充继电器电源

② 检查快充正极继电器控制电路　拔下 PDU 35 针插接件，用万用表欧姆挡测量 35 针插件 24 号端脚与 VCU 118 号端脚，应导通，若不导通，则维修线路处理，如图 4-198 所示。

③ 检查快充负极继电器控制电路 拔下 PDU 35 针插接件,用万用表欧姆挡测量 35 针插件 25 号端脚与 VCU 116 号端脚,应导通,若不导通,则维修线路处理,如图 4-199 所示。

图 4-198 检查快充正极继电器控制电路

图 4-199 检查快充负极继电器控制电路

(3) PTC 控制电路排查

① 检查 PTC 控制器电源 拔下 PDU 35 针插接件,用万用表直流电压挡测量 35 针插件 28 号端脚与蓄电池负极,应该有 12V 蓄电池电压,如无电压,则检查前机舱熔断器 FB11 熔丝是否烧坏,如熔丝正常,则检查熔丝 FB11 与 35 针插件 28 号端脚线路是否导通,如导通,则检查前舱电器盒内的空调系统继电器,如图 4-200 所示。

② 检查与车身搭铁 拔下 PDU 35 针插接件,用万用表欧姆挡测量 35 针插件 5、6 号端脚与车身搭铁之间是否导通,若不导通,则排查车身搭铁点或前机舱线束,如图 4-201 所示。

图 4-200 检查 PTC 控制器电源

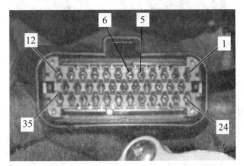
图 4-201 检查与车身搭铁之间是否导通

③ 检查 PTC 温度传感器电路 拔下 PDU 35 针插接件,用万用表欧姆挡测量 35 针插件 18 号端脚与 19 号端脚之间,当温度为 3℃ 左右时,传感器的阻值应为几万到几十万欧姆,如电阻为无穷大,则检查温度传感器,如图 4-202 所示。

(4) CAN 通信电路排查

① 将低压控制电路故障排除后,如还有未能解决的故障,则要考虑各模块之间的通信问题。拔下 PDU 35 针低压插接件,测量 7、8 号针脚之间应有 60Ω 左右的电阻,否则检查新能源 CAN 上的并联电路,如图 4-203 所示。

② 将钥匙转到 ON 挡,测量 7 号针脚对地电压,应为 2.5V 左右。测量 8 号针脚对地电压,应为 2.0V 左右。

③ 测量 9 号针脚与地的电阻,应为无穷大;测量 10 号针脚与地的电阻,应为 0~5Ω,否则更换新能源 CAN 线,如图 4-204 所示。

④ 测量 9、10 号针脚,之间应有 60Ω 左右的电阻,否则检查原车 CAN 线上的并联电阻。

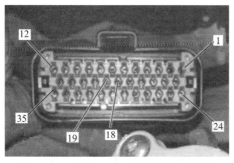

图 4-202　检查 PTC 温度传感器电路

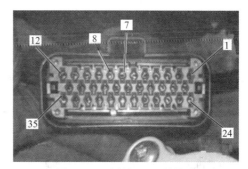

图 4-203　测量 7、8 号针脚

⑤ 将钥匙车到 ON 挡，测量 11 号针脚对地电压，应为 2.5V 左右（图 4-205）；测量 12 号针脚对地电压，应为 2.0V 左右，否则更换 CAN 线束或相关控制器。

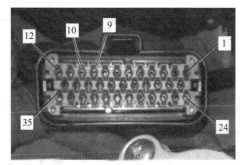

图 4-204　测量 9 号针脚与地的电阻

图 4-205　测量 11 号针脚对地电压

## 三、驱动电动机拆装及检测

驱动电动机系统是电动汽车三大核心部件之一，是车辆行驶的主要执行机构，其特性决定了车辆的主要性能指标，直接影响车辆的动力性、经济性和用户驾乘感受。驱动电动机系统是纯电动汽车中十分重要部件。

驱动电动机系统由驱动电动机 DM、驱动电动机控制器 MCU 构成，通过高低压线束、冷却管路，与整车其他系统电气和散热连接，如图 4-206 所示。

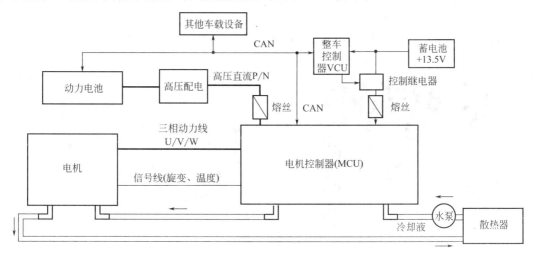

图 4-206　驱动电动机系统结构图

整车控制器 VCU 根据驾驶员意图发出各种指令，电动机控制器响应并反馈，实时调整驱动电动机的输出，以实现整车的怠机、前行、倒车、停车、能量回收以及驻坡等功能。电动机控制器的另一个重要功能是通信和保护，实时进行状态监测和故障检测，保护驱动电动机系统和整车安全运行，电动机技术参数如表 4-20 所示。

表 4-20 电动机技术参数

| 类型 | 永磁同步 | 类型 | 永磁同步 |
| --- | --- | --- | --- |
| 基速/(r/min) | 2812 | 峰值扭矩/N·m | 180 |
| 转速范围/(r/min) | 0～9000 | 质量/kg | 45 |
| 额定功率/kW | 30 | 防护等级 | IP67 |
| 峰值功率/kW | 53 | 尺寸(定子直径×总长)/mm | 245×280 |
| 额定扭矩/N·m | 102 | 备注 | EX200 采用大郡电动机；EX260 采用巨一电动机 |

**1. 电动机拆装**

① 关闭点火开关及所有用电器，松开蓄电池负极电缆总成的固定螺母，如图 4-207 箭头所示，取下负极电缆组件。

② 断开驱动电动机交流母线与 MCU 连接高压插接件，并做好防护，如图 4-208 所示。

图 4-207 松开蓄电池负极电缆

图 4-208 断开驱动电动机交流母线

③ 断开驱动电动机旋变插接件，并进行简单固定，防止在电动机拆卸过程中损坏插接件，如图 4-209 所示。

④ 将冷却系统的冷却液排出，并放入收集盘中，按相关标准进行处理。

⑤ 松开驱动电动机冷却水管卡箍，脱开水管，如图 4-210 所示。

图 4-209 断开驱动电动机旋变插接件

图 4-210 松开驱动电动机冷却水管卡箍

⑥ 断开空调压缩机的高压插接件和低压插接件，如图 4-211 所示。
⑦ 使用空调冷媒回收设备对空调系统内的制冷剂进行回收，完成后拆卸低压接口和高压接口，并对接口进行封闭处理，拆卸压缩机固定螺栓，如图 4-212 所示。

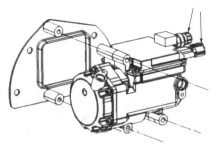

图 4-211 断开空调压缩机的高压插接件

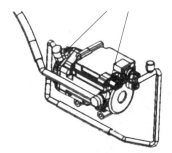

图 4-212 拆卸压缩机固定螺栓

⑧ 拆卸压缩机上的 3 个固定螺栓，取下压缩机，如图 4-213 所示。
⑨ 拆卸压缩机固定支架上的 4 个固定螺栓，取下支架，如图 4-214 所示（压缩机支架是通过三个六角带齿细牙螺栓固定在电动机本体上的，拧紧力矩为 25～30N·m）。
⑩ 将收集盘放到右侧半轴油封下部，拆卸右侧半轴。

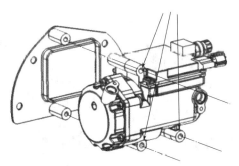

图 4-213 取下压缩机

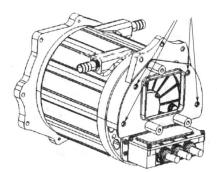

图 4-214 拆卸压缩机固定支架

⑪ 拆卸电动机后悬置支架，如图 4-215 所示。
⑫ 拆卸电动机右悬置支架，如图 4-216 所示。

图 4-215 拆卸电动机后悬置支架
1—力矩（65±5）N·m；2—力矩（90±5）N·m

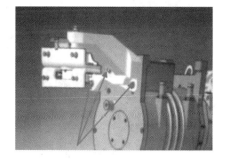

图 4-216 拆卸电动机右悬置支架

⑬ 用举升装置对电动机进行托举，拆卸左悬置支架，如图 4-217 所示。
⑭ 拆卸驱动电动机与减速器的固定螺栓（拧紧力矩为 35～45N·m），将驱动电动机与减速器脱开，平稳放到指定区域，如图 4-218 所示。

图 4-217　拆卸左悬置支架

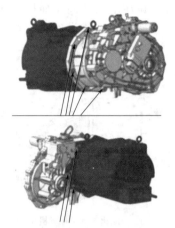

图 4-218　拆卸驱动电动机与减速器的固定螺栓

⑮ 以相反顺序进行安装：同时注意以下事项。

a. 驱动电动机与减速器连接花键润滑脂加注如图 4-219 所示，加注量为 20g。

b. 冷却系统安装及冷却液加注。

c. 装配过程中保证管路清洁，不要有异物进入，以免造成水泵损坏及管路堵塞。

d. 管路两端有对齐标记，装配时按照对齐标记对齐。

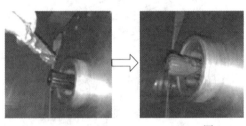 

图 4-219　加注润滑脂

### 2. 驱动电动机传感器

（1）旋转变压器（图 4-220）

① 功用　用以检测电动机转子位置，控制器解码后可以获知电动机转速。

② 构造　传感器线圈固定在壳体上，信号齿圈固定在转子上。

③ 传感器线圈　由励磁、正弦、余弦三组线圈组成一个传感器。

图 4-220　旋转变压器

（2）电动机温度传感器（图 4-221）

① 功用　检测电动机定子绕组的温度，并提供散热器风扇启动的信号之一。

② 温度传感器阻值　PT1000型热敏电阻，温度在0℃时阻值为100Ω，温度每增加1℃阻值增加3.8Ω。

③ 散热风扇启动温度值　45℃≤温度＜50℃时冷却风扇低速启动；温度≥50℃时，冷却风扇高速启动；温度降至40℃时冷却风扇停止工作。

图4-221　电动机温度传感器

### 3. 电动机控制系统内部构造

电动机控制系统主要由接口电路、控制主板、IGBT模块（驱动）、超级电容、放电电阻、电流感应器、壳体水道等组成，如图4-222所示。

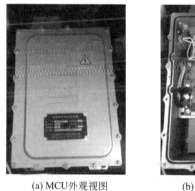

(a) MCU外观视图　　　(b) MCU内部电路板

图4-222　电动机控制系统结构图

### 4. 控制原理

在驱动电动机系统中，驱动电动机的输出动作主要是靠控制单元给定命令执行，即控制器输出命令。控制器主要是将输入的直流电逆变成电压、频率可调的三相交流电，供给配套的三相交流永磁同步电动机使用，控制原理如图4-223所示。

驱动电机系统状态和故障信息会通过整车CAN网络上传给整控制器VCU，传输通道是两根信号线束，分别是电机到控制器的19PIN插件和控制器到VCU35PIN。

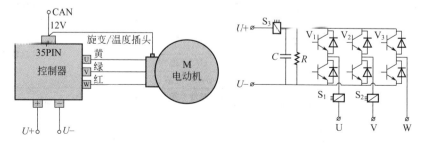

图4-223　控制原理

驱动电动机低压插接件如图 4-224 所示，端子说明如表 4-21 所示。检修时先确认插件是否连接到位，是否有"退针"现象。

驱动电动机高压插接件如图 4-225 所示，端子说明如表 4-22 所示。

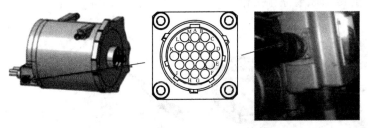

图 4-224 驱动电动机低压插接件　　　　图 4-225 驱动电动机高压插接件

表 4-21 驱动电动机低压插接件端子说明

| 连接器型号 | 编号 | 信号名称 | 说明 |
|---|---|---|---|
| Amphenol RTOW01419PN03 | A | 激励绕组− | 电动机旋转变压器接口 |
| | B | 激励绕组+ | |
| | C | 余弦绕组− | |
| | D | 余弦绕组+ | |
| | E | 正弦绕组+ | |
| | F | 正弦绕组− | |
| | G | 温度 0 测量 H 端 | 电动机温度接口 |
| | H | 温度 0 测量 L 端 | |
| | J | 温度 1 测量 H 端 | 预留 |
| | K | 温度 1 测量 L 端 | |
| | L | $HVIL_1(+L_1)$ | 高低压互锁接口 |
| | M | $HVIL_2(+L_2)$ | |

表 4-22 驱动电动机高压插接件端子说明

| 型号 | 编号 | 信号名称 | 说明 |
|---|---|---|---|
| AMP 35PIN C-776163-1 | 12 | 激励绕组− | 电动机旋转变压器接口 |
| | 11 | 激励绕组+ | |
| | 35 | 余弦绕组− | |
| | 34 | 余弦绕组+ | |
| | 23 | 正弦绕组+ | |
| | 22 | 正弦绕组− | |
| | 33 | 屏蔽层 | |
| | 24 | 12V_GND | 控制电源接口 |
| | 1 | 12V+ | |
| | 32 | CAN_H | CAN 总线接口 |
| | 31 | CAN_L | |
| | 30 | CAN_地 | |
| | 29 | CAN_屏蔽 | |
| | 10 | 电动机温度 0 测量 L 端 | 电动机温度传感器接口 |
| | 9 | 电动机温度 0 测量 H 端 | |
| | 15 | $HVIL_1(+L_1)$ | 高低压互锁接口 |
| | 26 | $HVIL_2(+L_2)$ | |

动力电池的直充电通过高压盒驱动电动机控制器,在电动机控制器上布置有2个安菲诺高压连接插座。驱动电动机控制器提供三相交流电到驱动电动机,主要依靠规格为35mm$^2$的三根电缆及高压连接器,采用的是LS整体式插头,如图4-226所示。

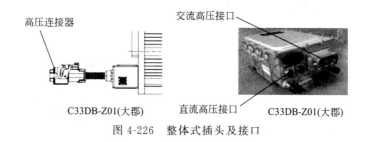

图4-226 整体式插头及接口

### 5. 电动机控制器电路排查

(1) 检查电动机控制器电源  拔下电动机控制器35针插接件,用万用表直流电压挡测量35针插接件1号端脚与24号端脚,应该有12V蓄电池电压。如无电压,则检查熔丝FU10是否烧坏;如熔丝正常,则检查熔丝与35针插接件1号端脚线路是否导通,检查24号端脚与车身搭铁之间是否导通,如图4-227所示。

(2) 检查CAN线  拔下电动机控制器35针插接件,用万用表欧姆挡测量35针插接件31号端脚与VCU插接件104号之间是否导通,35针插接件32号端脚与VCU插接件111号之间是否导通,如图4-228所示。

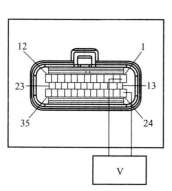

图4-227 检查电动机控制器电源

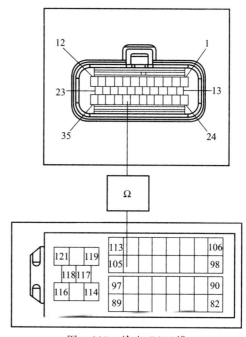

图4-228 检查CAN线

### 6. 故障码分析与处理

在检修过程中,当整车仪表报出驱动电动机故障时(一般情况不会显示具体故障,只是简单报出"驱动电动机故障""驱动电动机过热"或者"驱动电机冷却液过热""超速"等),应使用PCAN或者故障诊断仪读取电动机控制器报出的具体故障,并进行相应处理。

目前共有 28 种故障,当报出驱动电动机故障,可以按一些常见故障进行处理,如表 4-23 所示。

表 4-23 常见故障处理

| 序号 | 故障名称 | 故障码 | 可能的原因 | 售后处理方法 |
| --- | --- | --- | --- | --- |
| 1 | MCU 直流母线过压故障 | P114017 | (1)电动机系统突然大功率充电<br>(2)发电状态下高压回路非正常断开 | (1)若其他节点也上报直流母线过压故障,则优先排查其他子系统和高压供电回路可能存在的问题<br>(2)否则将 SD 卡数据反馈给北汽新能源相关部门进行分析,如果故障期间母线电压确实超过上限阈值,则不需要派工<br>(3)如果故障期间母线电压未超过上限阈值,则需要派工 |
| 2 | MCU 直流母线欠压故障 | P114016 | (1)电动机系统突然大功率放电<br>(2)电池 SOC 低<br>(3)电动状态下高压回路非正常断开 | (1)若其他节点也上报直流母线欠压故障,则优先排查其他子系统和高压供电回路可能存在的问题<br>(2)否则将 SD 卡数据反馈给北汽新能源相关部门进行分析,如果故障期间母线电压确实超过下限阈值,则不需要派工<br>(3)如果故障期间母线电压未超过下限阈值,则需要派工 |
| 3 | MUC IGBT 驱动电路过流故障(U/V/W) | P116016<br>/P116116<br>/P116216 | (1)驱动电源欠压<br>(2)电动机短路<br>(3)转子位置信号异常<br>(4)相电流信号异常<br>(5)软件失控 | 检查 MCU 软、硬件版本,若软、硬件版本正确,则立即更换 MCU |
| 4 | MCU 相电流过流故障 | P113519 | (1)电动机短路<br>(2)转子位置信号异常<br>(3)相电流信号异常<br>(4)负载突然变化<br>(5)线束短路 | (1)如果重新上电,车辆恢复正常,则不需要派工。同时将信息反馈给北汽新能源相关部门<br>(2)如果重新上电车辆不能恢复正常,可能 MCU 存在硬件故障或软、硬件版本问题,则需要派工 |
| 5 | 电动机超速故障 | P0A4400 | (1)整车负载突然降低(如冰面打滑)<br>(2)电动机控制失效 | (1)如果重新上电,车辆恢复正常,则不需要派工。同时将信息反馈北汽新能源<br>(2)如果重新上电车辆运行再次出现,可能存在 MCU 硬件故障或软、硬件版本问题,则需要派工 |
| 6 | MCU IGBT 过热故障(U/V/W) | P117098<br>/P117198<br>/P117298 | (1)MCU 长期大负载运行<br>(2)冷却系统故障 | (1)如果间隔一段时间重新上电,车辆恢复正常,则不需要派工。同时将信息反馈给北汽新能源相关部门<br>(2)如果间隔一段时间重新上电,车辆运行故障重复出现,则按以下方法处理<br>①首先优先排查风扇、水泵及其驱动电路故障,若异常,则派工解决<br>②然后优先排查是否缺冷却液,若缺冷却液,则及时补充<br>③若不缺冷却液,则排查冷却管路是否存在堵塞和漏水。若冷却管路存在堵塞和漏水,则进行排查解决<br>④若冷却液和冷却管路均无问题,则需要派工 |

续表

| 序号 | 故障名称 | 故障码 | 可能的原因 | 售后处理方法 |
|---|---|---|---|---|
| 7 | MCU过热故障 | P117F98 | （1）电动机长期大负载运行<br>（2）冷却系统故障 | （1）如果间隔一段时间重新上电，车辆恢复正常，则不需要派工。同时将信息反馈北汽新能源相关部门<br>（2）如果间隔一段时间重新上电，车辆运行故障重复出现，则按以下方法处理<br>①首先优先排查风扇、水泵及其驱动电路故障，若异常，则检查冷却系统，需要派工解决<br>②然后优先排查是否缺冷却液，若缺冷却液，则及时补充<br>③若不缺冷却液，则排查冷却管路是否存在堵塞和漏水，若冷却管路存在堵塞和漏水，则进行排查解决<br>④若冷却液和冷却管路均无问题，则需要派工 |
| 8 | 电动机过热故障 | P0A2F98 | （1）电动机长期大负载运行<br>（2）冷却系统故障 | （1）如果间隔一段时间重新上电，车辆恢复正常，则不需要派工。同时将信息反馈北汽新能源相关部门<br>（2）如果间隔一段时间重新上电，车辆运行故障重复出现，按以下方法处理<br>①首先优先排查风扇、水泵及其驱动电路故障，若异常，则检查冷却系统，派工解决<br>②然后优先排查是否缺冷却液，若缺冷却液，则及时补充<br>③若不缺冷却液，然后排查冷却管路是否存在堵塞和漏水，若冷却管路存在堵塞和漏水，则进行排查解决<br>④若冷却液和冷却管路均无问题，则需要派工 |
| 9 | 电动机三相电流校验故障 | P112164 | （1）电流传感器零漂严重<br>（2）电流反馈信号异常<br>（3）交流侧相间绝缘异常 | （1）如果重新上电，车辆恢复正常，则不需要派工。同时将信息反馈给北汽新能源相关部门<br>（2）如果重新上电车辆运行故障再次出现，则可能MCU存在硬件故障或软、硬件版本问题，需要派工 |
| 10 | MCU相电流采样回路故障（U/V/W） | P118A12/P118B12/P118C12 | （1）相电流传感器损坏<br>（2）MCU内部硬件电路或线束损坏<br>（3）MCU软件与硬件版本不匹配 | 可能MCU存在硬件故障或软、硬件版本问题，需要派工 |
| 11 | MCU位置信号检测回路故障 | P0A3F00 | （1）旋变线束损坏<br>（2）旋变解码硬件电路损坏 | （1）优先检查外部旋变线束、电动机侧低压接插件、MCU侧低压接插件<br>（2）若线束和接插件均正常，则可能存在MCU硬件故障，或软件版本问题，需要派工 |
| 12 | MCU IGBT温度检测回路故障（U/V/W） | P11801C/P11811C/P11821C | （1）MCU内部硬件电路故障或线束损坏<br>（2）MCU软件与硬件版本不匹配 | 可能MCU存在硬件故障或软、硬件版本问题，需要派工 |
| 13 | MCU温度检测回路故障 | P11881C | （1）MCU内部硬件电路故障或线束损坏<br>（2）MCU软件与硬件版本不匹配 | 可能MCU存在硬件故障或软、硬件版本问题，需要派工 |
| 14 | 电动机温度检测回路故障 | P0A001C | （1）MCU内部硬件电路故障或线束损坏<br>（2）MCU软件与硬件版本不匹配 | （1）优先检查低压线束、电动机侧低压接插件、MCU侧低压接插件<br>（2）若线束和接插件均正常，可能存在MCU硬件故障，或软件版本问题，需要派工 |

续表

| 序号 | 故障名称 | 故障码 | 可能的原因 | 售后处理方法 |
|---|---|---|---|---|
| 15 | MCU直流母线电压采样回路故障 | P11841C | (1)MCU内部硬件电路故障或线束损坏<br>(2)MCU软件与硬件版本不匹配 | 可能MCU存在硬件故障或软、硬件版本问题,需要派工 |
| 16 | MCU直流母线电流采样回路故障 | P0A5101 | (1)MCU内部硬件电路故障或线束损坏<br>(2)MCU软件与硬件版本不匹配 | 可能MCU存在硬件故障或软、硬件版本问题,需要派工 |
| 17 | MCU反馈转矩与转矩命令校验错误故障 | P113064 | (1)MCU动态响应速度慢<br>(2)电动机转矩标定精度不高<br>(3)MCU软件失控<br>(4)电动机电磁特性一致性较差<br>(5)MCU软件版本与硬件版本及电动机零件号不匹配 | (1)如果重新上电,车辆恢复正常,则不需要派工。同时将信息反馈给北汽新能源公司相关部门<br>(2)如果重新上电车辆运行故障再次出现,则可能MCU存在硬件故障或软、硬件版本问题,需要派工 |
| 18 | 转矩命令超限故障 | U040186 | (1)VCU发送指令错误<br>(2)VCU软、硬件版本与车型不匹配 | (1)如果重新上电,车辆恢复正常,则不需要派工。同时将信息反馈给北汽新能源公司相关部门<br>(2)如果重新上电车辆不能恢复正常,则按以下方法处理:<br>①优先排查VCU或VMS软、硬件版本问题<br>②若VCU或VMS软、硬件版本正确,则可能MCU软、硬件版本不正确,需要派工 |
| 19 | 与VCU通信丢失故障 | U010087 | (1)VCU发送报文失败<br>(2)线束问题:网络信号线(CAN高、CAN低)出现断路、网络信号线(CAN高、CAN低)之间短路、网络信号线(CAN高、CAN低)对地短路<br>(3)低压接插件接触不良<br>(4)CAM网络受干扰严重 | (1)如果重新上电,车辆恢复正常,则不需要派工。同时将信息反馈给北汽新能源相关部门<br>(2)如果重新上电车辆不能恢复正常,则按以下方法处理<br>①若其他节点也上报与VCU通信丢失故障,则优先排查VCU问题<br>②否则可能是MCU硬件故障,则需要派工 |
| 20 | 电动机系统高压暴露故障 | P0A0A94 | (1)存在不规范操作行为,即在未下电情况下打开MCU维修盖板,或拔掉高压直流插头,或拔掉高压交流插头<br>(2)高压接插件接触不良<br>(3)维修盖板互锁开关损坏<br>(4)MCU硬件电路失效<br>(5)MCU软件与硬件版本不匹配 | (1)确认是否存在"在未下电情况下打开MCU维修盖板,或拔掉高压直流插头,或拔掉高压交流插头"的不规范操作行为<br>(2)如果不存在上述不规范操作行为,重新上电,若车辆恢复正常,则不需要派工。同时将信息反馈给北汽新能源相关部门<br>(3)若重新上电车辆运行再次出现该故障,则可能存在接插件接触不良、互锁开关损坏、硬件电路失效等故障,或存在软、硬件版本问题,需要派工 |

续表

| 序号 | 故障名称 | 故障码 | 可能的原因 | 售后处理方法 |
|---|---|---|---|---|
| 21 | 低压电源过压故障 | U300317 | (1)低压蓄电池过度充电<br>(2)MCU软件与硬件版本不匹配 | (1)若其他节点也上报低压供电过压故障,则优先排查蓄电池、DC/DC转换器及低压供电电路问题<br>(2)否则可能存在线束、硬件故障或软件版本问题,则需要派工 |
| 22 | 低压电源欠压故障 | U300316 | (1)低压蓄电池亏电<br>(2)低压供电线路故障<br>(3)MCU软件与硬件版本不匹配 | (1)若其他节点也上报低压供电欠压故障,则优先排查蓄电池、DC/DC转换器及低压供电电路问题<br>(2)否则可能存在线束、硬件故障或软件版本问题,则需要派工 |
| 23 | MCU电源模块故障 | P11A01C | (1)MCU电源模块硬件损坏<br>(2)MCU软件与硬件版本不匹配 | 可能MCU存在硬件故障或软、硬件版本问题,需要派工 |
| 24 | MCU相电流传感器零漂故障(U/V/W) | P118A28/<br>P118B28/<br>P118C28 | (1)MCU内部硬件电路故障或线束损坏<br>(2)MCU软件与硬件版本不匹配 | 可能MCU存在硬件故障或软、硬件版本问题,需要派工 |
| 25 | MCU直流母线电流传感器零漂故障 | P118D28 | (1)MCU内部硬件电路故障或线束损坏<br>(2)MCU软件与硬件版本不匹配 | 可能MCU存在硬件故障或软、硬件版本问题,需要派工 |
| 26 | MCU RAM故障 | P060444 | MCU主控芯片内部RAM损坏 | (1)如果重新上电,车辆恢复正常,则不需要派工。同时将信息反馈给北汽新能源相关部门<br>(2)如果重新上电车辆不能恢复正常,则可能是MCU存在硬件故障,需要派工 |
| 27 | MCU ROM故障 | P060545 | MCU主控芯片内部ROM损坏 | (1)如果重新上电,车辆恢复正常,则不需要派工。同时将信息反馈给技术中心电动机工程师<br>(2)如果重新上电车辆不能恢复正常,则可能是MCU存在硬件故障,需要派工 |
| 28 | MCU EEP-ROM故障 | P062F46 | (1)MCU内部EEPROM芯片损坏或相关硬件电路故障<br>(2)MCU内部EEPROM虚焊<br>(3)MCU内部PCB抗电磁干扰性能差 | (1)如果重新上电,车辆恢复正常,则不需要派工。同时将信息反馈给北汽新能源相关部门<br>(2)如果重新上电车辆不能恢复正常,则可能是MCU存在硬件故障,需要派工 |

## 四、空调与暖风系统

### 1. 空调系统构造

空调系统主要由空调压缩机、冷凝器、蒸发器、膨胀阀、储液干燥器、管道、冷凝风扇、鼓风电动机和控制单元组成，如图4-229所示。

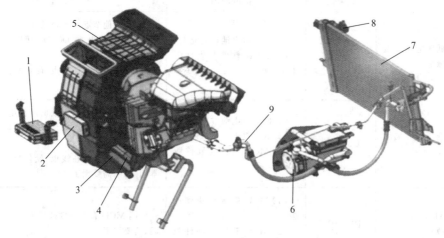

图4-229 空调系统构造

1—空调ECU；2—暖风蒸发箱总成；3—PTC盖板；4—4-PTC总成；5—空调堵盖；6—空调压缩机；
7—冷凝器总成；8—室外温度传感器总成；9—高压管

### 2. 采暖原理

空调暖风功能由PTC电加热提供。打开空调控制面板上的暖风开关，PTC电加热开始工作，鼓风电动机的风经过PTC芯体后热风源源不断地送进车厢。

在起始阶段，PTC的电阻比较固定，PTC加热效果明显。随着温度的上升，PTC电阻变大，而电流变小，加热效果就变差，这样能效保护PTC加热室的温度，能进行有效地自我控制。在车辆上PTC的控制主要还是通过切断其工作回路的方式进行。PTC控制器会感知热交室的温度和驾驶室的温度，来决定PTC的工作状况。

### 3. 空调控制面板控制策略

在EX系列的车辆上，空调分两种控制方式，一种是车内控制；另一种是远程APP控制。这两种控制的方式只是输入端有所区别，但均是通过VCU和空调控制器来实现工作，其具体的控制策略如图4-230所示。空调控制电路如图4-231所示。

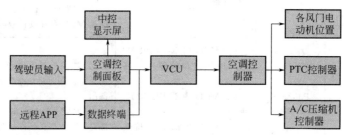

图4-230 控制策略

空调控制面板如图4-232所示。

① 在车辆进入READY状态后，空调控制面板将通过CAN线将驾乘人输入的信息传递给空调控制器，空调控制器据此来启动PTC或空调压机，并且控制各风门电动机的运转，最后将空调控制器面板信息显示在中控液晶屏上。当空调控制面板输入关闭空调系统的指令时，VCU将断开空调控制继电器，停止空调系统工作。

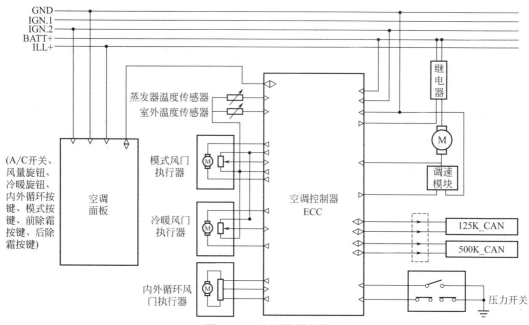

图 4-231 空调控制电路

② 车辆在远程控制的状态下，一旦有远程操作，将通过数据终端 VCU 唤醒空调控制器、PTC 控制器及电动压缩机控制器。然后，空调控制器将根据数据终端传输来的信息启动 PTC 或空调压缩机，并按照既定的模式运行；在远程控制的模式下，风量、风门位置和温度等会对应于加热或制冷，系统会有一个固定数值，不可选择。远程控制发出停止或达到系统默认的最大运行时间值时，VCU 将断开空调控制继电器，从而停止空调系统的工作。

图 4-232 空调控制面板

### 4. 空调压缩机拆装

① 确保断开点火开关，断开蓄电池负极。

② 如图 4-233 所示，用手指按下锁片 1，将插头拔出一部分，用一字螺丝刀压下锁片 2，将插头完全拔出，将高压插头从压缩机控制器上拔出。

③ 如图 4-234 所示，将插头的黄色的部分往右拔出，然后用力将压缩控制器的低压插头拔出。

图 4-233 将高压插头从压缩机控制器上拔出

图 4-234 将插头的黄色的部分往右拔出

④ 用真空泵及空调歧管压力计抽空系统的制冷剂,用 10mm 的套筒松开压缩机上的进口空调管和连接螺栓,应注意保护好管接头(图 4-235),并用合适的堵头安装在所有管路上。

⑤ 用 10mm 的套筒松开压缩机出口空调管上的连接螺栓,并用相关堵头保护好接口,如图 4-236 所示。

图 4-235 松开压缩机上的进口空调管

图 4-236 松开压缩机出口空调管上的连接螺栓

⑥ 用 10mm 的套筒松开压缩机的 3 个固定螺栓,然后将压机从其支架移开,如图 4-237 所示。

⑦ 用 10mm 的套筒松开 4 个螺栓,然后将压缩机支架从车移开,如图 4-238 所示。

图 4-237 松开压缩机的 3 个固定螺栓

图 4-238 松开 4 个螺栓

⑧ 安装以相反的顺序进行。

### 5. PTC 拆装

① 关闭点火开关。

② 断开低压蓄电池负极电缆。

③ 旋出螺母（图 4-239），拆开驾驶员右端的侧板。

④ 拔掉 PTC 高压插接件。用手按住如图 4-240 所示的锁片，然后用手握住插头两端，用力将插头拔开，直至分离。

⑤ 用十字螺丝刀松开 PTC 护板上的 3 个螺钉，将 PTC 护板取下，拿掉护板。再用十字螺丝刀将 PTC 固定板上的螺钉松开，并取下 PTC 固定板，如图 4-241 所示。

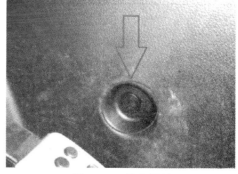

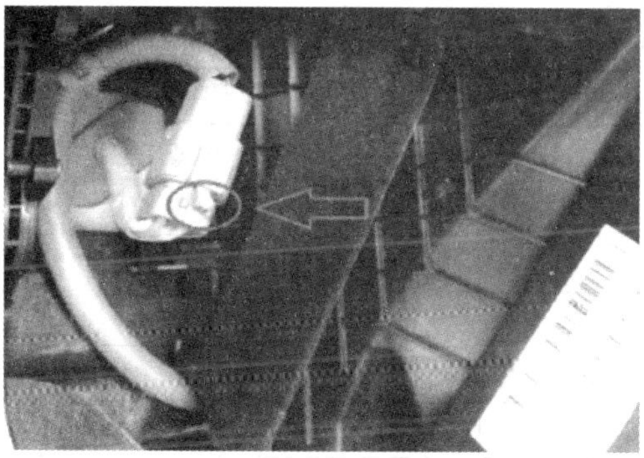

图 4-239 旋出螺母

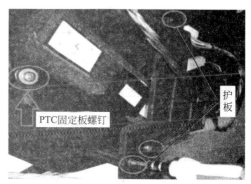

图 4-240 拔掉 PTC 高压插接件

图 4-241 松开 PTC 护板上的 3 个螺钉

⑥ 将副驾驶左侧的侧板上的螺钉用十字螺丝刀松开，然后撬下侧板，拔掉 PTC 低压插接件，再用 10mm 的套筒将接线松开，如图 4-242 所示。

⑦ 取出 PTC 本体，如图 4-243 所示。

⑧ 安装以相反的步骤进行。

图 4-242 拔掉 PTC 低压插接件

图 4-243 取出 PTC 本体

### 6. PTC 常见故障处理

PTC 常见故障处理如表 4-24 所示。

表 4-24　PTC 常见故障处理

| 故障 | 现象 | 原因及判断 | 检测及排除措施 |
|---|---|---|---|
| PTC 不工作 | 启动功能设置后风仍为凉风 | (1)冷暖模式设置不正确<br>(2)PTC 本体断路<br>(3)PTC 控制回路断路<br>(4)内部短路,烧毁高压熔丝<br>(5)PTC 控制器故障损坏<br>(6)PTC 温度传感器损坏 | (1)检查冷暖设置是否选择较暖方向<br>(2)检查 PTC 本体阻值<br>(3)打开 PDU,观察指示灯情况及高压熔丝<br>(4)测量 PTC 温度传感器在某一温度下的阻值,如损坏则更换<br>(5)更换 PTC 或 PDU |
| PTC 过热 | 出风温度异常升高或空调出风口有塑料焦煳气味 | (1)PTC 控制模块内部 IGBT 损坏(短路,不能断开)<br>(2)PTC 温度传感器损坏 | (1)断电,更换相关部件<br>(2)测量 PTC 温度传感器在某一温度下的阻值,如损坏则更换 |

### 7. 故障码定义

故障码定义如表 4-25 所示。

表 4-25　故障码定义

| 序号 | 故障名称 | 故障码 DTC |
|---|---|---|
| 1 | 模式风门电动机开路 | B132015 |
| 2 | 模式风门电动机对电源短路 | B132111 |
| 3 | 蒸发温度传感器开路或对电源短路 | B131515 |
| 4 | 蒸发温度传感器对地短路 | B131611 |
| 5 | 环境温度传感器开路或对电源短路 | B131715 |
| 6 | 环境温度传感器对地短路 | B131811 |
| 7 | 电源电压过压 | U300317 |
| 8 | 电源电压欠压 | U300316 |
| 9 | 与 PTC 断开连接 | U015500 |
| 10 | 与 EAS 断开连接 | U012200 |

## 五、冷却系统结构、故障检测及拆装

### 1. 冷却系统原理及结构

电动汽车在使用过程中,由于各电器系统中功率的损耗会产生大量的热量,为了维持正常工作,需要维持这些温度在一定的范围之内,因此设计了冷却系统来对这些易于发热的系统进行冷却,降低工作温度。

在电动汽车系统中,主要发热部件有驱动电动机、电动机控制器和 PDU,PDU 中的主要发热组件为 OBC 和 DC/DC 直流转化模块。

冷却液经过水泵加压后,被输送到电动机控制器,经过电动机控制器后冷却液进入 PDU 中,经 PDU 后进入驱动电动机,最后从驱动电动机回到散热器,结过散热后的冷却液再次进入水泵,并以此方式不断循环带走系统中的多余的热量。冷却系统工作原理如图 4-244 所示。

水泵及风扇的开启与停止都由 VCU 进行控制,MCU 电动机控制器的温度(实际上指 IGBT 的温度)、驱动电动机的温度及 PDU 的温度(实际上指的充电动机的温度)都被采集并送到 VCU 内,VCU 据此判断部件的冷却需示。只有当某一系统有冷却需求时,它才会开启。

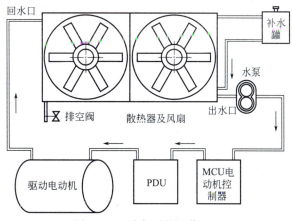

图 4-244　冷却系统工作原理

散热器的后方安装了两个电子风扇，系统会根据温度的情况来决定是否开启风扇，并且根据冷却需示选择低速挡还是高速挡。

这是一个开式冷却系统，在散热器旁边配置了一个冷却系统补水罐，有以下 4 个功能。

① 冷却系统的气泡可以通过散热器上方的排气管排到补水罐。

② 当温度升高，冷却液膨胀时，系统内多余的冷却液可以排到补水罐中。

③ 当温度降低时，补水罐内的冷却液可以通过底部补充到系统中。

④ 当系统的冷却液不足时，通过此补水罐的口来添加冷却液，确保冷却液液面位于补水罐中的上刻度线与下刻度线之间。

在散热器的下方还配有一个排空阀，用于冷却液的更换和在维护保养时使用。

### 2. 系统工作电路

水泵的工作电路如图 4-245 所示。

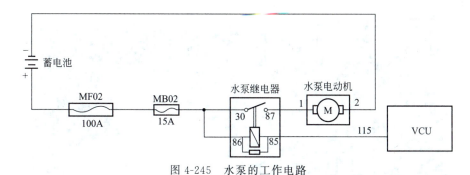

图 4-245　水泵的工作电路

蓄电池的电源正极经过 100A 的主熔丝后，到达前机舱熔断器，在前机舱熔断器经过 15A 的熔丝后进入水泵继电器，然后被分成工作电路和控制电路两部分。

水泵继电器的主电路连接到水泵电动机的正极，水泵电动机的负极通过车身搭铁与蓄电池负极相连。

水泵继电器的控制端脚连接到 VCU，VCU 控制着这个端脚的通断。若是通的状态，则水泵电动机的工作电路被接通，水泵开始工作；若是断的状态，则水泵电动机的工作电路处于断路状态，水泵不工作。

风扇控制电路如图 4-246 所示。

蓄电池电源的正极经过主熔丝后进入前机舱熔断器,在前机舱熔断器内的电路分为两路,分别经过两个熔丝后进入风扇继电器1和风扇继电器2。

在风扇继电器中电路继续被分成两路：一路为工作电路,工作电路经继电器后,进入风扇电动机,经车身搭铁后与蓄电池的负极形成回路;另一路为控制电路,控制电路经继电器后进入VCU,VCU将根据温度的情况控制其通断。风扇继电器1和风扇继电器2的原理一样,只是一个控制风扇高速运转,一个控制风扇低运转。

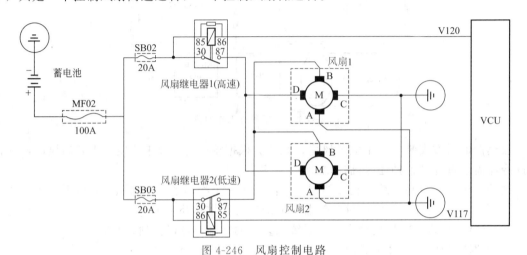

图4-246 风扇控制电路

### 3. 主要部件

(1) 水泵　本车采用离心式电动水泵,如图4-247所示。

检测方法：用两根导线直接将蓄电池正负极与水泵正负极连接进行测试(1号脚为正,2号脚为负),因为水泵有正负极性要求,在蓄电池端的两根导要对调测试一次,对调后,水泵的转向将改变,以免误判。

图4-247 离心式电动水泵

(2) 散热器及风扇总成　散热器中的冷却液自左向右后自上向下流动,冷却液在散热器内蜿蜒曲折的流动,通过两种方式把MCU、PDU和电动机的热量散发到大气中,如图4-248所示。

散热器风扇置于散热器后面,目前多采用电动风扇,如图4-249所示为二速电动风扇。

图 4-248 散热器

图 4-249 二速电动风扇

（3）补水罐　在系统中设置了一个补水罐，随着温度升高，会产生气泡，它能将气泡产生的气排出系统，如图 4-250 所示。

### 4. 拆装电动水泵

① 关闭点火开关及所有用电器。

② 将合适的冷却液收集容器置于排空阀下面，然后逆时针方向旋松散热器排空阀，如图 4-251 所示，排空冷却液，为了快速将冷却液排空，应将补水罐的盖打开。

③ 断开水泵电动机插头，如图 4-252 所示，用手按住锁片，然后用力往外拔，直到分离。

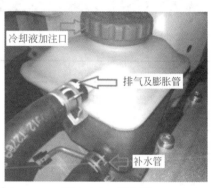

图 4-250 补水罐

图 4-251 逆时针方向旋松散热器排空阀

图 4-252 断开水泵电动机插头

④ 用鲤鱼钳夹住进水管和出水管的弹性软管夹箍后将弹性软管夹箍移开到软管的其他部位，然后用力将软管拔开，如果不易拔开，可用一字螺丝刀撬动软管后再拔，如图 4-253 所示。

⑤ 用 10mm 的套筒将水泵的两个固定螺栓拆下，如图 4-254 所示，然后可将水泵移出。

图 4-253 拆卸卡箍

图 4-254 拆卸水泵螺栓

图 4-255 拆下水泵支架

⑥ 用 10mm 的套筒将水泵固定支架的 2 个螺栓拆下,然后将水泵支架取下即可,如图 4-255 所示。

⑦ 安装以相反的顺序进行,同时注意水泵的插头分正负极,所以在安装前请先确认其正极。

**5. 冷却系统常见故障排查**

① 冷却系统常见的故障如表 4-26 所示。

② 冷却系统常见无故障码诊断如表 4-27 所示。

表 4-26 冷却系统常见的故障

| 编号 | 故障名称 | DTC | 维修提示 |
| --- | --- | --- | --- |
| 1 | 低速风扇继电器驱动通道开路 | P100A13 | (1)检查风扇插件和线束<br>(2)更换风扇继电器 |
| 2 | 低速风扇继电器驱动通道对电源短路 | P100A12 | (1)检查风扇插件和线束<br>(2)更换风扇继电器 |
| 3 | 低速风扇继电器驱动通道对地短路 | P100A11 | (1)检查风扇插件和线束<br>(2)更换 VCU |
| 4 | 水泵继电器驱动通道开路 | P100C13 | (1)检查水泵插件和线束<br>(2)更换水泵继电器 |
| 5 | 水泵继电器驱动通道对电源短路 | P100C12 | (1)检查水泵插件和线束<br>(2)更换水泵继电器 |
| 6 | 水泵继电器驱动通道对地短路 | P100C11 | (1)检查水泵插件和线束<br>(2)更换 VCU |
| 7 | 高速风扇继电器驱动通道开路 | P100D13 | (1)检查风扇插件和线束<br>(2)更换风扇继电器 |
| 8 | 高速风扇继电器驱动通道对电源短路 | P100D12 | (1)检查风扇插件和线束<br>(2)更换风扇继电器 |

表 4-27 冷却系统常见无故障码诊断

| 故障现象 | 故障分析 | 处理措施 |
| --- | --- | --- |
| 水泵工作有异响(嗡嗡声) | 首先分析车辆是在行驶中还是静止状态出现的异响,若以上两种情况均有,则检查散热器内防冻液是否充足,补充后再进行试车。如还是存在异响,考虑为水泵出现故障 | 补充防冻液;若补充后,水泵声音仍然很大,则更换水泵 |
| 仪表报出驱动电动机过热 | (1)水泵不工作/运转不顺畅<br>(2)水道堵塞<br>(3)冷却系统缺液<br>(4)散热器外部过脏<br>(5)散热器散热效果不佳,如散热器翅片发生变形,通风量降低等<br>(6)电子风扇不转 | (1)检查水泵电路部分,更换相应器件(熔丝、继电器、线束);更换水泵<br>(2)更换相关管路<br>(3)补充冷却液<br>(4)清理散热器表面脏污(如杨絮、蚊虫尸体等)<br>(5)更换散热器处理<br>(6)检查电子风扇供电电路 |

## 六、电动真空泵

启动车辆时,12V 电源接通,整车控制器对真空罐的真空度开始自检,如果真空罐内的真空度小于设定值，真空助力器上的真空压力传感器检测到低压力并促使控制器向电动真空泵输出 12V 电压，此时电动真空泵开始工作；当真空度达到设定值后，真空压力传感器检测到压力值并促使整车控制器切断输出的电源，此时电动真空泵停止工作，当真空罐内的真空度因制动消耗，真空度小于设定值时，电动真空泵再次开始工作，如此循环。

当真空助力系统出故障时，整车控制器会向仪表发出相应的方波信号，仪表点亮制动系统故障报警灯，此时应立即减速停车，检查真空助力系统和制动液位高度。

### 1. 电动真空泵拆装

① 松开卡箍（图 4-256 中的箭头），脱开真管与电动真空泵总成的连接。

② 松开电动真空泵的电源线束的连接。

③ 旋出 3 个固定螺栓（图 4-256 中的箭头 B）。

④ 从减速器上取下真空泵支架及真空泵总成，如图 4-257 所示。

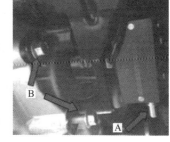

图 4-256 松开卡箍

⑤ 旋出 4 个固定螺栓，如图 4-258 所示，分解电动真空泵总成与支架。

⑥ 安装以相反的进行，同时注意安装后，使电动真空泵真空罐内的真空度达到设定值。

图 4-257 真空泵总成

图 4-258 总成与支架分解

### 2. 电动真空泵的检测

① 钥匙置于 ON 挡，一人踩刹车踏板，另一人使用万用表电压挡检查电动真空泵的供电插头针脚 2 是否有 12V 电压输出。若没有，则检查前舱电器熔丝 SB06 是否熔断。若未熔断，则使用万用表检查电动真空泵的供电插头针脚 1 是否接地，针脚 2 与 VCU 的针脚 3 是否导通。若未接地或未导通，则需维修线束，插头实物如图 4-259 所示。

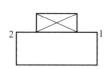

图 4-259 电动真空泵端子检测

② 若线束均导通，则使用导线将电动真空泵的供电线与蓄电池两极连接，并检查真空泵是否正常工作。若真空泵不能工作则返回厂家维修或更换新零件。

### 3. 真空压力开关检测

① 钥匙置于 ON 挡，检测真空压力开关插头针脚 3 是否有 5V 电压。若无，则检查 VCU 插头端 92 针脚是否有 5V 电源输出。若无电压输出，则更换 VCU；若有，则检查真空压力开关插头针脚 2 是否接地，若不接地，则维修线束，如图 4-260 所示。

② 钥匙置于 ON 挡，连续踩压刹车踏板，观察真空压力开关针脚 2 是否有电压变化，变化范围应在 0.5~4.5V 之间，若无，则更换真空压力开关。

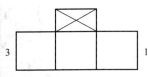

图 4-260 真空开关检测

### 4. 故障现象和排除措施

① 连接电源后电动真空泵不转如表 4-28 所示。

表 4-28 连接电源后电动真空泵不转

| 序号 | 检查步骤 | 检查结果 | | |
|---|---|---|---|---|
| 0 | 初步检查 | 正常 | 有故障 | 操作方法 |
|  | 熔丝是否熔断 | 进行第 1 步 | 熔丝熔断 | 更换熔丝 |
| 1 | 检查蓄电池 | 正常 | 有故障 | 操作方法 |
|  | 蓄电池是否亏电 | 进行第 2 步 | 蓄电池亏电 | 补充电量 |
| 2 | 检查控制器电路 | 正常 | 有故障 | 操作方法 |
|  | 检查控制器电路是否正常 | 进行第 3 步 | 控制器线路短路/断路 | 维修或更换线路 |
| 3 | 检查电动真空泵电路 | 正常 | 有故障 | 操作方法 |
|  | 检查电动真空泵电路是否正常 | 进行第 4 步 | 电动真空泵电路线路短路/断路 | 维修或更换线路 |
| 4 | 检查电动真空泵 | 正常 | 有故障 | 操作方法 |
|  | 检查电动真空泵是否正常 | 进行第 5 步 | 电动真空泵损坏 | 更换电动真空 |
| 5 | 检查控制器 | 正常 | 有故障 | 操作方法 |
|  | 检查控制器是否正常 | 进行第 6 步 | 控制器损坏 | 更换控制器 |
| 6 | 检查操作 | 正常 | 有故障 | 操作方法 |
|  | 正确检修操作后，检查故障是否出现 | 诊断结束 | 故障未消失 | 从其他症状查找故障原因 |

② 接通电源后，真空度抽至上限设定值时电动机不停转如表 4-29 所示。

表 4-29 真空度抽至上限设定值时电动机不停转

| 序号 | 检查步骤 | 检查结果 | | |
|---|---|---|---|---|
| 0 | 初步检查 | 正常 | 有故障 | 操作方法 |
|  | 检查传感器是否正常 | 进行第 1 步 | 传感器损坏 | 更换传感器 |
| 1 | 检查电动真空泵 | 正常 | 有故障 | 操作方法 |

续表

| 序号 | 检查步骤 | 检查结果 | | |
|---|---|---|---|---|
| | 检查电动真空泵是否正常 | 进行第2步 | 电动真空泵损坏 | 更换电动真空泵 |
| 2 | 检查控制器 | 正常 | 有故障 | 操作方法 |
| | 检查控制器是否正常 | 进行第3步 | 控制器损坏 | 更换控制器 |
| 3 | 检查操作 | 正常 | 有故障 | 操作方法 |
| | 正确检修操作后,检查故障是否出现 | 诊断结束 | 故障未消失 | 从其他症状查找故障原因 |

③ 电动真空泵不能正常开启和关闭如表4-30所示。

表4-30 电动真空泵不能正常开启和关闭

| 序号 | 检查步骤 | 检查结果 | | |
|---|---|---|---|---|
| 0 | 初步检查 | 正常 | 有故障 | 操作方法 |
| | 熔丝是否熔断 | 进行第1步 | 熔丝熔断 | 更换熔丝 |
| 1 | 检查蓄电池 | 正常 | 有故障 | 操作方法 |
| | 蓄电池是否亏电 | 进行第2步 | 蓄电池亏电 | 补充电量 |
| 2 | 检查控制器电路 | 正常 | 有故障 | 操作方法 |
| | 检查控制器电路是否正常 | 进行第3步 | 控制器线路短路/断路 | 维修或更换线路 |
| 3 | 检查电动真空泵电路 | 正常 | 有故障 | 操作方法 |
| | 检查电动真空泵电路是否正常 | 进行第4步 | 电动真空泵电路线路短路/断路 | 更维修或更换线路 |
| 4 | 检查传感器 | 正常 | 有故障 | 操作方法 |
| | 检查传感器是否正常 | 进行第5步 | 传感器损坏 | 更换传感器 |
| 5 | 检查真空管 | 正常 | 有故障 | 操作方法 |
| | 检查真空管路密封性 | 进行第6步 | 管路有损坏 | 更换真空管路 |
| 6 | 检查电动真空泵 | 正常 | 有故障 | 操作方法 |
| | 检查电动真空泵是否正常 | 进行第7步 | 电动真空泵损坏 | 更换电动真空 |
| 7 | 检查控制器 | 正常 | 有故障 | 操作方法 |
| | 检查控制器是否正常 | 进行第8步 | 控制器损坏 | 更换控制器 |
| 8 | 检查操作 | 正常 | 有故障 | 操作方法 |
| | 正确检修操作后,检查故障是否出现 | 诊断结束 | 故障未消失 | 从其他症状查找故障原因 |

## 七、整车控制器

### 1. 整车控制器的功能

(1) 驾驶员意图解析　主要是对驾驶员操作信息及控制命令进行分析处理,也就是将驾驶员的加速踏板信号、挡位信号和制动信号根据某种规则转化成电动机需求的转矩命令。因而驱动电动机对驾驶员操作的响应性能完全取决于整车控制的加速踏板解释结果,直接影响驾驶员的控制效果和操作感觉。

(2) 驱动控制　根据驾驶员对车辆的操纵输入(加速踏板、制动踏板以及选挡开关)、车辆状态、道路及环境状况,经分析和处理,向VMS发出相应的指令,控制电动机的驱动转矩来驱动车辆,以满足驾驶员对车辆驱动的动力性要求,同时根据车辆状态,向VMS发出相应指令，保证安全性和舒适性。

（3）制动能量回馈控制　整车控制器根据加速踏板和制动踏板的开度、车辆行驶状态信息以及动力电池的状态信息（如 SOC 值）来判断某一时刻能否进行制动能量进行能量回馈，在满足安全性能、制动性能以及驾驶员舒适性的前提下，回收部分能量，包括滑行制动和刹车制动过程中的电动机制动转矩控制。

根据加速踏板和制动踏板信号，制动能量回收可以分为两个阶段，简单的划分条件如下。

① 阶段一是在车辆行驶过程中驾驶员松开加速踏板但没有踩下制动踏板开始。

② 阶段二是在驾驶员踩下制动踏板后开始。

（4）充电过程控制　与电池管理系统共同进行充电过程中的充电功率控制，整车控制器接收到充电信号后，应该禁止高压系统上电，保证车辆在充电状态下处于行驶锁止状态；并根据电池状态信息限制充电功率，保护电池。

（5）高压电上下电控制　根据驾驶员对行车钥匙开关的控制，进行动力电池的高压接触器开关控制，以完成高压设备的电源通断和预充电控制。上下电流过程处理：协调各相关部件的上电与下电流程，包括电动机控制器、电池管理系统等部件的供电，预充电继电器、主继电器的吸合和断开时间等，如图 4-261 所示。

（6）防溜车功能控制　纯电动汽车在坡上起时，驾驶员从松开制动踏板到踩加速踏板过程中，会出现整车向后溜车的现象。在坡上行驶过程中，如果驾驶踩下加速踏板的深度不够，整车会出现车速逐渐降到 0 然后溜车现象。

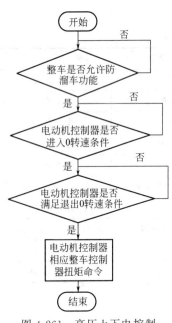

图 4-261　高压上下电控制

为了防止纯电动汽车在坡上起步和运行时向后溜车现象，在整车控制策略中增加了防溜车功能。防溜车功能可以保证整车在坡上起步时，向后溜车距离小于 10cm；在整车坡上运行过程中如果动力不足时，整车车速会慢慢降到 0，然后保持静止，不再向后溜车。

（7）故障诊断与处理　连续监视整车电控系统，进行故障诊断，并及时进行相应安全保护处理。根据传感器的输入及通过 CAN 总线通信得到的电动机、电池、充电机等信息，对各种故障进行判断、等级分类、报警显示；存储故障码，进行故障诊断，并及时进行相应的安全保护处理。

**2. 整车控制策略**

（1）控制分级

① 一级控制如图 4-262 所示。

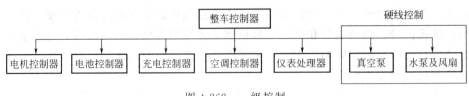

图 4-262　一级控制

② 二级控制如图 4-263 所示。

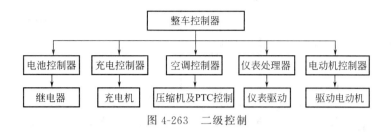

图 4-263 二级控制

（2）动力输出控制　动力输出控制如图 4-264 所示。

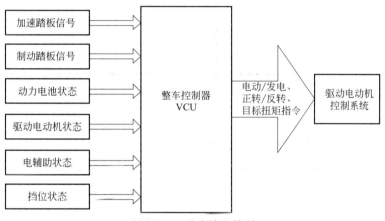

图 4-264 动力输出控制

（3）信号优先等级控制　优先级顺序从高到低如图 4-265 所示。

图 4-265 信号优先等级控制

### 3. 换挡控制

挡位管理模块关注驾驶员的驾驶安全，正确理解驾驶员意图，以及识别车辆合理的挡位，在基于模型开发的挡位管理模块中得到很好的优化。能在出现故时做出相应处理，保证整车安全，在驾驶员出现挡位误操作时通仪表提示驾驶员，使驾驶员能迅速做出纠正。其控制原理如图 4-266 所示。

（1）检测标准　换挡机构输入到 VCU 的是 4 路模拟电压信号，信号输入后首先进行高低有效性判断和故障诊断。高有效性用 1 表示，低有效性用 0 表示，如表 4-31 所示。

（2）高有效判断区间　大于等于 2.8V 且小于等于 4.95V。

（3）低有效判断区间　大于等于 0.1V 且小于等于 0.90V。

表 4-31　挡位信号输入判断

| 挡位 | 挡位信号1 | 挡位信号2 | 挡位信号3 | 挡位信号4 |
| --- | --- | --- | --- | --- |
| R | 1 | 1 | 0 | 0 |
| N | 1 | 0 | 0 | 1 |
| D | 0 | 1 | 0 | 1 |
| S | 0 | 1 | 1 | 0 |

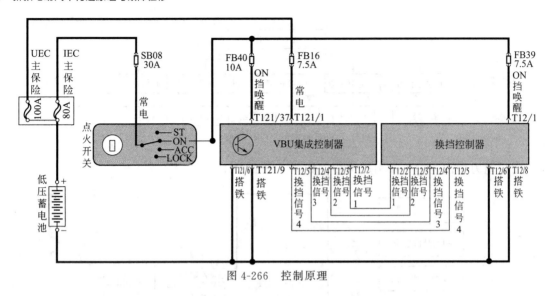

图 4-266 控制原理

### 4. 加速踏板

（1）控制原理　加速踏板控制原理如图 4-267 所示。

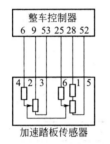

| 针脚 | 定义 |
| --- | --- |
| 1 | 信号2电源 |
| 2 | 信号1电源 |
| 3 | 信号1接地 |
| 4 | 输出信号1 |
| 5 | 信号2接地 |
| 6 | 输出信号2 |

图 4-267　加速踏板控制原理

（2）检测方法

① 检测加速踏板传感器 1 信号　踏板开度从 0～100％变化，用万用表直流电压挡测量插件 4 号端子与对地之间有 0.74～4.34V 的电压；否则检查传感器电源和地线，如果输入电源和地线正常，则为传感器内部故障。

② 检测加速踏板传感器 2 信号　踏板开度从 0～100％变化，用万用表直流电压挡测量插件 6 号端子与对地之间有 0.36～2.24V 的电压；否则检查传感器电源和地线，如果输入电源和地线正常，则为传感器内部故障。

### 5. 车载充电机

车载充电机控制原理如图 4-268 所示。车载充电机在充电过程与整车控制器 VCU 进行通信，当车身充电口连接上充电线 CC 与 PE 之间导通，此时充电机对整车控制器发出信号，整车控制器再向仪表发出信号，仪表充电指示灯点亮。同时充电机发出充电唤醒信号（正触

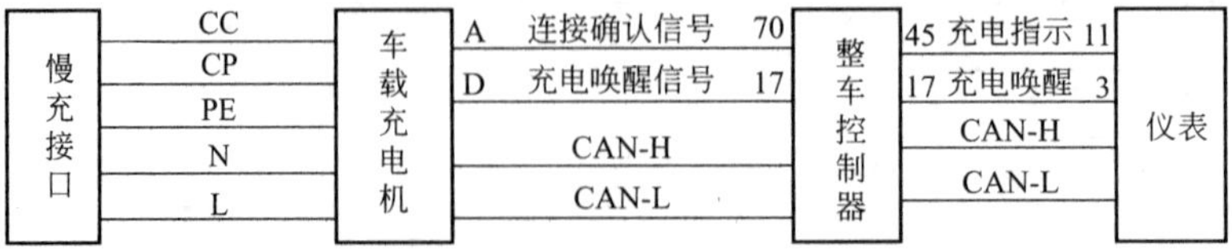

图 4-268　车载充电机控制原理

发),车辆不能行驶。

### 6. DC/DC 控制

DC/DC 控制原理如图 4-269 所示。DC/DC 接到使能信号,在充电或启动车辆时利用高压直流电,变压后给低压蓄电池充电。

### 7. 电动机控制器控制

整车控制器(VCU)给电动机控制器(MCU)发出扭矩需求和故障通信,包括将电动机转速、电动机温度、控制温度信号反馈给整车控制器,都是通过 CAN 线来实现。能量回馈的启动也是由整车控制器(VCU)来控制,如图 4-270 所示。

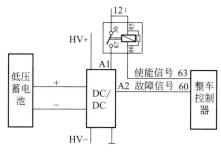

图 4-269 DC/DC 控制原理

图 4-270 电动机控制器控制

### 8. 动力电池管理系统 BMS

整车控制器(VCU)给电池控制器(BMS)发出电能需求和故障通信,包括将电池电量、电池温度、电压、电流信号反馈给整车控制器,都是通过 CAN 线来实现。总负继电器由整车控制器控制,总正继电器由 BMS 控制,其控制原理如图 4-271 所示。

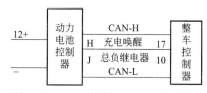

图 4-271 电池控制器 BMS 控制原理

### 9. 整车故障诊断及处理

(1) 故障处理分级 如表 4-32 所示。

表 4-32 故障处理分级

| 等级 | 名称 | 故障后处理 | 故障列表 |
|---|---|---|---|
| 一级 | 致命故障 | 紧急断开高压 | MCU 直流母线过压故障、BMS 一级故障 |
| 二级 | 严重故障 | 零扭矩 | MCU 相电流过流、IGBT、旋变等故障;电动机节点丢失故障;挡位信号故障 |
| 三级 | 一般故障 | 跛行 | 加速踏板信号故障 |
| | | 降功率 | MCU 电动机超速保护 |
| | | 限功率<7kW | 跛行故障、SOC<1%、BMS 单体欠压、内部通讯、硬件等二级故障 |
| | | 限速<15km/h | 低压欠压故障、制动故障 |
| 四级 | 轻微故障 | 仪表显示(维修提示)能量回收故障,仅停止能量回收 | MCU 电机系统温度传感器、直流欠压故障;VCU 硬件、DCDC 异常等故障 |

(2) 故障报警灯解释

：动力电池故障　：绝缘等级低　：动力电池断开

：电机故障　：整车故障

：电池充电故障——电池故障、充电机故障

(3) RAM 故障　RAM 故障如表 4-33 所示。

表 4-33　RAM 故障

| 故障名称 | RAM 故障 |
| --- | --- |
| 故障码 | P060444 |
| 故障处理方式 | (1)VCU 初始化没完成<br>(2)仪表显示通信故障 |
| 可能导致故障的原因 | (1)电磁干扰<br>(2)内存损坏 |
| 故障可能造成的影响 | ECU 无法完成初始化,高压无法上电 |
| 建议的维修措施 | 更换零部件 |

(4) ROM 故障　ROM 故障如表 4-34 所示。

表 4-34　ROM 故障

| 故障名称 | ROM 故障 |
| --- | --- |
| 故障码 | P060545 |
| 故障处理方式 | (1)1bit:记录 DTC<br>(2)2bit:VCU 初始化没完成;仪表显示通信故障 |
| 可能导致故障的原因 | (1)电磁干扰<br>(2)非正常掉电 |
| 故障可能造成的影响 | ECU 无法完成初始化,高压无法上电 |
| 建议的维修措施 | (1)重新刷新程序<br>(2)更换零部件 |

(5) EEPROM 故障　EEPROM 故障如表 4-35 所示。

表 4-35　EEPROM 故障

| 故障名称 | EEPROM 故障 |
| --- | --- |
| 故障码 | P062F46 |
| 故障处理方式 | 记录 DTC |
| 可能导致故障的原因 | (1)电磁干扰<br>(2)非正常掉电 |
| 故障可能造成的影响 | 以后可能有加速踏板自学习参数等,目前主要为故障码,集成(BMS)控制器会存储可用容量等 |
| 建议的维修措施 | 更换零部件 |
| 备注 | 集成(BMS)控制器上电时检测到当前故障进行 OCV 校验 |

(6) EPS 故障　EPS 故障如表 4-36 所示。

表 4-36　EPS 故障

| 故障名称 | EPS 故障(ON 挡上电) |
|---|---|
| 故障码 | P063509 |
| 故障处理方式 | 仪表点亮 EPS 故障灯(或文字),若无,则点亮系统故障灯 |
| 可能导致故障的原因 | (1)EPS 传感器故障<br>(2)EPS 电动机故障<br>(3)EPS 电源故障等<br>(4)EPS 车速信号异常 |
| 故障可能造成的影响 | 车辆行驶时无转向助力 |
| 建议的维修措施 | (1)检查是否有 EPS 助力转向车速信号驱动通道故障;若有,优先排查此故障<br>(2)检查线束和接插件<br>(3)更换部件 |

(7) 挡位故障　挡位故障如表 4-37 所示。

表 4-37　挡位故障

| 故障名称 | 挡位故障 |
|---|---|
| 故障码 | P078001 |
| 故障处理方式 | (1)仪表挡位指示灯闪烁<br>(2)若车速≥$v$(km/h),保持为上一挡位若车速<$v$(km/h),默认 N 挡 |
| 可能导致故障的原因 | (1)接插件锈蚀<br>(2)线束断开或接插件未插<br>(3)线路老化或短路 |
| 故障可能造成的影响 | 无法正确识别当前挡位,影响车辆行驶安全性 |
| 建议的维修措施 | (1)检查线束和接插件<br>(2)更换部件 |

(8) 加速踏板信号错误故障　加速踏板信号错误故障如表 4-38 所示。

表 4-38　加速踏板信号错误故障

| 故障名称 | 加速踏板信号错误 |
|---|---|
| 故障码 | P060D1C |
| 故障处理方式 | 若为 STATE30,表明进入跛行工况,仪表点亮 MIL 灯,报警音短鸣 |
| 可能导致故障的原因 | (1)接插件锈蚀<br>(2)线束断开或接插件未插<br>(3)线路老化或短路 |
| 故障可能造成的影响 | 无法正确识别当前油门踏板开度,影响车辆行驶安全性 |
| 建议的维修措施 | (1)检查线束和接插件<br>(2)更换部件 |

(9) 加速踏板信号校验错误故障　加速踏板信号校验错误故障如表 4-39 所示。

表 4-39　加速踏板信号校验错误故障

| 故障名称 | 加速踏板信号校验错误 |
|---|---|
| 故障码 | P060D64 |
| 故障处理方式 | 若为 STATE30,表明进入跛行工况,仪表点亮 MIL 灯,报警音短鸣 |

续表

| 故障名称 | 加速踏板信号校验错误 |
|---|---|
| 可能导致故障的原因 | (1)接插件锈蚀<br>(2)线束断开或接插件未插<br>(3)线路老化或短路 |
| 故障可能造成的影响 | 无法正确识别当前油门踏板开度,影响车辆行驶安全性 |
| 建议的维修措施 | (1)检查线束和接插件<br>(2)更换部件 |

(10) DC/DC故障　DC/DC故障如表4-40所示。

表4-40　DC/DC故障

| 故障名称 | DC/DC故障 |
|---|---|
| 故障码 | P0A9409 |
| 故障处理方式 | (1)点亮蓄电池故障灯<br>(2)在DC/DC故障触发未恢复的前提下,若电压低于VL(10.5V)持续TS(10s)且在STATE30:延时TS(8s)后进入限速V(1km/h),点亮MIL灯,报警音二级(限速处理在DC/DC故障恢复后解除) |
| 可能导致故障的原因 | (1)DC/DC过热<br>(2)DC/DC输入电压异常<br>(3)DC/DC输出过压等 |
| 故障可能造成的影响 | 导致蓄电池电压异常,影响各控制器低压供电 |
| 建议的维修措施 | 更换部件 |

(11) 制动助力系统低真空度故障　制动助力系统低真空度故障如表4-41所示。

表4-41　制动助力系统低真空度故障

| 故障名称 | 制动助力系统低真空度故障 |
|---|---|
| 故障码 | C002192 |
| 故障处理方式 | (1)仪表点亮MIL灯,制动系统故障灯/文字,报警音短鸣<br>(2)能量回收工况制动扭矩系数增大为1.3倍进行施加<br>(3)整车以15km/h最高车速限行(State30) |
| 可能导致故障的原因 | (1)制动频繁:超过每隔1s深踩制动踏板的频次<br>(2)真空助力系统泄漏 |
| 故障可能造成的影响 | 制动助力系统不能正常工作,制动距离可能增大 |
| 建议的维修措施 | (1)检查线束和接插件<br>(2)更换部件 |

(12) 制动助力系统传感器故障(相对压力传感器故障)　制动助力系统传感器故障(相对压力传感器故障)如表4-42所示。

表4-42　制动助力系统传感器故障

| 故障名称 | 制动助力系统传感器故障(相对压力传感器故障) |
|---|---|
| 故障码 | C004701 |
| 故障处理方式 | (1)仪表点亮MIL灯,制动系统故障灯/文字,报警音短鸣<br>(2)能量回收工况制动扭矩系数增大为1.3倍进行施加<br>(3)整车以15km/h最高车速限行(State30)<br>(4)保持真空泵使能(或以默认电压代替采集到的相对压力传感器电压,以保证真空泵使能) |

续表

| 故障名称 | 制动助力系统传感器故障(相对压力传感器故障) |
|---|---|
| 可能导致故障的原因 | 真空度传感器线束断路、短路失效故障 |
| 故障可能造成的影响 | 制动助力系统不能正常工作,制动距离可能增大 |
| 建议的维修措施 | (1)检查线束和接插件<br>(2)更换部件 |
| 备注 | 此处的默认电压对应的压力值应保证大于15kPa,小于50kPa |

(13) 大气压力传感器故障 大气压力传感器故障如表4-43所示。

表4-43 大气压力传感器故障

| 故障名称 | 大气压力传感器故障(绝对压力传感器故障) |
|---|---|
| 故障码 | C004601 |
| 故障处理方式 | (1)仪表将点亮制动系统故障灯/文字(注:此时采用相对压力传感器数据进行控制,此时设定的真空泵启停压力阈值仅适用于平原地区)<br>(2)当相对真空压力传感器与绝对真空压力传感器同时发生故障时,按相对压力传感器故障执行 |
| 可能导致故障的原因 | 真空度传感器线束断路、短路失效故障 |
| 故障可能造成的影响 | 制动助力系统不能正常工作,制动距离可能增大 |
| 建议的维修措施 | (1)检查线束和接插件<br>(2)更换部件 |

(14) 真空泵电气系统故障 真空泵电气系统故障如表4-44所示。

表4-44 真空泵电气系统故障

| 故障名称 | 真空泵电气系统故障(真空泵驱动通路开路) |
|---|---|
| 故障码 | C002101 |
| 故障处理方式 | (1)仪表点亮MIL灯,制动系统故障灯/文字,报警音短鸣<br>(2)能量回收工况制动扭矩增大为1.3倍进行施加<br>(3)整车以15km/h最高车速限行(State30) |
| 可能导致故障的原因 | (1)真空泵本体故障<br>(2)真空泵供电线路断路故障<br>(3)真空泵保险熔断故障 |
| 故障可能造成的影响 | 制动助力系统不能正常工作,制动距离可能增大 |
| 建议的维修措施 | (1)检查线束和接插件<br>(2)更换部件 |

(15) 真空泵常转故障 真空泵常转故障如表4-45所示。

表4-45 真空泵常转故障

| 故障名称 | 真空泵常转故障 |
|---|---|
| 故障码 | C002194 |
| 故障处理方式 | (1)仪表点亮MIL灯,制动系统故障灯/文字,报警音短鸣<br>(2)能量回收工况制动扭矩增大为1.3倍进行施加<br>(3)整车以15km/h最高车速限行(State30)<br>(4)若车速低于16km/h,则停止真空泵工作 |
| 可能导致故障的原因 | 真空泵驱动通道开路 |

续表

| 故障名称 | 真空泵常转故障 |
|---|---|
| 故障可能造成的影响 | 制动助力系统不能正常工作,制动距离可能增大 |
| 建议的维修措施 | (1)检查线束和接插件<br>(2)更换部件 |

(16) 制动助力系统泄漏故障　制动助力系统泄漏故障如表4-46所示。

表4-46　制动助力系统泄漏故障

| 故障名称 | 制动助力系统泄漏故障 |
|---|---|
| 故障处理方式 | (1)仪表点亮MIL灯,制动系统故障灯/文字,报警音短鸣<br>(2)能量回收工况制动扭矩增大为1.3倍进行施加<br>(3)整车以15km/h最高车速限行(State30) |
| 可能导致故障的原因 | 真空助力系统泄漏 |
| 故障可能造成的影响 | 制动助力系统不能正常工作,制动距离可能增大 |
| 建议的维修措施 | (1)检查线束和接插件<br>(2)更换部件 |

(17) 蓄电池电压低故障　蓄电池电压低故障如表4-47所示。

表4-47　蓄电池电压低故障

| 故障名称 | 蓄电池电压低 |
|---|---|
| 故障码 | U300316 |
| 故障处理方式 | (1)点亮蓄电池故障灯<br>(2)高压下电,点亮MIL灯,报警音短鸣 |
| 可能导致故障的原因 | (1)蓄电池老化<br>(2)DC/DC未正常工作<br>(3)负载短路 |
| 故障可能造成的影响 | 各控制器供电异常导致无法正常工作 |
| 建议售后处理方式 | 若低压重新上电后,故障消失则不需要派工,否则需要派工 |
| 建议的维修措施 | (1)检查DC/DC工作状态,若存在DC/DC故障,先检查DC/DC<br>(2)检查供电线束及接插件<br>(3)更换蓄电池 |
| 备注 | 不禁止高压上电,有此故障时不检测其他故障 |

(18) 蓄电池电压过高故障　蓄电池电压过高故障如表4-48所示。

表4-48　蓄电池电压过高故障

| 故障名称 | 蓄电池电压高 |
|---|---|
| 故障码 | U300317 |
| 故障处理方式 | (1)DC/DC使能关闭<br>(2)DC/DC使能关闭后Ts(2s)若故障没恢复,则执行高压下电并点亮蓄电池故障灯和MIL灯,报警音短鸣<br>增加中间等级的过渡状态,策略上改进:<br>①监测电压处理,高压15.5V持续XXS进入限速。不恢复<br>②高于16V持续XXS断高压。不恢复 |

续表

| 故障名称 | 蓄电池电压高 |
| --- | --- |
| 可能导致故障的原因 | DC/DC 输出电压反馈电路故障导致输出电压过高 |
| 故障可能造成的影响 | 各控制器供电异常导致无法正常工作 |
| 建议的维修措施 | 检查 DC/DC 工作状态,若存在 DC/DC 故障,检修 DC/DC |

（19）与 MCU 通信丢失故障　与 MCU 通信丢失故障如表 4-49 所示。

表 4-49　与 MCU 通信丢失故障

| 故障名称 | 与 MCU 通信丢失(180~600ms 发首帧报文) |
| --- | --- |
| 故障码 | U011087 |
| 故障处理方式 | (1)STATE30,仪表点亮 MIL 灯,报警音二级,整车进入零转矩工况(延时 8s)<br>(2)车速参考 ABS、ESP |
| 可能导致故障的原因 | (1)电磁干扰<br>(2)CAN 接收器无法正常工作<br>(3)电动机控制器 CAN 发送异常 |
| 故障可能造成的影响 | (1)无法高压上电或车辆行驶中无法接收到电动机工作状态<br>(2)造成高压自检状态超时下电 |
| 建议的维修措施 | (1)断开蓄电池的连接 1min 后,检测终端电阻阻值是否 60Ω±5Ω,若异常,则检查各控制器电阻匹配和线束<br>(2)分别测量 CAN Ⅱ 和 CAN-L 两路信号,排查信号对电源、对地等短路情况<br>(3)排查电磁干扰的影响<br>(4)更换控制器 |

（20）与 BMS 通信丢失故障　与 BMS 通信丢失故障如表 4-50 所示。

表 4-50　与 BMS 通信丢失故障

| 故障名称 | 与 BMS 通信丢失 |
| --- | --- |
| 故障码 | U011187 |
| 故障处理方式 | 行车工况 STATE30,整车限功率处理(延时 8s)($P=10$kW 可标),仪表点亮 MIL,报警音二级 |
| 可能导致故障的原因 | (1)电磁干扰<br>(2)电池管理系统故障<br>(3)电池管理系统节点线束故障 |
| 故障可能造成的影响 | (1)无法接收到电池管理系统报文<br>(2)可能导致无法高压上电<br>(3)造成 BCU 自检超时下电 |
| 建议的维修措施 | (1)检查线束和接插件<br>(2)更换部件 |
| 备注 | VCU 应继续计算可用容量,仪表续驶里程的显示应根据估算的母线电流继续计算(估算时应考虑偏差)。若估算电流无效,则续驶里程=上周期续驶里程$-K×$实际行驶距离($0<K≤1$) |

（21）落锁信号故障　落锁信号故障如表 4-51 所示。

表 4-51　落锁信号故障

| 故障名称 | 落锁信号故障 |
| --- | --- |
| 故障码 | P103A01 |

续表

| 故障名称 | 落锁信号故障 |
|---|---|
| 故障处理方式 | 仪表文字提示(动力电池未安装好,请检查);若未高压上电则禁止高压上电 |
| 可能导致故障的原因 | 接插件处松动或未连接 |
| 故障可能造成的影响 | 车辆无法高压上电 |
| 建议的维修措施 | 检查电池安装状态 |
| 备注 | 不禁止高压上电,有此时故障时不检测其他故障 |

(22) 高低压互锁故障　高低压互锁故障如表 4-52 所示。

表 4-52　高低压互锁故障

| 故障名称 | 高低压互锁故障 |
|---|---|
| 故障码 | P0A0A94 |
| 故障处理方式 | 仅上报不处理 |
| 可能导致故障的原因 | 接插件处松动或未连接 |
| 故障可能造成的影响 | 无法高压上电或造成高压下电 |
| 建议的维修措施 | 检测接插件连接是否正常、牢固 |
| 备注 | 要求负极闭合前 STATE12 完成检测,发送检测完成标志位 |

(23) BCU/BMS 自检异常故障　BCU/BMS 自检异常故障如表 4-53 所示。

表 4-53　BCU/BMS 自检异常故障

| 故障名称 | BCU/BMS 自检异常(初始化) |
|---|---|
| 故障码 | P103804 |
| 故障处理方式 | 记录 DTC |
| 可能导致故障的原因 | BCU/BMS 自检异常 |
| 故障可能造成的影响 | 系统长时间不能完成高压上电 |
| 建议的维修措施 | 更换 BCU/BMS 部件 |

(24) MCU 自检异常故障　MCU 自检异常故障如表 4-54 所示。

表 4-54　MCU 自检异常故障

| 故障名称 | MCU 自检异常(初始化) |
|---|---|
| 故障码 | P103904 |
| 故障处理方式 | 记录 DTC |
| 可能导致故障的原因 | MCU 自检异常 |
| 故障可能造成的影响 | 系统长时间不能完成高压上电 |
| 建议的维修措施 | 更换 MCU 部件 |

(25) 放电回路故障　放电回路故障如表 4-55 所示。

表 4-55　放电回路故障

| 故障名称 | 放电回路故障 |
|---|---|
| 故障码 | P103564 |

续表

| 故障名称 | 放电回路故障 |
|---|---|
| 故障处理方式 | — |
| 可能导致故障的原因 | PTC 或电动机高压泻放回路未正常工作 |
| 故障可能造成的影响 | 整车断开高压继电器后线路上电压仍较高 |
| 建议的维修措施 | (1)检测是否有其他故障发生,如没有,则检查 PTC<br>(2)检查旋变接插件是否松动。如果接插件松动,则对接插件进行紧固处理。如果不存在接插件松动现象,则更换电机控制器 |

(26) 高压自检超时故障　高压自检超时故障如表 4-56 所示。

表 4-56　高压自检超时故障

| 故障名称 | INV 高压自检超时 |
|---|---|
| 故障码 | P103464 |
| 故障处理方式 | (1)禁止高压上电<br>(2)仪表点亮 MIL 灯,报警音短鸣 |
| 可能导致故障的原因 | 电动机控制器在规定时间内未完成高压自检 |
| 故障可能造成的影响 | 整车高压下电 |
| 建议的维修措施 | 电动机控制器进行软硬件检测 |

(27) BCU 自检超时故障　BCU 自检超时故障如表 4-57 所示。

表 4-57　BCU 自检超时故障

| 故障名称 | BCU 自检超时 |
|---|---|
| 故障码 | P103364 |
| 故障处理方式 | (1)整车高压下电<br>(2)仪表点亮 MIL 灯,报警音短鸣 |
| 可能导致故障的原因 | BCU 自检计数器未更新 |
| 故障可能造成的影响 | 整车高压下电 |
| 建议的维修措施 | BCU 控制器进行软硬件检测 |

(28) 电动机扭矩响应异常故障　电动机扭矩响应异常故障如表 4-58 所示。

表 4-58　电动机扭矩响应异常故障

| 故障名称 | 电动机扭矩响应异常 |
|---|---|
| 故障码 | P103164 |
| 故障处理方式 | (1)整车高压下电<br>(2)仪表一级报警音<br>(3)仪表点亮 MIL 灯(平台观测) |
| 可能导致故障的原因 | 电动机无法正常工作 |
| 故障可能造成的影响 | 电动机无法正确响应整车指令,车辆无法正常行驶 |
| 建议的维修措施 | (1)检查线束和接插件<br>(2)更换部件 |

(29) 高压系统电压校验错误  高压系统电压校验错误故障如表4-59所示。

表 4-59  高压系统电压校验错误故障

| 故障名称 | 高压系统电压校验错误 |
| --- | --- |
| 故障码 | P103064 |
| 故障处理方式 | 记录 DTC |
| 可能导致故障的原因 | 电压传感器失效或高压继电器断开 |
| 故障可能造成的影响 | 影响车辆正常行驶或正常充电 |
| 建议的维修措施 | 检查总正、总负继电器状态 |

(30) 与BCU软伯版本不兼容故障  与BCU软件版本不兼容故障如表4-60所示。

表 4-60  与BCU软件版本不兼容故障

| 故障名称 | 与BCU软件版本不兼容 |
| --- | --- |
| 故障码 | U031264 |
| 故障处理方式 | (1)禁止高压上电<br>(2)整车控制仪表点亮MIL灯,报警音短鸣 |
| 可能导致故障的原因 | BCU程序版本未更新或VMS程序版本未更新 |
| 故障可能造成的影响 | 整车无法正常高压上电 |
| 建议的维修措施 | 确认控制器版本,重新刷新程序 |

(31) 与MCU软件版本不兼容故障  与MCU软件版本不兼容故障如表4-61所示。

表 4-61  与MCU软件版本不兼容故障

| 故障名称 | 与MCU软件版本不兼容 |
| --- | --- |
| 故障码 | U031164 |
| 故障处理方式 | (1)禁止高压上电<br>(2)整车控制仪表点亮MIL灯,报警音短鸣 |
| 可能导致故障的原因 | 电动机控制器程序版本未更新或VMS程序版本未更新 |
| 故障可能造成的影响 | 整车无法正常高压上电 |
| 建议的维修措施 | 确认控制器版本,重新刷新程序 |

(32) 总线关闭故障  总线关闭故障如表4-62所示。

表 4-62  总线关闭故障

| 故障名称 | 总线关闭 |
| --- | --- |
| 故障码 | U007388 |
| 故障处理方式 | 不允许CAN控制器自动复位,进入BUS-OFF后,每隔50ms尝试复位一次,每复位一次计数器累加1。如果计数器等于10,则节点每1s尝试复位一次 |
| 可能导致故障的原因 | (1)电磁干扰<br>(2)控制器故障<br>(3)连接线束故障 |
| 故障可能造成的影响 | 根据出现问题的零部件功能不同,可能导致部分功能失效或者整车瘫痪 |
| 建议的维修措施 | (1)断开蓄电池的连接1min后,检测终端电阻值是否60Ω±5Ω,若异常,则检查各控制器电阻匹配和线束<br>(2)分别测量CAN-H和CAN-L两路信号,排查信号对电源、对地等短路情况<br>(3)排查电磁干扰的影响<br>(4)更换控制器 |

## 八、换挡旋钮及能量回收系统

换挡旋钮在正常状态下工作时，应可以在 R/N/D/S 四个挡位间进行切换，同时仪表面板上显示相对应的挡位字母。

### 1. 拆装

① 断开蓄电池负极电缆。
② 使用小木片撬开两侧红色装饰条，如图 4-272 所示。
③ 拆卸旋钮式电子换挡总成的装饰压板的固定螺钉（左右两侧各 2 个），如图 4-273 所示。

图 4-272　撬开两侧红色装饰条

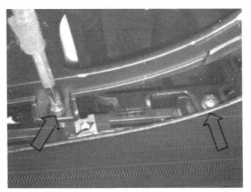

图 4-273　拆卸螺钉

④ 撬开旋钮式电子换挡总成的装饰压板，并断开点烟器电源插头，如图 4-274 所示。
⑤ 松开固定旋钮式电子换挡总成的 4 个螺钉，如图 4-275 所示。

图 4-274　断开点烟器电源插头

图 4-275　松开螺钉

⑥ 松开旋钮式电子换挡总成背面的挡位控制插头 A 和能量回收插头 B，取下旋钮式电子换挡总成，如图 4-276 所示。
⑦ 安装以相反的顺序进行，安装完成后检查挡位功能。

### 2. 换挡旋钮电路检测

① 旋钮式电子换挡接口如图 4-277 所示，其端子定义如表 4-63 所示。

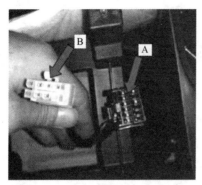

图 4-276 松开旋钮式电子换挡总成背面的挡位控制插头

图 4-277 旋钮式电子换挡接口

表 4-63 旋钮式电子换挡接口定义

| 序号 | 功能定义 | 电压/V 最小 | 电压/V 正常 | 电压/V 最大 | 电流/mA |
|---|---|---|---|---|---|
| B1 | 电源供电 | 6.50 | 12.00 | 19.00 | 500.00 |
| B2 | 相位信号 1 | — | 4.82/0.36 | — | 1.00 |
| B3 | 相位信号 2 | — | 4.82/0.36 | — | 1.00 |
| B4 | 相位信号 3 | — | 4.82/0.36 | — | 1.00 |
| B5 | 相位信号 4 | — | 4.82/0.36 | — | 1.00 |
| B6 | 电源地端 | — | — | — | 500.00 |
| B7 | 背光灯电源 | 0.00 | 12.00 | — | 50.00 |
| B8 | 备用 | — | — | — | — |
| B9 | 背光灯地端 | — | — | — | 50.00 |
| B10 | 方向盘换挡拨片接插件脚 1(未采用) | — | — | — | — |
| B11 | 方向盘换挡拨片接插件脚 2(未采用) | — | — | — | — |
| B12 | 备用 | — | — | — | — |

图 4-278 IEC-E 接头

② 点火开关打到 ON 挡,使用万用表测量电子旋钮挡位接头 B1 针脚电压是否为 12V,若不是,则检查仪表熔断器中的熔丝 FB39 是否熔断。若未熔断,则检查针脚 B6 是否接地。若接地,则使用万用表检查针脚 B1 与熔断器 IEC-E 接头的 8 针脚是否导通。IEC-E 接头如图 4-278 所示。若不导通,则维修仪表线束。

③ 点火开关打到 ON 挡,将电子旋钮挡位分别旋至 R/N/D/S 4 个挡位,并同时用万用表测量 4 个信号电压值,电压标准值如表 4-64 所示。若电压值不符,则维修换挡旋钮总成或更换新零件。

表 4-64 电压标准值                    单位:V

| 挡位 | 信号 1 | 信号 2 | 信号 3 | 信号 4 |
|---|---|---|---|---|
| R | 4.82 | 4.82 | 0.36 | 0.36 |

续表

| 挡位 | 信号1 | 信号2 | 信号3 | 信号4 |
|---|---|---|---|---|
| N | 4.82 | 0.36 | 0.36 | 4.82 |
| D | 0.36 | 4.82 | 0.36 | 4.82 |
| S | 0.36 | 4.82 | 4.82 | 0.36 |

### 3. 能量回收调节按钮

能量回收调节按钮位于换挡旋钮左上侧，用于调节制动能量回收的强度，能量回收调节按钮有B+和B-两个按键，B+表示制动能量回收强度增加，最大可调节3挡；B-表示制动能量回收强度减小，最小可以调节1挡，只有S挡行驶时，制动能量回收强度可以在1~3挡间切换。

（1）插件端子定义　插件端子如图4-279所示，其端子定义如表4-65所示。

图4-279　插件端子

表4-65　端子定义

| 针脚编号 | 端子定义 |
|---|---|
| 1 | B+（制动能量回收增加） |
| 2 | 电源- |
| 3 | 电源+ |
| 4 | B-（制动能量回收减小） |
| 6 | 背光调节电源+ |
| 7 | 背光调节电源- |

（2）检测方法　能量回收接插件如图4-280所示。在进行以下检测时应该将插头连接好，从插接头后端使用测试导线进行检测。打开点火开关并置于ON挡，使用万用表测针脚电压。

① 未按下能量调节按钮时，针脚1和针脚4电压均为0。

② 按下B+调节按钮时，针脚1电压为0，针脚4电压为14V。

③ 按下B-调节按钮时，针脚1电压为14V，针脚4电压为0。

图4-280　能量回收插接件

若电压值不符合以上标准，则维修换挡机构或更换零件。

## 九、数据采集终端系统

### 1. 数据采集终端主要功能

数据采集终端通过车辆总线网络实时采集车辆数据信息，如电池状态、整车状态、GPS信息及其他车辆状态的变化，可根据需要存储到产品内部的存储介质中，并传送到监控平台。

数据采集终端支持发送远程控制命令，对充电及空调进行远程控制。

数据采集终端组成包括数据采集终端、终端天线、SD卡、SIM卡。

数据采集终端问题排查可以通过数据采集终端的指示判断其工作状态。

### 2. 运行功能说明

① 常灭　无电源、电源异常、已休眠。
② 常亮　终端运行异常（T-BOX 功能无法实现）。
③ 正常闪烁 1Hz　正常运行。
④ 慢闪烁 0.5Hz　休眠中。

### 3. 故障功能说明

① 常亮　当前有故障（故障为诊断码列出现的故障）。
② 常灭　当前无故障。
③ 闪烁 2Hz　系统自检中。

### 4. 数据采集终端总成拆装

① 拆卸右侧前排座椅的固定螺栓，如图 4-281 所示。
② 断开座椅下三个接头：后排安全气囊、安全带未系报警线束、座椅重传感器，如图 4-282 所示。

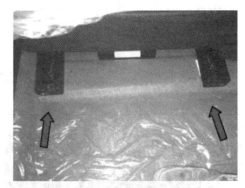

图 4-281　拆卸右侧前排座椅的固定螺栓

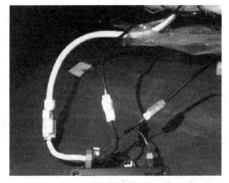

图 4-282　断开座椅下三个接头

图 4-283　数据采集终端总成

③ 断开插头 GPS 天线连接插头 A、数据采集终端总成连接插头 B、GSM 天线连接插头 C，并拆下数据采集终端总成，如图 4-283 所示。
④ 安装以相反的顺序进行。

### 5. 数据采集终端检测

（1）接口定义　接口定义如表 4-66 所示。

表 4-66　接口定义

| 管脚 | 名称 | 额定电流/mA | 信号类型 | 备注 |
| --- | --- | --- | --- | --- |
| A1 | VBUS 高 | 10 | 原车网络 CAN 高 | 500kbit/s |
| A2 | VBUS 低 | 10 | 原车网络 CAN 低 | 500kbit/s |
| A5 | 快充充电唤醒 | 100 | 快充充电唤醒线 | 快充工况下唤醒 |
| A6 | ON 挡唤醒 | 100 | ON 挡唤醒线 | 正常工况下唤醒 |
| A7 | 慢充充电唤醒 | 100 | 慢充充电唤醒线 | 慢充工况下唤醒 |

续表

| 管脚 | 名称 | 额定电流/mA | 信号类型 | 备注 |
|---|---|---|---|---|
| A9 | VCU 唤醒 | 10 | VCU 唤醒线 | 远程唤醒 VCU |
| A10 | 电源正 | 250 | 蓄电池正 | |
| A11 | VBUS-SHIELD | 10 | 原车网络 CAN 屏蔽 | |
| A12 | FCBUS 高 | 10 | 直流充电网络高 | 250kbit/s |
| A13 | FCBUS 低 | 10 | 直流充电网络低 | 250kbit/s |
| A14 | FCBUS-SHIELD | 10 | 直流充电网络屏蔽 | |
| A16 | EVBUS-SHIELD | 10 | 新能源网络 CAN 屏蔽 | |
| A18 | EVBUS 低 | 10 | 新能源网络 CAN 低 | 500kbit/s |
| A19 | EVBUS 高 | 10 | 新能源网络 CAN 高 | 500kbit/s |
| A20 | 电源负 | 250 | 蓄电池负 | |

(2) 电源检测

① 点火开关打到 ON 挡，使用万用表测量数据采集终端控制插件针脚 A10 的电压是否为 14V，若无电压，则检查前机舱熔断器中熔丝 FB15 是否熔断。

② 点火开关打到 ON 挡，使用万用表测量数据采集终端控制插件针脚 A20 的电压是否接地，若无，则检查线束搭铁点或维修线束。

(3) CAN 线的检测

① 数据采集终端控制插件中有 3 组 CAN 线，分别为原车 CAN（VBUS）、新能源 CAN（EVBUS）和快充 CAN（FCBUS）。

② 一般来说，CAN 线上有信号传输时 CAN-H=3.5V、CAN-L=1.5V；没有信号传输时 CAN-H=CAN-L=2.5V。

(4) 唤醒线的检测

① ON 挡唤醒　在点火开关打到 ON 挡时，用万用表检查数据采集终端控制插件 A6 电压是否为 14V。

② 慢充唤醒　将点火开关打到 LOCK 挡时，插上慢充枪，用万用表检查数据采集终端控制插件针脚 A7 的电压是否为 14V。

③ 快充唤醒　将点火开关打到 LOCK 挡时，插上快充枪，用万用表检查数据采集终端控制插件针脚 A5 的电压是否为 14V。

④ VCU 唤醒　在远程模式下，在插件连接的状态下，用万用表从插件后端检测针脚 A9 是否为 14V。

## 十、VSP 行人警示系统

行人警示是由行人警示模块控制的，并在接到驾驶员的指令后工作。点火开关处于 ON 挡，整车启动时系统自动介入，警示灯不亮。当按下 VSP OFF 开关时，行人警示系统关闭，警示音关闭，警示灯亮起。再次按下 VSP OFF 开关时，开关输出悬空，行人警示系统激活，警示音开启，警示灯灭。

① 当车辆开始行驶时（1km/h≤$v$≤30km/h），系统自动发出警示音。

② 当车辆减速行驶时（$v$≤25km/h），系统会发出警示音。

③ 当车辆停止时（0≤$v$≤1km/h），系统警示音自动停止。

## 1. 行人警示模块拆装

① 拆下低压蓄电池负极，如图 4-284 所示。
② 举升车辆至合适高度，拆下左前轮轮罩挡泥板固定卡扣及螺栓，如图 4-285 所示。

图 4-284 拆下低压蓄电池负极

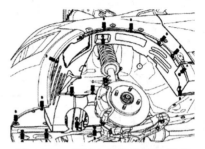

图 4-285 拆下左前轮轮罩挡泥板

③ 旋出行人警示器上的 4 个固定螺钉，断开线束插头，取出行人警示器，如图 4-286 所示。
④ 安装以相反的顺序进行。行人警示器更换后，点火开关置于 ON 挡（无需启动车辆），进行行人警示器配置。

## 2. 控制电路排查

（1）针脚定义　针脚定义如图 4-287 所示，其端子定义如表 4-67 所示。

图 4-286 取出行人警示器

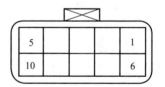

图 4-287 行人警示器端子

表 4-67　行人警示器端子定义

| 针脚编号 | 针脚定义 | 备注 |
| --- | --- | --- |
| 1 | 空 | 预留 |
| 2 | CAN-H | VBUS |
| 3 | 工作指示灯 | |
| 4 | 空 | 预留 |
| 5 | IGI | 电源线 |
| 6 | 空 | 预留 |
| 7 | CAN-L | VBUS |
| 8 | SW | 自复位 |
| 9 | NC | 预留 |
| 10 | GND | 地线 |

（2）排查步骤

① 点火开关置于 LOCK 状态时，断开行人警示器连接插头，检查行人警示器插头是否有裂痕和异常，针脚是否腐蚀、生锈，若是，则清洁插头及针脚，否则进行下一步。

② 电源电路检测：检查仪表板熔断器中的熔丝 FB40（10A）是否熔断。熔断，则更换，否则进行下一步。

③ 点火开置于 ON 挡时，测量行人警示器线束插头 5 号针脚与车身接地之间电压是否为蓄电池电压，如图 4-288 所示。若是，则进行下一步，否则维修故障导线。

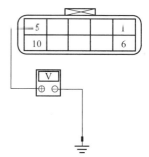

图 4-288 测量插头 5 号针脚与车身接地之间电压

④ 点火开置于 LOCK 挡时，测量行人警示器线束插头 10 号针脚与车身接地之间导线是否导通，如图 4-289 所示。若是，则进行下一步，否则维修故障导线。

⑤ CAN 线检测：测量行人警示器线束插头 2 号和 7 号针脚与 VCU 线束插头 108 号和 101 号针脚之间导线是否导通，如图 4-290 所示。

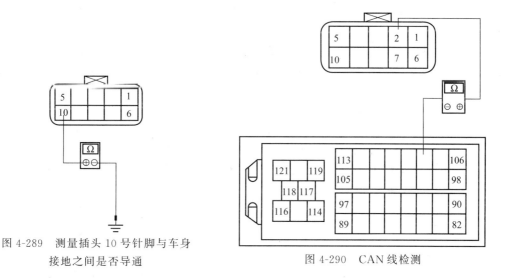

图 4-289 测量插头 10 号针脚与车身接地之间是否导通

图 4-290 CAN 线检测

## 十一、充电插座控制单元（CMU）

整车控制系统根据当前的充电状态、门锁状态、故障状态控制充电接口锁止装置，将充电枪锁止或解锁。充电接口指示模块显示流程如图 4-291 所示。应急解锁如图 4-292 所示。

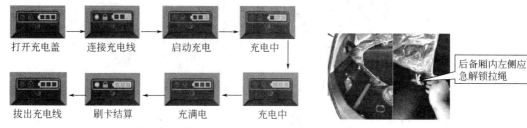

图 4-291 充电接口指示模块显示流程

图 4-292 应急解锁

## 1. 控制策略

① 整车控制器接收到慢充唤醒信号后唤醒 CMU。

② 整车控制器停止唤醒 CMU 的判定条件：VCU 的输入慢充唤醒信号断开；VCU 发出解锁或闭锁指令且接收到电子锁执行指令后的反馈状态或 VCU 接收超过 3 秒钟（标定值）。

③ 整车控制系统根据当前的充电状态、门锁状态、故障状态控制充电接口锁止装置将充电枪锁止或解锁。当自动解锁失效时用户可以通过应急解锁装置解锁充电枪。

④ 充电手座控制单元根据整车控制器输出的"电子锁控制命令"锁止或解锁充电枪；VCU 发出电子锁控制指令为初始值时，CMU 不动作，保持电子锁当前状态；VCU 发送上锁或解锁指令为电平信号，初始值指令仅在上电初始化时发送，后续运行过程中保持发送上锁（或解锁）指令直至需要解锁（或上锁）为止。

⑤ 充电插座控制单元负责诊断充电松锁止或解锁状态输出"电子锁状态反馈信号"，应在充电插座控制单元接收到电子锁控制命令 100ms（标定值）后反馈真实充电枪锁止或解锁状态。

⑥ 充电插座控制单元在首次进行锁止或解锁充电枪失败后，可尝试再次进行锁止或解锁充电枪，应在充电插座控制单元接收到"电子锁控制命令"100ms（标定值）后反馈真实充电枪锁止或解锁状态。

⑦ 当充电插座控制单元接收到电子锁控制命令 100ms 后未按照电子锁控制命令的内容进行锁止或解锁充电，充电插座控制单元输出电子锁解锁失败故障或电子锁锁止失败故障。

⑧ CMU 根据 VCU 的控制命令进行照明指示灯控制，当检测到电子锁信号后，默认此时客户要进行充电插座拔出动作，VCU 控制 CMU 按照要求点亮照明灯，照明灯时间为 VCU 控制值。

⑨ 当电子锁上锁到位或未完全解锁时，CMU 控制电子锁状态指示灯显示为红色，此时不允许拔出充电枪，如果强行插拔，可能导致充电设备的损坏。当电子锁解锁到位时，CMU 控制电子锁状态指示灯显为绿色，此时允许拔出充电枪，不会损坏充电设备。

⑩ 充电状态指示灯为一组红/绿两 LED，分为 3 个充电进度显示格，CMU 根据 VCU 的控制命令，逐步点亮。充电完成后，VCU 控制熄灭指示灯。遇到充电故障时，CMU 根据 VCU 的控制命令，进行红色灯显示，3 个充电进度显示格根据发生故障时的 SOC（VCU 自己识别）状态进行红色显示。

## 2. CMU 拆装

① 拔下 PDU 端高压插件，如图 4-293 所示。将锁片 1 往外拉出一段距离，按住锁片 2 将插头往外拔出，直至插头从 PDU 上分离。

② 从车后保险杠下方将 CMU 线束拔开，用如图 4-294 所示的方法按住箭头所示的锁片往外拔即可将插头分离。

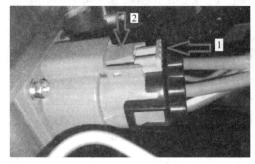

图 4-293　拔下 PDU 端高压插件

图 4-294　将 CMU 线束拔开

③ 旋出固定螺栓，如图 4-295 箭头所示，拆下慢充插座。
④ 将慢充锁的紧急拉锁从 CMU 上拆除，如图 4-296 所示。
⑤ 将慢充线束上的固定卡子从线束上松开，将线束从车上移开。
⑥ 安装以相反的顺序进行。

图 4-295　拆下慢充插座

图 4-296　将慢充锁的紧急拉锁从 CMU 上拆除

### 3. 电源电路检测

① 拔下慢充插座控制单元线束插件，测量 4 号与 5 号脚之间应有 12V 蓄电池电压。
② 如无电压，则检查仪表板熔断器 FB29（7.5A）熔丝是否烧坏。如熔丝正常，则检测线束插件 4 号针脚与仪表板熔断器 FB29 熔丝之间电路是否导通。
③ 如正极电路正常，则检查线束插件 5 号针脚与车身搭铁是否导通。若不导通，则检修负极电路，如图 4-297 所示。

### 4. CAN 线通路检查

拔下慢充插座 CMU 插件，测量 1 号端子与 VCU111、2 号端子与 VCU104 端子之间应该导通，如不能导通，则检查插件是否退针或线束故障，如图 4-298 所示。

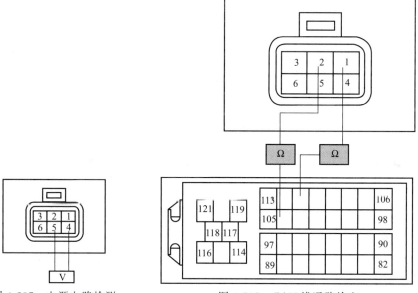

图 4-297　电源电路检测　　　　图 4-298　CAN 线通路检查

## 十二、电路原理图

### 1. 整车控制器（VCU）

① 1~81 脚端子如图 4-299 所示。

② 82~121 脚端子如图 4-300 所示。

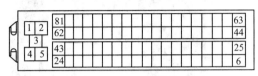
图 4-299  1~81 脚端子

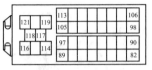
图 4-300  82~121 脚端子

③ VCU EX200 端子含义如表 4-68 所示，VCU EX260 端子含义如表 4-69 所示。

表 4-68  VCU EX200 端子含义

| 针脚编号 | 针脚名称 | 针脚编号 | 针脚名称 |
| --- | --- | --- | --- |
| 1 | VBU 供电 | 81 | 电池 BMS 唤醒信号 |
| 2 | 数字地 | 82 | 挡位信号 4 |
| 3 | 真空泵 12V 输出信号 | 83 | 挡位信号 2 |
| 4 | 真空泵供电 | 84 | 挡位信号地 |
| 5 | 功率（地） | 85 | 仪表充电灯点亮信号 |
| 6 | 加速踏板位置信号 1 信号 | 88 | MCU 供电继电器输出 |
| 9 | 加速踏板位置信号 1 电源 | 90 | 挡位信号 3 |
| 13 | 高低压互锁信号 | 91 | 挡位信号 1 |
| 14 | 远程模式开关 | 92 | 真空助力压力传感器电源 |
| 17 | 快充连接确认 | 96 | 倒车灯开关 |
| 21 | 制动开关信号 | 97 | 总负继电器开关 |
| 22 | 制动灯信号 | 101 | 原车 CAN 总线低 |
| 25 | 加速踏板位置信号 2 信号 | 102 | XC2234 刷程序 CAN 低 |
| 27 | 真空助力压力传感器输入 | 104 | 新能源 CAN 总线低 |
| 28 | 加速踏板位置信号 2 电源 | 105 | 快充唤醒信号 |
| 36 | 慢充 CC 连接确认 | 108 | 原车 CAN 总线高 |
| 37 | ON 唤醒 | 109 | XC2234 程序刷写 CAN 高 |
| 41 | 制动能量回收调节 B+ | 111 | 新能源 CAN 总线高 |
| 50 | 真空助力压力传感器（地） | 112 | 远程唤醒信号 |
| 51 | DC/DC 地线 | 113 | 慢充唤醒信号 |
| 52 | 加速踏板位置信号 2（地） | 115 | 冷却水泵上电开关 |
| 53 | 加速踏板位置信号 1（地） | 116 | 快充负极继电器开关 |
| 59 | 制动能量回收调节 B− | 117 | 低速风扇继电器 |
| 60 | 组合仪表唤醒线 | 118 | 快充正极继电器 |
| 62 | DC/DC 使能 | 120 | 高速冷却风扇开关 |
| 63 | 屏蔽地 | 121 | 空调系统供电继电器输出 |
| 80 | 充电机 OBC 唤醒信号 | | |

表 4-69 VCU EX260 端子含义

| 针脚编号 | 针脚定义 | 针脚编号 | 针脚定义 |
| --- | --- | --- | --- |
| 1 | VBU 供电 | 63 | 屏蔽地 EMC GND |
| 2 | GND | 80 | 整车唤醒充电机信号输出 |
| 3 | 真空泵 12V 输出信号 | 81 | 电池 BCU 使能输出 |
| 4 | KL30_1 | 82 | 挡位信号 4 |
| 5 | GND | 83 | 挡位信号 2 |
| 6 | 加速踏板位置信号 1 | 84 | 挡位信号地 |
| 9 | 加速踏板位置信号 1 电源 | 85 | 仪表充电灯点亮信号 |
| 13 | 高低压互锁信号 | 88 | 电机使能输出 |
| 17 | 快充连接确认 | 90 | 挡位信号 3 |
| 21 | 制动开关信号 | 91 | 挡位信号 1 |
| 22 | 制动灯信号 | 92 | 相对压力传感器电源 |
| 25 | 加速踏板位置信号 2 | 96 | 倒车灯开关 |
| 27 | 相对压力传感器信号输入 | 97 | 总负继电器开关 |
| 28 | 加速踏板位置信号 2 电源 | 100 | FCAN 总线 1 低 |
| 29 | 快充口温度传感器信号输入 | 101 | VCAN 总线低 |
| 30 | 快充口温度传感器 2 信号输入 | 102 | XC2234 刷新 CAN 总线(低) |
| 31 | 快充口温度传感器 2 电源 | 104 | 新能源 CAN 总线(低) |
| 36 | 慢充连接确认 | 105 | 快充唤醒信号 |
| 37 | 点火信号唤醒输入 KL15 | 107 | FCAN 总线 1(高) |
| 41 | 制动能量回收 B+ | 108 | VCAN 总线(高) |
| 47 | 慢充连接确认(地) | 109 | XC2234 刷新 CAN 总线(高) |
| 48 | 快充口温度传感器信号(地) | 111 | 新能源 CAN 总线(高) |
| 50 | 相对压力传感器地线 | 112 | 远程唤醒信号 |
| 51 | DC/DC 参考(地) | 113 | 慢充唤醒信号 |
| 52 | 加速踏板位置信号 2(地) | 115 | 冷却水泵上电开关 |
| 53 | 加速踏板位置信号 1(地) | 116 | 快充负极继电器开关 |
| 59 | 制动能量回收 B− | 117 | 低速冷却风扇开关 |
| 60 | 组合仪表唤醒信号 | 118 | 快充正极继电器开关 |
| 61 | CMU 唤醒信号 | 120 | 高速冷却风扇开关 |
| 62 | DC/DC 使能 | 121 | 空调系统继电器输出 |

## 2. PDU 低压控制件

PDU 低压控制件如图 4-301 所示，其端子含义如表 4-70 所示。

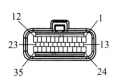

图 4-301 PDU 低压控制件端子

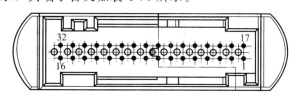

图 4-302 空调控制器端子

## 3. 空调集成控制器

空调集成控制器端子如图 4-302 所示，其端子含义如表 4-71 所示。

**表 4-70　PDU 低压控制件端子含义**

| 针脚编号 | 针脚名称 | 功能描述 | 信号走向 |
|---|---|---|---|
| 3 | BAT_POWER | 常电 12V | 输入 12V |
| 4 | BAT_POWER | 常电 12V | 输入 12V |
| 5 | GND | 蓄电池负极 | 输出 |
| 6 | GND | 蓄电池负极 | 输出 |
| 7 | CANH EVBUS | CAN 高 | 连接至 CAN 网络 |
| 8 | CANL EVBUS | CAN 低 | 连接至 CAN 网络 |
| 9 | CAN_SHIELD | CAN 屏蔽线 | 连接至 CAN 网络 |
| 10 | CAN_GND | CAN 地线 | 连接至 CAN 网络 |
| 11 | CANH-VBUS | CAN 高 | — |
| 12 | CANL-VBUS | CAN 低 | — |
| 13 | CC-out | 充电口连接状态检测 | 连接至 VCU |
| 14 | OBC_EN_VCU | 充电过程中唤醒 VCU 及 BMS 等低压控制器 | 对外唤醒 |
| 15 | VCU_EN_OBC | VCU 使能控制 OBC | 外部唤醒 OBC 控制 |
| 17 | EN_DC/DC | DC/DC 使能信号 | 输入 |
| 18 | PTC_SENSE+ | PTC 温度采集 | — |
| 19 | PTC_SENSE− | PTC 温度采集 | — |
| 24 | QC-RELAY+ | 快充高压正极继电器线圈控制 | 输入信号 |
| 25 | QC-RELAY− | 快充高压负极继电器线圈控制 | 输入信号 |
| 26 | HV-LOCK | 高压互锁开关线 | NA |
| 27 | HV-LOCK | 高压互锁开关线 | NA |
| 28 | 12V_PTC_RUN | PTC 控制器供电 | 输入电源 |

**表 4-71　空调控制器端子含义**

| 针脚编号 | 针脚名称 | 功能描述 | 信号走向 |
|---|---|---|---|
| 1 | 电源(地) | 整机电源负极 | 接地 |
| 2 | 混合风门电动机反馈 | 温度执行器转角反馈 | 接温度执行器 |
| 3 | 外温传感器 | 环境温度传感器采集 | 接环境温度传感器 |
| 4 | 蒸发传感器 | 蒸发器温度采集 | 接蒸发温度传感器 |
| 5 | CAN1 高 | CAN 总线通信信号 | 接 CAN 网络 |
| 6 | 信号(地) | 传感器参考地 | 接地 |
| 7 | 信号(地) | 执行器电动机转角参考(地) | 模式执行器、温度执行器 |
| 8 | 混合风门电动机负 | 混风电动机正向驱动 | 接温度执行器 |
| 9 | 管路压力高/低 | 管路压力高低压触发 | 接三态压力开关高低压路 |
| 11 | 管路压力中 | 管路压力中压触发 | 接三态压力开关中压路 |
| 12 | CAN2 低 | CAN 总线通信信号 | 接 CAN 网络 |

续表

| 针脚编号 | 针脚名称 | 功能描述 | 信号走向 |
|---|---|---|---|
| 13 | 模式电动机正 | 模式电动机正向驱动 | 接模式执行器 |
| 14 | CAN2 高 | CAN 总线通信信号 | 接 CAN 网络 |
| 15 | 模式电动机反馈 | 模式执行器转角反馈 | 接模式执行器 |
| 17 | 电源正 | 低压供电 | 接 12V 电源正极 |
| 18 | CAN1 低 | CAN 总线通信信号 | 接 CAN 网络 |
| 19 | 循环电机电源 | 内外循环电动机正极电源 | 接内外循环执行器 |
| 20 | 循环电机正 | 内外循环电动机正向驱动负极 | 接内外循环执行器 |
| 21 | 循环电机负 | 内外循环电动机反向驱动负极 | 接内外循环执行器 |
| 22 | 混合风门电动机正 | 混风电动机正向驱动 | 接温度执行器 |
| 23 | 模式电动机负 | 模式电动机正向驱动 | 接模式执行器 |
| 24 | 5V 基准 | 执行器电动机转角参考电源 | 接模式、温度执行器 |
| 25 | 鼓风机控制信号 | 鼓风机调速控制 | 接风机调速模块 |
| 26 | 鼓风机反馈信号 | 风机端电压 | 接风机负端 |
| 28 | LIN 总线 | LIN 总线通信信号 | 音响 |
| 30 | 鼓风机继电器控制 | 鼓风机继电器驱动 | 接鼓风机继电器 |
| 31 | 电池电源(常电) | | |
| 32 | CAN 屏蔽 | CAN 总线屏蔽 | 接 CAN 线屏蔽层 |

**4. 数据采集终端插件**

数据采集终端插件端子如图 4-303 所示，其端子含义如表 4-72 所示。

**5. 组合仪表插件**

组合仪表插件端子如图 4-304 所示，其端子含义如表 4-73 所示。

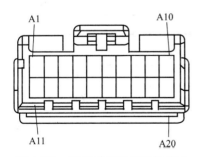

图 4-303 数据采集终端插件端子

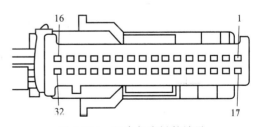

图 4-304 组合仪表插件端子

**6. 压缩机插件**

压缩机插件端子如图 4-305 所示，其端子含义如表 4-74 所示。

**7. MCU 低压控制插件**

MCU 低压控制插件端子如图 4-306 所示，其端子含义如表 4-75 和表 4-76 所示。

表 4-72 数据采集终端插件端子含义

| 针脚编号 | 针脚名称 |
|---|---|
| A10 | 电源正 |
| A20 | 电源负 |
| A1 | VBUS_1 高 |
| A2 | VBUS_1 低 |
| A5 | 快充充电唤醒 |
| A6 | ON 挡唤醒 |
| A7 | 慢充充电唤醒 |
| A9 | VCU 唤醒 |
| A12 | FCBUS 高 |
| A13 | FCBUS 低 |
| A14 | FCBUS 屏蔽 |
| A18 | EVBUS 低 |
| A19 | EVBUS 高 |
| A16 | EVBUS-SHIELD |
| A11 | INBUS-SHIELD |

表 4-73 组合仪表插件端子含义

| 针脚编号 | 针脚名称 | 功能描述 |
|---|---|---|
| P1 | GND | Battery(—) |
| P2 | BATT | Battery(+) |
| P3 | IGN | Ignition |
| P5 | BRAKE FLUID | 制动液位(低有效) |
| P8 | PARK BRAKE SW | 手刹(低有效) |
| P12 | EXTERIOR LIGHTING SW | 背光调节开关 |
| P15 | 原车 CAN_H(125kbit/s) | EBUS CAN_High(in) |
| P16 | 原车 CAN_L(125kbit/s) | EBUS CAN_Low(in) |
| P17 | 充电线连接 | 充电线连接指示灯 |
| P18 | 充电唤醒 | 充电唤醒 |
| P20 | 倒车雷达输入 data | 倒车雷达输入 data |
| P23 | 原车 CAN-H(500kbit/s) | VBUS CAN_High(in) |
| P24 | 原车 CAN-L(500kbit/s) | VBUS CAN_Low(in) |
| P28 | EXTERIOR LIGHTING GND | 背光调节开关地 |

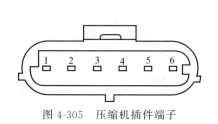

图 4-305 压缩机插件端子

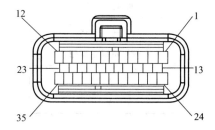

图 4-306 MCU 低压控制插件端子

表 4-74 压缩机插件端子含义

| 针脚编号 | 针脚名称 | 针脚编号 | 针脚名称 |
|---|---|---|---|
| P1 | 12V(+) | P4 | 12V(—) |
| P2 | 高压联锁信号 1 | P5 | CAN-H |
| P3 | 高压联锁信号 2 | P6 | CAN-L |

表 4-75 EX200 MCU 低压控制插件端子含义

| 针脚编号 | 针脚名称 | 针脚编号 | 针脚名称 |
|---|---|---|---|
| 1 | 电源+ | 23 | 正弦绕组正 |
| 9 | 电动机温度 0 测量 L 端 | 24 | 电源— |
| 10 | 电动机温度 0 测量 H 端 | 26 | 高压互锁-2 |
| 11 | 旋变励磁绕组正 | 29 | CAN 屏蔽 |
| 12 | 旋变励磁绕组负 | 30 | CAN 地 |
| 15 | 高压互锁-1 | 31 | CAN 低 |
| 20 | 电动机温度 1 测量 L 端 | 32 | CAN 高 |
| 21 | 电动机温度 1 测量 H 端 | 34 | 余弦绕组正 |
| 22 | 正弦绕组负 | 35 | 余弦绕组负 |

表 4-76　EX260 MCU 低压控制插件端子含义

| 针脚编号 | 针脚定义 | 针脚编号 | 针脚定义 |
| --- | --- | --- | --- |
| 1 | 12V 电源 | 22 | 余弦绕组负 |
| 2 | 12V 电源 | 23 | 余弦绕组正 |
| 5 | 旋变余弦组 S2/S4 屏蔽 | 24 | 地 |
| 6 | 旋变励磁绕组 RN/RP 屏蔽 | 25 | 地 |
| 9 | 电动机温度 0 测量 L 端 | 28 | 电动机温度 0/1 屏蔽 |
| 10 | 电动机温度 0 测量 H 端 | 29 | CAN 屏蔽 |
| 11 | 旋变励磁绕组正 | 30 | CAN 地 |
| 12 | 旋变励磁绕组负 | 31 | CAN 低 |
| 13 | 电动机识别电阻 L 端 | 32 | CAN 高 |
| 14 | 电动机识别电阻 H 端 | 33 | 选编正弦绕组 S1/S3 屏蔽 |
| 19 | VCU 唤醒信号 | 34 | 余弦绕组正 |
| 20 | 电动机温度 1 测量 L 端 | 35 | 余弦绕组负 |
| 21 | 电动机温度 1 测量 H 端 | | |

## 8. 动力电池插件

动力电池插件端子如图 4-307 所示，其端子含义如表 4-77 所示。

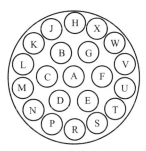

图 4-307　动力电池插件端子

表 4-77　动力电池插件端子含义

| 编号 | 针脚定义 | 编号 | 针脚定义 |
| --- | --- | --- | --- |
| A | 空 | M | 空 |
| B | 12V+常电 | N | CAN1-屏蔽 |
| C | BMS 唤醒 | P | 新能源 CAN1 高 |
| D | 空位 | R | 新能源 CAN1 低 |
| E | 空位 | S | 快充 CAN2 高 |
| F | 负继电器控制 | T | 快充 CAN2 低 |
| G | 接地 | U | 动力电池内部 CAN3 高 |
| H | 继电器供电正 | V | 动力电池内部 CAN3 低 |
| J | 继电器供电负 | W | CAN2-屏蔽 |
| K | 快充连接确认 | X | 空 |
| L | HVIL 信号 | | |

## 9. 慢充插座控制单元插件

① 有过渡线插件端子如图 4-308 所示,其端子含义如表 4-78 所示。

② 无过渡线插件(电子锁集成)端子如图 4-309 所示,其端子含义如表 4-79 所示。

图 4-308 有过渡线插件端子

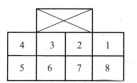

图 4-309 无过渡线插件端子

表 4-78 有过渡线插件端子含义

| 针脚编号 | 针脚定义 |
| --- | --- |
| 1 | CAN 高 |
| 2 | CAN 低 |
| 3 | CMU 唤醒 |
| 4 | 12V 电源+ |
| 5 | 12V 电源- |
| 6 | 空 |

表 4-79 无过渡线插件端子含义

| 针脚编号 | 针脚定义 |
| --- | --- |
| 1 | 电子锁反馈信号 |
| 2 | 12V 负 |
| 3 | CMU 唤醒 |
| 4 | 12V 正 |
| 5 | 电子锁正 |

③ 电子锁插件端子如图 4-310 所示,其端子含义如表 4-80 所示。

## 10. 总熔断器中的熔丝布置

总熔断器中的熔丝布置如图 4-311 所示,其含义如表 4-81 所示。

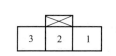

图 4-310 电子锁插件端子

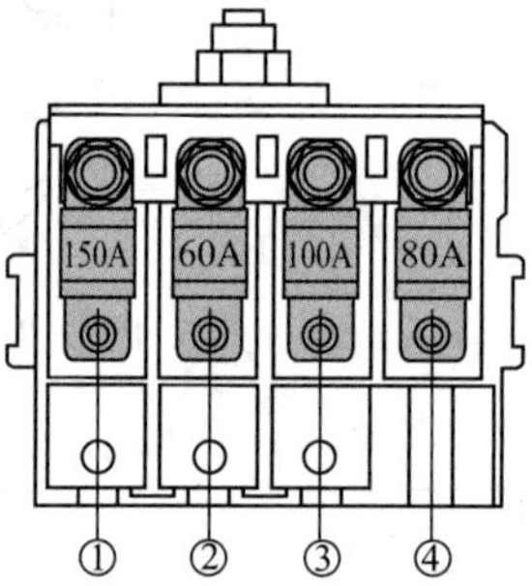

图 4-311 总熔断器中熔丝的布置

表 4-80 电子锁插件端子含义

| 针脚编号 | 针脚定义 |
| --- | --- |
| 1 | 电子锁正 |
| 2 | 电子锁反馈信号 |
| 3 | 电子锁负 |

表 4-81 总熔断器中熔丝的含义

| 熔丝编号 | 等级/A | 保护线路 |
| --- | --- | --- |
| 1 | 150 | DC/DC 转换器正极 |
| 2 | 60 | EPS 电动机电源 |
| 3 | 100 | 前机舱电器盒电源 |
| 4 | 80 | 仪表电器盒电源 |

## 11. 前机舱熔断器中熔丝的布置

前机舱熔断器中熔丝的布置如图 4-312 和图 4-313 所示,其含义如表 4-82 所示。

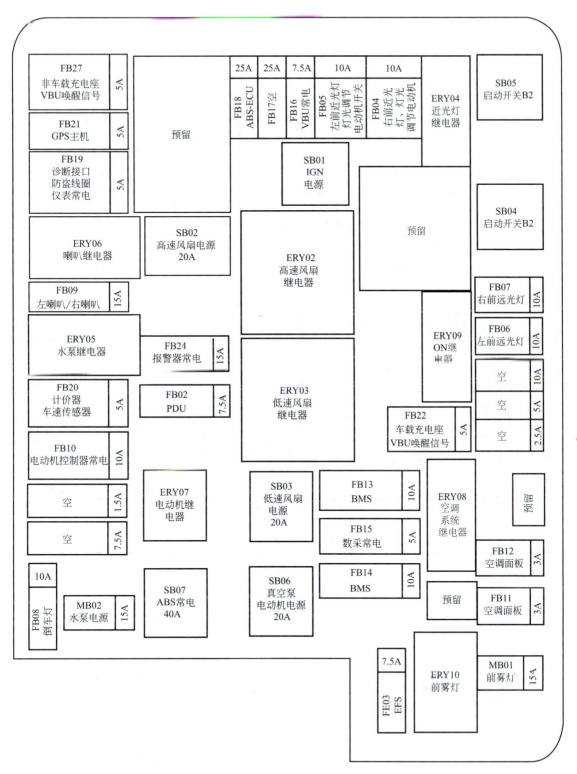

图 4-312　EX200 前机舱熔断器中熔丝的布置

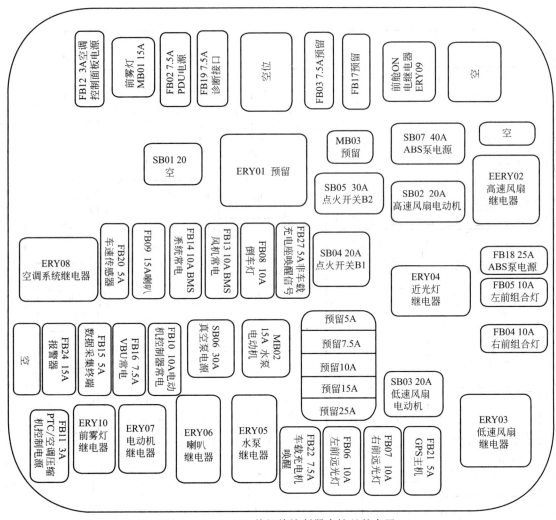

图 4-313　EX260 前机舱熔断器中熔丝的布置

表 4-82　熔断器中熔丝的含义

| 熔丝编号 | 等级/A | 保护线路 |
| --- | --- | --- |
| FB01 |  | 空 |
| FB02 | 7.5 | PDU |
| FB03 | 7.5 | EPS |
| FB04 | 10 | 右前近光灯/灯光调节电机 |
| FB05 | 10 | 左前近光灯/灯光调节电动机/大灯调节开关 |
| FB06 | 10 | 左前远光灯 |
| FB07 | 10 | 右前远光灯 |
| FB08 | 10 | 倒车灯 |
| FB09 | 15 | 左喇叭/右喇叭 |
| FB10 | 10 | 电动机控制器常电 |

续表

| 熔丝编号 | 等级/A | 保护线路 |
| --- | --- | --- |
| FB11 | 3 | HVAV/PTC |
| FB12 | 3 | AC PANEL |
| FB13 | 10 | BMS |
| FB14 | 10 | BMS |
| FB15 | 5 | 数采常电 |
| FB16 | 7.5 | VBU 常电 |
| FB17 | 空 | 空 |
| FB18 | 25 | ABS-ECU 常电 |
| FB19 | 7.5 | 诊断接口/防盗线圈/仪表常电 |
| FB20 | 5 | 计价器/车速传感器（出租车专用） |
| FB21 | 5 | GPS 主机（出租车专用） |
| FB22 | 5 | 车载充电座/VBU 唤醒信号 |
| FB24 | 15 | 报警器常电 |
| FB27 | 5 | 非车载充电座/VBU 唤醒信号 |
| SB01 | 20 | IGN 电源 |
| SB02 | 20 | 高速风扇电源 |
| SB03 | 20 | 低速风扇电源 |
| SB04 | 30 | 空 |
| SB05 | 20 | 空 |
| SB06 | 30 | 真空泵电动机电源 |
| SB07 | 40 | ABS 泵常电 |
| MB01 | 15 | 前雾灯 |
| MB02 | 15 | 水泵电源 |
| MB03 | 20 | 预留 |
| ERY01 |  | 预留 |
| ERY02 |  | 高速风扇 |
| ERY03 |  | 低速风扇 |
| ERY04 |  | 近光灯 |
| ERY05 |  | 水泵 |
| ERY06 |  | 喇叭 |
| ERY07 |  | 电动机继电器 |
| ERY08 |  | 空调系统 |
| ERY09 |  | ON |
| ERY10 |  | 前雾灯 |

### 12. 仪表板熔断器中熔丝的布置

仪表板熔断器中熔丝的布置如图 4-314 所示，其含义如表 4-83 所示。

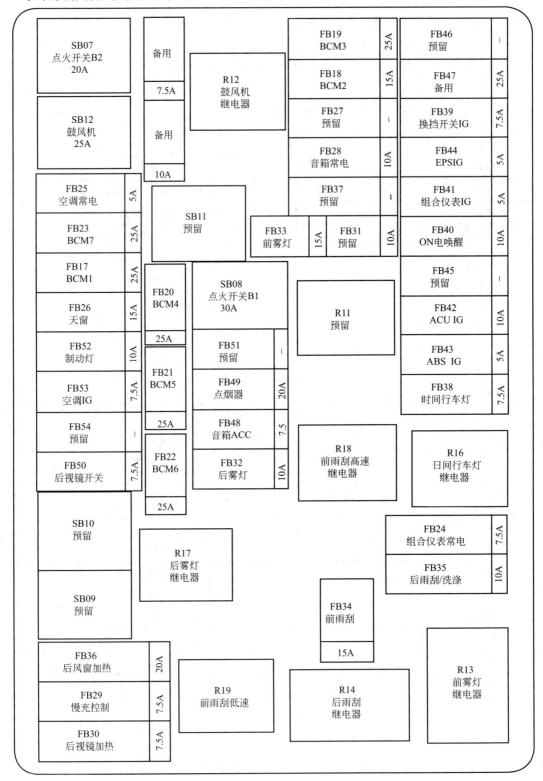

图 4-314 仪表板熔断器中熔丝的布置

表 4-83　仪表板熔断器中熔丝的含义

| 序号 | 类型 | 型号 | 名称 |
| --- | --- | --- | --- |
| FB17 | 熔丝 | 25A | BCM1 |
| FB18 | 熔丝 | 15A | BCM2 |
| FB19 | 熔丝 | 25A | BCM3 |
| FB20 | 熔丝 | 25A | BCM4 |
| FB21 | 熔丝 | 25A | BCM5 |
| FB22 | 熔丝 | 25A | BCM6 |
| FB23 | 熔丝 | 25A | BCM7 |
| FB24 | 熔丝 | 7.5A | 组合仪表常电 |
| FB25 | 熔丝 | 5A | 空调常电 |
| FB26 | 熔丝 | 15A | 天窗 |
| FB27 | 熔丝 | Mini | 预留 |
| FB28 | 熔丝 | 10A | 音响常电 |
| FB29 | 熔丝 | 7.5A | 慢充控制 |
| FB30 | 熔丝 | 7.5A | 后视镜加热 |
| FB31 | 熔丝 | 10A | 预留 |
| FB32 | 熔丝 | 10A | 后雾灯 |
| FB33 | 熔丝 | 15A | 前雾灯 |
| FB34 | 熔丝 | 15A | 前雨刮 |
| FB35 | 熔丝 | 10A | 后雨刮/洗涤电动机 |
| FB36 | 熔丝 | 20A | 后风窗加热 |
| FB37 | 熔丝 | Mini | 预留 |
| FB38 | 熔丝 | 7.5A | 日间行车灯 |
| FB39 | 熔丝 | 7.5A | 换挡开关 IG |
| FB40 | 熔丝 | 10A | ON 电唤醒 |
| FB41 | 熔丝 | 5A | 组合仪表 IG |
| FB42 | 熔丝 | 10A | ACU IG |
| FB43 | 熔丝 | 5A | ABS IG |
| FB44 | 熔丝 | 5A | EPS IG |
| FB45 | 熔丝 | Mini | 预留 |
| FB46 | 熔丝 | Mini | 预留 |
| FB47 | 熔丝 | 25A | 备用 |
| FB48 | 熔丝 | 7.5A | 音响 ACC |
| FB49 | 熔丝 | 20A | 点烟器 |
| FB50 | 熔丝 | 7.5A | 后视镜开关 |
| FB51 | 熔丝 | Mini | 预留 |
| FB52 | 熔丝 | 10A | 刹车灯 |
| FB53 | 熔丝 | 7.5A | 空调 IG |
| FB54 | 熔丝 | Mini | 预留 |
| SB07 | 熔丝 | 20A | 点火开关 B2 |
| SB08 | 熔丝 | 30A | 点火开关 B1 |
| SB09 | 熔丝 | Jcase | 预留 |
| SB10 | 熔丝 | Jcase | 预留 |
| SB11 | 熔丝 | Jcase | 预留 |
| SB12 | 熔丝 | 25A | 鼓风机 |
| R11 | 继电器 | — | 预留 |

续表

| 序号 | 类型 | 型号 | 名称 |
|---|---|---|---|
| R12 | 继电器 | — | 鼓风机继电器 |
| R13 | 继电器 | — | 前雾灯继电器 |
| R14 | 继电器 | — | 后雨刮继电器 |
| R16 | 继电器 | — | 日间行车灯继电器 |
| R17 | 继电器 | — | 后雾灯继电器 |
| R18 | 继电器 | — | 前雨刮高速继电器 |
| R19 | 继电器 | — | 前雨刮低速继电器 |
| — | 继电器 | 集成式 | 倒车灯继电器 |
| | 继电器 | | 后洗涤继电器 |
| | 继电器 | | 远光灯继电器 |
| — | 继电器 | | 后风窗加热继电器 |

## 13. 点火开关及总熔断器

点火开关及总熔断器电路如图 4-315 所示。

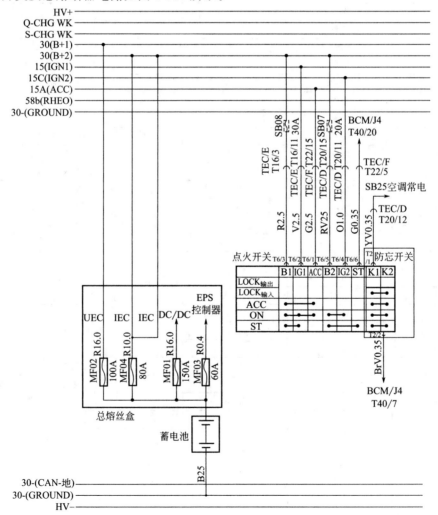

图 4-315 点火开关及总熔断器电路

## 14. 能量回收、旋钮式电子换挡器及 DC/DC（PDC）

能量回收、旋钮式电子换挡器及 DC/DC（PDC）电路如图 4-316 所示。

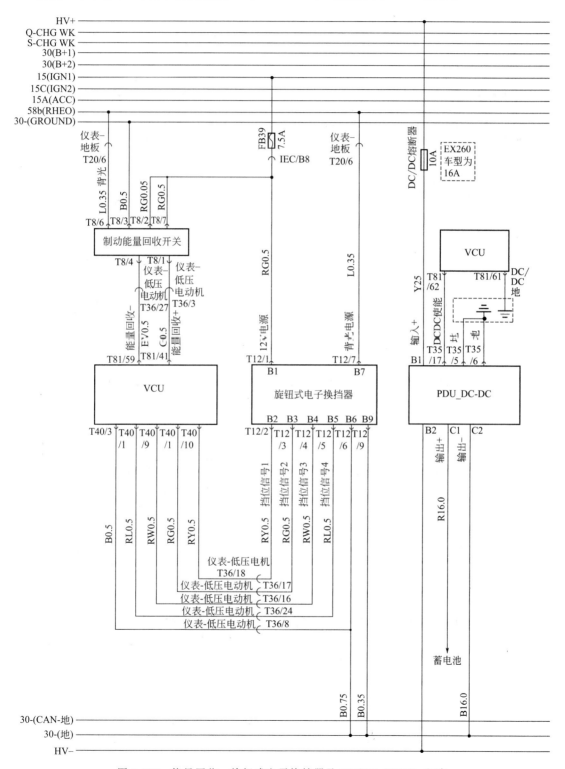

图 4-316　能量回收、旋钮式电子换挡器及 DC/DC（PDC）电路

## 15. RMS 和 EPS 系统电路

RMS 和 EPS 系统电路如图 4-317 所示。

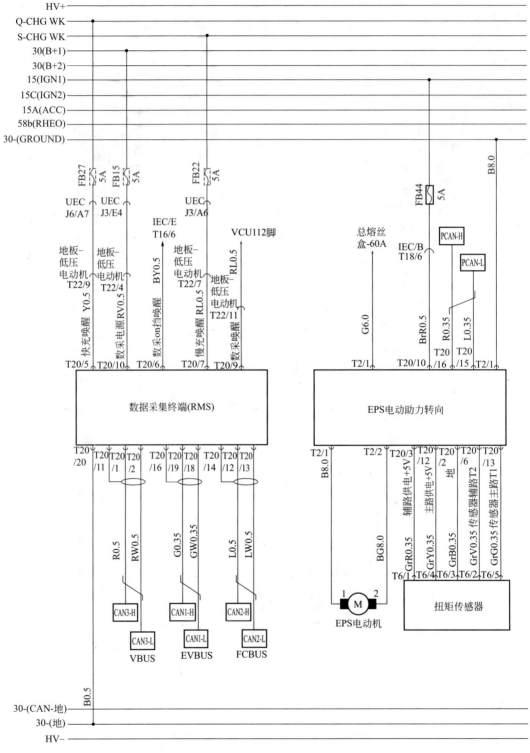

图 4-317 RMS 和 EPS 系统电路

## 16. 快充口及 BMS 系统电路

快充口及 BMS 系统电路如图 4-318 所示。

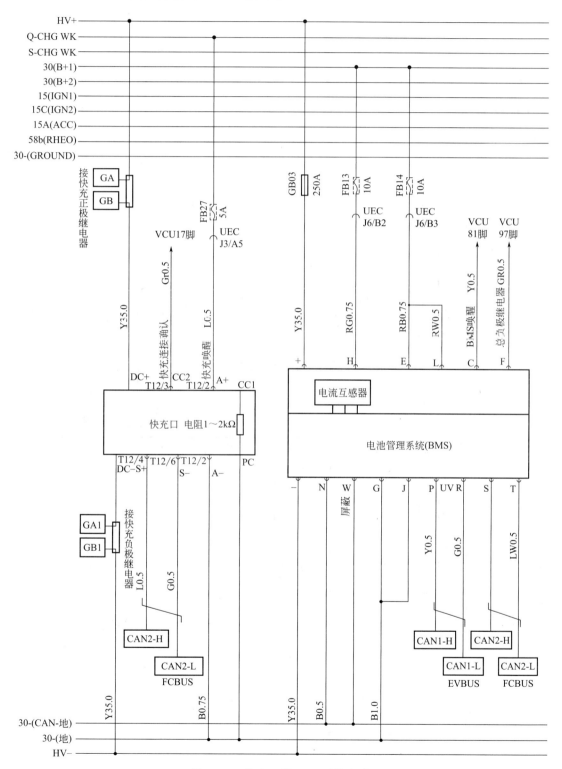

图 4-318　快充口及 BMS 系统电路

## 17. PDU 系统

PDU 系统电路如图 4-319 所示。

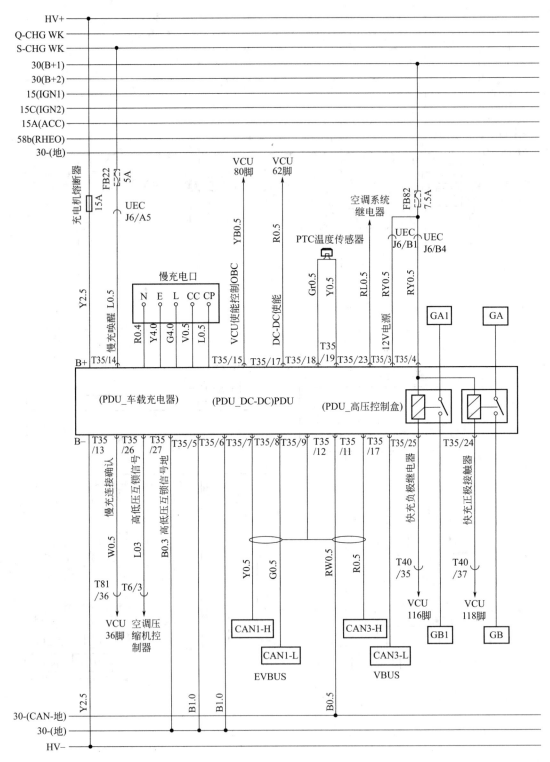

图 4-319 PDU 系统电路

## 18. MCU 及 PTC 控制器电路

MCU 及 PTC 控制器电路如图 4-320 所示。

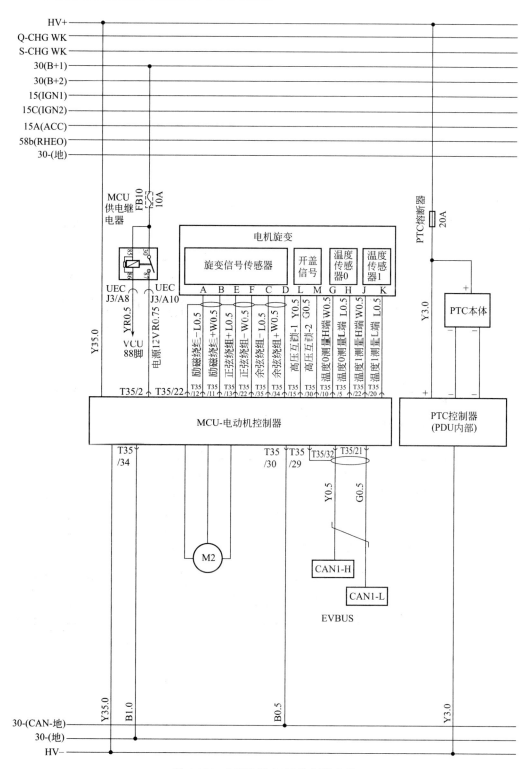

图 4-320 MCU 及 PTC 控制器电路

### 19. EAS 和组全仪表电路

EAS 和组全仪表电路如图 4-321 所示。

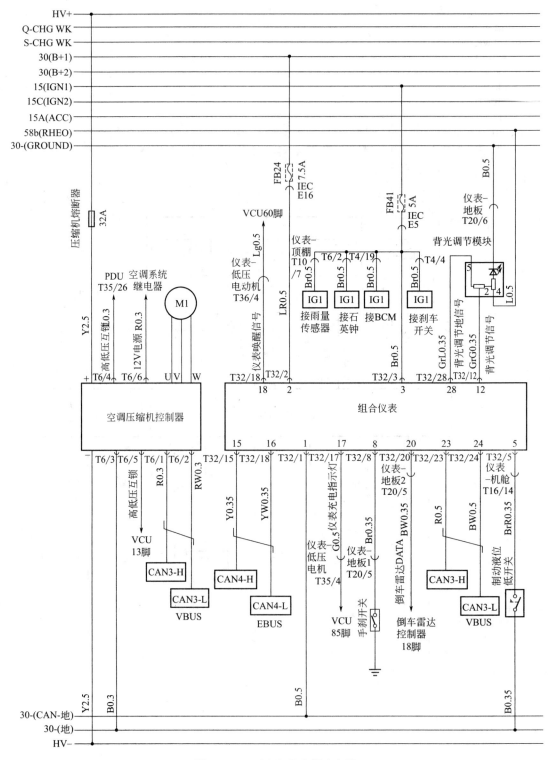

图 4-321 EAS 和组全仪表电路

## 20. 整车控制器系统电路

整车控制器系统电路如图 4-322 和图 4-323 所示。

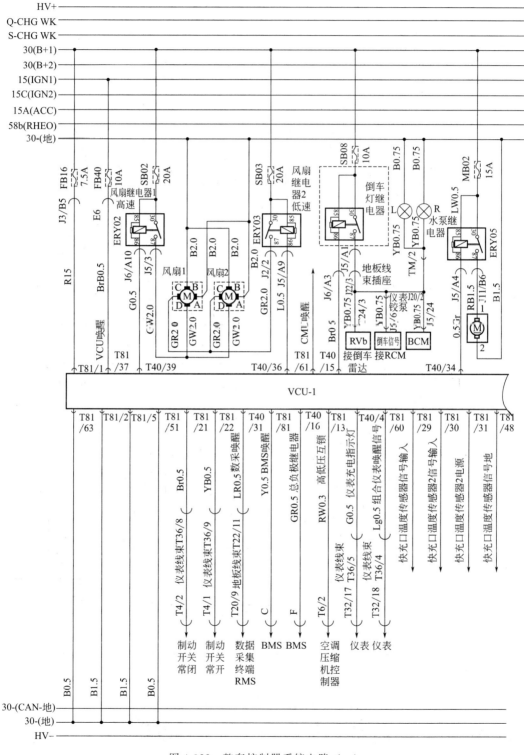

图 4-322 整车控制器系统电路（一）

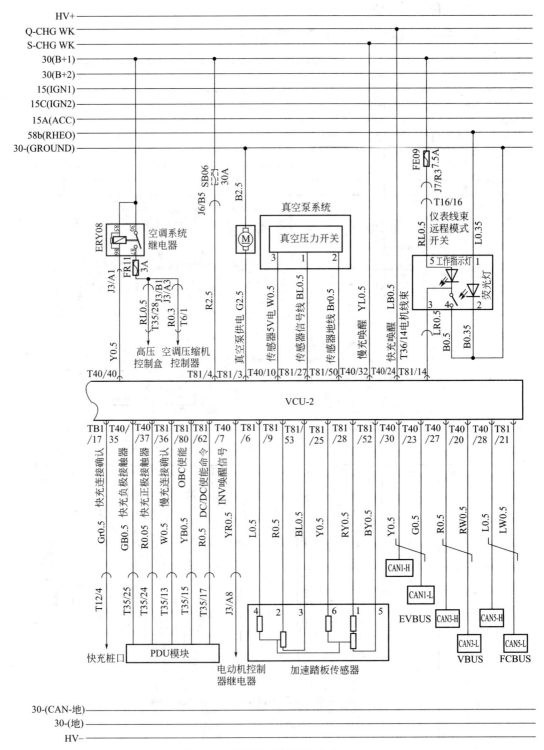

图 4-323 整车控制器系统电路（二）

### 21. 慢充口、快充口和行人提醒电路

快充口、行人提醒和 CMU 电路如图 4-324 所示。

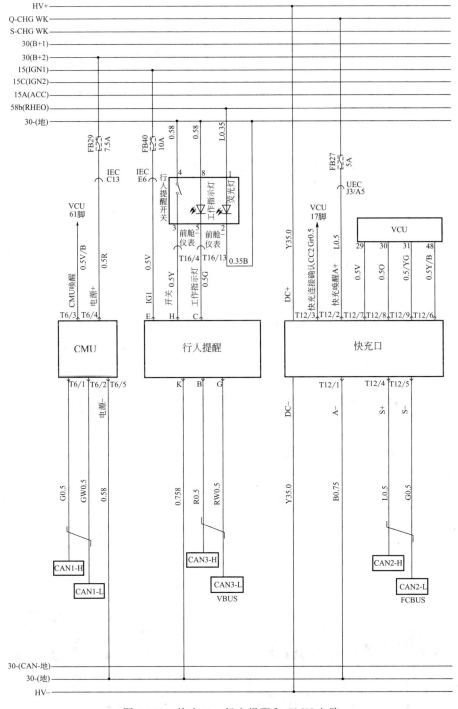

图 4-324 快充口、行人提醒和 CMU 电路

# 第五章　江淮EV纯电动汽车

江淮纯电动汽车的驱动电动机和减速器为一体化设计，采用永磁无刷直流电动机和单速比减速器，额定功率为11kW，峰值功率为27kW，减速器减速比为6.37，最大输出转矩达200N·m。

江淮同悦纯电动汽车是江淮汽车在A级车平台上开发的新能源车产品，整车动力性、经济性及操纵稳定性较好，适合城市代步使用，是国内纯电动汽车推广数量最多的产品之一。该车驱动型式为驱动电动机前横置前轮驱动，前悬架为麦弗逊式独立悬架，后悬架为双连杆式独立悬架，转向系统采用的是转向管柱助力式电动转向系统。

江淮汽车在国内率先实现纯电动私家车及纯电动公交车推广运营，是新能源汽车商业化示范运营的厂家之一，其中同悦IEV纯电动汽车是江淮汽车投放市场数量最多的新能源车产品，已研发至第5代。整车最高车速达95km/h，最大爬坡度20%，综合工况续驶里程152km，平均电耗15kW·h/100km，高性价比特征显著。

## 第一节　新款江淮纯电动汽车的结构

### 一、新款江淮纯电动汽车整车结构

新款江淮纯电动汽车采用三元锂离子电池、电池热管理、整车控制器、能量回收、远程监控等技术，具有智能化特点，是集电池动力、智能互联、安全e控的智能终端。其整车外观与前舱布置如图5-1和图5-2所示。

图5-1　江淮纯电动汽车整车外观

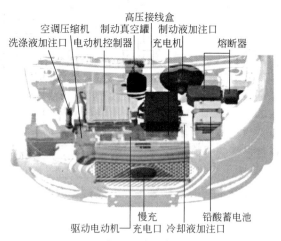

图5-2　江淮纯电动汽车前机舱布置

新款江淮纯电动汽车关键电驱动系统各总成的结构与主要功能介绍如下。

## 1. 动力电池

采用三元锂离子电池,是整车能量储存单元,以直流电型式直接提供到高压供电系统,同时通过 DC/DC 转换器转换为 13~15V 电压,为低压系统供电。动力电池结构如图 5-3 所示,图中 O-rmg 为一种金属材料。

## 2. 电池切断单元 (BDU)

BDU 安装在动力电池总成前端中部,如图 5-4 所示。包括主接触器、预充接触器、加热接触器、加热熔丝、电流传感器和预充电阻等。主接触器控制动力电池总成到整车的高压电路通断;

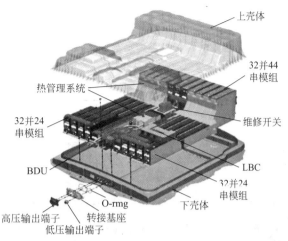

图 5-3 动力电池结构

预充接触器防止高压回路在钥匙启动瞬间出现大电流;加热接触器控制风扇蒸发器总成加热器通断;电流传感器测量高压电路电流,由整车控制器 VCU 计算电池容量。

## 3. 电池控制器 (LBC)

LBC 安装于动力电池总成内部,是电池管理系统的核心部件,如图 5-5 所示。LBC 监测电池单体电压、电流、温度及整车高压绝缘等信息并传给 VCU,VCU 根据以上信息控制动力电池总成充放电,LBC 诊断信息如表 5-1 所示。

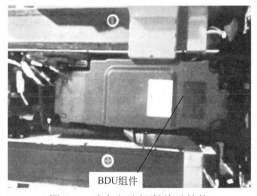

图 5-4 动力电池切断单元结构

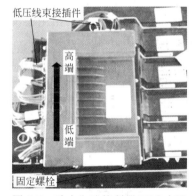

图 5-5 动力电池控制器 LBC 布置

表 5-1 LBC 诊断信息

| 检测项目 | 条件 | | 参考值/状态 |
|---|---|---|---|
| 电流 | READY | 车辆静止 | -10~10A |
| 12V 低压系统 | READY | | 11000~15000mV |
| 绝缘低压脉冲 | READY | | 0~5000mV |
| 维修开关互锁 | READY | 连接维修开关 | 有高压 |
| | | 断开维修开关 | 无高压 |
| 单体电压 | READY | SOC5% | 3000~3400mV |
| | | SOC95% | 4010~4100mV |

续表

| 检测项目 | 条件 | | 参考值/状态 |
|---|---|---|---|
| 动力电池总压 | READY | SOC5% | 276~313V |
| | | SOC95% | 369~377V |
| 动力电池温度 | READY | 车辆静止 | 20℃ |

### 4. 高压接线盒

高压接线盒内部分为两层,上层为熔丝,下层为继电器,如图 5-6 所示。有 6 个高压线缆接口,通过 4 个安装点固定在车载充电机上。如果需更换熔丝,只需打开高压接线盒上盖即可操作,如果更换继电器,需拆下熔丝层绝缘板。其功能包括动力电池总成电能分配,电加热器与直流充电回路通断控制,空调系统、直流充电、交流充电、电动机控制等回路过载保护。

图 5-6 高压接线盒

## 二、驱动电动机

驱动电动机采用永磁同步电动机。永磁铁被镶入转子中,电动机旋变器被同轴安装在电动机上,用来检测转子旋转的角度。当三相交流电被通入到定子线圈中时,即产生旋转的磁场,这个旋转的磁场牵引转子内部的永磁体,产生和旋转磁场同步的旋转扭矩。使用旋转变压器检测转子的位置和电流传感器检测线圈的电流,从而控制驱动电动机的扭矩输出。驱动电动机的结构如图 5-7 所示。驱动电动机与外部的电气接口包括高压电部分、低压部分和通信接口 3 部分。

(1) 高压部分 P——电动机控制器直流正端;N——电动机控制器直流负端;A(U)——电动机 A 相(U);B(V)——电动机 B 相(V);C(W)——电动机 C 相(W)。

(2) 低压部分 配置 2 个低压接插件,23 端子和 14 端子接插件;23 端子接插件完成电动机控制器 PCU、DC/DC 与整车之间的通信及控制,14 端子接插件完成 PCU 与电动机之间的通信,并检测电动机的实时温度,防止电动机在过热条件下工作。

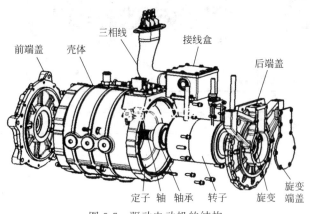

图 5-7 驱动电动机的结构

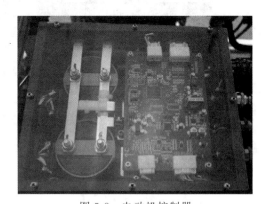

图 5-8 电动机控制器

电动机控制器 PCU 安装在前机舱内,采用 CAN 通信控制,通过接收 VCU 发送来的转矩指令和采集的电动机位置信号，控制驱动电动机的运行，如图 5-8 所示。软件控制是电动机控制器的核心，采用矢量控制算法控制 PWM 斩波信号输出，依据电动机外特性曲线图实现转矩限制输出，依据电流及转子位置信号的采样并经滤波处理实现电动机正反转和扭矩控制，如图 5-9 所示。

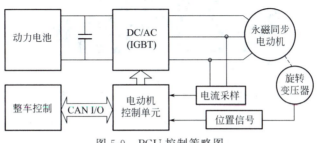

图 5-9　PCU 控制策略图

PCU 将电池的直流电转换为交流电，并采集电动机位置信号和三相电流检测信号，精确地驱动电动机，同时将车轮旋转的动能转换为电能给动力电池充电，在减速阶段，电动机作为发电机应用。

（1）电动机电动状态控制　电动状态下，为了产生驱动力，VCU 根据目标扭矩信号要求电动机控制器传送交流电给电动机，以驱动车辆的运行。

（2）电动机发电状态控制　在制动能量回收阶段，根据 VCU 通过整车 CAN 发送的再生转矩请求，电动机控制器控制电动机作为发电动机的功能，由车轮旋转产生动能转换为电能，此电能为电池充电。电动机产生的再生转矩被作为制动力，能够减少制动钳的压力。

## 三、整车控制器

接收各部件信息，综合判断整车状态，实现多系统的协调控制，整车控制器（VCU）通过 CAN 通信将控制信号传输给电动化仪表。

① 当点火钥匙置于 ON 挡时，唤醒 VCU，VCU 控制 M/C 继电器给电动机控制器和电池控制器供电，VCU 通过 CAN 通信发送相关控制命令，完成整车系统启动。

② 整车控制器接收到上电开关、直流充电桩、车载充电机或远程智能终端的唤醒信号后，直接控制高压继电器吸合或断开，完成高压系统接通或断开。

③ VCU 基于加速踏板位置信号、挡位信号和车速信号计算车辆的目标转矩，并通过 CAN 通信发送转矩需求指令给 PCU。

④ 车辆在滑行或制动时，VCU 根据 ABS 状态、动力电池状态和制动踏板位置信号，计算能量回收转矩并发送指令给电动机控制器，启动能量回收。

⑤ 车辆行驶状态下，VCU 根据电动机温度、PCU 温度、IGBT 温度、冷却液温度和车速信号，发送 PWM 信号控制电子冷却水泵转速。在车辆交流充电状态下，VCU 根据冷却液温度和车载充电机温度，发送 PWM 信号控制电子冷却水泵转速。在车辆直流充电状态下，VCU 根据冷却液温度，发送 PWM 信号控制电子冷却水泵转速。

⑥ 车辆发生碰撞或严重故障（绝缘故障、动力电池过温/过压、动力电动机过流/过温等）时，VCU 切断高压回路上的继电器，确保人员安全。

## 四、车辆仪表

显示用户最关心的车辆信息，如图 5-10 所示。主要涉及驾驶与维修提示的仪表故障灯指示含义举例如下。

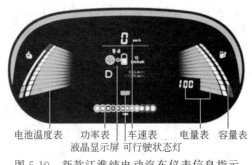

图 5-10　新款江淮纯电动汽车仪表信息指示

（1）READY 指示灯　当钥匙旋转至 START 挡且整车或部件没有故障时，该指示灯点亮，表示整车高压电已接通，车辆处于可行驶状态。

（2）限功率指示灯　当动力电池电量低或车辆处于限功率模式时，该指示灯点亮。VCU 通过 CAN 通信将控制信号传输给电动化仪表。

（3）高压切断指示灯　当车辆发生碰撞或动力电池出现安全故障时，VCU 切断高压，高压切断指示灯点亮。此时车辆不能行驶。

（4）动力电池故障警示灯　动力电池发生故障时，动力电池故障警示灯点亮。VCU 接收 LBC 上报故障时通过 CAN 通信向仪表发送控制信号。

（5）电动机故障警示灯　当钥匙置于 ON 挡，电动机发生故障时，电动机故障警示灯点亮，表明车辆电控系统产生故障，VCU 接收到 PCU 发送的故障信息后，通过 CAN 通信向仪表发送控制信号。

## 第二节　江淮纯电动汽车充电与电气工作原理

### 一、江淮纯电动车运行操作与充电方法

#### 1. 车辆行驶操作方法

上电开关与钥匙挡位接线如图 5-11 所示。上电开关位于方向盘下方转向柱的右侧，钥

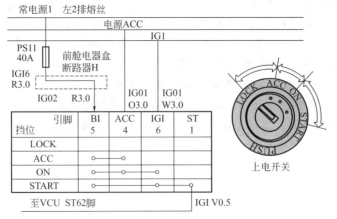

图 5-11　上电开关与钥匙挡位接线

匙插入上电开关后,可转动 4 个挡位,分别是 LOCK、ACC、ON、START。启动车辆时,钥匙打到 ON 挡,仪表背景灯全亮,低压电接通;接着钥匙打到 START 挡,听见"嘀"的响声,电池组高压电接通,仪表盘上显示"READY"绿灯,车辆进入可行驶状态;放下手制动,换挡操纵机构手柄置于 D 挡,缓慢踩下加速踏板,车辆即可行驶。

### 2. 车辆充电操作方法

车辆停稳后,关闭车辆驱动系统,将 3 极电源标准插头(250V、16A)插入充电桩相应的标准插座内,再将移动充电插头插入待充车辆充电口的充电插座内,移动插头的机械锁止卡钩进入插座相应的卡槽中;充电完成后,先按住移动充电插头上的红色按钮,将机械锁止卡钩脱离插座相应的卡槽,慢慢拔出,再将 3 极电源标准插头从充电桩电源设备的插座中拔出,最后合上充电口盖板。

车辆行驶过程中,若电量低,限功率指示灯报警点亮(又称乌龟灯,当动力电池电量低或车辆处于限功率模式时,该指示灯点亮),表明动力电池组电量已经不足,需要尽快充电。同悦 IEV 组合仪表显示如图 5-12 所示,前机舱零部件布置如图 5-13 所示。

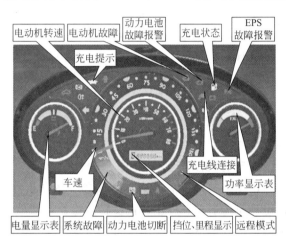

图 5-12 同悦 IEV 组合仪表指示

图 5-13 同悦 IEV 前机舱零部件布置

1—前风窗玻璃洗涤液储液罐;2—电动空调压缩机控制器;3—电动真空泵控制器;4—电动真空泵;5—真空罐;6—电动机控制器;7—电动空调压缩机;8—DC/DC 直流转换器;9—制动液储液罐;10—高压接线盒;11—铅酸蓄电池;12—充电器

## 二、江淮纯电动车电气系统工作原理

整车电气系统功能如表 5-2 所示。

表 5-2 整车电气系统功能

| 项目 | 功能 |
| --- | --- |
| 动力电池系统 | 给驱动电动机提供电能 |

续表

| 项目 | 功能 |
| --- | --- |
| 充电系统 | 接通外部电网给高压电池充电 |
| 高压配电系统 | 把高压电安全输送到各个高压用电器件 |
| 低压配电系统 | 把低压电安全输送到各个低压用电器件 |
| 直流/直流转换器(DC/DC) | 将高压电池电压转换为低压,同时在行车时给低压电池充电,加热时给包括加热片、风扇、BMS和LECU供电 |
| 电驱动系统 | PCU将高压直流电逆变为交流电,并将交流电输入到电动机的三相线。PCU通过控制三相线中的交流电来控制电动机 |
| 人机接口 | 通过人机接口把驾驶意图输入给汽车 |
| 整车控制器VCU | 是纯电动汽车动力系统的总成控制器,负责协调各部件工作,提高汽车经济性、动力性、安全性,并降低排放污染 |
| 诊断接口 | 对汽车进行故障诊断和状态监控 |
| CAN网络 | 控制器(PCU、仪表、BMS)通信媒介 |

**1. 电驱动系统工作原理**

电驱动系统包括电动机控制器、驱动电动机、减速器,电动机控制器(PCU)通过控制电动机的启动、停止、正反转等操作,从而实现电动机电能转换为汽车动力,最终完成车辆的前进和倒退,同悦IEV电气系统布置如图5-14所示。

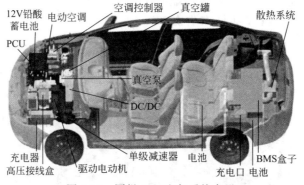

图5-14 同悦IEV电气系统布置

图5-15 直流转换器(DC/DC)

**2. 直流转换器(DC/DC)作用**

高低压直流转换器将动力电池的高压直流电转化为低压直流电,向车辆附属的低压电气系统用电设备(照明、仪表、音响、喇叭等)提供电能,从而保证低压用电设备的正常工作;在行车时,直流转换器(DC/DC)还负责给12V铅酸蓄电池充电,其作用与传统汽车的交流发电动机类似。同时在行车时给铅酸蓄电池充电,以及高压电池组在低温环境下充电加热时给包括加热片、风扇、电池管理系统BMS和LECU供电,如图5-15所示。

## 第三节　江淮纯电动汽车电动管理系统

电动管理系统主要包括整车控制器（VCU）、直流转换器（DC/DC）、永磁无刷直流牵引电动机控制器、电池系统、高压电气系统等。

### 一、整车控制器的功能

#### 1. 功能

整车控制器（VCU）的功能就是对整车各个子系统反馈的信息进行采集、分析和处理，从而实现整车控制策略。VCU 的电源支持是车载蓄电池提供的 12V 低压直流电，由低压配电控制器对 VCU 供给。VCU 的输入信号为低电平或 12V 电压，驱动输出信号也是低电平或 12V 电压，如图 5-16 所示。

#### 2. 安全防护功能

图 5-16　整车控制器（VCU）

（1）电源电压保护

① 12V 电源欠压保护　当 VCU 工作电压低于 9V（相应的 AD 通道测到 1.6V）时，即可判定 VCU 工作异常，系统将持续测试 25ms，若电压仍然异常，则断开整车高压。

② 12V 电源过压保护　当 VCU 工作电压超过 16V（相应的 AD 通道测到 4.7V）时，即可判定 VCU 工作异常，系统将持续测试 3min，若电压仍然异常，则断开整车高压。

③ 5V 电源欠压保护　当 VCU 工作电压在 3min 内低于 4.5V 时，即可判定 VCU 工作异常，存在安全风险，系统将持续测试 3min，若电压仍然异常，则断开整车高压。

④ 5V 电源过压保护　当 VCU 工作电压在 3min 内超过 5.8V 时，即可判定 VCU 工作异常，存在安全风险，系统将持续测试 3min，若电压仍然异常，则断开整车高压。

（2）整车安全保护　若电池温度高于 55℃，则切断高压，关闭电池安全门，VCU 对电池管理系统（BMS）温度数据适时采集，检测时间为 3s，预防由于电池高温引起的整车失火。

#### 3. 接线

VCU 与整车系统各外围功能模块的硬件连接如图 5-17 所示。车载局域网连接如图 5-18 所示。VCU 的电源供给由低压配电控制器提供，且其 12V 电源的通断通过 VCU 对低压配电的 SSO 控制器，能够实现整车低压系统的延时下电功能。

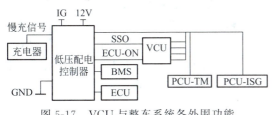

图 5-17　VCU 与整车系统各外围功能模块的硬件连接

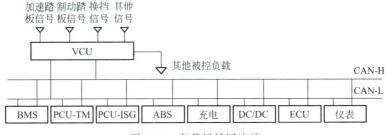

图 5-18　车载局域网连接

## 二、直流转换器

直流转换器（DC/DC）就是一种将某一电压等级的直流电转换为目的电压等级直流电的装置。升级型 X1022 的直流转换器采用 TDC-320-12HG 型车载直流转换器，安装于发动机舱后侧中部，如图 5-19 所示。

图 5-19 直流转换器在车上的位置

### 1. 功能

向整个车辆除驱动以外的电器设备供电，并对辅助电源充电，直流转换器（DC/DC）输入为 320V 的直流电，输出为 13.8V 的直流电。直流转换器还具有如下 4 个功能。

（1）输入低压保护功能 当直流转换器（DC/DC）输入电压低于 200V 时，其就会锁死输出，同时故障指示灯点亮，提示输入电压太低，需要对电池组进行检测与维护；当电压高于 220V 时，直流转换器（DC/DC）会自动解除输出闭锁，恢复正常工作，故障指示灯熄灭。

（2）输入反接保护功能 如果直流转换器（DC/DC）输入端接反，其便进入反接保护锁死输入，直流转换器（DC/DC）不会损坏，反接消除后直流转换器（DC/DC）恢复正常工作。

（3）输出短路保护功能 直流转换器（DC/DC）具有输出短路保护功能，在输出端的负载存在短路时，直流转换器（DC/DC）会自动进入短路保护状态，不再向外输出电量；当短路故障排除后，直流转换器（DC/DC）会自动恢复输出功能。

（4）温度过高保护功能 直流转换器工作温度不允许超过 363K。在工作温度超过 353K 时，直流转换器（DC/DC）首先自动降低功率进行自身降温；达到 363K 时就会自动关闭，不再工作；当温度降到 353K 时，直流转换器（DC/DC）又恢复工作。

### 2. 接线

直流转换器（DC/DC）的线路连接如图 5-20 所示。直流转换器（DC/DC）的高压直流输入直接与动力电池组的正负极相连接，采用专用的高压插件的连接方式，型号为 C110514N1-02-3-1G001，其直流输出端采用 16mm 线并套上黑色波纹管，接到后备低压电池上，然后输送到全车低压电器上。为防电磁干扰，所有 CAN 通信系统的双绞股线在每 25mm 内至少有一个拧绞点，并且与模块连接的 250mm 范围内必须拧绞，不允许与高、低压导线及线束并行或捆绑，长度尽可能短，布局合理。

## 三、永磁无刷直流牵引电动机控制器

驱动电动机采用永磁无刷直流电动机，其控制器冷却方式为强制风冷，控制器的控制方

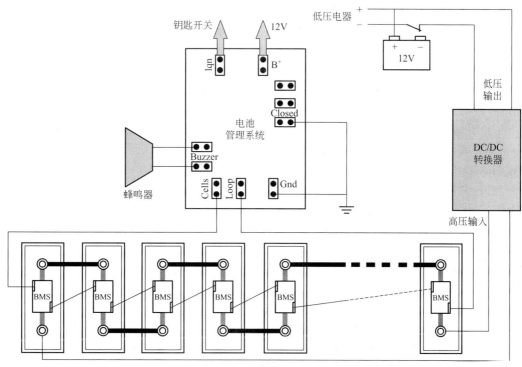

图 5-20 直流转换器（DC/DC）的线路连接

式有 2 种：一种是模拟量控制；另一种是 CAN 总线通信控制。

### 1. 功能

（1）系统控制功能　系统控制功能是控制器的基本功能，主要控制项目有电动机的启动、停止、正反转等操作。系统采用转矩控制模式，油门输入信号与电动机输出转矩的大小相对应。

（2）预充电完成控制功能　在永磁无刷直流牵引电动机控制器中的直流母线并联一个容量很大的电容。在供电时，主接触器闭合瞬间有很大的电容充电电流，在主接触器触点之间产生电弧，会烧蚀主接触器触点，影响主接触器的使用寿命，严重的还会使主接触器触点烧结在一起，使主接触器失去控制功能。另外，主接触器触点闭合刹那间还会产生电压较高的浪涌电压，可能超过控制器内部功率模块的耐压，将会烧毁控制器内部功率模块。为了防止以上情况的发生，需要在控制器供电时对控制器进行预充电。在给控制器供电时，在其母线上串联一个电阻，当控制器两端电压充到一定数值时，闭合主接触器，此时将预充电串联的电阻短路，完成供电过程。这个功能就是在供电时检测控制器母线端电压，当达到母线电压的 70% 时，接触器触点闭合信号被输出，完成预充电功能。

（3）CAN 总线通信及控制功能　江淮同悦纯电动轿车 X1022 配有 CAN 通信接口，将牵引电动机的运行状态、报警信息等内容传送到仪表进行显示，告知驾驶人；或者传送到整车控制器（VCU），使 VCU 对当前车辆的运行状态进行监测和统一调度。另外也可以通过 CAN 总线控制牵引电动机的运行，包括牵引电动机的启停、换向、电动机输出转矩的控制等。尤其在驾驶控制台距离牵引电动机控制器较远的情况下，CAN 总线控制在抗干扰和控制信号衰减方面，要优于模拟量传输控制信号。

（4）系统保护功能　在出现故障时，为了使电动机及控制器能够保障系统安全可靠运行以及保护部件不会损坏，特设置 7 个保护功能。

① 位置传感器信号错误保护功能　永磁无刷直流电动机（BLDC）位置传感器的信号十分重要，电动机的换相控制都是依据位置传感器信号而进行的。如果位置信号出现错误，会导致牵引电动机工作不正常，严重的会使牵引电动机控制器损坏，这是一个致命性的故障。因此，检测到位置信号出错时立即锁死牵引电动机控制器的输出，系统便停止运行。

② 过流保护　流过牵引电动机的电流超过牵引电动机控制器最大限制电流，或者发生短路时产生较大电流，会有故障信号输出，同时锁死牵引电动机控制器输出。

③ 牵引电动机控制器过温保护　当检测到牵引电动机控制器散热器的温度超过353K时，整车控制器（VCU）开始执行限功率功能。如果牵引电动机控制器继续升温，达到363K时，VCU将锁死牵引电动机控制器输出。牵引电动机控制器过温保护是在工作温度353～363K之间进行线性降功率调节。

④ 欠压保护　输入给牵引电动机控制直流母线的电压低于260V时，整车控制器将提供欠压报警信号，此时牵引电动机控制器并不锁死输出，只是提醒电池处于欠压状态。当牵引电动机在运行过程中被检测到母线电压低于220V时，将输出极低的电压报警信号，并锁死牵引电动机控制器的输出。因为母线电压低到一定程度，牵引电动机控制器内的控制部分的电压输出将出现不稳定的现象，有可能使功率器件错误工作，造成牵引电动机控制器的损坏。

⑤ 单体电池过温保护　单体电池温度超过使用设定值时，牵引电动机控制器会自行降低功率运行，单体电池温度超过极限值时，电池会自动停止输出，以免对电池造成损害。

⑥ 通信故障报警　在使用CAN总线方式进行电动机控制的时候，如果牵引电动机控制器在3s内没有收到整车控制器VCU的指令，将被判断为通信故障，此时停止牵引电动机控制器的输出，即使通信又恢复正常，那么牵引电动机控制器仍然处于锁定状态，除非对牵引电动机控制器进行人工操作复位。

⑦ 误挂倒挡保护　车辆在正常行进中若错误挂入倒挡会带来十分严重的后果，为此设置了反方向挡位无效的程序。当检测到反方向输入信号时，会自动弃之不予采纳，仍然维持原有的运行模式，只有当车辆完全静止时，才能进入反方向运行。

**2. 线路连接说明**

线路连接原理及插头如图5-21所示，其端子含义如表5-3和表5-4所示。

表5-3　23端子插头针脚定义

| 端子位置 | 信号 | 信号功能说明 | 端子位置 | 信号 | 信号功能说明 |
| --- | --- | --- | --- | --- | --- |
| 1 | +12V | 12V电源正极 | 13 |  | 保留 |
| 2 | 保留 | 接触器闭合信号(暂保留) | 14 | GND | +5V、+15V电源(地) |
| 3 | RUN | 运行信号 | 15 | −Sbrake | 制动量输入(暂保留) |
| 4 | P挡 | P挡信号(根据需要,暂保留) | 16 | GND | +12V电源(地) |
| 5 | REV | 转速信号输出 | 17 |  | 保留 |
| 6 | CCW | 顺时针转向信号 | 18 |  | 保留 |
| 7 | CW | 逆时针转向信号 | 19 |  | 保留 |
| 8 | Brake | 制动信号(开关量) | 20 |  | +5V(VCC) |
| 9 | Reset | 复位信号 | 21 | CAN-L | CAN低 |
| 10 |  | 保留 | 22 | CAN-H | CAN高 |
| 11 |  | 保留 | 23 | +15V | 保留 |
| 12 | Im | 油门输入 |  |  |  |

表 5-4　14 端子插头针脚定义

| 端子位置 | 信号 | 信号功能说明 | 端子位置 | 信号 | 信号功能说明 |
| --- | --- | --- | --- | --- | --- |
| 1 | S4 | 余弦输出 | 8 | OUT | 烧写（OUT） |
| 2 | NTC1_GND | 电动机温度传感器 | 9 | | |
| 3 | S2 | 正弦输出 | 10 | WE | 烧写使能 |
| 4 | NTC1 | 电动机温度传感器 | 11 | | |
| 5 | S1 | 正弦输出 | 12 | GND | 烧写（地） |
| 6 | IN | 烧写（IN） | 13 | R1 | 激励 |
| 7 | S3 | 余弦输出 | 14 | R2 | |

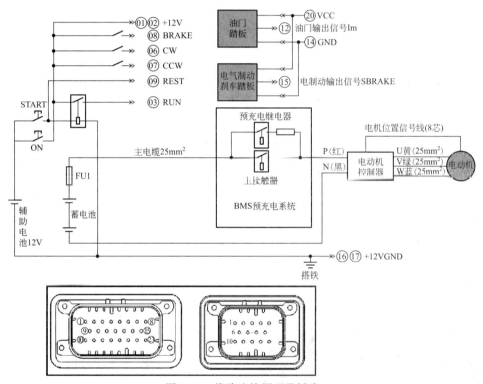

图 5-21　线路连接原理及插头

（1）预充电系统　预充电系统位于电池管理系统（BMS）内部，通过预充电继电器和限流电阻对电动机控制器内部电容进行预充电，待电容电压上升到设置值后再接通主接触器。此系统可有效防止蓄电池主回路上电瞬间的电流过冲，延长蓄电池及主接触器触点的使用寿命，提高系统的可靠性。

（2）电动机旋向信号的接入　CCW、CW 为电动机旋向信号（23 端子插头 6、7 脚），CCW 表示牵引电动机逆时针旋转，CW 表示牵引电动机顺时针旋转。这里需要说明的是电动机的旋转方向是从电动机的轴伸方向进行判断。旋转信号是开关量输入，当信号线与 12V 电源相接时，信号为高电平（有效）；当信号线悬空时则为低电平（无效），牵引电动机旋转方向信号必须是相异的信号，同时过高或过低都视为空挡，此时牵引电动机将不运转。

（3）运行信号（RUN）　运行信号为开关信号，该信号是控制器的使能信号，若要使系统运行此信号，必须置于高电平，否则系统将不工作。运行信号也可以作为闭锁信号使用。

(4) CAN 总线通信　通过 CAN-H、CAN-L 两线即可实现控制器与仪表或 VCU 等其他部件进行通信。控制器控制模式配置成数字通信，就可以通过 CAN 总线接收控制指令，实现电动机控制。通信发送的信息主要有 4 个内容，分别是牵引电动机当前运行状态、转速信息、报警信息和电流等数据。控制器数据帧采用广播方式发送，每间隔 50ms 发送一帧数据帧，控制器内 CAN 总线上已接 120Ω 端电阻。

(5) 复位信号（REST）　复位信号的作用是在控制器出现保护时将控制器锁死输出，通过复位信号可使控制器恢复到初始状态，否则需要关断主电源，等待 30s 后重新上电才能复位。复位信号（REST）由 23 端子插头第 9 脚提供。当该脚与 12V 电压碰一下即可完成复位操作，因此复位开关要接非保持类型的开关。

(6) 加速踏板的接入　加速踏板有霍尔型和电位器型 2 种，油门踏板的输出电压为 5V，不能高于 5V。加速踏板供电电源霍尔型油门有 5V 和 15V 两种电压可供选用，电位器型油门踏板供电电压只能选择 5V。

控制器认可的油门输出电压为 0.8~4.5V，如果加速踏板输出电压低于 0.8V，控制器发出指令使牵引电动机输出零转矩，加速踏板输出电压在 4.5V 时控制器发出指令使牵引电动机输出最大转矩，加速踏板输出电压高于 4.5V，控制器将执行加速踏板输出 4.5V 的指令。

(7) 转速信号脉冲输出（REV）　转速脉冲信号采用的是集电极开路输出，因此需要接上拉电阻到仪表控制电源正极，集电极开路过 10mA 电流，上拉电阻的阻值根据仪表供电电压匹配，一般在 1~10kΩ 之间。转速信号在电动机每旋转一周输出 4 个脉冲，输出脉冲的高低电平各占 50%。

## 四、电池系统

电池系统以国轩高科提供的单体容量 12.5A·h 的磷酸铁锂电池为基础部件。电池系统还包括管理子系统，管理子系统由核心芯片（BCU）、2 个电池管理系统（BMS）从板、1 个电池自动切断 BDU 和 1 个高压管理控制单元（HMU）等组成，可完成系统自检、故障预警和充电管理等功能。电池安装于后备厢内，如图 5-22 所示。

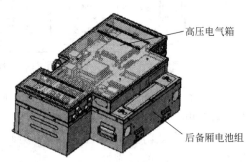

图 5-22　电池组

### 1. 电池系统的功能及组成

(1) 电池系统的功能　电动汽车用动力电池的主要功能是为驱动电动机提供电能，并通过充电装置存储外部电网及车载发电装置的电能，回收整车制动能量，同时配备电池管理系统，保证电池系统的可靠性与安全性。

(2) 电池系统的组成　主要由电池模块、电池箱体、冷却风扇、冷却风道等组成。其中电池模块是由单体 12.5A·h 的磷酸铁锂电池通过串并联方式组合而成的。电池箱体是电池模块的载体,其内部还包括电池管理系统、数据采集装置、电池自动切断等。

### 2. 电池系统的结构

电池系统的结构如图 5-23 所示,电池组性能参数如表 5-5 所示。电池组规格为 304V/(62.5A·h),由国轩高科单体容量 12.5A·h 的磷酸铁锂电池经过 5 并联、95 串联组合而成,其中每个 62.5A·h 电池由 5 个 12.5A·h 的单体并联组成。

电源管理系统设计成分布式串联结构,共有 2 个从板 BMU,1 个 BMS 中就有 2 个 BMU 控制 55 个串联电池单体和 40 个串联电池单体。2 个 BMU 通过 CAN 总线进行级联,主机同样通过 CAN 总线实现对 2 个从机的通信及控制。BMS 可以通过对 BDU 内的高压直流接触器的控制,实现对电池的充放电控制。

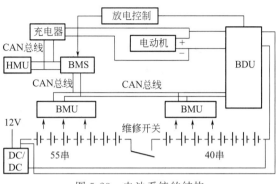

图 5-23 电池系统的结构

表 5-5 电池组性能参数

| 项目 | 参数 | |
|---|---|---|
| 供应商 | 国轩高科 | |
| 电池类型 | 磷酸铁锂电池 LFP | |
| 电压范围/V | 200～304～350 | |
| 总能量(1/3C 放电,25℃)/kW·h | 19 | |
| 容量/A·h | 62.5 | |
| 串并联方式 | 95 串 5 并(单体 12.5A·h) | |
| 环境温度范围/℃ | -20～45 | |
| 环境相对湿度/% | 0～95 | |
| SOC 窗口范围 | ≥0.8 | |
| 循环寿命(DOD80%)<br>总容量≥初始容量的 80% | 1/3 总容量－充电/总容量－放电≥2000 次 | |
| 最大充放电电流要求<br>(25℃,SOC 窗口范围) | 充电 | ≥60A 持续(≥120A 持续 20s) |
| | 放电 | ≥60A 持续(≥180A 持续 20s) |
| 功率范围(25℃,SOC 窗口范围) | 充电 | ≥17kW 持续(≥32kW 持续 20s) |
| | 放电 | ≥17kW 持续(≥38kW 持续 20s) |
| 荷电保持能力(常温下搁置 28 天,<br>25℃,SOC≥85%)/% | ≥95 | |
| 绝缘电阻出厂测试值/MΩ | ≥10 | |
| 质量(不含冷却液)/kg | ≤200 | |
| 冷却方式 | 风冷 | |

## 五、高压电气系统

### 1. 功能

① 为电动汽车前机舱的高压用电设备分配高压接口,实现电能从动力电池到电动机的

控制器、PTC、AC 的传输。

② 安装高压熔丝，实现对与之相连的用电设备和电缆的保护。

③ 安装 PTC 高压继电器，实现对 PTC 的两挡控制。

④ 提供高压系统的检修接口。

### 2. 系统原理与结构

高压系统原理图如图 5-24 所示。高压系统包括高压接线盒总成、高压接线盒配电电缆总成、高压接线盒主电缆总成。其中高压接线盒为全密封防水、防尘结构，并且经过耐高温和抗振动试验，高压电缆上使用的所有插接件均能达到 IP67 的防水等级。

高压接线盒如图 5-25 所示。高压接线盒壳体分为箱体、顶盖、后盖 3 部分，顶盖和后盖均可单独打开。接线盒有 5 个电缆接口，加工好的电缆组件通过这 5 个接口与内部电路连接。PCU＋和 PCU－高压电缆端子由相应的接口进入高压接线盒内部，用螺钉拧在铜排的相应位置，在接口的堵头处用簧片将电缆的屏蔽层挤住以实现电磁屏蔽。高压主电缆总成 BDU＋和 BDU－的正负极通过相应接口接入高压接线盒的内部，并用螺钉拧在铜排的相应位置，在接口的堵头处用簧片将电缆的屏蔽层挤住以实现电磁屏蔽。高压线束均由橘黄色波纹管包裹。高压线束在底盘下的布置，除用橘黄色波纹管包裹外，还另外包裹一层高压护套管。

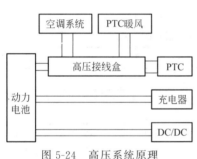

图 5-24 高压系统原理

图 5-25 高压接线盒

## 六、充电系统与蓄电池充电

### 1. 充电系统的主要功能

充电系统的主要功能是驻车状态下为电动汽车动力电池组提供车载充电。充电系统将市用电网交流电转换为直流电，按照电动汽车电池管理系统的要求，对电池组充电。充电系统具备自检、故障诊断、过温保护、过压保护基本功能。

图 5-26 车载充电机

### 2. 充电系统的通信

充电系统与电池管理系统进行 CAN 通信，充电系统按照电池管理系统指令实现充电启停、充电电压和电流控制。

### 3. 充电系统的主要构成

充电系统主要由车载充电机、普通充电插头总成、充电桩专用充电插头总成、充电插座总成组成，如图 5-26 和图 5-27 所示。

 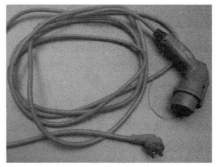

图 5-27 充电插头与插座

#### 4. 充电注意事项

动力电池充电是纯电动汽车必不可少的一项重要维护工作，该项工作直接影响电动汽车的使用性能。为了安全，在充电过程中一定要注意以下几点。

① 车辆必须在干燥场所充电。

② 车辆充电时，确保充电插头与插座无开裂和松散，插接可靠不可松旷。

③ 在充电之前必须拔出钥匙，充电中严禁打开钥匙，不得有任何用电设备工作。

④ 充电期间，严禁有各类维修作业。

⑤ 车辆充电时，确保动力电池维修开关处于接通状态。

⑥ 车辆充电时，确保 220V 交流电源有电。

⑦ 车辆充电时，电池最高温度不允许超过 50℃，达到临界点应及时断电，当温度降到 35℃以下时方可继续充电。

⑧ 车辆充电如遇意外火灾，应及时切断充电电源，必须使用干粉灭火器进行灭火，严禁采用其他灭火手段。

⑨ 充电结束，应先关闭充电电源，然后收装好充电插头与插座。

#### 5. 充电设备与充电方法

（1）电池组整体充电　充电设备：320W/2kW 车载充电机。参数设置：电压上限 370V；充电电流 6A。在充电过程中，注意监控单体电池最高电压变化情况，在最高电压达到 3.9V 时，应立即关闭充电机，以防单体模块发生过充电。

（2）电池模组整体充电　充电设备：110V/100A 测试柜。参数设置：电压上限 $3.65V \times n$（串数）；充电电流 15A；充电截止电流 1A。在充电过程中，要监控整箱每个电池模块电压变化情况，在最高电压达到 3.9V 时，应立即关闭测试，以防单体模块发生过充电。

（3）单个模块补充充电　单个模块电压低于 3.34V 时，需要补充充电。充电设备：5V/100A 测试柜。参数设置：电压上限 3.65V；充电电流 15A；充电截止电流 1A。

## 第四节　江淮纯电动汽车故障案例

### 一、车辆无法行驶故障排除

#### 1. 故障现象

一辆江淮纯电动汽车，行驶里程约 5000km，组合仪表故障灯常亮，动力中断，车辆无法进入可行驶状态。

**2. 故障排除**

插接整车诊断口，将控制器上电，读取上位机监测数据，存在 DTC178 中，指示 CAN 通信故障。检查 PCU 低压控制接插件内 CAN-H、CAN-L 两针脚，确定整车 CAN 终端电阻的阻值为 60Ω，但无法确定 PCU 内部 CAN 终端电阻有无故障。所以，根据电动汽车维修规程，首先断开电池维修开关，维修开关位于动力电池总成中间表面位置，打开中央通道末端地毯盖板下方的维修开关盖板，操作维修开关，如图 5-28 所示。切断整车高压，再拔掉正负母线接头，拆下电动机控制器 PCU 的接线盒盖，然后拆下三相线，拔掉低压插接件，移除 DC/DC 搭铁，再用水管卡钳拆下进出水管，最后拆卸 PCU 控制器上的 4 个固定螺栓，这样完全拆卸电动机控制器 PCU，进行车下检查，其步骤如图 5-29～图 5-31 所示。

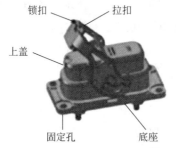 

图 5-28 维修开关

图 5-29 拆卸电动机控制器接线盒

图 5-30 卸下 PCU 低压接线

对 PCU 内部进一步进行检查，发现 DC/DC 模块损坏，如图 5-32 所示。更换 PCU 控制器后重新装车试车，故障排除。

图 5-31　检查电机控制器

### 3. 故障总结

江淮纯电动汽车整车采用 CAN 通信，CAN 通信拓展如图 5-33 所示。驱动电动机控制器 PCU 内部集成 DC/DC 模块，其功能是将电池的高压电转换成低压电，提供整车低压系统供电。

图 5-32　PCU 总成内部元件损坏

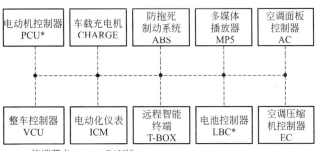

图 5-33　整车 CAN 通信拓展

## 二、车辆无法提速故障排除

### 1. 故障现象

一辆江淮纯电动汽车，行驶里程约 20000km，组合仪表上存在提示语"限功率模式"，车辆最高车速限制在 40~50km/h，无法正常提速。

### 2. 故障诊断

根据故障现象，判断该车进入了跛行模式。查阅维修手册，得知电动机故障灯点亮、提示"限功率模式"时，可能故障点为 IGBT 过热，电池单体温度过高。

利用上位机监控检测诊断软件发现车辆 IGBT 温度高于 85℃，显示故障码为 P301E。首先检查前机舱的冷却水箱内冷却液液位，正常。再进一步检查 PCU 控制器本身内部水道有无堵塞不畅，拔出 PCU 上的冷却液进水管和出水管，利用风枪对着吹风，观察另一端的出风情况，也正常。最后检查水泵，发现水泵不工作，导致冷却系统不循环，无法给予控制器降温，导致 PCU 过热，车辆限功率。水泵工作需要的条件有 2 个：VCU 给予的转速信号；12V 的低压供电，M/C 继电器由 VCU 控制，为 PCU、LBC、冷却风扇、电子冷却水泵及电池风扇供电。所以重点检查水泵继电器和 M/C 继电器，在钥匙置于 ON 状态下，测量到水泵低压接插件没有 12V 供电，因为水泵继电器和日间行车灯继电器可以通用，把前机舱继电器盒中的日间行车灯继电器与水泵继电器对调，确认故障点为继电器烧毁失效。

**3. 故障排除**

更换新的继电器，试车，故障排除。水泵继电器的检查与更换如图 5-34 所示。注：新款江淮纯电动汽车驱动电动机控制器采用水冷模式，PCU 通过冷却液水循环降温，VCU 转速信号根据冷却液的水温来自动调节水泵转速，转速信号从上位机监控检测诊断软件确认。一旦检测到 PCU 内的 IGBT 温度超过 85℃，车辆就会进入限功率模式，正常情况下钥匙打到 ON 挡，水泵就会处于工作状态。如果水泵不工作，可以通过测

图 5-34　水泵继电器的检查与更换

量水泵低压接插件，确认 12V 是否正常，如果有 12V 输入但水泵仍然不工作，一般处理方法为更换水泵总成。

## 三、12V 蓄电池亏电引起的车辆无法充电

**1. 故障现象**

一辆江淮同悦 IEV 车，行驶里程约 6000km，客户节假日出行回来后发现停放的电动车存在无法充电现象，不能满足上班行驶要求。

**2. 故障排除**

检查车辆随车充电线，正常，连接充电桩，车辆仪表中的充电指示灯不亮，钥匙置于 READY 位置，仪表指示均不亮，确实存在无法充电现象。进一步检查发现，该车 12V 蓄电池亏电严重，检测电压仅为 5.6V，而同悦 IEV 需要随车的 12V 蓄电池来唤醒充电器工作，如果蓄电池无电则无法唤醒充电器工作，电池组就不能正常充电，进而影响车辆使用。该车充电控制策略如图 5-35 所示。

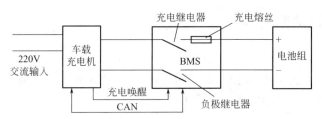

图 5-35　同悦 IEV 充电控制策略

首先对 12V 蓄电池进行快充，然后对电池组进行充电，1h 后车辆仪表充电指示灯开始点亮，乌龟灯也点亮，表示车辆已进入正常充电状态。继续进行电池组充电后，可以点亮 READY 灯，车辆使用功能恢复正常。

**3. 故障总结**

该车由于长时间放置停用，引起 12V 铅酸蓄电池亏电。同悦纯电动车具有两种电池：一种是磷酸铁锂动力电池，用于向驱动电动机供电，电动机驱动车辆行驶；另外一种是 12V 铅酸蓄电池（即传统燃油车的铅酸蓄电池），布置在前机舱，用于为车上的前照灯、音响、喇叭等低压电气系统供电。在车辆运行过程中，12V 铅酸电池的电量通过 DC/DC 模块从动

力电池组给铅酸蓄电池充电，保障低压用电设备工作。所以，长时间停用的纯电动汽车需要定期充电或干脆拆卸掉 12V 铅酸蓄电池的负极桩头。原车 12V 蓄电池会影响高压电池组充电。同悦 IEV 车载充电系统的工作过程是在停车状态下 BMS 才允许充电，充电机连接 220V 电源后开始工作。充电机工作后会往广播地址发报文，仪表检测到充电机的报文后会把充电连接指示灯点亮，给出一个充电唤醒信号，BMS 收到唤醒信号后开始进入充电模式；充电回路接通后充电机开始给电池充电，电流不断增大；同时充电机会不断地往广播地址报告输出电流，仪表收到报文后，当电流大于 1A 时点亮充电标志信号灯。

## 四、充电桩不能充电故障

### 1. 故障现象

一辆同悦 IEV 车，行驶里程约 3 万千米，车辆无法充电。

### 2. 故障排除

车主安装了简易充电桩，采用民用 220V 供电为 IEV 电动车充电。现场取出随车配置的普通型充电线缆，将电源插头插入简易充电桩插座内，再打开车辆充电插头的防护盖，将充电插头插入车辆充电口，充电线缆连接完成后，观察车辆仪表盘上的指示灯，充电线连接指示灯和电池组充电灯均未亮起，表明车辆未进入充电状态。

仔细检查客户自备的简易充电桩，检测到充电桩标准插座的上端两个信号端子（图 5-36）之间电压为直流 12V；再进一步检测有无交流 220V 电压，此车的充电桩插座无 220V 电压指示，判断充电桩功能失效。打开简易充电桩后盖，检查发现内部继电器已经烧毁，更换新的继电器后（图 5-37），充电功能恢复正常。

图 5-36　简易充电桩功能性检查

图 5-37　充电桩继电器的更换与检查

### 3. 故障总结

电动汽车充电桩安装及故障检查方法因为涉及强电检查操作，不具备电工知识的客户往往很为难。接通充电桩外部总电源后，此时如果用电动汽车充电线缆插头插入充电桩，充电桩上的指示灯亮，就表明充电桩功能正常，可以使用；如果充电桩上的指示灯不亮，则需要检查充电桩内部继电器或保护开关是否失效。电动汽车充电桩的控制原理如图 5-38 所示。注：如果标准插头的信号端子没有 12V，则先断开简易充电桩外部总电源，打开简易充电桩后盒盖，检查漏电保护开关是否在 ON 位置，或检查充电桩继电器是否损坏，来判断充电桩的供电接口与供电设备是否存在故障。

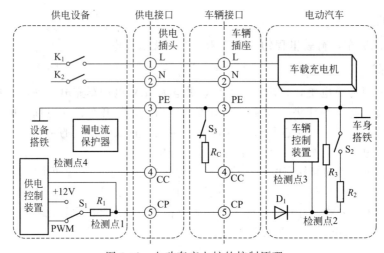

图 5-38 电动车充电桩的控制原理

## 五、车辆无法充电故障

### 1. 故障现象

一辆江淮同悦 IEV 车，行驶里程约 30000km，因车辆无法充电而报修。

### 2. 故障诊断

接车后试车验证故障现象，确认充电线路连接可靠后，观察仪表盘上的指示灯，发现充电线连接指示灯和电池组充电指示灯均不亮。

根据关资料可知，电池管理系统（BMS）在停车状态下才允许充电系统工作。待车辆停稳，并连接充电电源后，车载充电器准备开始工作，此时会通过 CAN 通信模块经 CAN 网络发送工作请求，仪表控制模块在得到车载充电器的请求后会控制充电连接指示灯点亮，同时给出一个充电唤醒信号，BMS 在收到唤醒信号后即开始进入充电模式，充电回路接通，车载充电器开始给高压电池组充电，电流不断增大，充电器不断地向 CAN 网络发送信号汇报充电电流数据，当仪表控制模块收到充电电流大于 1A 的信号后，控制电池组充电指示灯点亮。

根据上述资料结合故障现象进行分析，怀疑车载充电器存在故障。用万用表测量车载充电器后部的四端子连接器上 CAN-H 和 CAN-L 间的电压为 0，判断车载充电器的 CAN 通信模块存在故障。

### 3. 故障排除

更换车载充电器（图 5-39）后，再次给车辆进行充电操作，故障排除。

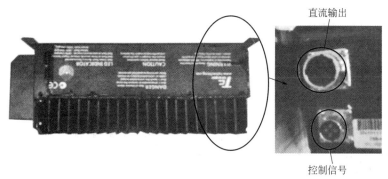

图 5-39 车载充电器

## 六、无法启动故障

### 1. 故障现象

一辆江淮同悦 IEV 车，行驶里程约 2 万千米，车辆无法启动。

### 2. 故障诊断和排除

试车发现车辆确实无法启动，仪表盘上电池报警灯点亮。根据上述故障现象，怀疑高压部分存在故障，电池管理系统（BMS）切断了高压，驱动电动机无法供电，导致车辆无法启动。分析可知，造成电池报警灯点亮的原因有很多，如电池单体自放电压差大、电池管理系统故障、绝缘故障和高压互锁故障等。

用监测程序进入 BMS 查看，发现总电压对应的 SOC（动力电池荷电状态）存在差异。按下后备厢电池组的维修开关，断开高压主线束与动力电池的连接，故障现象依然存在，说明问题出现在电池组内部。根据先电池单体、后电池整体的原则进行检查，发现该车电池组单体存在欠压故障，更换电池组总成后试车，故障排除。

### 3. 故障总结

对于电池报警灯点亮的故障，排查时应用监测程序进入 BMS，查看总电压对应的 SOC（动力电池荷电状态）是否存在差异，如果有差异，说明故障确实存在，可以通过切断高压主线束与动力电池的连接的方法判断具体故障部位。如果切断高压主线束与动力电池的连接后故障消失，说明问题出在高压电池组外部，可根据从后往前查的原则（用兆欧表从动力电池组总正端与总负端向前机舱方向排查高压系统的绝缘情况）进行排查；若切断高压主线束与动力电池的连接后故障依然存在，则说明问题出现在电池内部，则根据先电池单体、后电池整体的原则进一步检查，且只能通过更换电池组单体模块或电池组总成的方法来解决。

## 第五节 故障检修与拆装

### 一、充电系统维修

充电系统主要包括车载充电器、普通充电插头总成、充电桩专用充电插头总成及充电插座总成。

#### 1. 正常状态

在整车仪表中设置了两个指示灯，分别是充电线连接指示灯" "和电池组充电指示灯"图"。电动汽车正常充电时，仪表的充电线连接指示灯和电池组充电指示灯都会点亮，充电连接电路如图 5-40 所示。

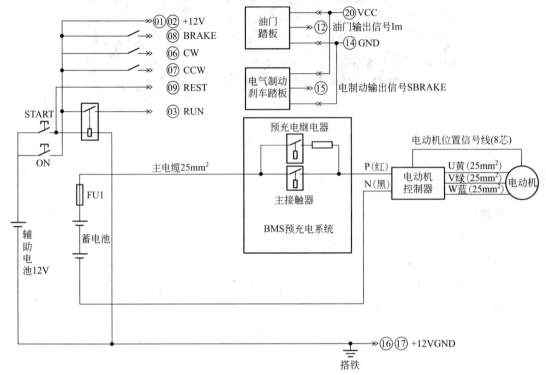

图 5-40　充电连接电路图

### 2. 故障状态

（1）状态 1　充电时如果只有充电线连接指示灯点亮（图 5-41），表明充电系统中的 220V 交流电源输入线路正常，充电器已经发出 CAN 通信信号，按照以下次序进行检查。

① 断开供电电源，检查与充电器相连接的接插件是否插接完好、到位。

② 充电系统上电，需要用电池管理系统专用软件监控电池管理系统工作状态；判断电池管理系统有无充电唤醒，如果电池管理系统没有被唤醒，需要检测充电器的唤醒信号输出是否正常；如果充电器唤醒信号输出正常，应检测充电器与 BMS 之间的充电唤醒信号线是否正常；如果充电唤醒信号线正常，应检测 BMS 状态；如果电池管理系统已被充电唤醒，应检测 BMS 监测的电池组信息是否正常，以及 BDU 充电状态下相应的继电器是否工作正常。

③ 在以上都正常的情况下，检测 BMS 与充电器之间的 CAN 通信线是否正常。

④ 以上不能解决故障时，需要用专用软件监控充电器与 BMS 之间的 CAN 通信信号。信号的 ID 地址分别为 0x1806E5F4、0x18FF50E5。其中 0x1806E5F4 为 BMS 发送给充电器的指令，0x18FF50E5 为充电器发送到总线的充电器信息。依据充电器与 BMS 之间的 CAN 通信协议进行分析，查找故障原因。

（2）状态 2　充电时如果充电线连接指示灯和电池组充电指示灯都不点亮（图 5-42），则采取以下措施。

① 断开供电电源，检查与充电器相连接的接插件是否插接完好、到位。

② 检查供电电源及其设备是否正常。

③ 检查普通充电插头总成或者充电桩专用充电插头总成的功能是否正常。
④ 检查充电插座线缆总成是否正常。
⑤ 用状态良好的充电器在线替换。
⑥ 查找故障原因。

图 5-41　指示灯点亮

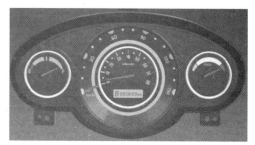
图 5-42　充电指示灯都不点亮

## 二、车载充电器的拆卸和安装

当车载充电器出现故障不能正常工作时，应禁止使用。需要将充电器从车身上拆下来，进行专项维修。拆卸时，先将与车载充电器相连接的所有连接件拔离，从车载充电器安装支架上将车载充电器拆卸下来。拆卸时需要在车载充电器下方将其托住，防止车载充电器掉落，以免对工作人员造成伤害。车载充电器拆卸下来后，需要放到干燥、防水、防雨雪的地方。车载充电器不可以私自拆解，应由专业技术人员对车载充电器进行检查和维修。车载充电器的布置位置如图 5-43 所示。

图 5-43　车载充电器的布置位置

## 三、简易充电桩的维修

① 简易充电桩不能充电时，应打开充电口舱门，用万用表直流电压挡测试充电插座上面的 CC 端和 CP 端有没有 12V 电压，如图 5-44 所示。

② 如果有 12V 直流电压，用万用表的欧姆挡测试充电插头对应的 CC 端和 CP 端是否导通，如果不导通，应测试线缆另一个充电插头；如果导通，将此插头插入简易桩的插座中，重新连接整车试充电，如果正常，则故障排除。

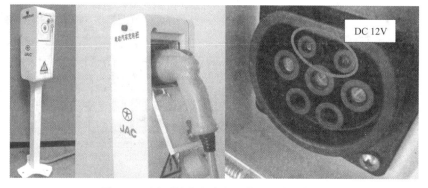
图 5-44　用万用表直流电压挡测试充电插座

图 5-45　漏电保护开关状态

③ 在执行①步检测时没有 12V 电压，则打开简易桩的上壳体的后盖，检查漏电保护开关状态（OFF 挡或 ON 挡），正常状态下为 ON 挡，如果为 OFF 挡，应将开关推至 ON 挡，重新连接，检查试充电是否正常，如正常，则故障排除，如图 5-45 所示。

④ 如果以上的检修不能排除故障，应联系厂家进行维修，不允许用户擅自维修内部器件。

## 四、高压系统的维修

### 1. 高压系统组成

高压系统包括高压接线盒总成、高压接线盒配电电缆总成、高压接线盒主电缆总成。其中高压接线盒为全密封防水防尘结构，并经过耐温和抗振动试验；高压电缆上使用的接插件均能达到 IP67 的防水等级。

高压接线盒壳体分为箱体、顶盖、后盖 3 部分，顶盖和后盖均可单独打开，如图 5-46 和图 5-47 所示。

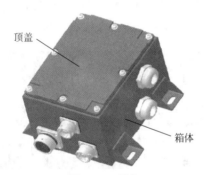

图 5-46　顶盖

图 5-47　后盖

接线盒有 5 个电缆接口，加工好的电缆组件通过这 5 个接口与内部电路相连，如图 5-48 所示。"PCU+" 和 "PCU-" 高压电缆端子按图 5-48 相应接口进入高压接线盒内部，用螺钉拧在铜排的相应位置，在接口的堵头处用簧片将电缆的屏蔽层挤住以实现电磁屏蔽。

高压主电缆总成 "BDU+" 和 "BDU-" 的正负极通过图 5-49 所示的相应接口接入高压接线盒的内部，并用螺钉拧在铜排的相应位置，在接口的堵头处用簧片将电缆的屏蔽层挤住以实现电磁屏蔽。

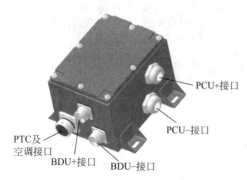

图 5-48　接线盒有 5 个电缆接口

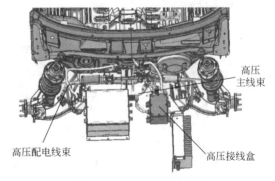

图 5-49　高压主电缆总成

高压配电电缆总成直接通过连接器旋合到高压接线盒上即可。

### 2. 高压系统位置

如图 5-50 所示，高压线束均用橘黄色波纹管包裹。高压线束底盘下的布置，除用橘黄色波纹管包裹外，另包裹一层高压护套管。

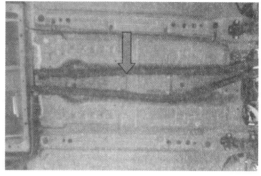

图 5-50　高压系统位置

### 3. 高压系统维护

各高压线缆总成件表面清洁，要保证波纹管无破损现象，若出现破损现象，必须检查高压线束绝缘情况；若绝缘整车，应用绝缘胶带包裹破损区域，并查明破损原因。

更换高压接线盒步骤：拔掉与高压接线盒相连接的接插件，如图 5-51 所示，卸掉高压接线盒的 4 个固定螺栓，如图 5-52 所示；更换高压接线盒；装配高压接线盒的 4 个螺栓；连接与高压接线盒相连接的接插件。

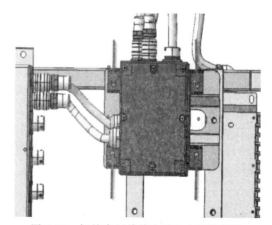

图 5-51　拔掉与高压接线盒相连接的接插件　　图 5-52　卸掉高压接线盒的 4 个固定螺栓

### 4. 更换高压熔丝的步骤

高压接线盒内部分两层，上层为熔丝，底层为继电器。若需更换熔丝，只需打开顶盖即可进行操作；若需更换继电器，则需将顶盖和熔丝板一起拆下才能进行操作。

（1）更换步骤　松开高压接线盒顶盖的 8 个螺栓，如图 5-53 所示；拆下顶盖，如图 5-54 所示；更换 PCU 熔丝（150A）、PTC 熔丝（30A）、空调熔丝（30A）；若不需要维修继电器，直接将顶盖固定。

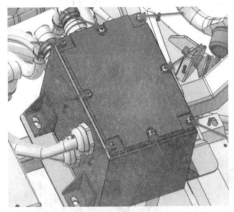 

图 5-53 松开高压接线盒顶盖的 8 个螺栓　　　　图 5-54 拆下顶盖

(2) 更换高压继电器的步骤　松开高压接线盒顶盖的 8 个螺栓；拆下顶盖；拆下熔丝板；更换 PTC 高压继电器；还原高压接线盒。

## 五、驱动电动机的安装

### 1. 装配前检验的内容

① 电动机应接有三相线、信号线，并配备有接插件，且线束和接插件均无损坏，如图 5-55 所示。

② 电动机壳体端面清洁，无杂物，无明显的加工瑕疵，驱动电动机支架无变形。

③ 减速器上应安装泄压阀并无损坏。

④ 检查减速器油封是否损坏，如有损坏应更换新品。

⑤ 检查减速器壳体是否有损坏，各部位是否漏油和渗油，若渗油和漏油，必须更换箱体。

### 2. 与动力总成支撑梁的装配

(1) 驱动电动机（2103100X1020）与减速器总成（2146100X1010XZ）的装配　减速器总成通过花键与驱动电动机连接，然后转动减速器使减速器与驱动电动机之间 3 个孔位对齐，再使用螺栓组件 1（螺栓 Q15010105、弹垫 Q40310、平垫 Q40110 组合）1 个、螺栓组件 2（螺栓 Q15010130、弹垫 Q40310、平垫 Q40110 组合）2 个，将减速器总成与驱动电动机连接紧固，拧紧力矩为 30～40N·m，如图 5-56 所示。

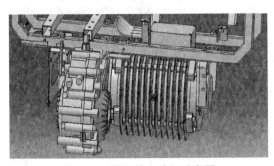 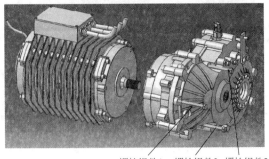

图 5-55 装配前电动机示意图　　　　图 5-56 总成与驱动电动机连接紧固

(2) 驱动电动机支架（2103201U8180）的装配　使用 3 个固定螺栓组件（Q1461025）将驱动电动机支架（2103201U8180）与驱动电动机（2103100X1020）固定，拧紧力矩为 45～55N·m，如图 5-57 所示。

(3) 减速器前支架（2146201U8180）的装配　使用两个固定螺栓组件（Q1461050）将减速器前支架（2146201U8180）与减速器固定，拧紧力矩为 50～70N·m，如图 5-58 所示。

图 5-57　驱动电动机支架的装配

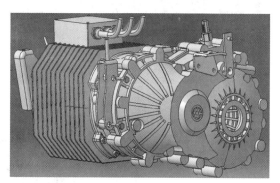

图 5-58　减速器前支架的装配

(4) 减速器后支架 1（2146202X1010XZ）的装配　使用 2 个螺栓（Q1461025）将减速器后支架 1（2146202X1010XZ）和减速器固定，拧紧力矩为 50～70N·m，如图 5-59 所示。

(5) 减速器后支架 2（2146203X1010XZ）的装配　使用 2 个螺栓（Q1461025）将减速器后支架 2（2146202X1010XZ）和减速器固定，拧紧力矩为 50～70N·m，如图 5-60 所示。

图 5-59　减速器后支架 1 的装配

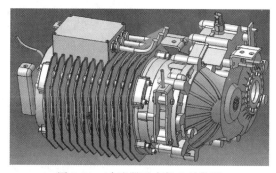

图 5-60　减速器后支架 2 的装配

(6) 动力总成与动力总成支撑梁（1001500X1010XZ）的定位　将凸焊螺栓穿过电动机支架、减速器前支架与动力总成支撑梁（1001500X1010XZ），使用两个螺母（Q33010）预紧，如图 5-61 所示。

(7) 驱动电动机支架（2103201U8180）与动力总成支撑梁（1001500X1010XZ）的连接　将驱动电动机支架（2103201U8180）与动力总成支撑梁对准后，用一个螺栓（Q1461050）将动力总成支撑梁与电动机支架预紧，如图 5-62 所示。

(8) 减速器后支架 1（2146202X1010XZ）和减速器后支架 2（2146203X1010XZ）与动力总成支撑梁（1001500X1010XZ）的连接　减速器后支架安装孔与动力总成支撑梁上的安装孔对准后，由动力总成支撑梁上穿入两个螺栓（Q1461050）连接，预紧，如图 5-63 所示。

(9) 紧固　将所有预紧的螺栓以及螺母紧固，拧紧力矩为 50～70N·m；以上装配如图 5-64 所示。

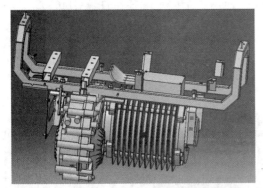
图 5-61 动力总成与动力总成支撑梁的定位

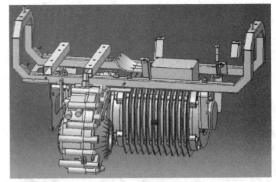
图 5-62 驱动电动机支架与动力总成支撑梁的连接

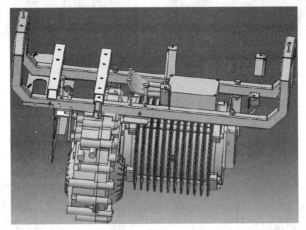
图 5-63 减速器后支架 1 和减速器后支架 2 与动力总成支撑梁的连接

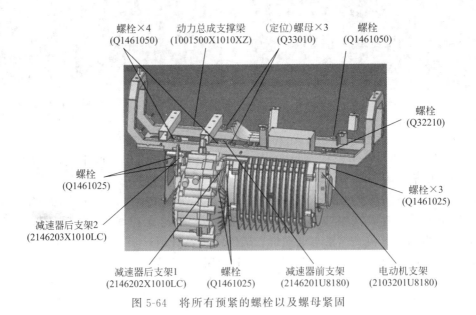
图 5-64 将所有预紧的螺栓以及螺母紧固

(10) 故障诊断及排查方法 如表 5-6 所示。

表 5-6  故障诊断及排查方法

| 序号 | 故障表现 | 可能原因 | 排查方法 |
| --- | --- | --- | --- |
| 1 | 电动机运行不平稳,发生抖动 | (1)相序不对造成<br>(2)由于缺相原因造成 | (1)检查控制器与电动机的三相出线连接是否正确,是否按出线上的色标一一对应连接<br>(2)检查控制器与电动机三相接线是否可靠连接 |
| 2 | 踩下油门后电动机不转 | (1)控制信号未置上<br>(2)位置传感器出现故障<br>(3)控制器温度过高<br>(4)电动机 U/V/W 三相线缆插错 | (1)检查 RUN、CCW、CW 等开关信号是否到达控制器,以及油门供电是否正常,输出是否正常<br>(2)检查电动机位置信号连线是否完好,有没有断线的情况。另外,检查 8 端子插头是否接触良好,以及针脚是否完好,是否有污物<br>(3)控制器温度超过 80℃时将触发过热保护,等待控制器温度下降到正常值<br>(4)检查电动机 U/V/W 三相线缆颜色,严格按照 U(黄)、V(绿)、W(蓝)颜色进行接插 |
| 3 | 挡位挂上后,在未踩油门的情况下电动机开始旋转 | 油门输出残留电压(油门未踏时的输出电压)过高 | 更换符合控制器最小输出电压的油门踏板 |
| 4 | 控制器一运行就发生保护锁死输出的情况 | (1)电动机位置传感器输出故障<br>(2)控制器内功率器件有损坏 | (1)检查电动机位置传感器信号供电电源和地线是否有问题,是否有电源未供上和地线脱落的情况<br>(2)检查时将控制器拆下,使用万用表对控制器直流母线的正负两端分别对控制器三相输出线分别进行测量,如果有短路情况,则说明功率模块有损坏,应返厂修理 |

## 六、DC/DC 总成的安装及检修

DC/DC 总成的主要功能为向车辆附属电器设备(车灯、仪表等)提供电能,并对辅助电源充电,其作用与传统汽车的交流发电机类似。车载电源提供 320V(DC)电压作为 DC/DC 总成的输入。DC/DC 总成输出 13.8V(DC)电压为车辆附属设备提供电能及向辅助电源充电。

DC/DC 总成布置图如图 5-65 所示,DC/DC 转换器位于发动机舱后侧中部。

图 5-65  DC/DC 总成布置

### 1. DC/DC 总成的安装

（1）安装 DC/DC 总成上安装支架　将支架孔与凸焊螺栓对准并放入，用螺母预紧；将螺栓拧入螺孔；使用扭力扳手将螺母和螺栓拧紧，螺母拧紧力矩为 15~22N·m，螺栓拧紧力矩为 8~12N·m，如图 5-66 所示。

（2）安装 DC/DC 总成下安装支架　将支架孔与凸焊螺栓对准并放入，用螺母预紧（先左、下，然后再上）；使用扭力扳手将螺母和螺栓拧紧，螺母拧紧力矩为 15~22N·m。

（3）DC/DC 总成安装　将 DC/DC 总成的地板 U 形槽插入支架凸焊螺栓中，用螺母预紧；对准上部安装孔，用螺栓预紧；使用扭力扳手将螺母和螺栓拧紧，螺母、螺栓拧紧力矩为 8~12N·m，如图 5-67 所示。

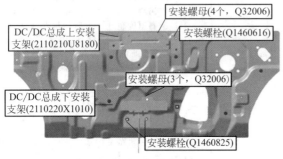

图 5-66　安装支架

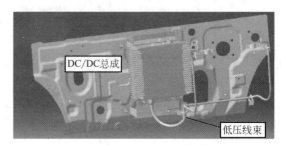

图 5-67　DC/DC 总成安装

### 2. DC/DC 总成高压、低压线路连接

① 从底盘到前机舱的母线电缆组件（2105310X1010）在前机舱有三个分支，其中一个分支为 DC/DC 总成电缆组件（2105320X1010），连接到 DC/DC 总成高压输入端，如图 5-68 所示中 A 点所示，用卡扣（KPP011-99070）固定线束。

② 如图 5-69 所示，将 DC/DC 总成输出端的两个线束卡依次卡入支撑螺栓，并将线束端子放入蓄电池低压线桩头中，用螺母预紧；使用扭力扳手将螺母和螺栓拧紧，螺母、螺栓拧紧力矩为 8~12N·m。

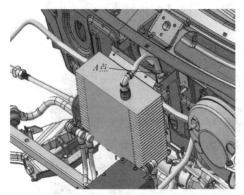

图 5-68　DC/DC 总成与高压线束连接

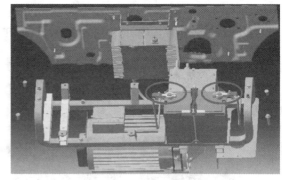

图 5-69　固定线束

### 3. DC/DC 总成外观检查

① 检查外观是否整洁。

② 检查配线是否正确。

③ 外观要求：螺钉紧固、光滑平整、无明显划伤、标签正确（图 5-70）。

图 5-70　标签检查

④ 检查电源转换器标签。
⑤ 检查电源转换器条码是否规范。

### 4. DC/DC 总成电气检查

① 电源转换器输入端接 320V（DC）电压，输出端接 12V 负载，可以是灯泡、大功率电阻等，要能保证电流大于 40A，但小于 70A。以下以 0.3Ω、800W 的电阻为例来说明，电流为 46A。

② 将万用表拨到直流电压挡，测得输出端电压为 13.8V。将钳型电流表拨到直流电流挡，测得输出端红线的输出电流是否为 46A 左右。再并联一个 12V、25A 以上的电阻负载，测 DC/DC 总成的输出电压，应该下降，电流为恒定的 70A。

③ 输入端指示灯标签如图 5-71 所示，正常工作时"Work"灯为常亮，电源指示灯"■"为常亮，故障指示灯不亮。否则，首先将 DC/DC 总成高压输入端接插件拔下，用万用表测量线束端电压，若小于 200V，则可能为 DC/DC 总成欠压保护，检查电池电压是否正常；若测得电压大于 200V，判定 DC/DC 总成故障，更换新的 DC/DC 总成。15 芯航空插针脚检测如表 5-7 所示。

图 5-71　输入端指示灯标签

表 5-7　15 芯航空插针脚检测

| 航空插序号 | 接插器 | 名称 | 航空插序号 | 接插器 | 名称 |
| --- | --- | --- | --- | --- | --- |
| 1 | 23P/16 | 12V 电源（地） | 8 | 14P/14 | 电动机激励信号 |
| 2 | 23P/22 | CAN-H 高位信号 | 9 | VP01 | 电动真空泵 |
| 3 | 14P/1 | 余弦输出 | 10 | VP02 | 电动真空泵 |
| 4 | 14P/2 | 电动机温度传感器（地） | 11 | VP03 | 真空罐压力开关 |
| 5 | 14P/3 | 正弦输出 | 12 | VP04 | 真空罐压力开关 |
| 6 | 14P/5 | 正弦输出 | 13 | VP05 | 12V 电源（地） |
| 7 | 14P/7 | 余弦输出 | 14 | VP06 | 12V 电源（正极） |

## 第六节　江淮高压电池及整车控制电路

江淮高压电池及整车控制电路如图 5-72～图 5-76 所示。

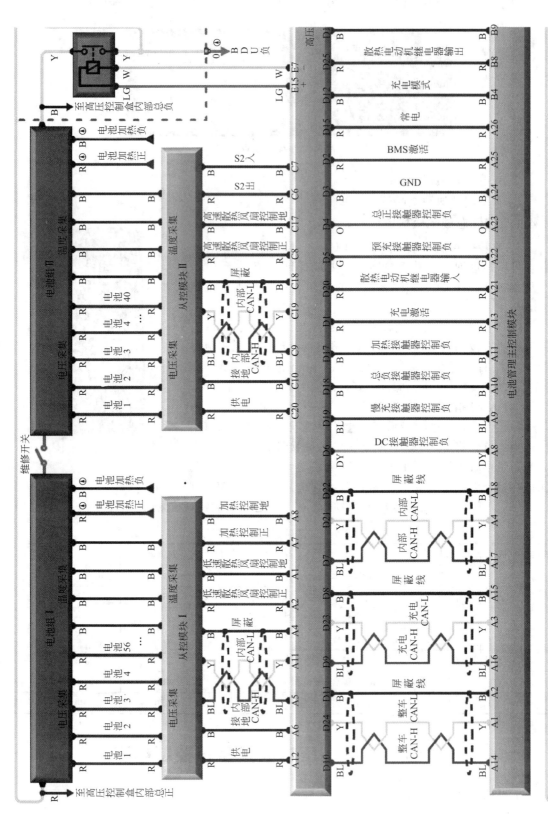

图 5-72 电池管理主控模块电路

# 第五章 江淮 EV 纯电动汽车

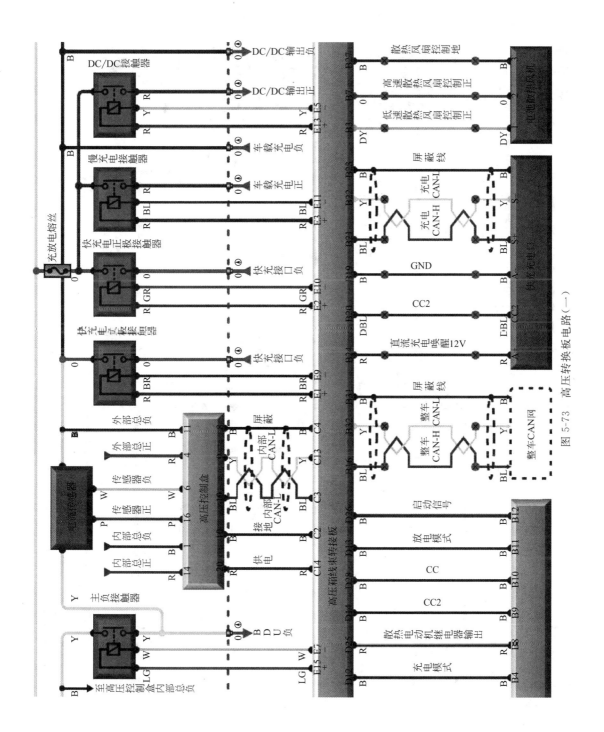

图 5-73 高压转换板电路（一）

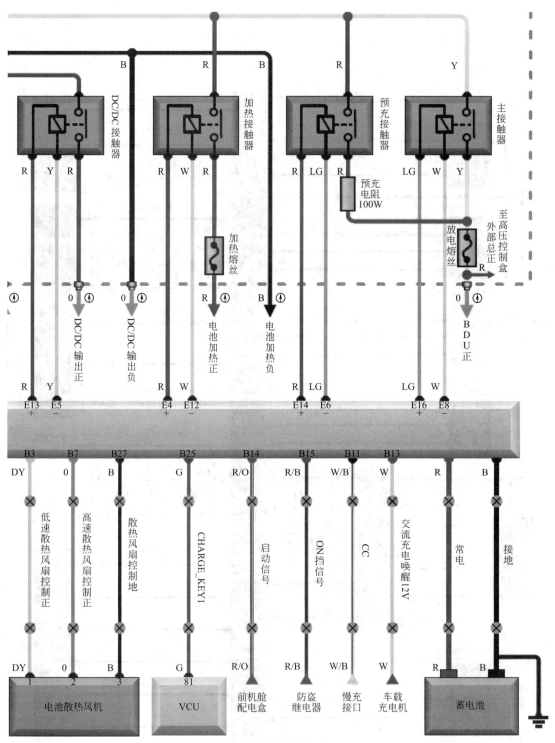

图 5-74 高压转换板电路（二）

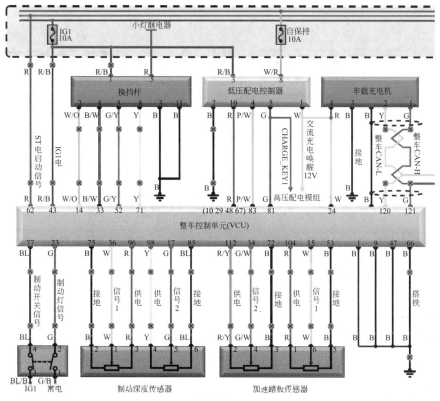

图 5-75 整车控制器电路（一）

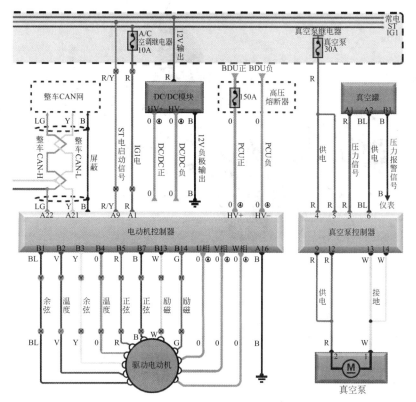

图 5-76 整车控制器电路（二）

# 第六章 大众e-up电动汽车

## 第一节 大众e-up电动汽车概述

e-up车型是大众推出的首款纯电动汽车,它基于大众小型汽车up打造。除了采用完全不同的动力系统外,e-up车型在车身结构、空调系统、制动及转向系统等方面,均与普通up车型有或多或少的不同。

### 一、高压系统

e-up车型的高压系统包括一个三相交流驱动电动机VX54、1挡变速器OCZ、功率控制装置JX1、高压蓄电池AX2及充电插座等,这些组件的安装位置如图6-1所示。

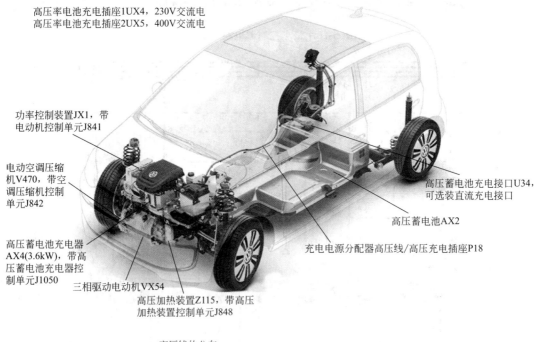

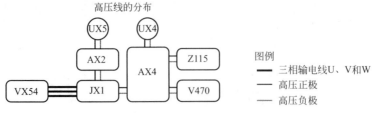

图6-1 高压系统组成

## 1. 三相驱动电机总成 VX54

驱动电动机总成包括牵引电动机 V141、电动机温度传感器 G712、电动机转子位置传感器 G713。铝合金壳体上设置有冷却液接口和三相电源接口（图 6-2）。牵引电动机 V141 的最大功率为 60kW，最大扭矩为 210N·m，最大转速为 $1.2\times10^4$ r/min（图 6-3）。电动机定子的每个相位包括 5 个线圈，转子包括 5 个磁极对，由此产生出色的响应特性和高效率。该电动机在不提供牵引力时，还具有发电机的功能。

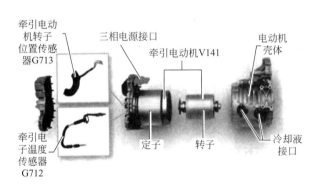

图 6-2 电动机的结构

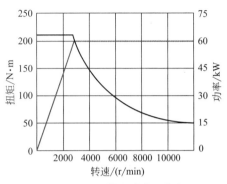

图 6-3 电机输出功率及扭矩

电动机温度传感器 G712 是一个负温度系数传感器，用来监测定子内的线圈温度，并与功率控制装置 JX1 直接连接。当核心温度超出 150℃时，系统将限制功率输出，直至完全关闭牵引电动机 V141。电动机转子位置传感器 G713 位于三相驱动电动机总成 VX54 的右上方，同样与功率控制装置 JX1 直接连接。如果这 2 个传感器失灵，车辆将无法行驶。

## 2. 高压蓄电池 AX2

高压蓄电池为车辆行驶提供电能，它由 204 个锂离子电池组组成，额定电压为 374V，容量为 50A·h，标称能量为 18.7kW/h，总质量为 230kg。高压蓄电池安装在车辆底板上（图 6-4），可以获得更低的重心和出色的重量分配，其工作温度为 -30~50℃，超出这一温度范围会造成功率下降甚至完全切断。高压蓄电池为防水型设计，外部采用密封结构，打开保养盖才可以接触到蓄电池电量管理控制单元 J840。高压蓄电池的壳体分为上、下两部分，上部壳体为塑料材质，为了保证电磁兼容性而包有一层铝，其中还包含有稳压元件。下部壳

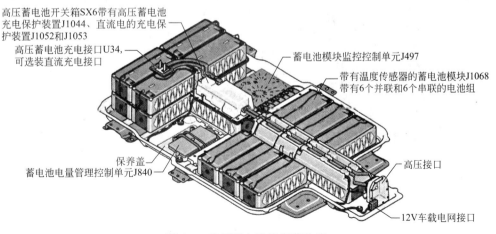

图 6-4 高压蓄电池及安装位置

体为金属材质,其中包括电池组固定导轨和碰撞横梁。两部分壳体采用螺栓连接和粘接的方式连接到一起,应进行密封性检查,以确保不会出现水或气体泄漏的情况。通过与车辆相连的 2 条接地连接,实现壳体对车辆的电位均衡。

蓄电池模块监控控制单元 J497 负责监控各个电池组的电压、温度和充电状态,并将所有信息都发送到蓄电池电量管理控制单元 J840。对充电状态的控制尤其重要,当所有电池组都具有相同的充电状态时,高压蓄电池才能达到最大容量。J497 会将已充满电的电池组的电量释放到内部电阻上,以使所有电池组都具有相同的电压水平。

### 3. 功率控制装置 JX1

功率控制装置用于控制高压蓄电池 AX2 到三相驱动电动机总成 VX54 间的能量流,同时也可以为 12V 车载电网蓄电池供电。该装置安装在发动机舱内的右前方,如图 6-5 所示。

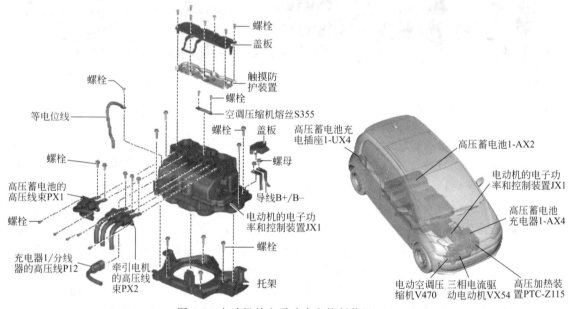

图 6-5 电动机的电子功率和控制装置 JX1

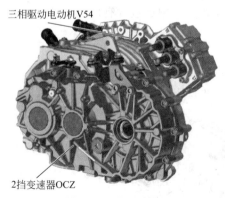

图 6-6 2 挡变速器

### 4. 变速器 OCZ

e-up 车型配备了一个 2 挡变速器,如图 6-6 所示,挡位的传动比分别为 1∶577(主动齿轮 26 齿、从动齿轮 41 齿)和 1∶5.176(主动齿轮 17 齿、从动齿轮 88 齿)。该变速器的最大输入扭矩 210N·m,最大输入转速 $1.2 \times 10^4$ r/min,在整个转速范围内都能够保持低噪声。变速器的润滑油容量为 0.7L,含油在内的变速器总重约 16.3kg。变速器和三相驱动电动机 VX54 构成了一个整体,其总质量约为 76kg。

(1)变速箱机械装置(图 6-7) 驱动轴通过花键与三相电流驱动装置的转子轴 VX54 相连接。通过转动的转子轴对驱动轴进行驱动。通过齿轮 $Z_1$ 和 $Z_2$ 将动力传递到传动轴上。通过齿轮 $Z_3$ 和 $Z_4$ 将动力从传动轴传递到主减速器,并从主减速器继续传递至车轮。

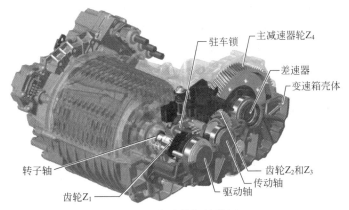

图 6-7 变速箱机械装置

（2）驻车锁　驻车锁与驱动轴固定连接如图 6-8 所示。驻车锁机械装置固定在变速箱壳体内。在高速行驶时，棘爪可避免发生卡止的情况。当车速低于 5km/h 时，棘爪会持续卡入驻车锁齿轮中。发动机壳体内的止挡缓冲块起到挡块和消音器的作用。

（3）变速箱和发动机壳体内的润滑油循环回路　通过变速箱和发动机壳体侧带有三个孔的专用油盘和壳体内的两个通道，实现对驱动轴、传动轴和主减速器三个轴承的润滑工作，如图 6-9 所示。

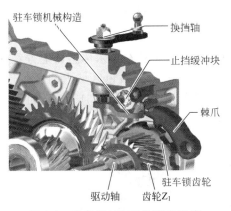

图 6-8　驻车锁与驱动轴固定连接

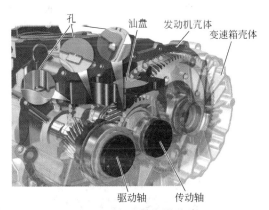

图 6-9　变速箱润滑油路

转动的主减速器如同水磨叶轮，将润滑油输送到油盘中。润滑油从那里通过一个孔，有针对性地滴落到驱动轴和传动轴的两个轴承上。润滑油直接通过一条铸造成型的通道对变速箱盖内的主减速器轴承进行润滑。

（4）选挡杆 E313　1 挡变速箱 OCZ 和选挡杆 E313（图 6-10）通过一条拉索彼此连接。这个机械连接只用于驻车锁操纵装置，可以像平常那样进行调整。针对左置和右置方向盘的车辆，提供两种不同长度的选挡杆拉索。

注：$D_1$、$D_2$ 和 $D_3$ 表示在滑行状态下挂入能量回收挡后，可增加制动扭矩。B 表示

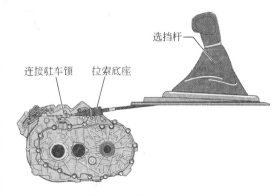

图 6-10　选挡杆 E313

制动能量回收,是进行能量回收的最高挡位,也称为 Brake。通过向左、右($D_1$、$D_2$、$D_3$)或后方(B)轻按切换到各个能量回收挡位。如果在任意的能量回收挡位上将选挡杆 E313 向右并保持超过 1s 的时间,将重新切换到行驶 D 挡。

① 结构　在选挡杆 E313 的壳体内安装有选挡杆的机械和电子组件,如图 6-11 所示。选挡杆锁的磁铁 N110 能够在锁销凹槽 P/N 中锁止选挡杆 E313。如果选挡杆 E313 位于位置 P,则磁铁锁住选挡杆,不通电。如果位于位置 N,则磁铁将选挡杆锁止在通电状态下。

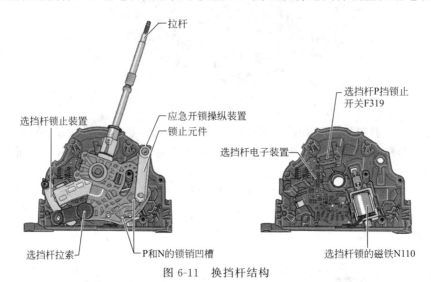

图 6-11　换挡杆结构

② 功能　如果选挡杆向前、向后或向右、向左移动,则永磁铁在霍尔传感器上方经过。传感器记录选挡杆的位置并将此信息传输给发动机控制单元 J623。黄色区域内的霍尔传感器记录选挡杆 E313 的纵向运动。红色区域内的霍尔传感器记录选挡杆 E313 的横向运动。选挡杆 E313 的横向移动,是通过一个转向机械装置以选挡杆电子装置永磁铁的前后移动来实现的,如图 6-12 所示。

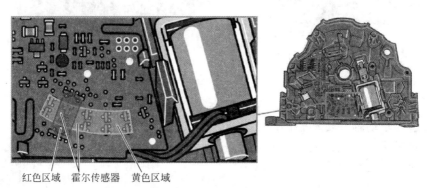

图 6-12　选挡杆内部结构

从位置 P 紧急解锁:如果选挡杆锁 N110 的磁铁失灵,则无法从位置 P 中松开,为了在这种情况下松开驻车锁,需要执行下述操作。在拆开部分选挡杆盖板后,可以看到用于紧急解锁的机械装置,如图 6-13 所示。用一个通用的螺丝刀对紧急解锁的机械装置实施操作。将螺丝刀沿行驶方向向后翻转,同时必须按下选挡杆上的按钮,将选挡杆 E313 挂入位置 N。

③ 行驶准备就绪　为了将选挡杆从位置 P 移出,必须满足下述条件,如图 6-14 和图 6-15 所示。

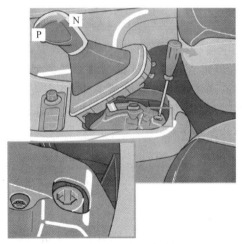

图 6-13 紧急解锁的机械装置

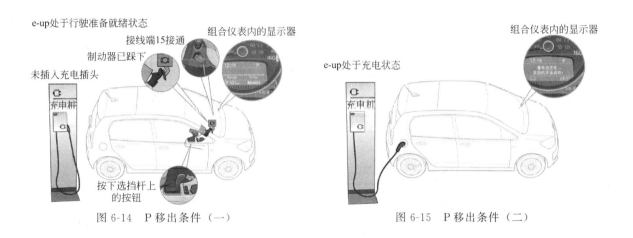

图 6-14 P 移出条件（一）          图 6-15 P 移出条件（二）

### 5. 冷却系统

冷却系统如图 6-16 所示，由发动机控制单元 J623 进行监控和调节，用来对三相驱动电动机总成 VX54、高压蓄电池充电器 AX4 及功率控制装置 JX1 进行冷却，防止过高的温度

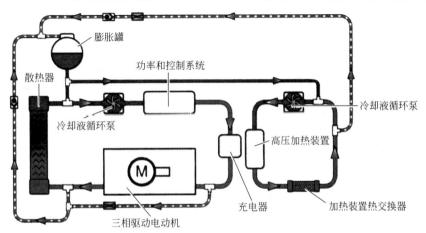

图 6-16 冷却系统

使敏感部件受损。冷却液的最高温度为 65℃。

### 6. 充电方式

e-up 车型配备了 2 种充电接口，因此可使用 2 种方式充电，即交流电（AC）充电和直流电（DC）充电。但实际上，充电时为高压蓄电池加载的都是直流电。如果使用交流电充电，系统会使用发动机舱内的高压蓄电池充电器 AX4 将交流电转换为直流电，并且它会将充电功率限制在 3.6kW 以下。如果使用直流电充电，则是通过高压蓄电池充电装置接口 U34 直接充电，最高功率可达 50kW。

## 二、电气系统

### 1. 车载网络

e-up 车型车载网络拓扑图如图 6-17 所示。由于驱动系统控制单元的数量有所增加，因此 e-up 车型在驱动系统 CAN 数据总线之外，额外采用了混合动力系统 CAN 数据总线。但混合动力系统 CAN 数据总线并没有连接网关，属于子总线，仅用于各个高压组件之间的通信。

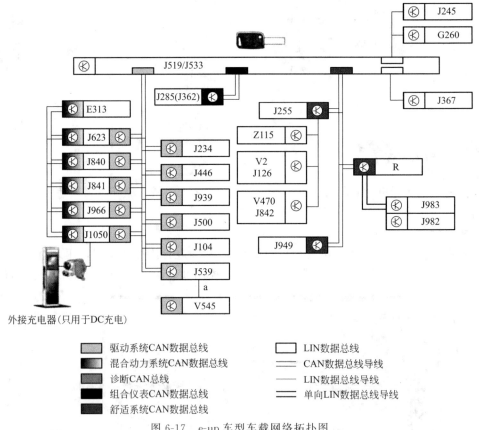

图 6-17　e-up 车型车载网络拓扑图

此外，e-up 车型的组合仪表与普通的 up 车型不同，它通过自己的组合仪表 CAN 数据总线与车辆网络相连。为增加 e-up 车型的防盗功能，已经将所有的防盗锁止系统元件从第 4 代升级到第 5 代。防盗锁止系统控制单元 J362 集成在组合仪表控制单元 J285 中，形成主单元，可以控制防盗锁止系统的副单元。

## 2. 组合仪表

e-up 车型的组合仪表基于甲壳虫车型的 High line 型组合仪表（图 6-18），但是对显示仪表和多功能显示屏 MFA 进行了专门改动。除了中间的模拟式车速显示器之外，蓄电池充电状态和百分比功率显示（电力表）也采用模拟式。多功能显示屏中的"READY"表示行驶准备就绪状态，此外还可显示以下信息：行驶里程、瞬间耗电量、平均耗电量、充电过程信息、驾驶模式选择及目前可用的功率。

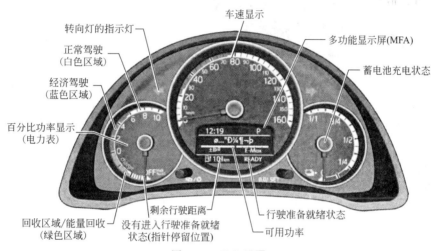

图 6-18　组合仪表

## 三、车身与底盘

### 1. 车身结构

e-up 车型的车身主要尺寸参数如图 6-19 所示。从 up 到 e-up 的发展也对车身结构产生了影响，为了安装高压蓄电池，对车辆底板中部以及内板进行了重新开发，以便为高压蓄电池创造空间。由于对碰撞安全的极高要求，因此车身增加了热变形部件的使用比例，并且几

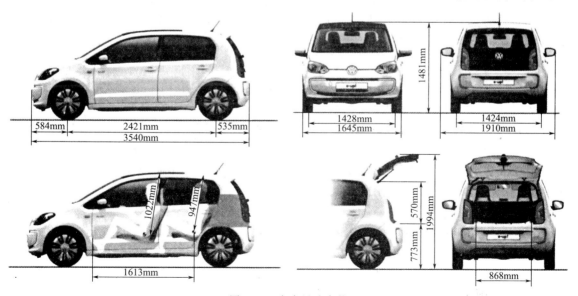

图 6-19　车身尺寸参数

钢板强度
- 软钢板<350MPa
- 高强度钢板<590MPa
- 高级高强度钢板<980MPa
- 超高强度钢板<1150MPa
- 超高强度(热成型)钢板>1400MPa

图 6-20 车身材料

何形状和材料质量（图 6-20）也有所变化。例如，由于特殊的碰撞要求，B 柱内部独立部件的几何形状和材料均进行了改进，以获得更高强度。为避免受到腐蚀和碰撞损坏，e-up 车型还装配了一个底板护板，该护板安装在高压蓄电池下半部壳体和纵梁上。

### 2. 悬架、转向及制动系统

e-up 车型的前悬架为麦弗逊结构，后悬架为扭力梁结构，前轮采用盘式制动器，后轮采用鼓式制动器，这些均与普通版 up 车型相同。所不同的是，由于 e-up 车型没有传统的内燃机，无法提供真空助力，因此采用了电子机械式制动助力器，并配备了制动系统蓄压器。出于同样的原因，转向系统也采用了电控机械式助力转向系统。

### 3. 声学措施

为提升车内人员的乘坐舒适性并降低变速器和周围环境的噪声传入，工程师对车辆的声学系统使用了一些额外的措施。这些措施在很大程度上是通过粘接隔音无纺布实现的，它们主要分布在两大区域，即车尾噪声区和前部车身。与普通 up 车型相比，e-up 车型还增加了后轮罩内板，并在前后轮罩内板内侧粘接有消声减振块。

## 四、空调系统

纯电动汽车的空调系统结构与传统内燃机的空调系统有很大不同，以 e-up 车型为例，其空调系统的主要部件包括电动空调压缩机 V470、高压加热装置 Z115 和空调操作元件 EX21。空调系统网络图如图 6-21 所示。

### 1. 电动空调压缩机 V470

由于没有燃油发动机为压缩机提供动力，所以 e-up 车型采用了电动空调压缩机，如图 6-22 所示。它安装在电驱动装置的右前方，额定电压为 374V，转速为 800~8600r/min，功率消耗为 3.6kW，工作温度为 -10~120℃，质量为 6kg，使用 LIN 总线与空调控制单元 J255 通信。该压缩机采用了涡旋式结构设计，压缩机由相互啮合的一条固定螺旋线和一条旋转螺旋线构成。旋转的螺旋线通过电动机的偏心轮驱动并以圆形轨迹转动。通过这种偏心运动，螺旋线形成多个逐渐变小的腔室，制冷剂 R134a 在这些腔室中被压缩。

### 2. 高压加热装置 Z115

同样因为没有燃油发动机提供废热的缘故，所以 e-up 车型的暖风系统使用高压加热装置（图 6-23）来加热回路中的冷却液。该装置的功率为 5.5kW，输入电压为 180~374V，最大输入电流 30A，通过一条高压线与高压电源相连，12V 接口则用来与空调控制单元 J255 进行通信。

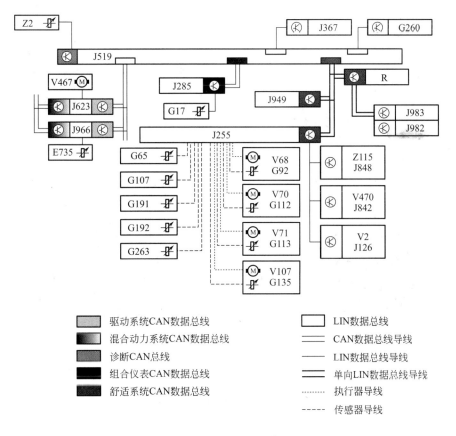

图 6-21　空调系统网络图

E735—驾驶模式选择键；G17—车外温度传感器；G65—高压传感器；G92—温度翻板伺服电动机电位计；G107—日照光电传感器；G112—中央出风口伺服电动机电位计；G113—速滞压力风门伺服电动机电位计；G135—除霜翻板伺服电动机电位计；G191—中部出风口温度传感器；G192—脚部空间出风口温度传感器；G260—空调的空气湿度传感器；G263—蒸发器出风口温度传感器；J126—新鲜空气鼓风机控制单元；J255—全自动空调控制单元；J285—组合仪表控制单元；J367—蓄电池监控控制单元；J519—车载电网控制单元；J623—发动机控制单元；J842—空调压缩机控制单元；J848—高压加热装置控制单元；J949—紧急呼叫模块和通信单元的控制单元；J966—高压蓄电池充电电压控制单元；J982—便携式导航和信息娱乐系统；J983—携式导航和信息娱乐系统接口；R—收音机；V2—新鲜空气鼓风机；V68—温度翻板伺服电动机；V70—中央出风口伺服电动机；V71—速滞压力风门伺服电动机；V107—除霜翻板伺服电动机；V467—高温循环回路冷却液泵；V470—电动空调压缩机；Z2—可加热挡风玻璃；Z115—高压加热装置

空调控制单元 J255 通过 LIN 总线对高压加热装置进行控制，可在 0～100% 的范围内提供所需热功率。冷却液的输入和输出口各有一个温度传感器进行测量。高压加热装置 Z115 具有 3 个加热回路，加热回路 1 和 2 通过脉宽调制信号 PWM 控制，加热回路 3 根据设置的挡位完全打开或关闭。

### 3. 可加热的挡风玻璃 Z2

e-up 车型装配有可加热的挡风玻璃（图 6-24）。加热丝的矩形分布可保证整个玻璃表面不会出现雾化。有 2 种方式可以启动挡风玻璃加热装置：通过加热开关 E180 手动启动，或者通过空调控制单元 J255 自动控制。挡风玻璃四周没有密封条，而是粘接到框架上。如果带有滑动天窗，则框架的上部区域为唇形结构。搭铁带通过螺栓安装在车内照明灯下方的车身搭铁点上。

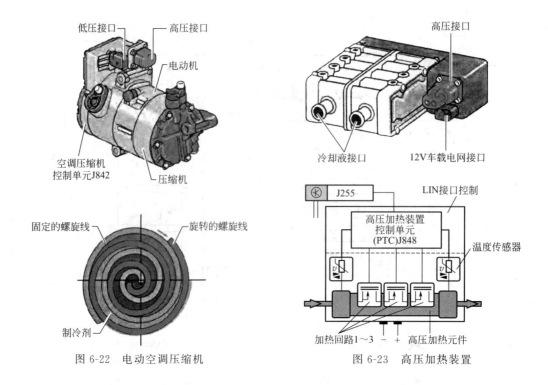

图 6-22 电动空调压缩机　　图 6-23 高压加热装置

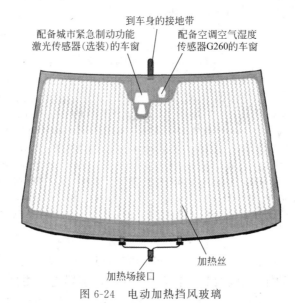

图 6-24 电动加热挡风玻璃

## 五、制动系统

e-up 车型的制动系统（图 6-25）包括串联式制动主缸、车轮制动器、电子机械式制动助力器、ESC/ABS 系统、制动系统蓄压器和三相电流驱动装置。通过电子机械式制动助力器增强驾驶员施加的制动踏板力。

### 1. 可实现制动能量回收的制动系统

可实现制动能量回收的制动系统是专为配备三相电流驱动装置的车辆而开发的。在发电

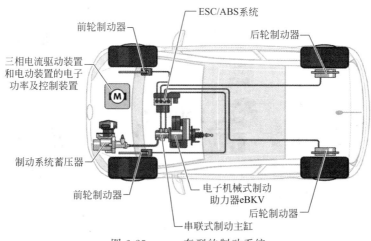

图 6-25　e-up 车型的制动系统

机运行模式下,三相电流驱动装置会根据转速、高压蓄电池的温度及电量产生制动效果。这种相互关系会导致不稳定的电子制动,因此必要时需要通过液压进行补偿。这种电子和液压制动之间的交替变化被称为联合制动(brake blending)。e-up 车型最多可延迟 $3.5 \text{m/s}^2$,由此回收的能量将提供给高压蓄电池电驱动装置的电子功率和控制系统。在驾驶员制动期间,制动系统利用三相电流驱动装置的制动潜力,增加电动车辆的行驶距离。

可实现制动能量回收的制动系统(图 6-26)包括电子机械式制动助力器 eBKV、串联式制动主缸、制动系统蓄压器 VX70、三相电流驱动装置 VX54 和电动装置的电子功率和控制装置 JX1。

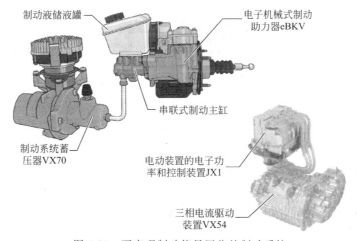

图 6-26　可实现制动能量回收的制动系统

(1)通过能量回收制动提供支持　eBKV 的制动助力器控制单元 J539 从电动装置的电子功率和控制装置 JX1 中获取信息,三相电流驱动装置 VX54 能够对液压制动系统提供支持。当车速较高时,根据提供的发电机制动扭矩,不是产生制动压力就是卸载制动压力。如果车速降低,则发电机制动扭矩提高。根据产生的发电机制动扭矩卸载车轮上的制动压力,为此制动系统蓄压器 VX70 将接收制动液并卸载液压制动系统中的压力,这样可以在已知的时间内仅通过发电机扭矩进行制动,如图 6-27 所示。

(2)三相电流驱动装置的支持不足(图 6-28)　如果在制动期间发电机扭矩下降,

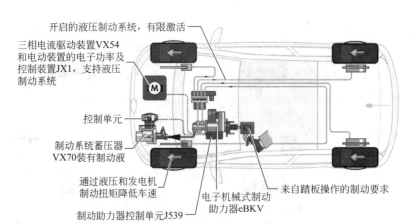

图 6-27 通过能量回收制动提供支持

则制动助力器控制单元 J539 向制动系统蓄压器控制单元 VX70 发送一个信号。蓄压器因此将存储的制动液输送到制动系统中，液压制动系统中的压力随之增加。在车辆制动直到静止时会出现这种情况。当车速低于 10km/h 时将减小产生的扭矩，车辆只能通过液压制动。

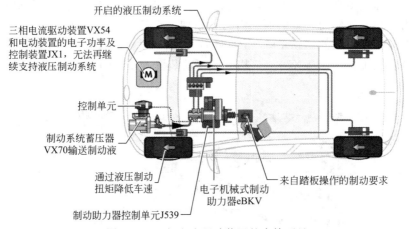

图 6-28 三相电流驱动装置的支持不足

## 2. 电子机械式制动助力器 eBKV

制动助力通过电子机械式制动助力器 eBKV 产生。e-up 车型中的 eBKV 的优点包括不依赖低压的制动助力器、联合制动功能、改进的压力升高动态特性、较高的压力点精度和均匀的制动踏板特性/踏板力。

（1）结构　电子机械式制动助力器安装在发动机舱中，它与制动系统蓄压器 VX70 和 ESC/ABS 相连接。电子机械式制动助力器包括制动助力器控制单元 J539、发动机/变速箱单元、eBKV 推杆和串联式制动主缸，其外观如图 6-29 所示。

（2）功能　驾驶员踩下制动踏板，通过推杆对踏板力进行控制并通过活塞杆传递到串联式制动主缸。为此将推杆以特定值向左移动，该数值通过制动踏板位置传感器 G100 传输到制动助力器控制单元 J539。同时 eBKV 识别发动机位置。这一信息由安装在发动机/变速箱单元中的制动助力器的发动机位置传感器 G840 提供。通过驾驶员制动要求信息和发动机位置，eBKV 的制动助力器控制单元 J539 计算出所需的制动助力。在此加强套筒从轴向运动的小齿轮轴向左侧移动，为驾驶员施加的踏板力提供支持。制动力通过 e-up 车型中的 eBKV 提高了 6 倍。制动助力器内部结构如图 6-30 所示。

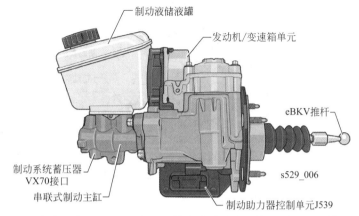

图 6-29　电子机械式制动助力器外观

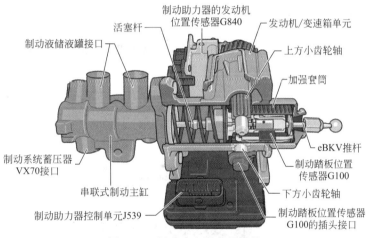

图 6-30　制动助力器内部结构

### 3. 制动系统蓄压器 VX70

制动系统蓄压器 VX70 储存根据需求供应的制动液，并将其流回到制动系统中，目的是降低制动压力。

（1）结构　制动系统蓄压器 VX70 与串联式制动主缸直接连接，如图 6-31 所示。如果车辆通过三相电流驱动装置 VX54（发电机运行模式）制动，则未使用的制动液将储存在制动系统蓄压器 VX70 中。

（2）功能　通过系统元件实现联合制动（brake blending）功能。

如果制动助力器控制单元 J539 识别到发电机制动力不充分，则制动液在压力下从制动系统蓄压器 VX70 被输送到制动系统中。信号由制动助力器控制单元 J539 发送到制动系统蓄压器 VX70 控制单元。

如果有足够的发电机制动力，则卸载车轮制动器上的制动压力。这是通过接收制动系统蓄压器 VX70 中的制动液实现的。为此应将活塞通过发动机拉回到能量回收制动压力存储器 V545 中。

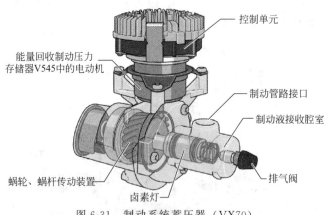

图 6-31　制动系统蓄压器（VX70）

## 第二节　大众 e-up 电动汽车拆装

### 一、高压蓄电池单元拆装

高压蓄电池装配如图 6-32 所示。蓄电池模块装配如图 6-33 所示。蓄电池模块的连接如图 6-34 所示。

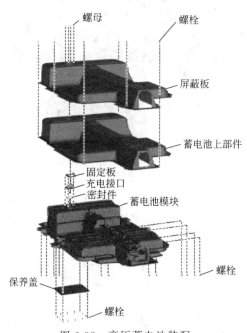

图 6-32　高压蓄电池装配

拆卸和安装高压蓄电池 1-AX2 的方法如下。

小心：戴上防护手套。

提示：不是所有的升降台都可以进行高压蓄电池 1-AX2 的拆卸。注意保持足够距离。

（1）带 DC 充电接口的车辆

① 拆卸座椅。

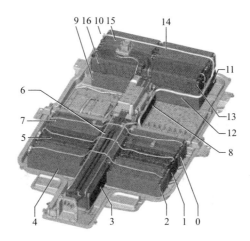

图 6-33 蓄电池模块装配

0—蓄电池模块 J1068；1—蓄电池模块 J991；2—蓄电池模块 J992；3—蓄电池模块 J993；4—蓄电池模块 J994；
5—蓄电池模块 J995；6—蓄电池模块 J996；7—蓄电池模块 J997；8—蓄电池模块 J998；
9—蓄电池模块 J999；10—蓄电池模块 J1000；11—蓄电池模块 J1001；12—蓄电池模块 J1002；
13—蓄电池模块 J1045；14—蓄电池模块 J1046；15—蓄电池模块 J1047；16—蓄电池模块 J1048

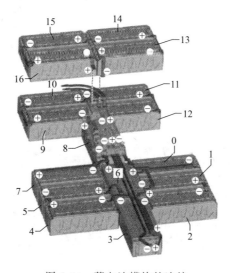

图 6-34 蓄电池模块的连接

0—蓄电池模块 J1068；1—蓄电池模块 J991；2—蓄电池模块 J992；3—蓄电池模块 J993；4—蓄电池模块 J994；
5—蓄电池模块 J995；6—蓄电池模块 J996；7—蓄电池模块 J997；8—蓄电池模块 J998；9—蓄电池模块 J999；
10—蓄电池模块 J1000；11—蓄电池模块 J1001；12—蓄电池模块 J1002；13—蓄电池模块 J1045；
14—蓄电池模块 J1046；15—蓄电池模块 J1047；16—蓄电池模块 J1048

② 拧出螺栓 1（图 6-35）。

③ 取下盖板 2（图 6-35）。

④ 拔出熔丝 1（图 6-36）。

⑤ 向前取下锁止凸缘 2（图 6-36）。

⑥ 按如图 6-36 所示箭头方向翻起卡箍。

（2）适用于所有车辆

① 升高车辆。

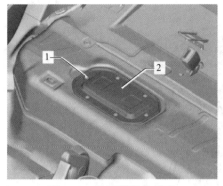

图 6-35 取下螺栓和盖板

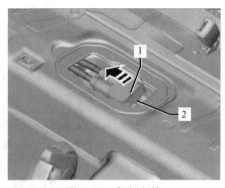

图 6-36 翻起卡箍

② 用张紧带 T10038 固定车辆，如图 6-37 所示。

③ 拆卸底板饰板。

④ 拧出螺母 1（图 6-38）。

⑤ 取出左侧高压蓄电池等电位线 2（图 6-38）。

⑥ 如图 6-39 所示，拧出螺母 1，取出右侧高压蓄电池等电位线 2。

⑦ 如图 6-40 所示，脱开电气插头连接 1。

⑧ 如图 6-41 所示，脱开电气插头连接 1，为此将卡箍 2 沿箭头方向松开。

图 6-37 用张紧带 T10038 固定车辆

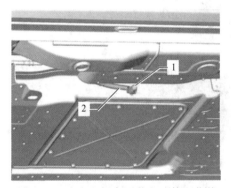

图 6-38 取出左侧高压蓄电池等电位线

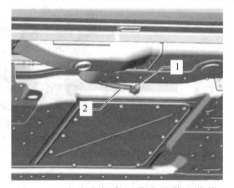

图 6-39 取出右侧高压蓄电池等电位线

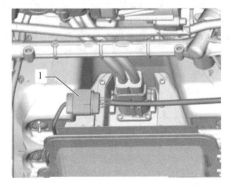

图 6-40 脱开电气插头连接

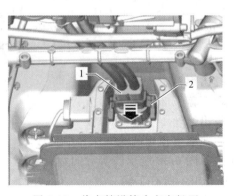

图 6-41 将卡箍沿箭头方向松开

⑨ 降下准备就绪的剪式升降台箭头并进行调整，如图 6-42 所示。
⑩ 将前部的定位件放入孔中箭头，如图 6-43 所示。

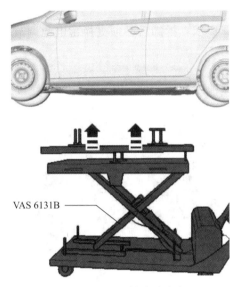

图 6-42　调整剪式升降台

图 6-43　将前部的定位件放入孔中

⑪ 旋出螺栓，如图 6-44 中箭头所示。
⑫ 降低高压蓄电池 1-AX2 3cm，如图 6-45 中箭头 A 所示。
⑬ 将高压蓄电池 1-AX2 沿图 6-45 中箭头 B 移动 2cm。
⑭ 完全降下高压蓄电池 AX2，如图 6-45 中箭头 C 所示。

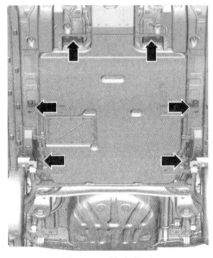

图 6-44　旋出螺栓

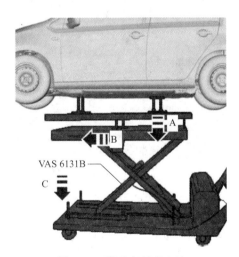

图 6-45　降下高压蓄电池

安装：安装以倒序进行，同时请注意下列事项。
① 对齐车辆下方的高压蓄电池 1-AX2 和剪式升降台 VAS 6131 B。
② 剪式升降台 VAS 6131B 升高，直到高压蓄电池 1-AX2 从后桥通过。
③ 继续小心地向上移动高压蓄电池 1-AX2。
④ 拧紧高压蓄电池 1-AX2。

## 二、拆卸和安装蓄电池调节控制单元 J840

### 1. 拆卸

① 如图 6-46 所示，拧出螺栓 2，取下盖板 1。提示：拆卸后必须更换蓄电池调节控制单元 J840 盖板。

② 拧下螺母 2（图 6-47）并取下等电位导线。

③ 如图 6-47 所示，将电气插头连接 3~6 从蓄电池调节控制单元 J840（图 6-47 中 1）脱开。

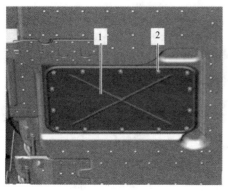

图 6-46　取下盖板

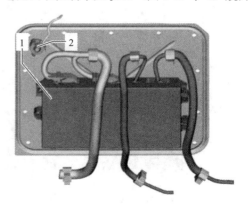

图 6-47　将电气插头脱开

④ 如图 6-48 中箭头所示，解锁蓄电池调节控制单元 J840 并取出。

⑤ 如图 6-49 中箭头所示，转动线束固定夹 1。

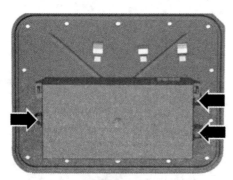

图 6-48　解锁蓄电池调节控制单元

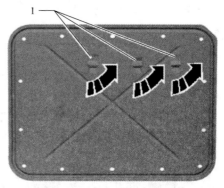

图 6-49　转动线束固定夹

### 2. 安装

安装以倒序进行，同时请注意下列事项。

① 拆卸后每次都要更换保养盖。

② 安装前才从包装中取出保养盖。

③ 检查保养盖密封件是否损坏。

## 三、拆卸和安装高压蓄电池充电电压控制单元 J966

### 1. 拆卸

① 拆卸左前座椅。

② 把地板垫尽量向上翻起，直到能接触到高压蓄电池充电电压控制单元 J966。

③ 脱开电气插头连接 1（图 6-50）。

④ 脱开如图 6-50 箭头所示的锁止凸耳。

⑤ 向上翻起高压蓄电池充电电压控制单元 J966（图 6-50 中 2）。

**2. 安装**

安装以倒序进行。

## 四、电动驱动系统的功率电子装置和电子控制装置的拆卸和安装

电动机的电子功率和控制装置的装配如图 6-51 所示。

**1. 拆卸**

提示：在电动机的电子功率和控制装置 JX1 中安装有电动机控制单元 J841。

① 切断高压系统电源。

② 断开 12V 蓄电池（图 6-52）。

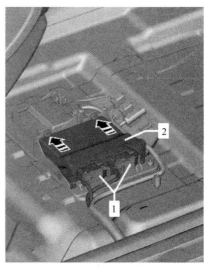

图 6-50 脱开锁止凸耳

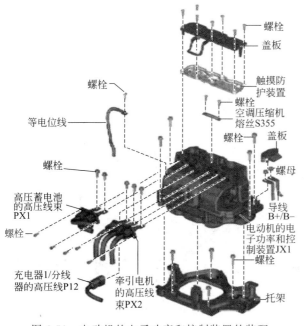

图 6-51 电动机的电子功率和控制装置的装配

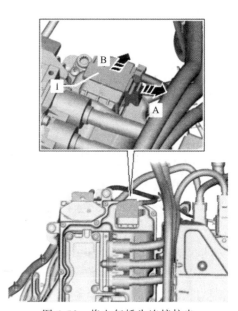

图 6-52 将电气插头连接拉出

③ 拆卸底板饰板。

④ 排出冷却液。

⑤ 拆卸发动机控制单元 J623 支架。

⑥ 沿图 6-52 中箭头 A 方向解锁插头 1。

⑦ 将电气插头连接 1 沿图 6-52 中箭头 B 方向拉出。

⑧ 拧出螺栓 2（图 6-53）。
⑨ 取下盖板 1（图 6-53）。
⑩ 如图 6-54 所示，锁止件 3 沿箭头 A、B 和 C 方向解锁。

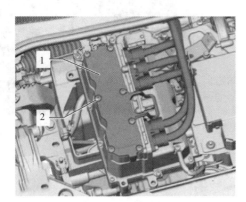

图 6-53　取下盖板

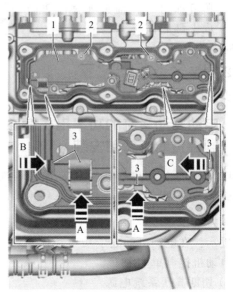

图 6-54　锁止件解锁

⑪ 向上松开锁止件 2。
⑫ 取下触摸防护装置 1。
⑬ 如图 6-55 所示，拧出螺栓 1 和 2。
⑭ 如图 6-56 所示，拧出螺栓 1 和 2。
⑮ 取出高压线束 PX1（图 6-56 中 4）和 PX2（图 6-56 中 3）。
⑯ 将盖板重新安装到电动机的电子功率和控制装置 JX1 上。

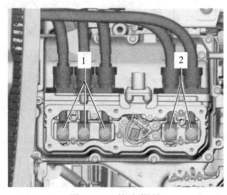

图 6-55　拧出螺栓

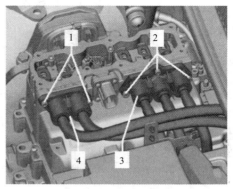

图 6-56　取出高压线束

⑰ 如图 6-57 所示，拧出螺栓 2，取下等电位线 1。
⑱ 如图 6-58 所示，松开盖板 1 箭头。
⑲ 如图 6-59 所示，拧出螺母 2 和 3，取出导线 B＋及 B－（图 6-59 中 1 及 4）。
⑳ 如图 6-60 所示，拧出电动机的电子功率和控制装置 JX1（图 6-60 中 2）螺栓 1。稍微抬起电动机的电子功率和控制装置 JX1 并向左转动。

第六章　大众 e-up 电动汽车　263

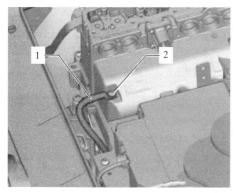

图 6-57　取下等位线

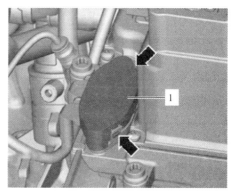

图 6-58　松开盖板

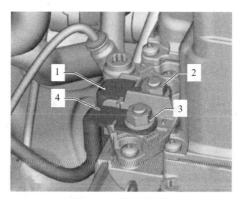

图 6-59　取出导线

㉑ 沿箭头方向松开夹子 1（图 6-61）。
㉒ 拔下冷却液软管 2（图 6-61）。
㉓ 向上取出电动机的电子功率和控制装置 JX1。

图 6-60　拧出电动机的电子功率和控制装置螺栓

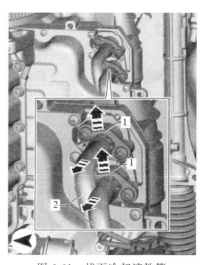

图 6-61　拔下冷却液软管

## 2. 安装

安装以拆卸的倒序进行，同时请注意拆卸后更换螺栓，只允许由具有相应资质的人员进行操作。

## 五、拆卸和安装空调压缩机熔丝 S355

### 1. 拆卸

① 切断高压系统电源并断开 12V 蓄电池。
② 如图 6-62 所示，拧出螺栓 2，取下盖板 1。
③ 如图 6-63 所示，锁止件 3 沿箭头 A，B 和 C 方向解锁。
④ 向上松开锁止件 2，同时取下触摸防护装置 1（图 6-63）。

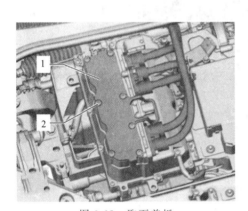

图 6-62 取下盖板

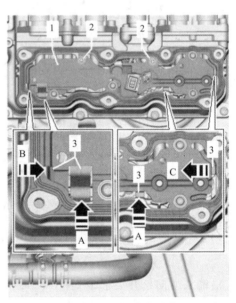

图 6-63 取下触摸防护装置

⑤ 旋出螺栓。
⑥ 拧出空调压缩机熔丝 S355（图 6-64 中 1）。

### 2. 安装

安装以倒序进行，同时请注意只允许由具有相应资质的人员进行操作。盖板的拧紧顺序如图 6-65 所示。

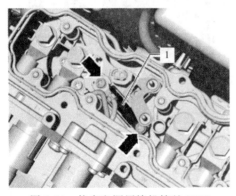

图 6-64 拧出空调压缩机熔丝 S355

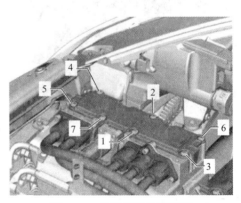

图 6-65 盖板螺栓拧紧顺序
1～7—顺序

## 六、三相电流驱动电动机 VX54、温度传感器 G712 及转子位置传感器 1-G713 的拆卸和安装

### 1. 拆卸和安装三相电流驱动电动机 VX54

三相电流驱动电动机的装配如图 6-66 所示。

（1）拆卸

① 切断高压系统电源并断开 12V 蓄电池接线。

② 拆卸发动机舱盖板，如图 6-67 所示，将发动机舱盖板 1 依次从定位件 2 中拉出。同时拆卸控制单元 J623 和支架。

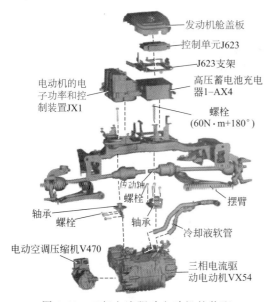

图 6-66 三相电流驱动电动机的装配

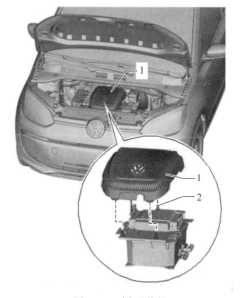

图 6-67 拆下盖板

③ 拆卸底板饰板。

④ 排出冷却液。

⑤ 拆卸高压蓄电池充电器 1-AX4。

⑥ 拆卸电动机的电子功率和控制装置 JX1。

⑦ 拧出螺栓 2（图 6-68）。

⑧ 将牵引电动机的高压线束 PX2 及固定架 1（图 6-68）从电动机的电子功率和控制装置 JX1（图 6-68 中 3）支架中取出。

⑨ 使用直径 25mm 的软管夹 3094 将上方的冷却液软管 1（图 6-69）夹在三相电流驱动电动机 VX54 上。

⑩ 使用软管卡箍钳 VAS 6362 打开软管卡箍 2（图 6-69）并推回。

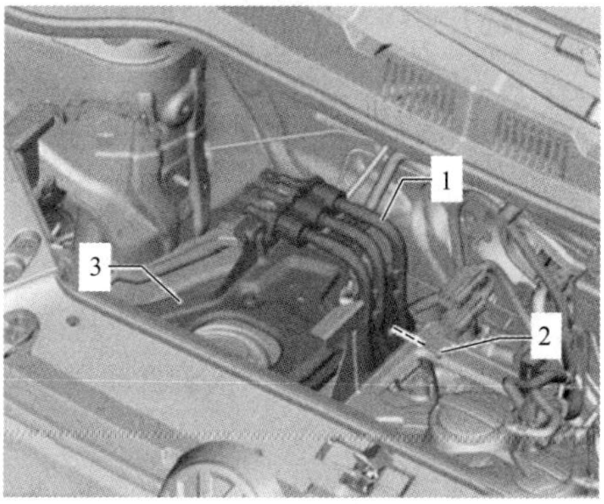

⑪ 从三相电流驱动电动机 VX54 上拔下冷却液软管 1（图 6-69）。

⑫ 用发动机密封塞套件 VAS 6122 密封冷却液接口和冷却液软管。

图 6-68 取下牵引电动机的高压线束 PX2 和固定架

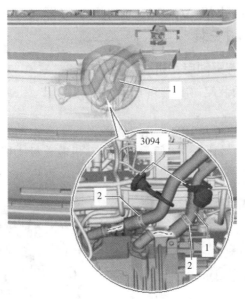

图 6-69 将上方的冷却液软管夹在三相电流驱动电动机上

⑬ 如图 6-70 所示,将驻车锁操作杆上的选挡杆拉索 1 用开口扳手 T10461 沿箭头方向撬起。

⑭ 拧下变速箱上的拉索底座和选挡杆拉索,如图 6-71 中箭头所示。

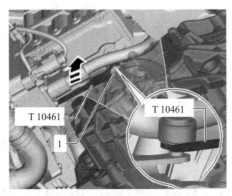

图 6-70 将驻车锁操作杆上的选挡杆拉索撬起

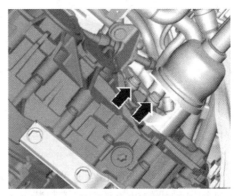

图 6-71 拧下变速箱上的拉索底座

⑮ 拧出螺栓 3(图 6-72)。

⑯ 将等电位线 1(图 6-72)从三相电流驱动电动机 VX54 中取出。

⑰ 解锁并拉出三相电流驱动电动机 VX54 上的牵引电动机的转子位置和温度电气插头连接 2(图 6-72)。

⑱ 用干净的抹布盖住插头,以防止插头接触冷却液。

⑲ 拧出两侧的螺母 3(图 6-73)。

⑳ 如图 6-73 所示,向下拉出摆臂 2,沿箭头方向翻转前桥。

㉑ 将两侧的楔子 T10161 装入到变速箱壳体和三销式万向节 1(图 6-73)之间。

㉒ 用橡胶锤敲击楔子 T10161,将内侧万向节从变速箱中敲出。

㉓ 用维修站工具将两侧的万向节 1(图 6-73)固定到车身上。

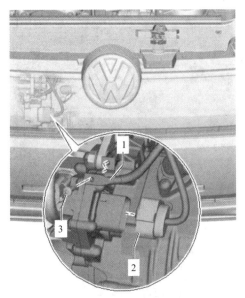

图 6-72 拧出螺栓

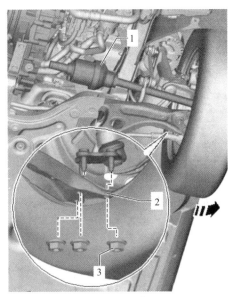

图 6-73 沿箭头方向翻转前桥

㉔ 部分松开右前轮罩壳。
㉕ 拧出螺栓 2（图 6-74）。
㉖ 将等电位线 3（图 6-74）从电动空调压缩机 V470（图 6-74 中 1）中取出。
㉗ 如图 6-74 所示，脱开电气插头连接 4 和 5。
㉘ 如图 6-75 所示，拧出螺栓 2。

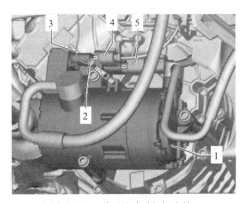

图 6-74 脱开电气插头连接

图 6-75 拧出螺栓

㉙ 从支架上取出电动空调压缩机 V470（图 6-75 中 1）。
㉚ 将电动空调压缩机 V470 用维修站工具 2（图 6-76）固定在车身上。
㉛ 如图 6-77 所示，拧出螺栓 2 和 3，并从副车架中取出摆动支承 1。
㉜ 将变速箱定位件 3282 装入发动机和变速箱举升装置 VAG 1383 A 中（图 6-78）。
㉝ 通过调整板 3282/68（图 6-78）对其定位件。
㉞ 将变速箱举升装置 VAG 1383 A（图 6-79 中 2）定位到三相电流驱动电动机 VX54（图 6-79 中 1）下并固定。

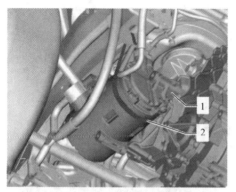

图 6-76 将电动空调压缩机固定在车身上

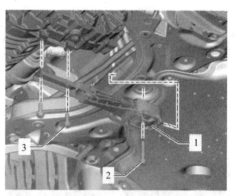

图 6-77 并从副车架中取出摆动支承

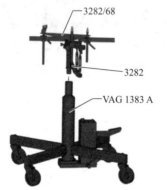

图 6-78 将变速箱定位件装入举升装置

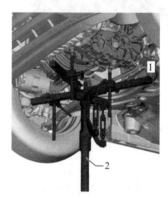

图 6-79 将变速箱举升装置定位到三相电流驱动电动机下

㉟ 如图 6-80 所示,使用工具 VAS 5085 将螺栓 1 从轴承座 2 中取出。

㊱ 降低三相电流驱动电动机 VX54(图 6-81 中 1),为此小心地将三相高压线从发动机舱中取出。

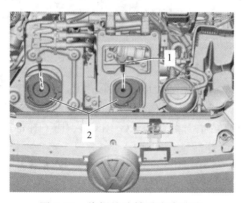

图 6-80 将螺栓从轴承座中取出

图 6-81 取下相高压线

㊲ 将三相电流驱动电动机 VX54（图 6-82 中 1）通过车间起重机 VAS 6100 和钩环 10-222 A/12 从变速箱举升装置 VAG 1383 A 中降下。

㊳ 如图 6-83 所示，将两侧密封盖 T10381/1 放入变速箱。

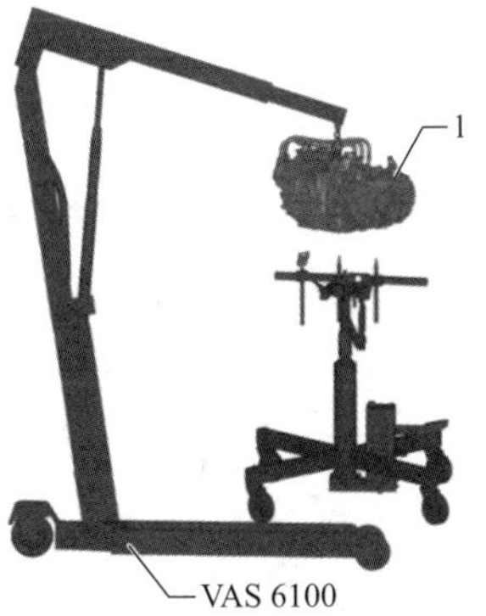


图 6-82　将三相交流电动机降下

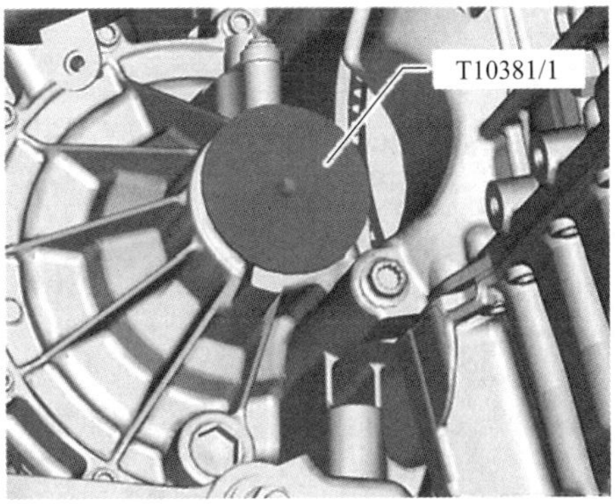


图 6-83　将两侧密封盖放入变速箱

（2）安装　安装以拆卸的倒序进行，同时请注意调整选挡杆拉索、安装前必须检查等电位线的接触面，接触面必须干净，无锈无油脂。

## 2. 拆卸和安装牵引电动机的温度传感器 G712

（1）拆卸

① 切断高压系统电源。

② 将变速箱放置在停车位。

③ 拆卸底板饰板。

④ 拆下右前轮罩内板。

⑤ 拧出电动空调压缩机 V470 并固定在车身上。

⑥ 如图 6-84 所示，拧出螺栓 2 并取下盖板 1。

⑦ 脱开电气插头连接，如图 6-85 中箭头所示。

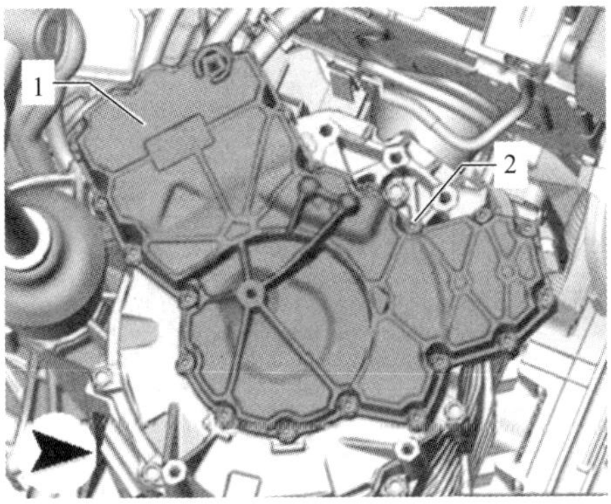


图 6-84　拧出螺栓

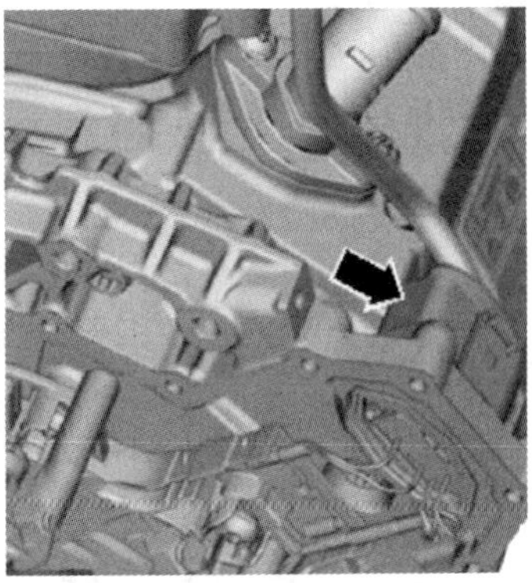

图 6-85　脱开电气插头

⑧ 脱开 2 个锁止凸耳，如图 6-86 中箭头所示。

⑨ 松开壳体上的插头。

⑩ 记录牵引电动机的温度传感器 G712 的插头分布。

⑪ 打开锁止件，从插头上敲出牵引电动机的温度传感器 G712 的导线。

⑫ 如图 6-87 所示，拧出螺栓 1，取下接触桥形接片 2。

⑬ 将牵引电动机的温度传感器 G712（图 6-87 中 3）从转子中拔出。

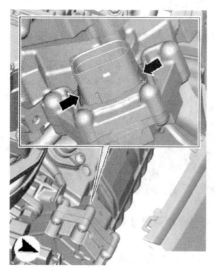

图 6-86　脱开 2 个锁止凸耳

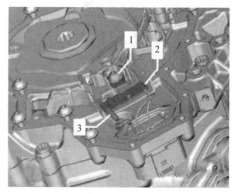

图 6-87　将牵引电动机的温度传感器取出

（2）安装　安装以拆卸的倒序进行，同时请注意更换盖板和壳体之间的密封件，只允许由具有相应资质的人员进行操作。

### 3. 拆卸和安装牵引电动机的转子位置传感器 1-G713

（1）拆卸

① 切断高压系统电源。

② 将变速箱放置在停车位。

③ 拆卸底板饰板。

④ 拆下右前轮罩内板。

⑤ 拧出电动空调压缩机 V470 并固定在车身上。

⑥ 如图 6-88 所示，拧出传感器轮螺栓 1 取下垫片 2。

⑦ 脱开电气插头连接，如图 6-89 中箭头所示。

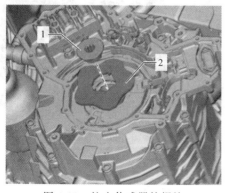

图 6-88　拧出传感器轮螺栓

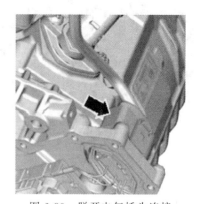

图 6-89　脱开电气插头连接

⑧ 如图 6-90 所示，脱开 2 个锁止凸耳箭头松开壳体上的插头。

⑨ 记录牵引电动机的温度传感器 1-G713 的插头分布。
⑩ 打开锁止件,从插头上敲出牵引电动机的温度传感器 1-G713 的导线。
⑪ 拧出螺栓 2(图 6-91),取出牵引电动机的转子位置传感器 1-G713(图 6-91 中 1)。

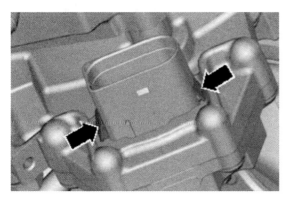

图 6-90　脱开 2 个锁止凸耳

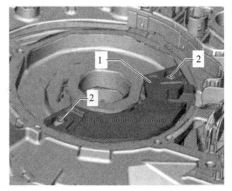

图 6-91　取出牵引电动机的转子位置传感器

(2)安装　安装以倒序进行,同时请注意更换盖板和壳体之间的密封件,只允许由具有相应资质的人员进行操作。

## 七、拆卸和安装牵引电动机高压线束 PX2

高压线安装位置如图 6-92 所示。

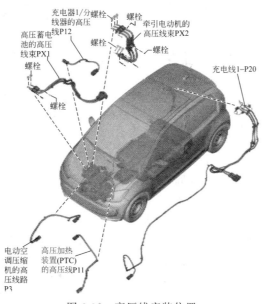

图 6-92　高压线安装位置

### 1. 拆卸

① 切断高压系统电源。
② 将变速箱放置在停车位。
③ 如图 6-93 所示,拧出螺栓 2,取下盖板 1。
④ 松开并取出触摸防护装置 1(图 6-94)。

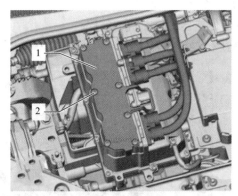

图 6-93 拧出螺栓

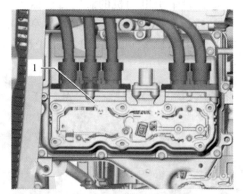

图 6-94 松开并取出触摸防护装置

⑤ 拧出螺栓 1、2（图 6-93），拉出牵引电动机的高压线束 PX2。

⑥ 将盖板重新安装到电动机的电子功率和控制装置 JX1 上，如图 6-95 所示。

⑦ 如图 6-96 所示，拧出螺栓 2，将牵引电动机的高压线束 PX2 和固定架 1 从电动机的电子功率和控制装置 JX1（图 6-96 中 3）支架中取出。

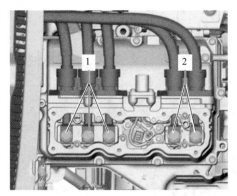

图 6-95 将盖板重新安装到控制装置 JX1 上

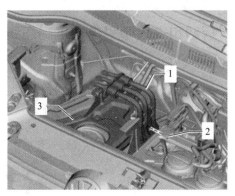

图 6-96 将牵引电机的高压线取出

⑧ 拆卸底板饰板、拆下右前轮罩内板。

⑨ 拧出电动空调压缩机 V470 并固定在车身上。

⑩ 如图 6-97 所示，拧出螺栓 2，取下盖板 1。

⑪ 如图 6-98 所示，将螺栓 2 从牵引电动机的高压线束 PX2（图 6-98 中 1）中拧出。

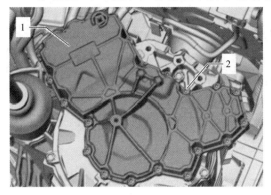

图 6-97 取下盖板

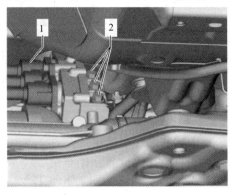

图 6-98 拧出螺栓

⑫ 将牵引电动机的高压线束 PX2（图 6-99 中 1）从支架箭头中脱开。

⑬ 将牵引电动机的高压线束 PX2（图 6-99 中 1）从三相电流驱动电动机中拉出并向上取出。

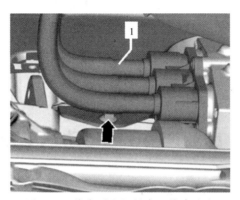

图 6-99　将牵引电机的高压线束取出

### 2. 安装

安装以倒序进行。

# 第七章 比亚迪纯电汽车

## 第一节 比亚迪 e6 纯电动汽车结构原理

### 一、比亚迪 e6 纯电动汽车动力系统

比亚迪 e6 纯电动汽车动力系统结构及原理如图 7-1 所示,其主要由三大模块组成。

① 电动汽车的控制模块电动机控制器、DC/DC 转换器、动力配电箱、主控 ECU、挡位控制器、加速踏板、电池管理单元。

② 电动汽车的动力模块包括电动机总成、电池包体总成。

③ 电动汽车高压辅助模块包括车载慢充、漏电保护器、车载充电口、应急开关。

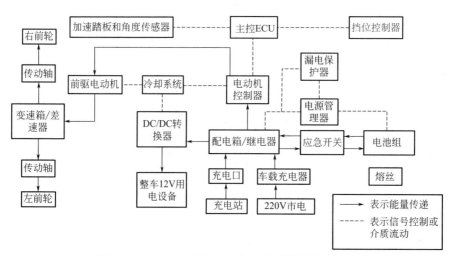

图 7-1 比亚迪 e6 纯电动汽车动力系统结构及原理

### 二、动力控制系统的工作原理

#### 1. 充电过程

充电站的 380V 高压充电桩通过车辆上的充电口,或者 220V 市用电源通过车载充电器升压后输电给车上的配电箱,配电箱直接途经应急开关后对 HV 电池组充电。在充电过程中,电源管理器一直监控着 HV 电池组的温度和电压,如果发现 HV 电池组内部某单体温度或电压过高,就会切断配电箱给 HV 电池组的供电。

#### 2. 放电过程

HV 电池组在电源管理器和漏电保护器的监控下,通过应急开关输电给配电箱,配电箱

根据车辆的实际用电情况分配电量。一部分电量流向电动机控制器，另一部分电量流向 DC/DC 交换器。主控 ECU 根据驾驶员操作信息（接收加速踏板角度传感器和挡位控制器的信号）控制着电动机控制器的工作，电动机控制器主要控制流向电动机的电量大小，以及控制电动机正反转来驱动车辆前进或后退。

从配电箱流向 DC/DC 转换器的电量，经过 DC/DC 转换器将高压直流电转化为低压直流电，为车辆电动液压助力转向系统提供 42V 的电源，同时还为整车用电设备提供 12V 的电源。

## 第二节　比亚迪 e6 纯电动汽车主要部件

### 一、驱动电动机控制器

#### 1. 结构

驱动电动机控制器类型为电压型逆变器，利用 IGBT 将直流电转换为交流电，额定电压为 330V，主要功能是控制电动机和发电机等根据不同工况控制电动机的正反转、功率、扭矩、转速等。即控制电动机的前进、倒退，维持电动汽车的正常运转。关键零部为 IGBT，IGBT 实际为大电容，目的是为了控制电流的工作，保证能够按照驾驶员的意愿输出合适的电流参数。

驱动电动机控制器总成包含上、中、下三层，上、下层为电动机控制单元，中层为水道冷却控制单元，总成还包括信号接插件（包含 12V 电源/CAN 线/挡位/加速踏板/刹车/旋变/电动机温度信号线/预充满信号线等），2 根动力电池正负极接插件、3 根电动机三相线接插件、2 个水套接头及其他周边附件。电动机驱动器的结构如图 7-2 所示。

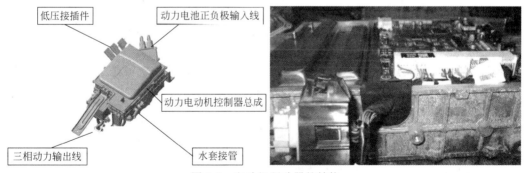

图 7-2　电动机驱动器的结构

#### 2. 功能

① 控制电动机正反向驱动、正反转发电。

② 控制电动机的动力输出，同时对电动机进行保护。

③ 通过 CAN 与其他控制模块通信，接收并发送相关的信号，间接地控制车上相关系统正常运行。

④ 制动能量加馈控制。

⑤ 自身内部故障的检测和处理。

⑥ 最高工作转速：在额定电压时，运行所能达到的最高转速为 7500r/min。

⑦ 半坡起步功能。

⑧ 防止电动机飞车、防止 IPM 保防护。
⑨ 采集 P 挡、R 挡、N 挡、D 挡位信号。
⑩ 采集油门深度传感器和刹车深度传感器信号。

### 3. 绝缘栅双极晶体管控制原理

绝缘栅双极晶体管（IGBT）被认为是电动汽车的核心技术之一。它的作用是进行交流电和直流电转换，同时还承担电压的高低转换功能。另外也将电动机回收的交流电流转换成可供蓄电池充电的电流。IGBT 的结构如图 7-3 所示。

动力电池组和电动机的正负极分别与 IGBT 模块的输入端及输出端连接，IGBT 的输出电压由主控制器向其输入的 PWM 信号控制。在控制器运行过程中，主控制器通过采集分析加速踏板、制动踏板、车速等传感

图 7-3　IGBT 的结构

器信号来进行电动机电压的输出控制，输出方式是将 PWM 信号传递到 IGBT 模块，通过采集电动机电压、电动机电流、电动机和 IGBT 模块的温度等反馈信号进行系统的过流、过压、过热保护。

### 4. 驱动系统控制策略

电动汽车行驶过程中，驾驶员根据实际行驶工况的需要，通过操作加速踏板、制动踏板、变速器操纵杆来控制电动汽车的车速。在不考虑换挡的情况下，加速踏板的信号就代表驾驶员的指令，因此电动汽车的车速实际上是通过驾驶员实现广义的车速闭环控制来实现的。

按加速踏板所代表的给定指令不同，控制系统可以分为开环控制系统、电流闭环控制系统和车速-电流双闭环控制系统。

开环控制系统就是用加速踏板信号代表主控制器向 IGBT 模块输送 PWM 占空比信号，其特点是线路简单，成本低，但是当电池电压参数变化时，没有自动调节作用，抗干扰能力差，起步加速和动力指示不高。

电流单闭环控制系统就是用加速踏板信号代表电动机电枢电流，即电动机的输出扭矩。电流单闭环车速控制系统的主要特点是响应时间短，控制准确，且具有自调节能力，但是此系统容易出现过流现象，可能导致电动机或者控制器损坏。

加速踏板信号代表驾驶员期望车速的控制系统称为车速控制系统。如安装车速传感器检测车速，并将与期望车速相比较构成反控制，则称为车速单闭环控制系统。双闭环控制系统具有比较满意的动态性能，加速踏板位置直接代表驾驶员的期望车速，直观，便于理解，启动加速好，动力性好。

动力电动机再生制动：电动力系统中采用了"再生制动器"，它利用电动机的发电来再次利用动能。电动机通常在通电后开始转动，但是让外界力量带动电动机旋转时，它又可作为发电机来发电。因此，利用驱动轮的旋转力带动电动机发电，在给蓄电池充电的同时，又可利用发电时的电阻来减速。该系统在制动时与液压制动器同时控制再生制动器，完美地将原来在减速中作为摩擦热散失的动能回收为行驶用能量。城市中行驶时，反复进行的调速操作具有较高的能量回收效果，所以在低速时优先使用再生制动器。例如，在城市中行驶

100km，即可再生相当于1L汽油的能量。

### 5. 预充满信号回路控制

预充电目的：在没有进行预充的情况下，主接触器吸合可能引起电流过大而烧结主接触器和击穿电容。

钥匙置于 ON 挡时，为缓解高压电池的冲击，电池管理器先吸合预充接触器控制继电器。来自动力电池的高压电经过预充接触器与两个并联的限流电阻，加载到母线正极上。驱动电动机控制器检查母线正极上的电压达到动力电池额定电压的 2/3 时，向电池管理器反馈一个预充满信号。此后组合仪表 OK 灯点亮，从而电池管理器控制正极放电接触器的控制器吸合，断开预充接触器的控制器。

如有故障，则用诊断仪检查预充情况。如预充失败，则进行以下操作。
① 检查电池管理器是否进行预充。
② 从电池管理器 K05 连接器后端引线。
③ 检查线束端子 M33-25（钥匙 ON 挡）与车身的电压（正常值小于 1V）。

如果不正常，则更换电池管理器，再检查高压电源电路。

预充满信号回路如图 7-4 所示。

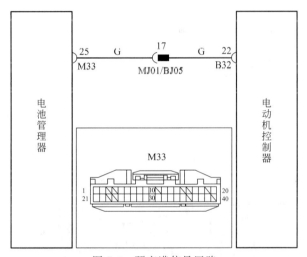

图 7-4　预充满信号回路

### 6. 驱动电动机控制器故障码

驱动电动机控制器故障码如表 7-1 所示。

表 7-1　驱动电动机控制器故障码

| MG2 电动机控制器模块 | | |
| --- | --- | --- |
| 故障诊断码（DTC） | 故障描述 | 可能发生部位 |
| P1B00-00 | IPM 故障 | 电动机控制器 |
| P1B01-00 | 旋变故障 | MG2 电动机<br>线束，接插件 |
| P1B02-00 | 欠压保护故障 | 电动机控制器 |
| P1B03-00 | 主接触器异常故障 | 电动机控制器<br>电池管理器<br>高压配电箱 |

续表

| MG2 电动机控制器模块 | | |
|---|---|---|
| P1B04-00 | 过压保护故障 | 电动机控制器 |
| P1B05-00 | IPM 散热器过温故障 | 电动机控制器 |
| P1B06-00 | 挡位故障 | 挡位控制器<br>电动机控制器/线束 |
| P1B07-00 | 油门异常故障 | 油门深度传感器回路 |
| P1B08-00 | 电动机过热故障 | 刹车深度传感器回路 |
| P1B09-00 | 动力电动机过流故障 | MG2 电动机 |
| P1B0A-00 | 缺相故障 | 电机控制器,线束 |
| P1B0B-00 | EEPROM 失效故障 | |

## 二、DC/DC 转换器

### 1. 作用

DC/DC 转换器负责将电池的 316.8V 高压电转换成 12V 电源。DC/DC 转换器在主接触吸合时工作,输出的 12V 电源供给整车用电器工作(包括 EHPS 电动机),并且在低压电池亏电时给低压电池充电。

空调驱动器接收空调控制器的信息来控制空调压缩机和 PTC。

### 2. 参数

e6 先行者 DC/DC 转换器总成主要包含两个 12V DC/DC 转换器,如图 7-5 和图 7-6 所示。

(1) 12V-1 DC/DC 转换器 输入 200V~400V,输出 13.8V/100A,最大 110A。

(2) 12V-2 DC/DC 转换器 输入 200V~400V,输出 13.8V/70A,最大 100A。

图 7-5 DC/DC 转换器

### 3. 工作原理

① 预充完成时,DC/DC 转换器开始工作(由于 DC/DC 转换器工作时,需要给电容充电,可能会导致预充失败,反复重启几次即可)。

② DC/DC 转换器通过 CAN 接收正极接触器吸合信号,如果收不到该信号会延迟 5s 启动(在有 316.8V 高压的情况下正常工作,DC 故障警告灯不会报警)。

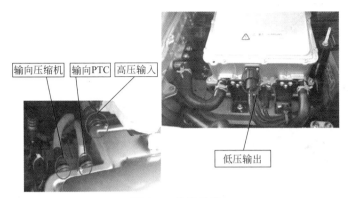

图 7-6 外部连接

#### 4. 控制电路

DC/DC 转换器的电路如图 7-7 所示，其检测正常值如表 7-2 所示。

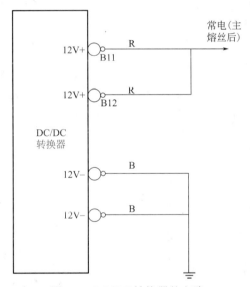

图 7-7 DC/DC 转换器的电路

表 7-2 DC/DC 转换器检测正常值

| 端子 | 条件 | 正常值/V |
| --- | --- | --- |
| B11→车身地 | 给 DC/DC 转换器加载高压 | 11~14 |
| B12→车身地 | 给 DC/DC 转换器加载高压 | 11~14 |

## 三、高压配电箱

通过配电箱对电池包体中巨大的能量进行控制，相当于一个大型的电闸，通过继电器的吸合来控制电流通断，将电流进行分流等。关键零部件为继电器，为了控制如此大的电流通过整车，需要通过几个继电器的并联工作，这也为继电器工作一致性和可靠性提出了苛刻的要求。高压配电箱的位置如图 7-8 所示，系统结构如图 7-9 所示。外部连接图如图 7-10 所示。高压配电箱示意图如图 7-11 所示。高压配电箱保险如图 7-12 所示。

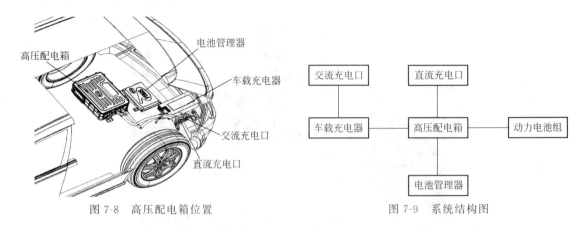

图7-8 高压配电箱位置　　　　　图7-9 系统结构图

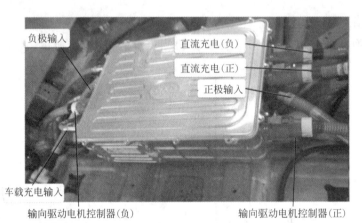

图7-10 外部连接图

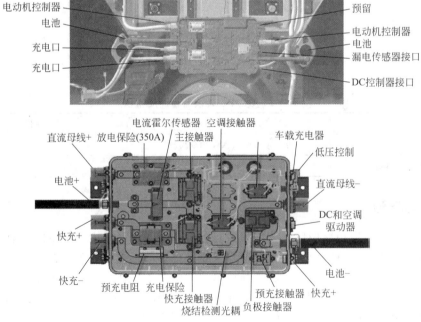

图7-11 高压配电箱示意图

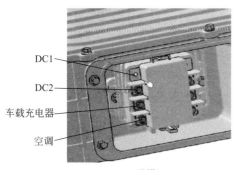

数模图　　　　　　　　　　　　　实物图

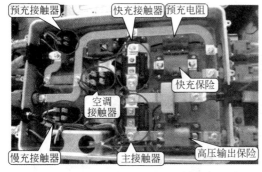

图 7-12　高压配电箱保险

高压配电箱端子如图 7-13 所示，其测量值如表 7-3 所示。

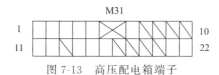

图 7-13　高压配电箱端子

表 7-3　高压配电箱端子测量值

| 端子 | 线色 | 条件 | 正常值 |
| --- | --- | --- | --- |
| M31-5→车身地 | W/B | OK 挡 | 11～14V |
| M31-7→车身地 | B/L | OK 挡 | 11～14V |
| M31-3→车身地 | B/Y | OK 挡 | 11～14V |
| M31-10→车身地 | B | 始终 | 小于1Ω |

## 四、电池管理单元

### 1. 作用

电池管理单元也称为电源管理器系统（battery management system，BMS），是电动汽车电池系统的参数测试及控制装置，具有安全预警与控制、剩余电量估算与指示、充放电能量管理与过程控制、信息处理与通信等主要功能。

### 2. 电池管理单元安装位置与结构

电池管理单元安装位置与结构如图 7-14 和图 7-15 所示。

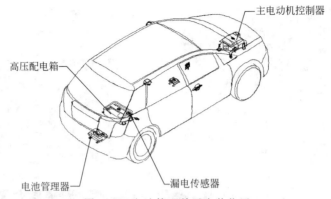

图 7-14 电池管理单元安装位置

图 7-15 电池管理单元结构

### 3. 电池管理单元端子

电池管理单元端子如图 7-16 所示，其测量值如表 7-4 所示。

图 7-16 电池单元端子

表 7-4 电池管理单元端子测量

| 连接端子 | 端子描述 | 线色 | 条件 | 正常值/V |
| --- | --- | --- | --- | --- |
| 1-车身地 | 充电接触器控制 | G/B | 充电 | 小于 1 |
| 2-车身地 | 预充接触器控制 | Y/B | 启动 | 小于 1 |
| 5-车身地 | 车身地 | B | 始终 | 小于 1 |
| 6-车身地 | 电源信号 | R/B | 常电 | 11～14 |
| 7-车身地 | 车身地 | B | 始终 | 小于 1 |
| 10-车身地 | 充电感应开关 | L | 充电 | 小于 1 |
| 12-车身地 | 漏电传感器电源 | W | 启动 | 约 −15 |
| 13-车身地 | 一般漏电信号 | G/Y | 一般漏电 | 小于 1 |

续表

| 连接端子 | 端子描述 | 线色 | 条件 | 正常值/V |
|---|---|---|---|---|
| 14-车身地 | 屏蔽地 | B | 始终 | 小于1 |
| 15-车身地 | 充电通信 CAN-L | V | 充电 | 1.5~2.5 |
| 16-车身地 | 充电通信 CAN-H | P | 充电 | 2.5~3.5 |
| 17-车身地 | F-CAN-L | V | 电源 ON 挡 | 1.5~2.5 |
| 18-车身地 | F-CAN-H | P | 电源 ON 挡 | 2.5~3.5 |
| 20-车身地 | 电流霍尔信号 | G | 电流信号 | — |
| 21-车身地 | 正极接触器控制 | R/Y | 启动 | 小于1 |
| 22-车身地 | DC 继电器 | L | 充电或启动 | 小于1 |
| 25-车身地 | 预充信号 | G/R | 上 ON 挡电后 2s | 小于1 |
| 26-车身地 | 车身地 | B | 始终 | 小于1 |
| 27-车身地 | 电源 | W/R | 电源 ON 挡/充电 | 11~14 |
| 28-车身地 | 车身地 | B | 始终 | 小于1 |
| 31-车身地 | 漏电传感器电源 | R | 启动 | 约15 |
| 32-车身地 | 漏电传感器地 | B | 始终 | 小于1 |
| 3-车身地 | 严重漏电信号 | B/Y | 严重漏电 | 小于1 |

注：连接端子序号不连续的为空脚。

### 4. 电源管理系统状态监测

电源管理系统能够对电源系统的状态参数进行实时监控，比较重要的状态参数：SOC；总电压；总电池；每节电池温度值；漏电信号（通过对硬件信号的采样）；碰撞信号（通过接收主控 ECU 的信息）。

### 5. SOC 估算

① SOC：电池荷电状态（state of charge）。
② 电源管理器系统能够在运行过程中对电池荷电状态进行实际估算。
③ 主要通过电流积分的方法实现 SOC 的计算。

### 6. 电池故障诊断

电源管理系统能够在运行过程中实现对电池系统的故障诊断，具体如表 7-5 和表 7-6 所示。

表 7-5 电池故障故

| 故障状态 | 电池管理器系统故障诊断状况 |
|---|---|
| 模块温度＞65℃ | 1级故障：一般高温告警 |
| 模块(单体)电压＞3.85V | 1级故障：一般高压告警 |
| 模块(单体)电压＜2.6V | 1级故障：一般低压告警 |
| 充电电流＞300A | 1级故障：充电过流告警 |
| 放电电流＞450A | 1级故障：放电过流告警 |
| 绝缘电阻＜设定值 | 1级故障：一般漏电告警 |
| 模块温度＞70℃ | 2级故障：严重高温告警 |
| 模块(单体)电压＞4.1V | 2级故障：严重高压告警 |

续表

| 故障状态 | 电池管理器系统故障诊断状况 |
|---|---|
| 模块(单体)电压<2.0V | 2级故障;严重低压告警 |
| 绝缘电阻<设定值 | 2级故障;严重漏电告警 |

表 7-6 故障码

| DTC | 描述 | 故障范围 |
|---|---|---|
| P1A40-00 | 单节电池温度传感器故障 | 温度传感器、线束 |
| P1A48-00 | 电池采样故障 | 诊断码 |
| P1A54-00 | 电池组漏电错误 | 漏电传感器、线束 |
| P1A58-00 | 电池管理系统初始化错误 | 电池管理器 |
| P1A5D-00 | 电动机控制器预充未完成 | 诊断码 |

## 五、动力电动机

### 1. 安装位置

动力系统总由动力电动机和变速箱组成。动力电动机根据冷却型式不同分为风冷式电动机和水冷式电动机,根据结构不同分为直流有刷电动机、直流无刷电动机以及交流电动机。比亚迪现在使用的电动机为交流无刷永磁电动机,通过采集电动机旋变信号进行工作。当车辆要行驶时,电动机通过旋变压器检测到电动机的位置,位置信号通过控制器的处理,发送相关信号给控制器 IGBT,逻辑信号控制 IGBT 开断,控制器输出近似正弦波的交流电。

电动机定子的三相绕组在正弦绕组下形成圆形的旋转磁场,驱动电动机转子旋转,在旋转过程,旋转变压器进行速度及位置检测,可以反馈给控制器进行监测,以准确控制电动机的转速及位置。动力总成安装位置如图 7-17 所示。

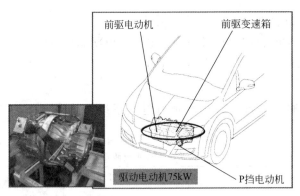

图 7-17 动力总成安装位置

### 2. 技术参数

动力电动机额定功率为 75kW,最大功率为 120kW,最大输出转速为 7500r/min,动力总成质量为 130kg。电动机由外圈的定子与内圈的转子组成,如图 7-18 和图 7-19 所示,这是汽车的唯一动力源,可向外输出扭矩,驱动汽车前进或后退;同时也可以为发电机发电(例如,在高坡下滑、高速滑行以及刹车制动过程中把势能或者动能通过电动机转化为电能存储)。

额定功率：正常情况下能持续稳定输出的最大功率。

最大功率：是某时刻的峰值功率，没有实际意义。

动力电动机为永磁同步电动机，其特点是高密度、小型轻量化、高效率、高可靠性、高耐久性、强适应性。

永磁同步电动机（PMSM）系统以其高效、高控制精度、高转矩密度等特点在电动汽车电驱动系统中具有很高的应用价值，同时要求其能在车辆使用环境下具有良好的动态性能。电动汽车对电动机也有较高的要求，为满足在纯电动模式下启动及纯电动续驶里程、加速和高速行驶的要求，电动汽车需要配有较大输出功率、低速时高扭矩和调速范围宽的电动机；另外考虑到整车布置和使用寿命等因素，应尽量选取高密度、小型轻量化、高效率、高可靠性、高耐久性、强适应性的电动机。就目前现有技术而言，永磁同步电动机是个较好的选择。

 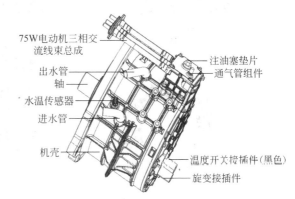

图 7-18 驱动电动机结构图

(a)转子　　　　　　　　　　(b)定子

图 7-19 驱动电动机转子、定子的结构

### 3. 旋转变压器

旋转变压器（简称旋变）是一种输出电压随转子转角变化的信号元件，其结构及安装位置如图 7-20 所示。当励磁绕组以一定频率的交流电压励磁时，输出绕组的电压幅值与转子转角成正、余弦函数关系，这种旋转变压器又称为正余旋转变压器。

旋转变压器用于运动伺服控制体系统中，作为角度位置的传感器和供测量时使用。磁阻式旋转变压器的励磁绕组和输出绕组放在同一套定子槽内，固定不动。但励磁绕组和输出绕组的型式不一样，两相绕组输出信号仍然应是随转角作正弦变化、彼此相差 90°电角度的电信号。转子磁极形状作特殊设计,使得气隙磁场近似于正弦形。转子形状的设计也必须满足所要求的极数。可以看出,转子的形状决定了极数和气隙磁场形状。

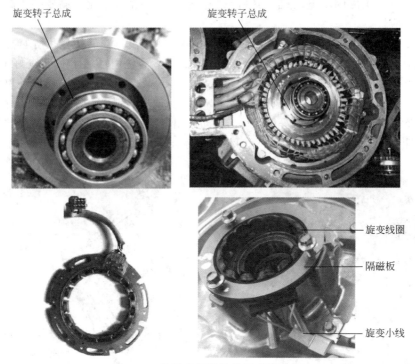

图 7-20 旋转变压器结构及安装位置

### 4. 驱动电动机控制电路图及端子

驱动电动机控制电路图及端子如图 7-21 和图 7-22 所示。端子检测如表 7-7 和表 7-8 所示。

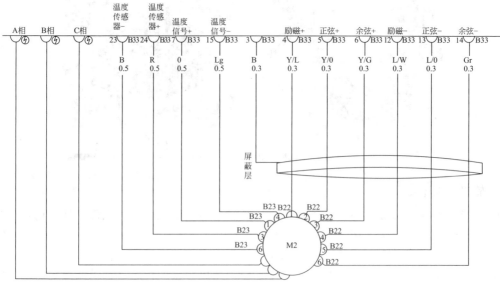

图 7-21 驱动电动机控制电路图

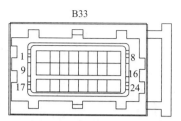

图 7-22 驱动电动机端子

表 7-7 驱动电动机端子测量值

| 端子 | 线色 | 正常值/Ω | 端子 | 线色 | 正常值/Ω |
|---|---|---|---|---|---|
| B33-7→B23-1 | O | <1 | B33-6→B22-3 | Y/G | <1 |
| B33-15→B23-4 | Lg | <1 | B33-12→B22-4 | L/W | <1 |
| B33-4→B22-1 | Y/L | <1 | B33-13→B22-5 | L/O | <1 |
| B33-5→B22-2 | Y/O | <1 | B33-14→B22-6 | Gr | <1 |

表 7-8 驱动电动机故障检测数据

| 接插件端口 | 针脚定义 | 阻值 | 针脚定义 | 阻值 | 针脚定义 | 阻值 | 针脚定义 | 阻值 |
|---|---|---|---|---|---|---|---|---|
| 母端 | 23(MG2正弦+)<br>11(MG2正弦-) | 14Ω±4Ω | 24(励磁+)<br>12(励磁-) | (8.1±2.0)Ω | 16(MG2电机过温)<br>11(MG2电机过温地) | (25±1)Ω | 22(MG2余弦+)<br>10(MG2余弦-) | (14±4)Ω |
| 公端(控制器) | 23(MG2正弦+)<br>11(MG2正弦+) | (137±5)kΩ | 24(励磁+)<br>12(励磁-) | (339±5)kΩ | 16(MG2电机过温)<br>11(MG2电机过温地) | (25±1)kΩ | 22(MG2余弦+)<br>10(MG2余弦-) | (136±5)kΩ |

## 六、动力总成

### 1. 动力电池结构

动力电池作为提供整车动力能源的设备，e6 车型采用磷酸铁钴锂电池（单个电池电压 3.3V，电池包标称电压 316.8V，容量 219A·h，一次充电 61kW·h）。磷酸铁钴锂动力电池是采用磷酸铁钴锂材料作电池正极的锂离子电池，它锂离子电池家族的新成员。

e6 车型动力电池经 4000 次充放电循环，其放电容量仍大于 75%，可使车辆行驶 60 万千米，使用 10 年。该电池由 11 个模块构成，共 96 节，如图 7-23～图 7-25 所示。

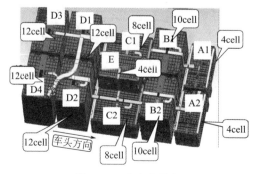

图 7-23 动力电池组

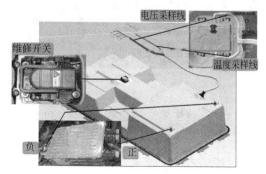

图 7-24 动力电池电缆连接

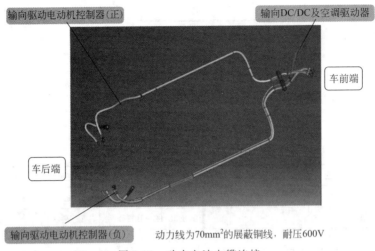

图 7-25 动力电池电缆连接

### 2. 动力电池的漏电检测

（1）工具　万用表（能精确到小数点后 4 位）；100kΩ 电阻。

（2）动力电池检测原理　如图 7-26 所示。

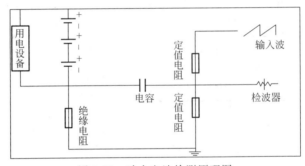

图 7-26 动力电池检测原理图

（3）检测步骤一　正极与壳体检测如图 7-27 所示。

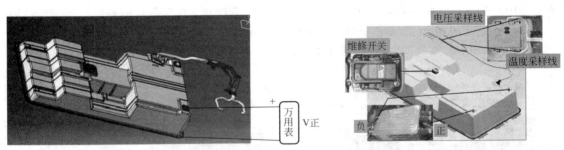

图 7-27 正极与壳体检测

（4）检测步骤二　负极与车身之间检测如图 7-28 所示。

（5）检测步骤三　比较 V 正和 V 负，选择电压大者进行下一步检测如图 7-29 所示（例如 V 正＞V 负）。

（6）检测步骤四　通过计算来检测是否漏电，如图 7-30 所示。

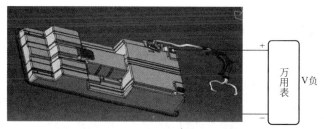

图 7-28　负极与车身之间检测

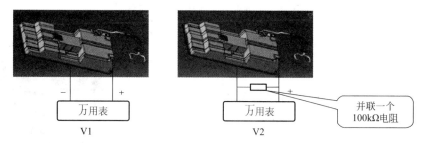

图 7-29　选择电压大者

$$\frac{\frac{U_1-U_2}{U_2}R}{316} > 500\Omega/V \quad 不漏电$$

$$\frac{\frac{U_1-U_2}{U_2}R}{316} \leqslant 500\Omega/V \quad 漏电$$

图 7-30　计算是否漏电

### 3. 动力电池拆卸

① 启动按钮置于 OFF 挡。

② 维修紧急维修开关如图 7-31 所示。维修开关是电动汽车中一种常用的手动操作设备，用于使电动汽车紧急断电，从而对车辆进行维修及更换零件。

③ 断开 12V 蓄电池负极。

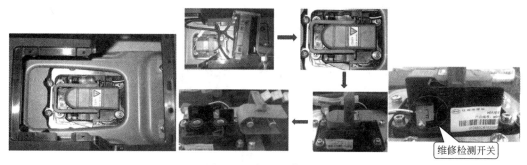

图 7-31　紧急维修开关

④ 安装时电池盖与电池托盘的一次密封如图 7-32 所示。

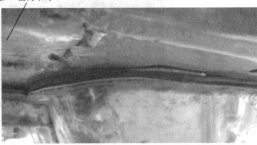

图 7-32 电池盖与电池托盘的一次密封

⑤ 电池总成装配时,维修开关、正极、负极、采样线对准车身口,且采样线、维修开关、正极、负极不能与车身干涉。

⑥ 电池总成在装配结束后,目测与车身接合处要紧密。

⑦ 拆卸动力电池正极、负极接线柱时应注意锁紧装置的拆卸和安装,如图 7-33 所示。

## 七、车载充电器

### 1. 概述

图 7-33 锁紧装置

比亚迪 e6 车型有两种充电方式,即直流充电和交流充电。

交流充电主要是通过家用插头和交流充电桩接入交流充电口,通过车载充电器将家用 220V 交流电转为 330V 直流高压电给动力电池进行充电。

直流充电主要是通过充电站的充电柜将直流高压电直接通过直流充电口给动力电池充电。

车载充电系统组成如图 7-34 所示。充电系统连接线束如图 7-35 所示。

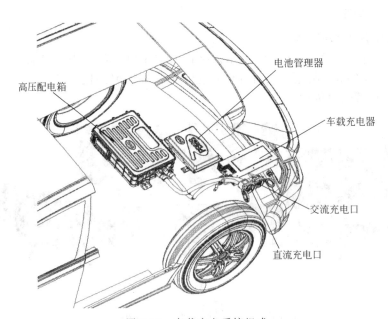

图 7-34 车载充电系统组成

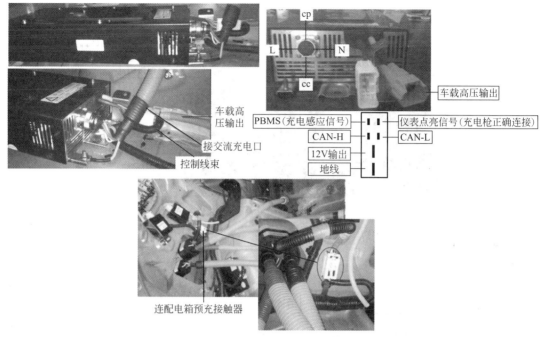

图 7-35 充电系统连接线束

## 2. 充电接口

e6 电动汽车充电接口如图 7-36 和图 7-37 所示。家用充电器及充电桩如图 7-38 所示。

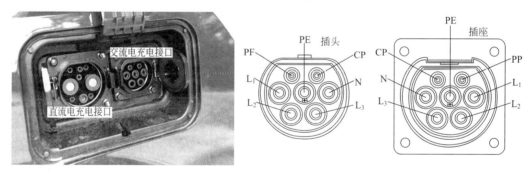

图 7-36 交流充电接口插头和插座布置

PE—保护接地；PP—控制确认 2；$L_1 \sim L_3$—三线交流电；N—中线；CP—控制确认 1

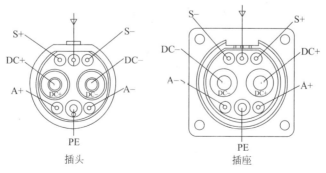

图 7-37 直流充电接口插头和插座端子布置图

▽—充电 CAN 屏蔽；S+—充电通信 CAN-H；DC+—直流电源正极；A+—低压辅助电源正极；PE—保护接地端子；
A-—低压辅助电源负极；DC-—直流电源负极；S-—充电通信 CAN-L

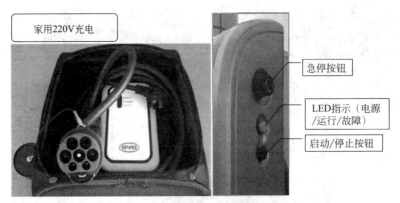

图 7-38 家用充电器及充电桩

### 3. 充电系统原理电路

充电系统原理电路如图 7-39 和图 7-40 所示。

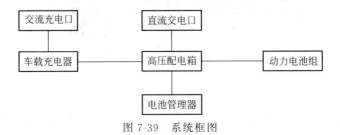

图 7-39 系统框图

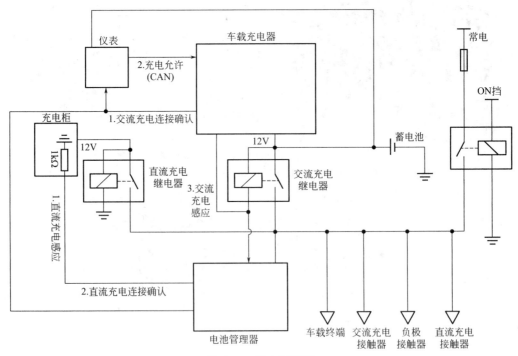

图 7-40 充电原理图

#### 4. 车载充电器的故障判定

① 车载充电器的故障判定如图 7-41 所示。如果测量值为 2.7kΩ 时，说明车载充电器内部二极管损坏，需要更换。

② 交流充电的故障判定如图 7-42 所示，测量 CC 端子与 PE 端子。

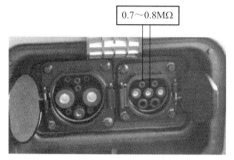

图 7-41　车载充电器的故障判定

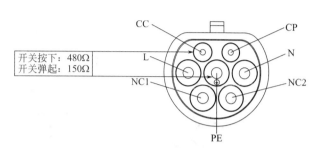

图 7-42　交流充电的故障判定

## 八、漏电保护器

漏电保护器主要监测电池总成与车身的漏电。如图 7-43 所示，通过将一端和负极相连，一端对车身连接检测电流和电压值，一旦发现有超出限制的电流和电压，则发出报警，并切断控制模块，保证用电安全。动力蓄电池系统泄漏电流量不超过 2mA（e6 车型）；正负极与车身绝缘电阻值为 120～140kΩ 时，表明一般漏电；当绝缘电阻值≤20kΩ 时，表明严重漏电。

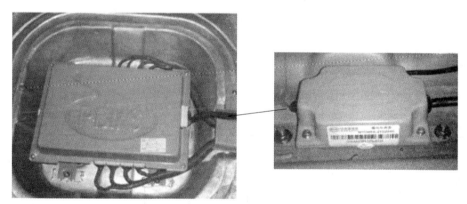

图 7-43　漏电保护器

## 九、挡位控制器

#### 1. 作用

挡位控制器是用来控制电动汽车前进、后退、停车等动作的部件，由于电动汽车与传统燃油车的控制方式不同，故挡位控制类似于自动挡。

挡位执行器是人机对话的窗口，自动变速器挡位显示在换挡手柄上，P 挡是驻车挡，踩下制动踏板，启动车辆，OK 灯亮起后，即可将挡位从 P 挡切换至其他挡；R 挡是倒车挡，在汽车停稳后方可使用；N 挡是空挡，当需要暂时停车时使用；D 挡是行车挡，供正常行驶时使用。除在启动时要踩下制动踏板外,其他时候挡位之间的切换直接操纵换挡操纵杆即可实现。换挡成功后,手松开,换挡杆自动回到中间位置。挡位控制器如图7-44所示。

### 2. 挡位控制器电源电路

挡位控制器电源电路如图7-45所示,其端子测量值如表7-9所示。

图7-44 挡位控制器

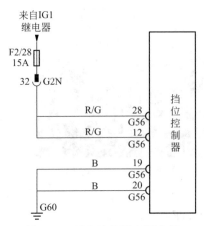

图7-45 挡位控制器电源电路

挡位传感器A、B回路电路如图7-46所示,其端子测量值如表7-10和表7-11所示。

方向盘巡航控制开关回路7-47所示。测量方法如下。

① 拔下方向盘巡航控制开关X993连接器。

② 测量开关板端连接器各端子间电阻,如表7-12和表7-13所示。

表7-9 挡位控制器端子测量值

| 端子 | 线色 | 条件 | 正常值 |
| --- | --- | --- | --- |
| G56-28→车身地 | R/G | 电源打到ON挡 | 11～14V |
| G56-12→车身地 | R/G | 电源打到ON挡 | 11～14V |
| G56-19→车身地 | B | 始终 | <1Ω |
| G56-20→车身地 | B | 始终 | <1Ω |

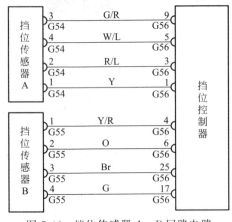

图7-46 挡位传感器A、B回路电路

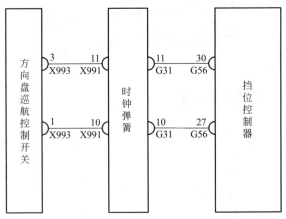

图7-47 方向盘巡航控制开关回路

表 7-10 挡位传感器 A 回路端子测量值

| 端子 | 线色 | 条件 | 正常值 |
|---|---|---|---|
| G54-3→车身地 | Gr | 始终 | <1Ω |
| G54-4→车身地 | W/L | 换挡手柄置于 N 挡 | 约 5V |
| G54-2→车身地 | R/L | 换挡手柄置于 P 挡 | 约 5V |
| G54-1→车身地 | Y | 电源置于 ON 挡 | 约 5V |

表 7-11 挡位传感器 B 回路端子测量值

| 端子 | 线色 | 条件 | 正常值 |
|---|---|---|---|
| G55-1→车身地 | Y/R | 换挡手柄置于 R 挡 | 约 5V |
| G55-2→车身地 | O | 换挡手柄置于 D 挡 | 约 5V |
| G55-3→车身地 | Br | 始终 | <1Ω |
| G55-4→车身地 | G | 电源置于 ON 挡 | 约 5V |

表 7-12 测量开关板端连接器各端子间电阻

| 端子 | 条件 | 正常值/Ω | 端子 | 条件 | 正常值/Ω |
|---|---|---|---|---|---|
| X993-1→X993-3 | 按下 +RES | 约 887 | X993-1→X993-3 | 按下 ON/OFF | <1 |
| X993-1→X993-3 | 按下 -SET | 约 300 | X993-1→X993-3 | 按下 CANCEL | 约 100 |

表 7-13 时钟弹簧 G31 连接器与挡位控制器 G56 连接器间电阻检查

| 端子 | 线色 | 正常值 | 端子 | 线色 | 正常值 |
|---|---|---|---|---|---|
| G31-10→G56-27 | W | 小于 1Ω | G31-10→车身地 | W | 大于 10kΩ |
| G31-11→G56-30 | P | 小于 1Ω | G31-11→车身地 | P | 大于 10kΩ |

## 十、P 挡控制器

### 1. P 挡电动机控制系统

它不同于传统的机械拉索控制锁止结构,它通过控制电动机转子转动时的伸出与缩进来控制是否锁止变速箱,它主要包括控制器、电动机、霍尔位置传感器,霍尔位置传感器和电动机是集成在一块的。

(1) 控制器 P 挡电动机控制器主要控制 P 挡电动机在 P 挡位置锁止变速箱,主要完成 PWM 波产生对 P 挡电动机的控制,其安装位置如图 7-48 所示。

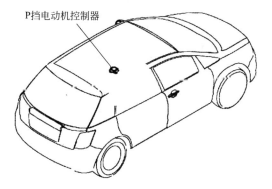

图 7-48 P 挡控制器安装位置

(2) 电动机 P挡电动机为开关磁阻电动机,属于异步电动机的范畴,该电动机内部由叶轮和摆轮等部件组成,叶轮每旋转60圈,摆轮旋转1圈,摆轮通过花键与锁止机构相连将变速器锁止。

开关磁阻电动机是一种新型调速电动机,该调速系统兼具直流、交流两类调速系统的优点,是继变频调速系统、无刷直流电动机调速系统后最新一代的无级调速系统。它的结构简单、坚固,调速范围宽,调速性能优异,且在整个调速范围内都具有较高效率,系统可靠性高。主要由开关磁阻电动机、功率变换器、控制器与位置检测器四部分组成。控制器内包含控制电路与功率变换器,而转子位置检测器则安装在电动机的一端。

### 2. P挡控制器端子测量

拔下插接器K16、B13,如图7-49所示。测量线束端子信号,如表7-14和表7-15所示。

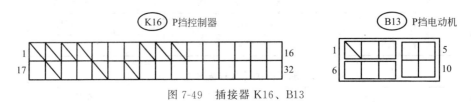

图7-49 插接器K16、B13

表7-14 P挡控制器端子测量

| 端子号 | 线色 | 端子描述 | 条件 | 正常值 |
| --- | --- | --- | --- | --- |
| K16-19→车身地 | R/B | 常电电源信号 | 始终 | 9～16V |
| K16-17→车身地 | Y/R | ON挡电源信号 | ON挡电 | 9～16V |
| K16-7→车身地 | V | F-CAN-L | 始终 | 1.5～2.5V |
| K16-6→车身地 | P | F-CAN-H | 始终 | 2.5～3.5V |
| K16-22→车身地 | B | 屏蔽地 | 始终 | <1Ω |
| K16-24→车身地 | B | 车身地 | 始终 | <1Ω |
| K16-25→车身地 | B | 车身地 | 始终 | <1Ω |
| K16-26→车身地 | B | 车身地 | 始终 | <1Ω |
| B13-2→车身地 | B/Y | 电动机电源 | P挡信号 | 9～16V |
| B13-3→车身地 | Gr | P挡电动机A相驱动 | 挂P挡或退出P挡操作 | PWM脉冲信号 |
| B13-4→车身地 | L | P挡电动机B相驱动 | 挂P挡或退出P挡操作 | PWM脉冲信号 |
| B13-5→车身地 | G | P挡电动机C相驱动 | 挂P挡或退出P挡操作 | PWM脉冲信号 |
| B13-9→车身地 | R | 霍尔传感器电源 | 挂P挡或退出P挡操作 | <5V |
| B13-8→车身地 | B | 车身地 | 始终 | <1Ω |

表7-15 从后端引线测板端信号

| 端子号 | 线色 | 端子描述 | 条件 | 正常值 |
| --- | --- | --- | --- | --- |
| K16-5→车身地 | Y/B | P挡电动机继电器驱动 | P挡信号 | 小于1V |
| K16-16→车身地 | Y | P挡电动机A相驱动信号 | 挂P挡或退出P挡操作 | PWM脉冲信号 |
| K16-31→车身地 | Y | P挡电动机A相驱动信号 | 挂P挡或退出P挡操作 | PWM脉冲信号 |
| K16-32→车身地 | Y | P挡电动机A相驱动信号 | 挂P挡或退出P挡操作 | PWM脉冲信号 |
| K16-11→车身地 | W | P挡电动机B相驱动信号 | 挂P挡或退出P挡操作 | PWM脉冲信号 |
| K16-12→车身地 | W | P挡电动机B相驱动信号 | 挂P挡或退出P挡操作 | PWM脉冲信号 |

续表

| 端子号 | 线色 | 端子描述 | 条件 | 正常值 |
|---|---|---|---|---|
| K16-27→车身地 | W | P挡电动机B相驱动信号 | 挂P挡或退出P挡操作 | PWM脉冲信号 |
| K16-28→车身地 | G/W | P挡电动机C相驱动信号 | 挂P挡或退出P挡操作 | PWM脉冲信号 |
| K16-29→车身地 | G/W | P挡电动机C相驱动信号 | 挂P挡或退出P挡操作 | PWM脉冲信号 |
| K16-30→车身地 | G/W | P挡电动机C相驱动信号 | 挂P挡或退出P挡操作 | PWM脉冲信号 |
| K16-20→车身地 | R | 霍尔传感器电源信号 | 挂P挡或退出P挡操作 | 5V |
| K16-13→车身地 | Gr | Hall-A信号输入端 | 挂P挡或退出P挡操作 | — |
| K16-14→车身地 | L | Hall-B信号输入端 | 挂P挡或退出P挡操作 | — |
| K16-15→车身地 | G | Hall-C信号输入端 | 挂P挡或退出P挡操作 | — |

## 十一、软关断控制器

为保证电源切断时不会对电器模块造成大电压冲击,增加了软关断控制器。给高压负载一个卸载时间,在钥匙从ON挡关闭时,高压电源会延迟3s断电,如图7-50所示。

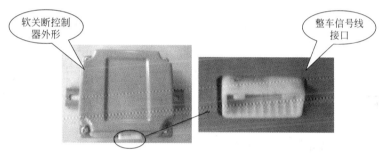

图7-50 软关断控制器

## 十二、e6先行者整车电器、CAN网络系统

### 1. e6先行者整车电器系统图(图7-51)

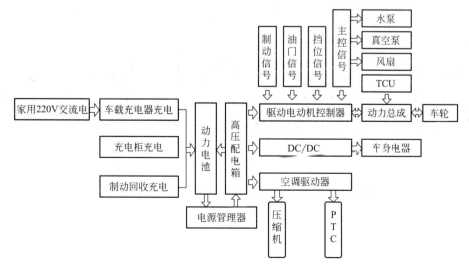

图7-51 e6先行者整车电器系统图

## 2. e6 先行者整车 CAN 网络结构

数据传递终端实际是一个电阻器,作用是避免数据传输终了反射回来时产生反射波,而使数据遭到破坏。e6 先行者整车 CAN 网络结构如 7-52 所示。

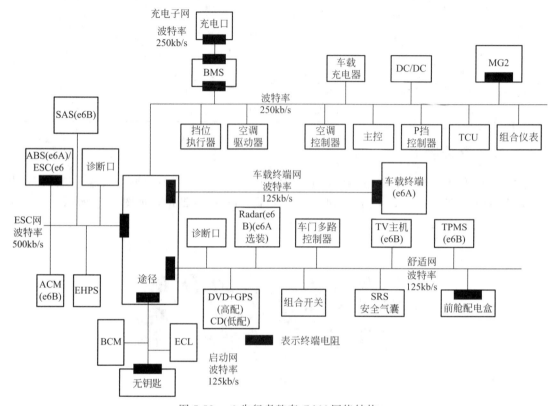

图 7-52　e6 先行者整车 CAN 网络结构

## 十三、e6 先行者组合仪表

e6 先行者组合仪表设计造型新颖、信息显示内容全面,如图 7-53 和图 7-54 所示,主要包括车速表、功率表、里程表、电量表、续驶里程以及其他信息报警和指示符号,采用高清液晶屏,体现了数字化时代气息。

图 7-53　e6 先行者车型仪表

## 十四、刹车深度传感器

刹车深度传感器可接收制动踏板深度的信号,电动机控制器实现对电动机的控制,如电动机的转速、制动回馈、制优先等功能,如图 7-55 所示。

刹车深度传感器控制电路如图 7-56 所示。刹车深度传感器检测值如表 7-16 所示。刹车深度传感器与电动机控制器线束电阻检测如表 7-17 所示。

第七章 比亚迪纯电汽车

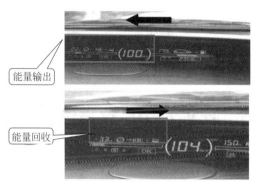

车速表：显示出汽车的车速
功率表：时时显示能量的走向及动力电动机发出的功率
可续驶里程：能估计剩余电量能够行驶的里程数
电量表：显示车辆电量
挡位显示屏：显示出所挂挡位
READY指示灯(OK灯) 启动车辆时，OK灯亮表示启动成功，挂挡后可行车
　　　　　　　　　行车过程中，OK灯亮表示车辆状态正常
　　　　　　　　　车有故障时，OK灯熄灭，表示车辆必须进行检修
里程表，显示行驶里程，可通过按键调节显示大、小里程
充电指示灯：充电时此灯点亮　　　动力电池过热指示符
动力电池切断指示符　　　　　　　温度、时间显示

能量输出

能量回收

图 7-54　仪表指示灯含义

图 7-55　刹车深度传感器

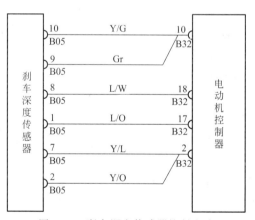

图 7-56　刹车深度传感器控制电路

表 7-16　刹车深度传感器检测值

| 端子 | 条件 | 正常值/V |
| --- | --- | --- |
| B05-1→车身地 | 不踩制动踏板 | 约 0.66 |
| | 制动踩到底 | 约 4.45 |
| B05-8→车身地 | 不踩制动踏板 | 约 4.34 |
| | 制动踩到底 | 约 0.55 |

续表

| 端子 | 条件 | 正常值/V |
|---|---|---|
| B05-2→车身地 | ON 挡电 | 约 5 |
| B05-7→车身地 | ON 挡电 | 约 5 |
| B05-9→车身地 | ON 挡电 | <1 |
| B05-10→车身地 | ON 挡电 | <1 |

表 7-17　刹车深度传感器与电动机控制器线束电阻检测值

| 端子 | 正常值 | 端子 | 正常值 |
|---|---|---|---|
| B05-2→B32-2 | <1Ω | B05-2→车身地 | >10kΩ |
| B05-7→B32-2 | <1Ω | B05-7→车身地 | >10kΩ |
| B05-1→B32-17 | <1Ω | B05-1→车身地 | >10kΩ |
| B05-8→B32-18 | <1Ω | B05-8→车身地 | >10kΩ |
| B05-9→B32-10 | <1Ω | B05-9→车身地 | >10kΩ |
| B05-10→B32-10 | <1Ω | B05-10→车身地 | >10kΩ |

## 第三节　比亚迪 e6 故障诊断与排除

### 一、使用便携式交流充电器无法充电

#### 1. 故障现象

一辆比亚迪 e6 纯电动汽车，行驶里程约 3 万千米。该车使用便携式 220V 交流充电器正常连接成功后，仪表的充电指示灯点亮，但充电一段时间后剩余电量没变化，无法充电，未见其他明显故障。

#### 2. 故障诊断

预约充电功能处于关闭状态，分别对车辆进行快、慢充充电，以判断故障是在电控线路还是机械设备故障。进行直流快充充电，确认充电枪与直流充电口连接完好，仪表的充电连接指示灯亮，仪表有相应的充电时间、电流和电量等信息显示，表明快充系统完好，没有故障存在。进行慢充充电，确认交流充电枪与交流充电口连接完好，仪表的充电连接指示灯点亮，但仪表没有任何信息显示，且未听到车载充电器正常工作的响声（正常充电工作时伴有风扇旋转散热的响声），更换便携式 220V 交流充电器后，故障依旧，据此可判断慢充系统发生故障。

比亚迪 e6 慢充系统的结构如图 7-57 所示。比亚迪 e6 慢充电流程为，正确连接充电枪→提供充电感应信号（CC）→车载提供直流 12V 电压→BMS 和车载信息交互→BMS 吸合车载充电接触器→充电成功。根据以上的慢充充电流程，可以排除车载充电器存在故障的可能，认为故障点发生在交流充电口至动力电池组之间。

用比亚迪汽车专用故障检测仪读取故障码和车载充电器的数据流，无故障码存储，相关数据流也正常，由此可得出车载充电器未发生故障。检测配电箱内部的慢充继电器（电阻为 49.2Ω，正常值为 48.0～52Ω，符合技术要求）及相关熔丝，外加 12V 电压后能闭合导通，未见异常。据此可得出故障点发生在电控线路系统中。比亚迪 e6 车载慢充系统的控制电路

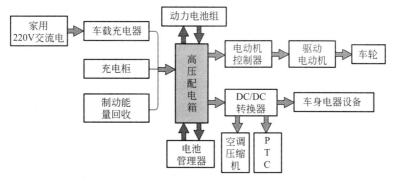

图 7-57 比亚迪 e6 慢充系统的结构

如图 7-58 所示，在比亚迪 E6 车的车载交流充电系统中，电控部分主要由车载充电感应信号 CC、充电控制确认信号 CP 及 CAN 网络构成。因充电感应信号 CC 是电池管理器（BMS）和车载充电器信息交互的控制线，而充电控制确认信号 CP 串联了车载充电器（相关控制线路如图 7-59 所示），故需对其进行分别检测。

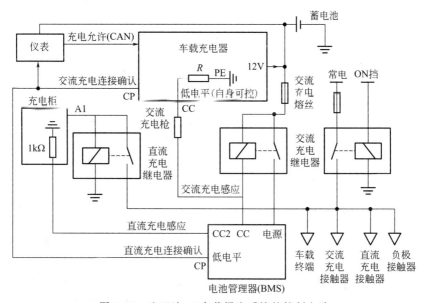

图 7-58 比亚迪 e6 车载慢充系统的控制电路

首先在未充电的情况下，断开高压维修开关，等待 5min 后对交流充电口的充电控制确认信号（CP）进行检测，测量 CP-PE 间的电阻为 0.58MΩ（正常值为 0.5~0.6MΩ），与理论值较接近，符合技术要求，说明车载充电器内部连接 CP 信号端的二极管并未损坏，不存在故障；测量端子 K50-4 与车身搭铁间电压，为 11.66V，正常；测量端子 M33-4 与车身搭铁间电压，为 11.5V，正常；测量端子 K50-4 与

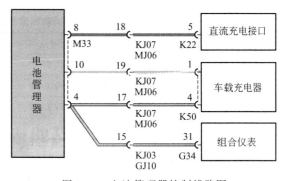

图 7-59 电池管理器控制线路图

端子 M33-4 之间的电阻,为 0.3Ω,正常;结合充电指示灯点亮,认为充电控制确认信号线 CP 无故障。接通至 ON 位,对充电感应信号 CC 控制线进行检测。使用万用表的欧姆挡测量端子 K50-1 与端子 M33-10 间的电阻,为 0.6Ω,正常;使用万用表的电压挡测量端子 M33-10 与车身搭铁间的电压,为 0.2V,而正常值约为 12V;测量端子 K50-1 与车身搭铁间的电压,为 0.32V,正常;由此可判断端子 K50-1 与端子 M33-10 之间的线路存在故障。测量端子 M33-10 与车身搭铁间的电压,为 0.77V;测量端子 M33-10 与端子 KJ07-19 之间的电压,也为 0.77V。由此可判断充电感应信号 CC 控制线发生搭铁故障。

### 3. 故障排除

把充电感应信号控制线搭铁修复,使其恢复传递信号功能,接着对该车进行慢充充电,仪表有相应的充电时间、电流和电量等信息显示,无法充电故障彻底排除。

## 二、无法挂前进挡

一辆比亚迪 e6 纯电动汽车 HV 电池组电量充足,在为用电设备提供 12V 电源的电量也充足的情况下,原地起步时踩下制动踏板无法挂前进挡。观察仪表板,其中 OK 指示灯亮,表示启动正常,但是踩下制动踏板,拨动自动变速操纵杆,仪表板上的 D 挡显示灯不亮。

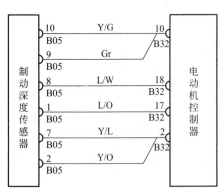

图 7-60 制动深度传感器与电动机控制器之间的电路图

使用比亚迪汽车专用 ED400 型电脑检测仪检测故障码并读取挡位控制器的数据流,检测结果是系统无故障码。挂上 D 挡时,挡位传感器数据流无变化。由此看来该故障点比较隐蔽,无法从电脑检测仪获取准确的故障信息。

首先排除制动深度传感器存在故障,制动深度传感器安装在制动踏板上,其连接电动机控制器电路图如图 7-60 所示。电动机控制器为制动深度传感器提供 2 条 5V 的电源线,即连接制动深度传感器的连接器 B05 的 2 号和 7 号端子均为 5V。制动深度传感器的 2 条负极线通过电动机控制器内部搭铁,即连接器 B05 的 9 号和 10 号端子与车身之间电阻应小于 1Ω,与车身之间电压接近 0。2 条位置信号线分别输出与制动踏板深度变化成正、反比的电压,而两者电压之和近似是 5V。制动深度传感器的电路分析如表 7-18 所示,经过万用表检测,制动深度传感器电路检测值与正常理论值非常接近,不存在故障。

表 7-18 制动深度传感器的电路分析

| 端子 | 条件 | 正常值/V | 端子 | 条件 | 正常值/V |
| --- | --- | --- | --- | --- | --- |
| B05-1→车身地 | 不踩制动踏板 | 约 0.66 | B05-2→车身地 | ON 挡电 | 约 5 |
| | 制动踏板踩到底 | 约 4.45 | B05-7→车身地 | ON 挡电 | 约 5 |
| B05-8→车身地 | 不踩制动踏板 | 约 4.34 | B05-9→车身地 | ON 挡电 | <1 |
| | 制动踏板踩到底 | 约 0.55 | B05-10→车身地 | ON 挡电 | <1 |

挡位传感器安装在挡位执行器上,挡位执行器上还装有换挡手柄,是人机对话的窗口。查阅维修手册电路(图 7-61),挡位控制器分别与挡位传感器 A 和挡位传感器 B 连接,其中挡位传感器 A 在人工操纵换挡手柄 N 挡或 P 挡时产生信号,并传递给挡位控制器。挡位传

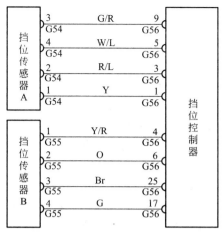

图 7-61 挡位控制器或挡位传感器接线图

感器 B 在人工操纵换挡手柄 R 挡或 D 挡时产生信号，并传递给挡位控制器。

分析挡位传感器 A 与挡位控制器之间的电路，如表 7-19 所示。其中与挡位传感器 A 相连的连接器 G54 的 1 号端子的作用是挡位控制器为挡位传感器 A 提供 5V 电源。G54 的 3 号端子与车身接地，两者之间的电阻应小于 1Ω。将换挡手柄置于 P 挡位置时，G54 的 2 号端子正常情况下相对于车身应输出电压约 5V。将换挡手柄置于 N 挡位置时，G54 的 4 号端子正常情况下相对于车身应输出电压约 5V。

表 7-19 挡位传感器 A 各端子与车身之间的电压/电阻关系

| 端子 | 线色 | 条件 | 正常值 | 端子 | 线色 | 条件 | 正常值 |
|---|---|---|---|---|---|---|---|
| G54-3→车身地 | Gr | 始终 | 小于 1Ω | G54-2→车身地 | R/L | 换挡手柄置于 P 挡 | 约 5V |
| G54-4→车身地 | W/L | 换挡手柄置于 N 挡 | 约 5V | G54-1→车身地 | Y | 电源置于 ON 挡 | 约 5V |

用万用表检测挡位传感器 A，在仪表板上 OK 指示灯亮情况下，测量 G54 的 1 号端子与车身之间的电压，正常显示 4.88V。使用欧姆挡测量连接器 3 号端子的电阻值，显示 0.2Ω，再检测该端子的电压只有 0.02V，表示 3 号端子接地良好。拨动换挡手柄到 P 挡位置，同时检测连接器 G54 的 2 号端子输出电压，显示 4.87V，再检测与挡位控制器相连接的连接器 G56 的 3 号端子的电压，也显示为 4.87V，说明传递 P 挡信息的该线路不存在故障。同理检测传递 N 挡信息的线路，即拨动换挡手柄到 N 挡位置，同时检测连接器 G54 的 4 号端子输出电压与连接挡位控制器的连接器 G56 的 5 号端子的电压是否一致，实际测量均为 4.86V，说明传递 N 挡信息的线路也不存在故障。再分析挡位传感器 B 各端子与车身之间的电压/电阻关系，如表 7-20 所示。其中与挡位传感器 B 相连的连接器 G55 的 4 号端子的作用是挡位控制器为挡位传感器 B 提供 5V 电源。G55 的 3 号端子与车身接地，两者之间电阻应小于 1Ω。将换挡手柄置于 R 挡位置时，G55 的 1 号端子正常情况下相对于车身应输出电压约 5V。将换挡手柄置于 D 挡位置时，G55 的 2 号端子正常情况下相对于车身应输出电压约 5V。

表 7-20 挡位传感器 B 各端子与车身之间的电压/电阻关系

| 端子 | 线色 | 条件 | 正常值 |
|---|---|---|---|
| G55-1→车身地 | Y/R | 换挡手柄置于 R 挡 | 约 5V |
| G55-2→车身地 | O | 换挡手柄置于 D 挡 | 约 5V |
| G55-3→车身地 | Br | 始终 | <1Ω |
| G55-4→车身地 | G | 电源置于 ON 挡 | 约 5V |

使用万用表检测挡位传感器 B，按下启动按钮，仪表板上 OK 指示灯亮，测量 G55 的 4 号端子与车身之间的电压，其显示 4.88V，该线路正常。使用欧姆挡测量连接器 G55 的 3 号端子的电阻值，显示 0.14Ω，再检测该端子与车身之间的电压，只有 0.02V，表示该 3 号端子与车身接地良好。拨动换挡手柄到 R 挡位置，同时检测连接器 G55 的 1 号端子输出电压，显示 4.86V，再检测导线另一端的连接器 G56 的 4 号端子的电压，也显示为 4.86V，说明传递 R 挡信息的该线路正常。但是检测传递 D 挡信息的线路发现异常，即拨动换挡手柄到 D 挡位置，同时检测连接器 G55 的 2 号端子相对于车身输出电压是 4.88V，再检测与挡位控制器相连的连接器 G56 的 6 号端子输出电压却是 0.9V，一条导线的两端电压不一样，怀疑传递 D 挡信息的线路存在故障。

检查挡位传感器到挡位控制器之间的 D 挡线路，发现该导线某一处已破损，造成该导线搭铁，挂 D 挡时，D 挡信号没有传递给挡位控制器，车辆无法前进。维修后恢复电路原本的功能，启动车辆，挂上 D 挡，车辆可以行使，故障完全排除。

## 第四节　比亚迪 e6 电路图

### 一、高压配电图

高压配电图如图 7-62 和图 7-63 所示。

### 二、充电口电路图

充电口电路图如图 7-64 所示。

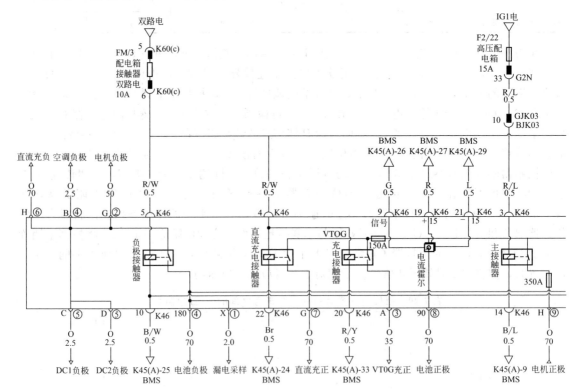

图 7-62　高压配电图（一）

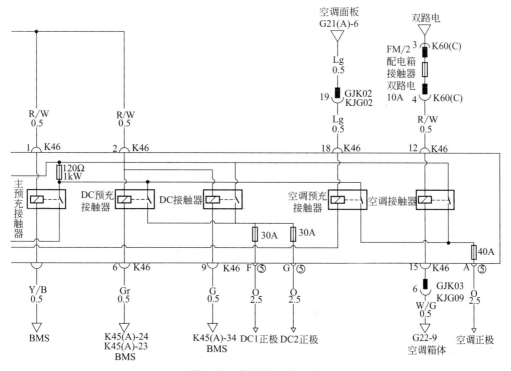

图 7-63 高压配电图（二）

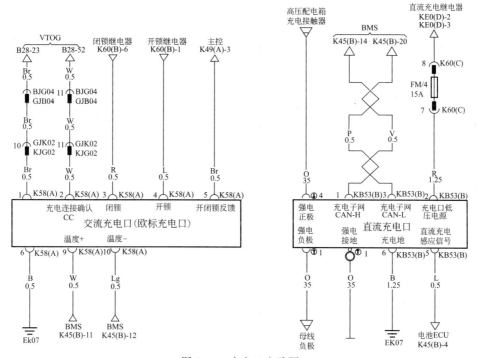

图 7-64 充电口电路图

## 三、加速踏板、制动踏板电路图

加速踏板、制动踏板电路图如图 7-65 所示。

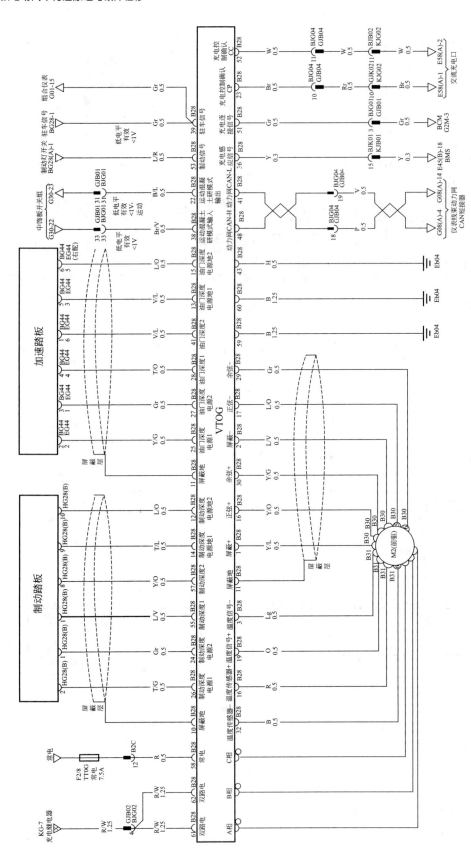

图 7-65 加速踏板和制动踏板电路图

## 四、电池管理器电路图

电池管理器电路图如图 7-66 所示。

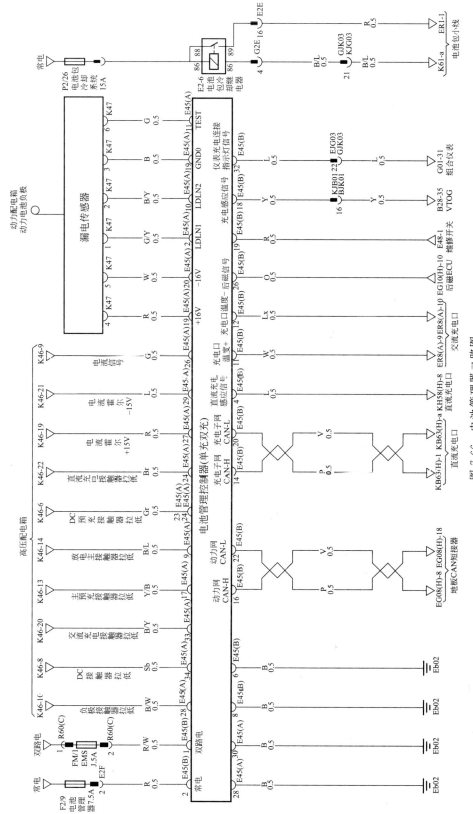

图 7-66 电池管理器电路图

## 五、主控制器电路图

主控制器电路图如图 7-67 所示。

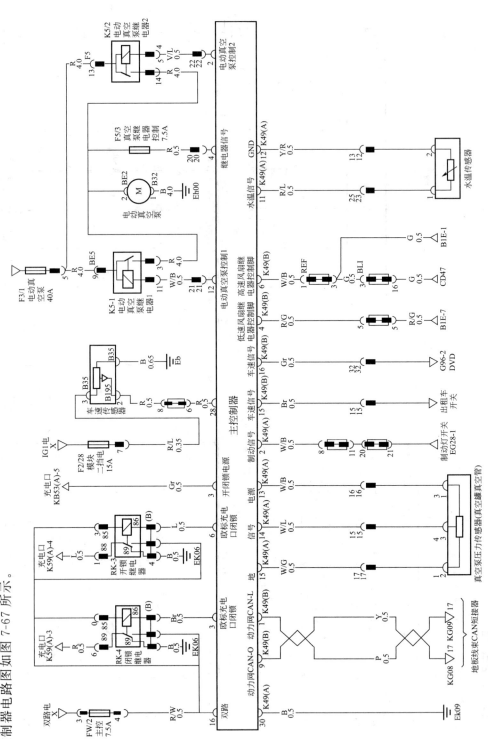

图 7-67 主控制器电路图

## 六、P挡电动机控制器电路图

P挡电动机控制器电路图如图7-68所示。

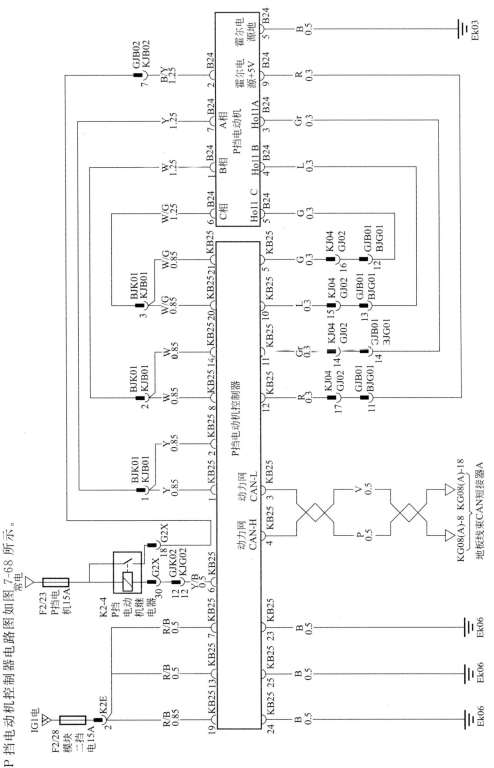

图7-68 P挡电动机控制器电路图

## 七、挡位控制器电路图

挡位控制器电路图如图 7-69 所示。

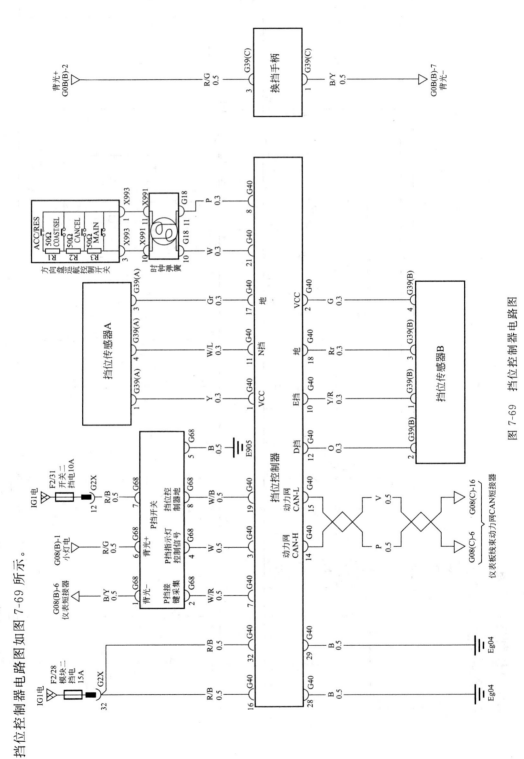

图 7-69　挡位控制器电路图

## 八、DC/DC 转换器电路图

DC/DC 转换器电路图如图 7-70 所示。

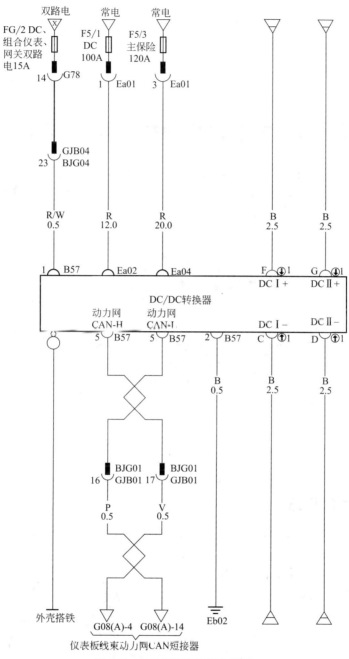

图 7-70 DC/DC 转换器电路图

# 第八章  宝马i3电动汽车

## 第一节  宝马 i3 电动汽车维修安全操作

宝马 i3 纯电动汽车使用了多个高电压元件，包括高电压蓄电池、电动机、电动机电控装置、增程式电动机、增程式电动机电控装置、便利充电电控装置、电加热器、空调电动压缩机（EKK），高压元件位置如图 8-1 所示。

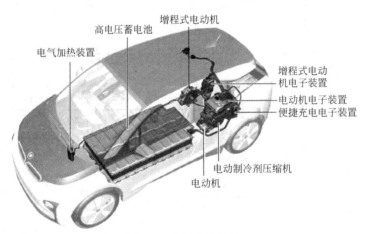

图 8-1  高压元件位置

### 一、高电压组件的标记

每个高电压组件的壳体上都带有一个标记，如图 8-2 所示，维修人员或任何其他车主均可通过标记直观看出高电压可能带来的危险。

高电压导线的橙色标记如图 8-3 所示。由于导线可能有几米长，因此在一处或两处通过警告提示牌标记意义不大，维修人员可能会忽视这些标牌，因此用橙色警告色标记出所有高电压导线。高电压导线的插头以及高电压安全插头也采用橙色设计。

图 8-2  高电压组件警告提示牌

### 二、高电压系统作业

**1. 准备工作**

开始工作前必须固定住车辆以防溜车（挂入变速箱驻车锁并拉紧驻车制动器）。必须关

图 8-3　高电压导线的橙色标记

闭总线端 15 和总线端 R。拔下可能连接的充电电缆。车辆应处于"休眠模式"。

**2. 将高电压系统切换为无电压**

在 I01 上通过高电压安全插头将高电压系统切换为无电压。切换为无电压时，必须从相应插口中拔出插头，这样可使高电压触点监控电路断开。

① 如图 8-4 所示，高电压安全插头 1 处于插上状态，高电压触点监控电路未断开，高电压安全插头上的"ON"字样表明高电压系统已启用。

② 为使插孔和插头彼此拉开，必须按压机械锁止件。

③ 松开锁止件后便可将插头从插孔中拉出几毫米。

④ 感觉到阻力时不要继续或用力拉。高电压安全插头和插孔无法完全彼此拉开。

⑤ 将高电压安全插头拉出到一定程度就会看到"OFF"字样，由此关闭高电压系统的供电，如图 8-5 所示。

图 8-4　高电压安全插头状态

图 8-5　将高电压安全插头拉出

**3. 固定住高电压系统以防重新接通**

固定住高电压系统以防重新接通，为此需要一个普通挂锁（例如 ABUS 45/40）。

① 通过将高电压安全插头和插孔彼此拉开，露出经过两个部件的通孔，必须将普通挂锁的卡箍穿入该孔中，如图 8-6 所示。

② 必须锁住挂锁。进行高电压系统作业期间必须将钥匙保存在安全的地方，以防有人未经授权打开该锁。通过在高电压安全插头上使用和锁止挂锁可确保插头无法再插在一起，

这样可以有效防止无意间或在没有经过维修人员允许的情况下重新接通高电压系统。

图 8-6　普通挂锁的卡箍穿入孔锁止

### 4. 确定系统无电压

在 BMW 维修站点不通过测试仪或诊断系统确定系统无电压，而是由高电压组件测量自身电压并通过总线信号向组合仪表发送测量结果。

图 8-7　检查控制符号"高电压系统无电压"

只有组合仪表从所有相关高电压组件处同时接收到系统无电压信号时，才会生成表示系统无电压的检查控制信息。该红色检查控制符号为带斜线的闪电符号。此外还会在组合仪表上出现"高电压系统无电压"文本信息，如图 8-7 所示。

需要确定系统无电压时，维修人员必须接通总线端 15，并等到组合仪表内出现检查控制信息及图 8-7 所示符号和文本，然后才能确保高电压系统无电压。确定高电压系统无电压后，必须重新关闭总线端 15 和总线端 R，然后再开始进行实际工作。

### 5. 松开和插上高电压插头

无论扁平或是圆形高电压插头，松开或固定时都必须严格遵守规定顺序。

（1）高电压触点监控电桥　松开高电压插头前，必须首先松开高电压触点监控电桥，如图 8-8 所示。该电桥处于插入状态时使高电压触点监控电路闭合。高电压控制单元持续监控高电压触点监控电路，只有电路闭合时高电压系统才会启用。如果通过松开电桥使高电压触点监控电路断开，高电压系统就会自动关闭。这是一项附加安全措施，因为开始工作前维修人员已将高电压系统切换为无电压。

（2）松开机械锁止件　只有松开高电压触点监控电桥后，才能向如图 8-9 所示箭头方向推移机械锁止件。机械锁止件是高电压组件（例如电动机电子装置）高电压插头的组成部分。向箭头方向推移锁止件可实现高电压导线上高电压插头机械导向，从而进行接下来的拉拔。

（3）拔出高电压导线的插头　向箭头方向拔出高电压导线的插头。将插头拔出几毫米后（A），可感觉到较高的反作用力。此后必须向相同方向继续拔出插头（B）。插头到达位置（A）后，切勿将插头重新压回高电压组件上，否则可能会造成高电压组件上的插头损坏。

注：必须分两步朝同一方向垂直拔出高电压导线的高电压插头，在拔出过程中不允许反向移动。

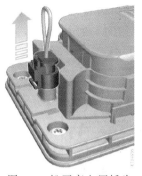
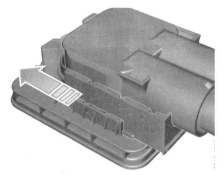

图 8-8 松开高电压插头　　　　　图 8-9 松开机械锁止件

（4）重新连接　重新连接高电压导线时按相反顺序进行。图 8-10 展示了高电压组件上高电压插头的复杂结构，由此可以看出为何松开和安装高电压导线时必须小心进行。

**6. 松开圆形高电压插头**

电动机高电压插头如图 8-11 所示。

① 高电压导线的插头 1 位于组件高电压接口 2 上且已锁止。

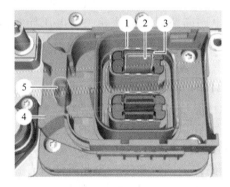

图 8-10　高电压组件上的高电压插头
1—用于屏蔽的电气触点；2—用于高电压
导线的电气触点；3—接触保护；
4—机械锁止件；5—带高电压触点
监控电路内电桥接口的插孔

图 8-11　电动机高电压插头

② 如图 8-12 所示，必须向箭头方向 1 将两个锁止元件 2 压到一起，这样可以松开高电压组件接口上的插头机械锁止件。

③ 如图 8-13 所示，在将锁止元件继续压到一起期间，必须沿纵向箭头方向 1 拔出插头。

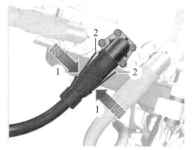
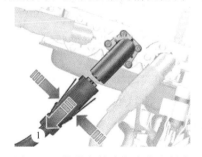

图 8-12　将两个锁止元件压到一起　　　图 8-13　沿纵向箭头方向拔出插头

④ 重新连接高电压导线时无需将锁止元件压到一起，只需将插头纵向推到组件高电压接口上即可，此时必须确保锁止元件卡入（咔嗒声）。随后还应通过拉动插头检查锁止件是否卡入。高电压导线上圆形高电压插头的结构如图 8-14 所示。

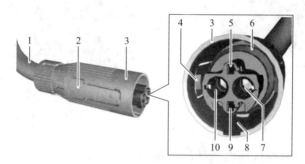

图 8-14　高压导线上圆形高电压插头的结构

1—高电压导线；2—锁止元件操作部位；3—壳体；4—锁止元件；5—插头内电桥接口 1；6—用于屏蔽的接口；7—高电压接口（DC 负极）；8—机械设码；9—插头内电桥接口 2；10—高电压接口（DC 正极）

⑤ 高电压插头内的电桥用于确保电气安全。高电压导线连接到高电压组件上时，高电压触点监控信号经过该电桥。高电压导线连接到电动制冷剂压缩机和电气加热装置上时，EKK 或 EH 控制单元供电经过该电桥。上述某一电路断路时，会使相关高电压导线内的电流也自动归零。由于电桥两个触点相对高电压触点来说布置在前面，因此该措施可防止松开高电压插头时产生电弧。

图 8-15　电气加热装置上的电气接口
1—电位补偿导线；2—电气加热装置壳体；3—高电压插头

### 7. 电位补偿导线接口

高电压系统的安全方案包括测量和监控高电压导线相互之间以及对车辆接地的绝缘电阻。在 I01 上由 SME 控制单元执行该安全功能，可识别整个高电压电路内的绝缘故障。为此需使所有高电压组件壳体与车辆接地导电连接，如图 8-15 所示。如果维修时更换高电压组件或电位补偿导线，组装时必须注意：按规定重新建立高电压组件壳体与车辆接地之间的导电连接，必须严格遵守维修说明（拧紧力矩，自攻螺钉）。此外还必须由第二个维修人员检查维修工作（正确拧紧力矩和正确接触裸露金属）并在维修工单上进行书面记录。

## 第二节　宝马 i3 电动汽车电动驱动装置

宝马 i3 的电动机是同步电动机，它的总体结构和工作原理与带内部转子的永久励磁同步电动机一致。转子位于内侧，并配有永磁体。定子呈环状，围绕转子外侧布置。它由安装在定子槽中的三相线圈构成。如果将三相交流电压加载到定子线圈上时产生旋转磁场，就会拉动转子的磁铁，使转子旋转。

### 一、技术规范

I01 所用的电动机是同步电动机，其基本结构（图 8-16）和工作原理与带内转子的永磁激励同步电动机相同：转子位于内部且装备了永久磁铁；定子以环形方式布置在转子外围，由安装在转子凹槽内的三相绕组构成。如果在定子绕组上施加三相交流电压，所产生的旋转磁场（在电动机运行模式下）就会"带动"转子内的磁铁。

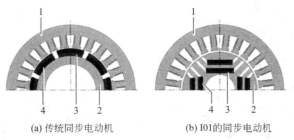

(a) 传统同步电动机　　(b) I01的同步电动机

图 8-16　同步电动机的基本结构

1—定子；2—转子挡板套件；3—永久磁铁南极；4—永久磁铁北极

为改善技术数据，在此主要更改和优化了转子的结构。转子的永久磁铁采用全新布置方式，其挡板套件对磁力线的走向可产生有利影响。这样一方面提高了扭矩；另一方面可使定子绕组内的电流强度较低，因此与传统同步电动机相比效率较高。性能数据汇总如表 8-1 所示。

表 8-1　性能数据汇总

| 项目 | 参数 | 说明 |
| --- | --- | --- |
| 额定电压/V | 360 | |
| 额定电流/A | 400 | 均方根值 |
| 最大峰值功率/kW | 125 | 最长持续时间为 30s |
| 最大持续功率/kW | 约 75 | 持续 |
| 最大扭矩/N·m | 250 | 0~5000r/min 转速范围内 |
| 最大转速/(r/min) | 约 11400 | |
| 质量/kg | 约 49 | |

电动机最大功率 125kW 最长只能持续 30s，否则会由于过热导致动力传动系统组件损坏，所涉及的不仅包括电动机，而且也包括高电压蓄电池和电动机电子装置。在电动机运行模式下实现的最大功率理论上在进行制动能量回收利用时的发电机运行模式下也可实现。

## 二、电动机结构

图 8-17 中只展示了定子不带绕组的部分。转子由一个重量经过优化且位于内部部件内的托架、一个挡板套件和布置在两个位置的永久磁铁组成，因此可提高电动机产生的扭矩。转子热压在驱动轴上。

通过六个极对同时实现了结构复杂性以及每圈尽可能恒定的扭矩曲线。I01 电动机无需加注机油，仅对两个包含油脂的深槽球轴承进行润滑。通过从电机电子装置输出端输送至电机的冷却液进行电机冷却如图 8-18 所示。在电机内冷却液流过布置在外侧的螺旋形冷却通道。壳体末端的两个 O 形环密封冷却通道。因此电机内部完全"干燥"。

电机设计用于较大温度范围。输入端（供给）处冷却液温度最高可能达到 70℃。虽然能量转换时电机损失比内燃机小，但其壳体温度最高可能达到 100℃。

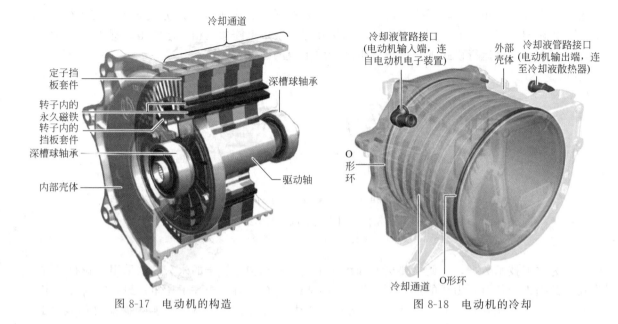

图 8-17 电动机的构造　　图 8-18 电动机的冷却

## 三、传感器

为避免因温度过高而造成组件损坏，I01 电动机内有两个温度传感器。两个温度传感器位于定子绕组内，不直接测量转子温度，而是根据定子内的温度传感器测量值进行确定。两个温度传感器都是取决于温度的 NTC 型电阻，其信号以模拟方式由电动机电子装置读取和分析。

为确保电动机电子装置正确计算和产生定子内绕组电压的振幅及相位，必须知道准确的转子角度位置。因此在离开变速箱的驱动轴端部处有一个转子位置传感器，如图 8-19 所示。

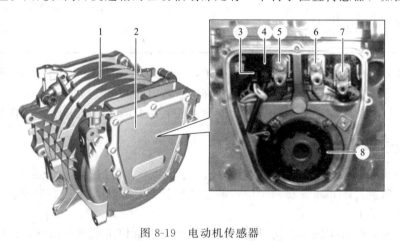

图 8-19 电动机传感器

1—外部壳体；2—壳体盖；3—转子位置传感器接口；4—定子内的温度传感器；5—高电压接口 U；
6—高电压接口 V；7—高电压接口 W；8—转子位置传感器

转子位置传感器固定在电动机定子上，依据旋转变压器原理工作。在转子位置传感器内有三个线圈。在其中一个线圈上存储规定的交流电压。另外两个线圈彼此错开 90°。在这些线圈内产生的感应电压表示转子的角度位置。转子位置传感器由电动机制造商安装并进行相应调整，因此原则上已正确校准。在制造期间准确校准转子位置传感器之后，将电动机与电动机电子装置组装在一起。校准值存储在电动机电子装置的控制单元内。

## 四、外部特征和机械接口

电动机电子装置位于电动机上方。为确保支撑力充足,电动机壳体沿行驶方向向前"加长"了支撑结构的长度,电动机机械接口如图8-20所示。

通过结构连接方式将扭矩从电动机驱动轴传输至变速箱输入轴,为此两个轴都带有花键,不过没有针对两个轴设计规定的定心部位。

连接变速箱与电动机时,必须遵守维修说明中描述的工作步骤。必须注意变速箱输入轴和驱动轴的轴向调节,从而确保以无应力方式组装在一起。此外连接前必须在两个花键上涂覆油脂。

电动机壳体与变速箱之间的连接部位处有一个横截面为字母"X"形状的密封环。连接前必须更换该X形密封环,如图8-21所示。

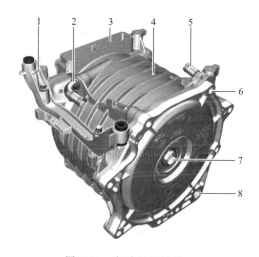
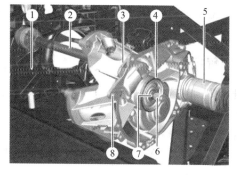

图8-20 电动机机械接口
1—电动机电子装置支撑结构;2—冷却液管路接口(电动机输出端,连至冷却液散热器);3—电动机电子装置的电气连接插槽;4—外部壳体;5—冷却液管路接口(电动机输入端,连自电动机电子装置);6—用于与变速箱机械连接的开孔/螺纹;7—驱动轴;8—稳定杆连杆连接

图8-21 变速箱的机械接口
1—后桥模块;2—右侧半轴;3—变速箱壳体;4—"X"形密封环;5—左侧半轴;6—带花键的变速箱输入轴;7—"O"形密封环;8—用于与电动机机械连接的开孔

如图8-22所示为固定和支撑驱动单元。这些组件有时外面还带有泡沫部件,这样可实现电动驱动装置隔音,从而降低可能对客户产生干扰的噪声。

电动机壳体采用气密和防水设计,因为较低的安装位置要求采用这种设计且涉水行驶不会造成损坏。由于运行期间可能存在较大温差,因此有必要进行压力补偿。这种情况可通过电动机电子装置电气连接插槽实现。

固定和支撑不仅涉及电动机本身,而且涉及由电动机、变速箱和电动机电子装置组成的整个驱动单元。

在行驶方向左侧,有一个支撑臂将电动机壳体与后桥模块连接在一起。该支撑臂不用于承受驱动单元的重力,驱动力矩也通过该支撑臂传输至后桥模块并最终传递到车身上。整个驱动单元(电动机、电动机电子装置和变速箱)还通过稳定杆连杆与后桥模块连接在一起。

电动制冷剂压缩机（图 8-23）通过 3 个螺栓固定在电动机上。电动机壳体用于固定和支撑电动制冷剂压缩机，在电动机壳体内相应位置处有带螺纹套的开孔。

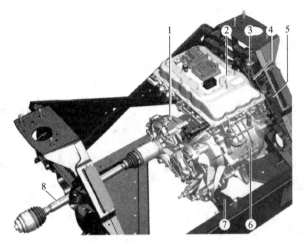

图 8-22 固定和支撑驱动单元（不带增程器的型号）
1—变速箱；2—电动机电子装置；3—支撑臂轴承；4—支撑臂；
5—后桥模块；6—电动机；7—稳定杆连杆；8—半轴

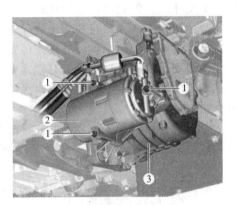

图 8-23 电动制冷剂压缩机
1—电动制冷剂压缩机；2—固定
螺栓（3 个）；3—电动机

## 五、电气接口

电动机带有连接电动机电子装置的电气接口。如图 8-24 所示为电动机与电动机电子装置之间的电气接口。

电气接口包括一个高电压接口和一个低电压接口。高电压接口由三相组成。电动机电子装置内的双向 DC/AC 转换器产生三相交流电压，该电压传输至电动机定子内的绕组。以此

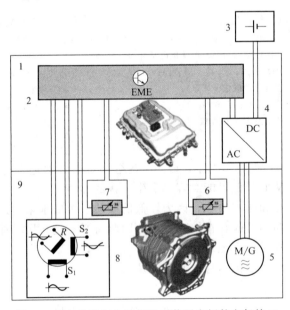

图 8-24 电动机与电动机电子装置之间的电气接口
1—电动机电子装置（整体）；2—EME 控制单元；3—高电压蓄电池；4—双向 DC/AC 转换器；5—实际电动机；
6，7—定子温度传感器；8—转子位置传感器；9—电动机（整体）

控制电动机并规定其运行方式——作为电动机或发电机运行。电气导线或接口用螺栓拧紧,上方有盖板保护。

低电压接口仅由以下传感器的信号导线组成。

① 定子绕组温度传感器(2个)。

② 转子温度传感器(在一个轴承上)。

③ 转子位置传感器。

电动机电子装置测量两个温度传感器(采用NTC电阻设计)的电阻,由此确定电动机内两个部位的温度。此外电动机电子装置还产生用于转子位置传感器的交流电压并分析这些传感器的信号(两个感应交流电压)。电气接口由一个插接连接件构成,该插接连接件像高电压接口一样隐藏在共同盖板下。

## 六、电动机电子装置

电动机电子装置(EME)主要用作驱动I01的电动机电子控制装置,该装置的任务是将高电压蓄电池的直流电压[最高约400V(DC)]转换为用于控制电动机(作为电动机)的三相交流电压[最高约360V(AC)]。

反之,当电动机作为发电机使用时,电动机电子装置将电动机的三相交流电压转换为直流电压,从而为高电压蓄电池充电,该过程在制动能量回收利用期间进行。对于这两种运行方式来说都需使用双向DC/AC转换器,该转换器可作为逆变器和直流整流器工作。

通过同样集成在电动机电子装置内的DC/DC转换器来确保为12V车载网络供电。此外电动机电子装置还有一个控制单元,该控制单元与电动机电子装置名称相同,缩写为"EME"。

I01的整个电动机电子装置位于一个铝合金壳体内。在该壳体内装有控制单元,用于将交流电压转换为直流电压从而为高电压蓄电池充电以及将高电压蓄电池直流电压转换为三相交流电压的双向AC/DC转换器,用于为12V车载网络供电的DC/DC转换器。

### 1. 安装位置

电动机电子装置安装在I01后部一个与后备厢隔开的区域内。

为了接触到电动机电子装置接口,必须首先拆卸图8-25所示的后备厢饰板部分。此外

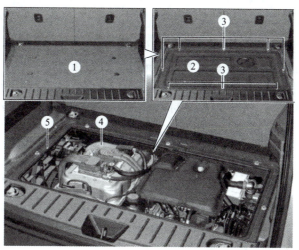

图8-25 从后备厢接触电动机电子装置

1—后备厢饰板;2—端盖;3—端盖的固定螺栓;4—电动机电子装置;5—密封垫

还需要拆卸随后可见的一个端盖,由此可形成一个维修口。端盖通过螺栓连接方式与车身固定在一起,此外还通过一个密封垫进行密封。

仅执行上述过程并不能拆卸和安装电动机电子装置,还必须拆卸整个驱动单元(由变速箱、电动机和电动机电子装置构成)。

**2. 接口**

如图 8-26 所示为电动机电子装置的所有接口。电动机电子装置上的接口可分为四个类别:低电压接口;高电压接口;电位补偿导线接口;冷却液管路接口。

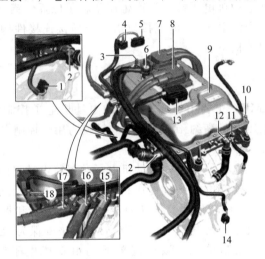

图 8-26 电动机电子装置的所有接口

1—驻车锁模块内的电动机供电和连自/连至驻车锁模块的信号导线;2—冷却液管路(供给,电动机电子装置);3—DC/DC 转换器(-12V 输出端);4,5—低电压插头;6—DC/DC 转换器(+12V 输出端);7—至高电压蓄电池的高电压导线(DC);8—至增程器 EME 的高电压导线(DC);9—电动机电子装置壳体;10—电位补偿导线接口;11—电位补偿导线接口;12—冷却液管路(回流,电动机电子装置,至电动机);13—EME 低电压插头(信号插头);14—EKK 低电压插头;15—至电动制冷剂压缩机的高电压导线;16—至电气加热装置的高电压导线;17—用于交流电充电的高电压导线;18—接地接口

**3. 低电压接口**

在电动机电子装置上,从外部可见的多芯低电压插头上汇总了以下导线和信号。

① EME 控制单元供电(前部配电盒和接地的总线端 30B)。

② 安全型蓄电池接线柱的总线端 30C(由 EME 控制单元进行分析,从而识别事故)。

③ 总线系统 PT-CAN2(在 EME 控制单元内带有用于 PT-CAN2 的 120Ω 终端电阻)。

④ 唤醒导线。

⑤ 连接便捷充电电子装置的控制导线,用于授权充电过程。

⑥ 高电压触点监控电路输入端和输出端(EME 控制单元分析信号并在电路断路时关闭高电压系统)。

⑦ 电动机械式驻车锁:位置传感器的供电和信号、电磁铁和电动机的供电。

⑧ 制动真空压力传感器(提供和分析压敏电阻)。

⑨ 电动真空泵供电。

这些导线和信号的电流强度相对较小,通过两个独立的低电压接口和横截面较大的导线使电动机电子装置与12V车载网络(总线端30和31)连接。电动机电子装置内的DC/DC转换器通过该连接为整个12V车载网络提供能量。两根导线与电动机电子装置的接触连接不通过插接连接件实现,而是通过螺栓连接实现。电动机电子装置与电动机的连接从外部无法看到。该连接位于电动机右侧端盖下方,如图8-27所示。

在端盖下方带有为定子绕组(高电压接口)供电的螺栓连接件和传输以下信号的插接连接件:电动机的转子位置传感器(供电和传感器信号);电动机内两个温度传感器的信号。

图8-28以简化电路图型式概括展示了电动机电子装置的低电压接口。

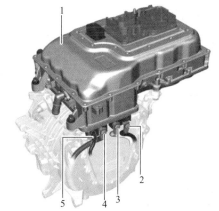

图8-27 电动机电子装置与电机的电气连接
1—电动机电子装置;2—定子绕组1高
电压接口螺栓连接件;3—定子绕
组2高电压接口螺栓连接件;
4—定子绕组3高电压接口
螺栓连接件;5—低电压插头

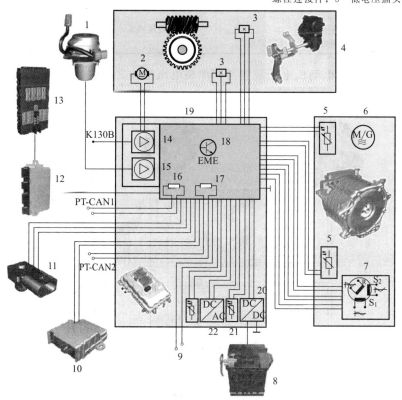

图8-28 电动机电子装置的低电压接口
1—电动真空泵;2—驻车锁电动机;3—位置传感器(霍尔传感器);4—驻车锁模块;5—两个温度传感器(NTC电阻);
6—电动机(整体);7—转子位置传感器;8—12V蓄电池;9—高电压触点监控信号导线;10—碰撞和安全模块;
11—车身域控制器;12—制动真空压力传感器;13—用于控制驻车锁模块的输出级;14—用于控制电动真空泵的输出级;
15—PT-CAN终端电阻;16—PT-CAN2终端电阻;17—EME控制单元;18—电动机电子装置EME(整体);
19—DC/DC转换器;20—DC/DC转换器上的温度传感器(NTC电阻);21—双向DC/AC转换器;
22—DC/AC转换器上的温度传感器(NTC电阻)

### 4. 高电压接口

在电动机电子装置上总共有五个高电压接口,用于连接至其他高电压组件的导线如表 8-2 所示。

表 8-2 用于连接至其他高电压组件的导线

| 连接组件 | 触点数量,电压类型,屏蔽层 | 连接方式 | 接触保护 |
| --- | --- | --- | --- |
| 电动机 | (1)3 相<br>(2)交流电压<br>(3)1 个屏蔽层,用于 3 根导线 | 汇流排通过螺栓与电动机导线固定在一起 | 通过电动机上的端盖以机械方式实现 |
| 高电压蓄电池 | (1)2 芯<br>(2)直流电压<br>(3)每根导线 1 个屏蔽层 | 扁平高电压插头带机械锁止件 | (1)接触簧片上方盖板<br>(2)高电压触点监控 |
| 便捷充电电子装置 | (1)2 芯<br>(2)直流电压<br>(3)每根导线 1 个屏蔽层 | 扁平高电压插头带机械锁止件 | (1)接触簧片上方盖板<br>(2)高电压触点监控 |
| 电动制冷剂压缩机 | (1)2 芯<br>(2)直流电压<br>(3)两根导线 1 个屏蔽层 | 圆形高电压插头 | 触点上方盖板(接触保护) |
| 电气加热装置 | (1)2 芯<br>(2)直流电压<br>(3)两根导线 1 个屏蔽层 | 圆形高电压插头 | 触点上方盖板(接触保护) |

图 8-29 所示展示了电动机电子装置与其他高电压组件之间的高电压连接。

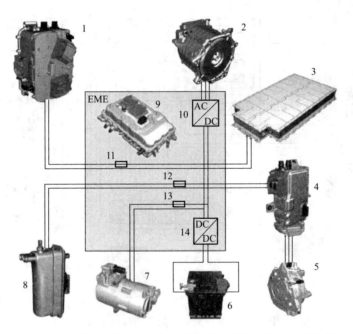

图 8-29 电动机电子装置与其他高电压组件之间的高电压连接
1—便捷充电电子装置;2—电动机;3—高电压蓄电池;4—增程电动机电子装置(REME);5—增程电动机;
6—12V 蓄电池;7—电动制冷剂压缩机;8—电气加热装置;9—电动机电子装置(整体);10—电动机电子装置内的双向 DC/AC 转换器;11—便捷充电电子装置供电导线内的过电流熔丝;12—电气加热装置供电导线内的过电流熔丝;13—电动制冷剂压缩机供电导线内的过电流熔丝;
14—电动机电子装置内的 DC/DC 转换器

## 5. 电动机电子装置的结构和功能

电动机电子装置内部由以下组件构成：双向 DC/AC 转换器、单向 AC/DC 转换器、DC/DC 转换器和 EME 控制单元。功率电子电路也由中间电路电容器构成，用于平滑电压和过滤高频部分。通过上述子组件执行以下功能：通过 EME 控制单元控制内部子组件；通过 DC/DC 转换器为 12V 车载网络供电；通过 DC/AC 转换器控制电动机（转速，扭矩）；高电压电源管理系统；通过汇流排接通电动机；接通高电压蓄电池；在静态运行模式下为高电压蓄电池充电；接通便捷充电电子装置；接通电动制冷剂压缩机；接通电气加热装置；接通增程电动机电子装置；与其他控制单元通信，特别是 EDME；冷却电动机电子装置；分析电动机械式驻车锁的传感器；控制电动机械式驻车锁；控制电动真空泵；中间电路电容器主动和被动放电到电压低于 60V；针对高电压触点监控主动分析信号（高电压互锁）；自检和诊断功能。

I01 电动机电子装置内的 DC/DC 转换器能够启用以下运行模式：待机（即使出现组件故障或短路、供电电子装置关闭时）；向下转换（"下降模式"，能量流至低电压侧，转换器调节低电压侧的电压）；高电压中间电路放电（互锁故障，事故，主控单元要求）。DC/DC 转换器的工作原理如图 8-30 所示。

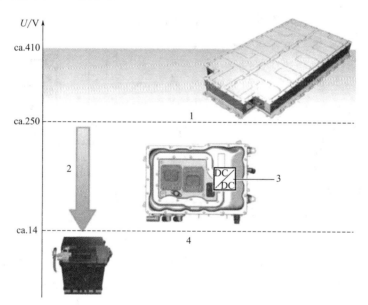

图 8-30 DC/DC 转换器的工作原理
1—高电压车载网络电平，250～410V；2—向下转换；3—电动机电子装置内的
DC/DC 转换器；4—低电压车载网络电平，约 14V

电动机电子装置未运行时，DC/DC 转换器处于"待机"运行模式，总线端等未向 EME 控制单元供电时就会出现这种情况。但出现故障时，EME 控制单元也会要求 DC/DC 转换器执行"待机"运行模式。在此运行模式下不会在两个车载网络间进行能量传输，并断开两者之间的导电连接。运行模式"向下转换"又称为"下降模式"，是高电压系统启用状态下的正常运行模式。DC/DC 转换器将电能从高电压车载网络传输到 12V 车载网络内，同时执行普通车辆上发电机的功能。为此，DC/DC 转换器必须将来自高电压车载网络的变化电压降至低电压车载网络的电压。在此高电压车载网络内的电压取决于高电压蓄电池的充电状态（260～390V）等。DC/DC 转换器通过调节低电压车载网络内的电压确保为 12V 蓄电池提供

最佳充电，同时根据蓄电池的充电状态和温度调节约14V电压。为此，EME控制单元与EDME控制单元进行通信，由后者执行12V电源管理系统功能。由此产生DC/DC转换器应在低电压车载网络内调节的电压规定值。DC/DC转换器的持续输出功率为2500W。

I01的DC/DC转换器技术也能实现运行模式"向上转换"（"助推模式"），例如F04上的DC/DC转换器。但在I01上无法使用这种运行模式，因此无法通过12V车载网络的能量为I01高电压蓄电池充电。

正常或快速关闭高电压系统时，采用上次的DC/DC转换器运行模式。关闭高电压系统时，必须在规定时间内放电至没有危险的60V电压以下。为此DC/DC转换器带有一个中间电路电容器的放电电路。该电路首先尝试将存储在中间电路电容器内的能量传输至低电压车载网络。如果该能量不足以实现快速降低电压，就会通过一个为此主动连接的电阻进行放电。通过这种方式使高电压车载网络在5s内放电。出于安全考虑，还有一个始终并联连接的被动放电电阻，如图8-31所示。

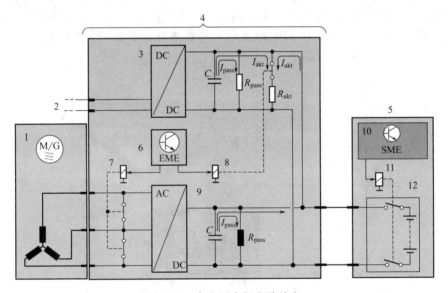

图8-31　高电压中间电路放电

1—电动机；2—12V车载网络接口；3—电动机电子装置内的DC/DC转换器；4—电动机电子装置（整体）；5—高电压蓄电池单元；6—EME控制单元；7—电动机绕组短路继电器；8—电容器主动放电继电器；9—电动机电子装置内的双向DC/AC转换器；10—SME控制单元；11—高电压蓄电池单元内的电动机械式接触器；12—高电压蓄电池；$C$—中间电路电容器；$R_{pass}$—被动放电电阻；$R_{akt}$—主动放电电阻

即使故障导致前两项放电措施无法正常进行，该电阻也能确保高电压车载网络可靠放电。放电至60V电压以下的所需时间较长，最长为120s。

DC/DC转换器的温度由一个温度传感器测量并通过EME控制单元监控。如果在冷却液冷却的情况下温度仍超出允许范围，EME控制单元就会降低DC/DC转换器功率以保护组件。

### 6. 用于控制电动机的供电电子装置

用于控制电动机的供电电子装置主要由双向DC/AC转换器构成，其运行模式如图8-32所示。这是一种脉冲变流器，带有一个两芯直流电压接口和一个三相交流电压接口。该DC/AC转换器可作为逆变器进行工作，作为电动机进行工作时将电能从高电压蓄电池传输至电动机。它也可以作为整流器进行工作，将电能从电动机传输至高电压蓄电池。进行制动能量回收利用时采用这种运行模式，此时电动机作为发电机工作并"产生"电能。

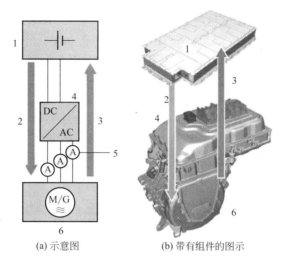

图 8-32 双向 DC/AC 转换器的运行模式
1—高电压蓄电池；2—逆变器运行模式，电动机工作；3—整流器运行模式，电动机作为发电机工作；
4—DC/AC 转换器；5—电流传感器；6—电动机

DC/AC 转换器的运行模式由 EME 控制单元决定。为此，EME 控制单元从 EDME 控制单元接收主要输入参数——电动机提供的扭矩规定值（数量和符号）。EME 控制单元根据该规定值和当前电动机运行状态（转速和扭矩）确定 DC/AC 转换器的运行模式以及电动机相电压的振幅及频率。根据这些规定值以脉冲方式控制 DC/AC 转换器的功率半导体。

控制单元通过电流传感器信号监控供电子装置和电动机内的功率以及电动机产生的扭矩。通过电流传感器信号以及电动机内转子位置传感器信号还能接通电动机电子装置控制电路。

电动机电子装置和电动机的功率数据在研发过程中进行了相互匹配。因此电动机电子装置能够持续提供 75kW 的功率并短时提供 125kW 的最大功率。为了防止供电电子装置过载，在 DC/AC 转换器上还有一个温度传感器。如果根据该传感器信号识别出功率半导体温度过高，EME 控制单元就会降低输出至电动机的功率，以保护供电电子装置。如果功率降低程度能够让客户明显感觉到，就会通过一条检查控制信息提示客户，如图 8-33 所示。如果电动机温度超出允许范围，客户也会获得相同的故障响应（降低功率）和相同的检查控制信息。

图 8-33 因驱动组件温度过高而降低功率时的检查控制符号

### 7. 高电压车载网络电源管理系统

高电压车载网络电源管理系统包括两项子功能：一项用于行驶运行模式；另一项用于充电运行模式。在行驶运行模式下协调从高电压蓄电池至高电压用电器的能量流。为此 EME 进行以下计算步骤并不断重复：对高电压蓄电池提供的功率进行查询（提供信号：SME）；对电动驱动装置要求的功率进行查询（信号来源：EDME）；对要求的空调系统功率进行查询（电气加热装置，电动制冷剂压缩机，IHKA）；决定如何分配电功率并与用电器控制单元进行通信。

在充电运行模式下，高电压电源管理系统执行不同任务。控制从车辆外部通过 EME 和/

或便捷充电电子装置 KLE 至高电压蓄电池以及根据需要至电气加热装置 EH 或至电动制冷剂压缩机 EKK 的能量流在 EME 内始终不断重复以下具体步骤：对外部可提供功率进行查询（信号来源：LIM）；对高电压蓄电池可消耗功率进行查询（SME）；对需要提供给空调系统的功率进行查询（IHKA/IHKR）；要求 EME/KLE 提供所需功率；将可提供的部分功率传输至高电压蓄电池接收装置（SME 控制单元）和空调系统（IHKA 控制单元）。

外部可提供的功率并非大小不限，而是会受到电网和 EME/KLE 限制，因此必须在进行分配前首先查询可分配的功率。高电压蓄电池根据其充电状态等可能无法获得任意大小的功率，因此同样必须首先查询相关数值。根据高电压蓄电池温度或驾驶员提出的空调要求，空调系统也需要功率，该功率数值是充电运行模式下用于高电压电源管理系统的第三个重要输入参数。通过这些信息对外部要求的功率进行控制并分配给用电器。

### 8. 其他高电压用电器供电

不仅电动机通过电动机电子装置供电，高电压用电器"电动制冷剂压缩机"和"电气加热装置"也从电动机电子装置获得高电压电平供电，但并没有在电动机电子装置内实现复杂的控制功能，而是将电动机电子装置用作高电压直流配电盒，由高电压蓄电池提供该高电压。为防止短路时连接两个高电压用电器的高电压导线过载，电动机电子装置分别带有一个用于电动制冷剂压缩机和一个用于电气加热装置的高电压熔丝。两个高电压熔丝的额定电流为 40A。

### 9. 控制电动真空泵

电动机电子装置带有用于分析制动真空压力传感器信号和控制电动真空泵的硬件。但控制电动真空泵的功能逻辑并非在 EME 控制单元，而是在 DSC 控制单元内。EME 和 DSC 控制单元通过 PT-CAN 和 PTCAN2 上的总线电码交换电动真空泵的传感器信号和接通要求。

制动真空压力传感器基本已通过采用传统驱动方式且带有发动机节能启停功能的车辆为大家所熟知。与这些车辆相同，在 I01 上该传感器也安装在制动助力器壳体上。

电动机电子装置为传感器供电，同时传感器发回取决于制动助力器内真空的电压信号。EME 控制单元将该模拟传感器信号转化为实际制动真空压力并以总线电码型式发送给 DSC 控制单元。

DSC 控制单元分析制动真空压力信号，考虑行驶动力参数（例如车速）和制动踏板操作，并由此确定是否需要接通电动真空泵。此外，DSC 控制单元内的功能逻辑还考虑滞后情况，因此电动真空泵不会持续接通和关闭，而是在达到所需最小制动真空压力前保持接通状态。DSC 控制单元以总线电码型式将电动真空泵接通要求发回给 EME 控制单元。

电动机电子装置带有一个输出极（半导体继电器），用于接通和关闭电动真空泵的供电。根据需要可将 DC/DC 转换器输出电压直接连接至电动真空泵。接通电流最高可达 30A。为了保护输出极和导线，通过电子方式限制电流强度，不对电动真空泵进行功率或转速限制，而是仅接通和关闭电动真空泵。

制动真空压力传感器可根据不再提供真空识别出电动真空泵失灵，至少会提供符合规定的减速度（提高踏板力）。在此由 DSC 实现液压制动助力功能，即根据驾驶员的操作产生液压增强的循环压力。

## 第三节　宝马 i3 电动汽车变速箱

### 一、变速箱概述

由于电动机可提供较大且有效的转速范围，因此 I01 的变速箱只需要一个挡位，即只有一个固定传动比。转速为零时内燃机不提供扭矩，而I01电动机则完全不同：从零转速起便开始提供较高扭矩，因此I01的变速箱也不需要离合器来进行起步或更换挡位。

通过一个单稳态转子式选挡开关操作I01的变速箱。选挡开关可选择常见行驶挡位"P""N""R""D"，如图8-34所示。此时通过带辅助线的换挡示意图显示行驶挡位，使当前行驶挡位突出显示。

图8-34 选挡开关

由两个控制单元负责挂入和松开驻车锁。EDME控制单元包含逻辑部分，即何时应挂入或松开驻车锁的条件。EDME控制单元通过PT-CAN将相应指令传输至电动机电子装置，如图8-35所示。

最终由EME控制单元直接控制驻车锁执行机构，其工作方式与行驶挡位"R"和"D"功能一样。在此，EDME控制单元也计算逻辑部分。随后由电动机电子装置负责执行部分，从而针对倒车行驶或向前行驶以相应方式控制电动机。I01的变速箱还带有选挡杆锁和互锁功能，其逻辑部分也在EDME控制单元内进行计算，如图8-36所示。

图8-35 数字式发动机电气电子系统（EDME）

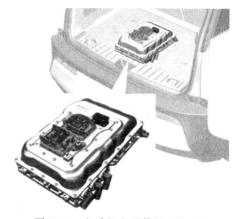

图8-36 电动机电子装置（EME）

## 二、变速箱结构

变速箱总传动比为9.7：1，因此变速箱输入端的转速是变速箱输出端的9.7倍。该传动比通过两个圆柱齿轮对来实现，因此在变速箱内的输入轴旁还有一个中间轴。变速箱输出端处的圆柱齿轮与差速器壳体固定连接在一起并驱动差速器如图8-37所示。差速器将扭矩分配给两个输出端并在两个输出端之间进行转速补偿。从设计角度而言，该差速器与BMW四轮驱动车辆所用前桥主减速器（VAG156）几乎完全一样。为在I01上使用，仅采取了表面加固措施并使用了较高强度材料。

变速箱未接入电动驱动装置冷却系统内，因此也没有冷却液管路接口。运行期间，变速箱内产生的热量很小。通过变速箱壳体上的流动空气以及电动机连接可实现充分散热，因此变速箱内的温度保持在最高120℃的范围内，组件和变速箱油针对该温度采用相应设计。此外变速箱也可达到明显较低的温度：长时间驻车后再起步时，组件与环境温度相同。由于温

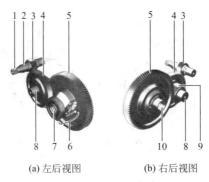

(a) 左后视图　　(b) 右后视图

图 8-37　变速箱结构

1—啮合轴用于连接电机驱动轴；2—变速箱输入轴；3—中间轴上的圆柱齿轮1；4—中间轴上的圆柱齿轮2；5—变速箱输出端处的圆柱齿轮；6—差速器；7—左侧半轴接口；8—中间轴；9—中间轴上的圆柱齿轮3；10—右侧半轴接口

度范围较大，因此在完全密封的壳体内可能会产生过压或真空。为了避免这种情况，在变速箱壳体上方带有一个排气口，该排气口及盖罩共同防止污物进入。

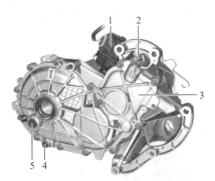

图 8-38　外部可见的变速箱组件
1—驻车锁模块；2—排气口；3—变速箱壳体；4—放油螺塞；5—加注螺塞

### 1. 机械接口

固定和承受驱动力矩不仅涉及变速箱本身，而且涉及由电动机、变速箱和电动机电子装置组成的整个驱动单元。重力和驱动力矩通过支撑臂和稳定杆连杆传输至后桥模块并由此传递到车身上。外部可见的变速箱组件如图产 8-38 所示。

### 2. 电动机接口

通过结构连接方式将扭矩从电动机驱动轴传输至变速箱输入轴。为此两个轴都带有花键，不过没有针对两个轴设计规定的定心部位。

涉水行驶时，水和污物可能会进入变速箱壳体内部空腔内。对于变速箱而言这不是什么问题，但是必须防止水和污物由此进入电动机内。为此使用图 8-39 中标记的、横截面为 X 形的密封环。在变速箱输入轴上还有一个密封环，用于对加注油脂的电动机连接毂区域进行密封。通过该密封环使装配时加注的油脂留在连接毂区域内，并在整个车辆使用寿命期间确保润滑效果。以环形方式布置在变速箱壳体上的通孔用于固定连接壳体与变速箱和电动机的铝合金螺栓。

### 3. 驻车锁

与在传统自动变速箱车辆上一样，驻车锁负责固定住车辆以防溜车。即使上坡/下坡坡度最高达到 32%，驻车锁也能使 I01 安全保持静止状态。与传统车辆一样，在此同样建议额外使用驻车制动器固定住车辆，以防溜车。

驾驶员可通过选挡开关上的 P 按钮挂入 I01 的驻车锁。与配备电子选挡开关的 BMW 车辆一样，在特定条件下也会自动挂入驻车锁。例如识别出驾驶员离开车辆时（驾驶员车门打开，驾驶员安全带松开且未操作踏板）就会自动挂入驻车锁。与传统车辆不同，在此有一项附加条件，满足该条件时无法松开 I01 的驻车锁。该条件可在连接充电电缆的情况下防止驾驶员无意间起步。

驻车锁由变速箱壳体内的一个电动机械部分（驻车锁执行机构）和一个机械部分（驻车

图 8-39 变速箱的机械接口

1—后桥模块；2—右侧半轴；3—变速箱壳体；4—X形密封环；5—左侧半轴；6—带花键的变速箱输入轴；
7—O形密封环；8—用于与电动机机械连接的开孔

锁棘爪和驻车锁止轮）构成。驻车锁机械部分的结构如图 8-40 所示。

这样可将驻车锁棘爪推入驻车锁止轮内并使变速箱输入轴卡止。通过锁销复位可重新释放驻车锁棘爪，通过回位弹簧将其从驻车锁止轮内拉出并使变速箱输入轴开锁。通过一个固定元件使操纵轴固定在与"挂入"和"松开"状态相对应的两个位置。固定元件卡入凸轮盘上相应凹槽内。通过移动方式或变速箱作用力不会将杆从上述位置推出。因此在不提供辅助能量的情况下两个位置保持稳定状态，也称 I01 的驻车锁为双稳态，就是说需要外部能量来改变驻车锁的状态，因此松开和挂入驻车锁时都需要能量。而在采用传统驱动装置和自动变速箱的 BMW 车辆上，只有松开驻车锁时才需要能量。

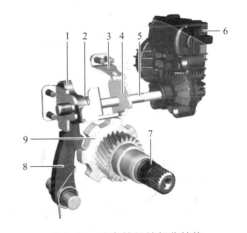

图 8-40 驻车锁机械部分结构

1—锁销；2—回位弹簧；3—固定元件；4—带两个卡止位置的凸轮盘；5—操纵轴；6—驻车锁模块；7—变速箱输入轴；8—带回位弹簧的驻车锁棘爪；9—驻车锁止轮

驻车锁执行机构本身是一个带齿轮蜗杆传动机构和两个位置传感器的直流电动机，所有这些部件均位于同一壳体内并构成一个单元。驻车锁模块通过三个半埋头 Torx 螺栓固定在变速箱壳体上，BMW 维修站点暂不对其进行更换。

由电动机电子装置内的一个输出极直接控制驻车锁模块内的电动机，该输出极以限制电流方式防止因短路造成的损坏。此外，为了防止电动机过载，还会测量耗电量，并在电动机电子装置软件内限制电流。

电动机一直处于通电状态，直至位置传感器显示驻车锁已启用所需状态。位置传感器依据霍尔原理工作，探测驻车锁模块传动机构移动情况。由于驻车锁功能与安全有关，因此使用两个冗余位置传感器来确保达到所需可靠性。如果故障导致传感器信号失灵，可通过冗余功能完成刚刚启用的挂入或松开过程。位置传感器产生信号，由电动机电子装置进行信号分析。

由于位置传感器探测驻车锁模块内的电动机移动而非实际驻车锁机械机构的移动，因此必须进行一次初始化，从而根据传感器信号确定驻车锁状态。

图 8-41 展示了驻车锁模块的电气结构以及与电动机电子装置之间的电气连接。

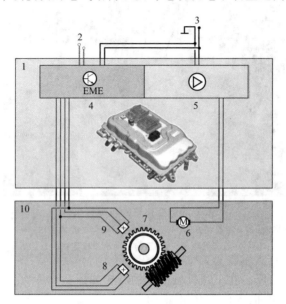

图 8-41　驻车锁模块的电气结构与电动机电子装置之间的电气连接

1—电动机电子装置 EME（整体）；2—PT-CAN 接口；3—供电；4—EME 控制单元；5—驻车锁模块输出极；6—电动机；7—驻车锁执行传动机构；8—依据霍尔原理工作的第一个位置传感器；9—依据霍尔原理工作、与第一个方向相反的第二个位置传感器；10—驻车锁模块（整体）

EME 控制单元通过执行多项自诊断功能确保驻车锁模块正常运行并防止组件损坏。自诊断功能如下。

① 监控连接电动机、位置传感器、电磁铁的导线对地短路、供电以及断路情况。

② 监控电动机电流强度最大值和位置传感器信号可信度。

③ 监控位置传感器信号（规定范围内的 PWM 信号和两个信号相互之间的可信度）。

如果其中一项自诊断功能识别出故障，就会在 EME 控制单元故障码存储器内存储一个说明故障原因的记录。根据所识别故障的严重程度使驻车锁继续工作或保持当前位置不变。但无论在哪种情况下都会产生故障码存储器记录，并通过检查控制信息要求客户到 BMW 维修站点进行车辆检查。

如果无法通过故障码存储器记录确定故障原因，维修人员可进行以下检查，从而排查原因。

① 在电动机电子装置输出端通过进行测量检查电动机供电。

② 检查导线束段是否断路/短路。

诊断系统不仅可在进行驻车锁故障查询时为维修人员提供支持，而且还提供服务功能，最重要的服务功能是进行驻车锁初始化。在初始化期间驻车锁模块电动机多次移动到其限位位置，在此过程中监控位置传感器的信号以及电动机所消耗电流强度的变化。通过凸轮盘上的卡止位置以及固定元件施加的作用力使电动机需要产生的作用力以及电流曲线图发生变化，EME 控制单元由此确定驻车锁正确挂入和松开的位置。相关位置传感器信号值持续存储在 EME 控制单元内，并从此刻开始用于控制驻车锁操纵机构。

注意：安装新的驻车锁模块，必须执行以下步骤：通过驻车制动器固定住车辆，以防溜车；必要时使驻车锁操纵轴逆时针转动 70°进入"已松开驻车锁"卡止位置；安装新的驻车锁模块。

驱动控制装置系统电路图如图 8-42 所示。

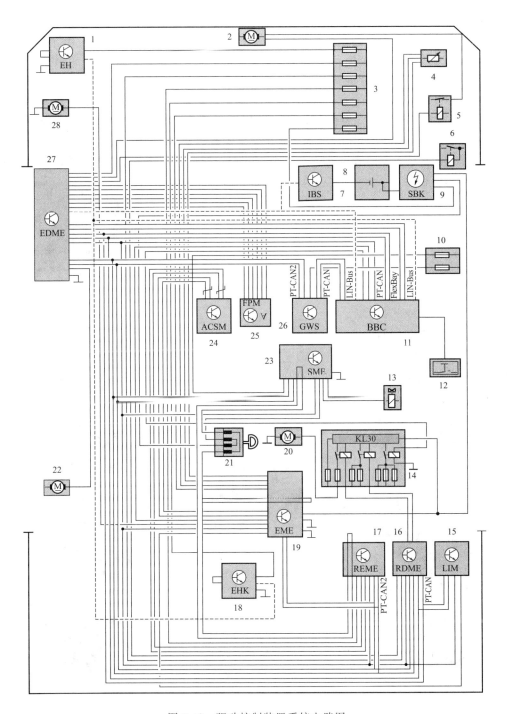

图 8-42 驱动控制装置系统电路图

1—电气加热装置 EH；2—电风扇；3—BDC 内的前部配电盒；4—制动真空压力传感器；5—用于接通电风扇的继电器；6—燃油泵继电器；7—智能型蓄电池传感器 IBS；8—12V 蓄电池；9—安全型蓄电池接线柱 SBK；10—BDC 内的前部配电盒；11—车身域控制器 BDC；12—驾驶体验开关；13—膨胀和截止组合阀（未配备热力泵）；14—集成式供电模块；15—充电接口模块 LIM；16—增程器数字式发动机电子系统 RDME；17—增程电动机电子装置 REME；18—电动制冷剂压缩机 EKK；19—电动机电子装置 EME；20—二次空气泵；21—高电压安全插头；22—电动冷却液泵；23—蓄能器管理电子装置 SME；24—碰撞和安全模块 ACSM；25—加速踏板模块；26—电子选挡开关 GWS；27—数字式发动机电气电子系统 EDME；28—电动真空泵

驱动控制装置执行以下首要功能：分析驾驶员指令（加速踏板）；协调扭矩要求；运行策略包括应急运行模式反应；控制电动机；热量管理；分析电子选挡开关（电子伺服换挡功能）；低电压车载网络电源管理。

如图 8-43 所示，EDME 控制单元是驱动控制装置主要功能的主控单元和协调单元。

施加驱动力矩前，EDME 必须检查是否已建立行驶准备。此外，EDME 还要查询电动传动系统中所有子系统是否正常运行，这也是提供驱动力矩的一项前提条件。最后，EDME 还必须考虑用于驱动车辆的可用功率，该功率主要通过高电压蓄电池状态进行确定。SME 控制单元通过相应总线电码将该状态发送至 EDME 控制单元。作为检查结果，EDME 确定

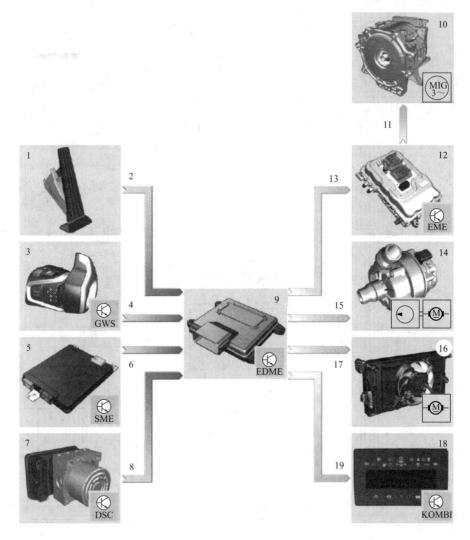

图 8-43 驱动控制装置的输入/输出
1—加速踏板模块；2—加速踏板角度信号；3—电子选挡开关 GWS；4—电子选挡开关操作信号；5—蓄能器管理电子装置 SME；6—有关高电压蓄电池充电状态和可用电功率的信号；7—动态稳定控制系统 DSC；8—有关行驶动力性状态（例如车速）的信号；9—数字式发动机电气电子系统 EDME；10—电动机；11—电动机绕组相电压；12—电动机电子装置 EME；13—所需驱动力矩（电动机/发电机运行模式）；14—电动冷却液泵；15—向电动冷却液泵提出的功率要求；16—电风扇；17—向电动冷却液泵提出的功率要求；18—组合仪表；19—有关电动驱动装置状态的显示信息和出现故障时的检查控制信息

是否能够以及在何范围内提供驱动力矩。出现故障或使用受限时，EDME 就会通过组合仪表发出一条相应的检查控制信息。在此所述各项功能均汇总在"运行策略"下。

用于确定驱动力矩的一个重要输入信号是加速踏板角度，该角度通过一根直接线从加速踏板模块传输至 EDME。EDME 根据该信号确定驾驶员所需扭矩，EDME 必须将该需求以及可能同时存在的扭矩要求（例如由定速巡航控制系统或动态稳定控制系统提出）进行比较和协调。EDME 可通过这些输入信息计算出实际所需的电动机驱动力矩。

为通过电动机产生驱动力矩，必须在电动机绕组上产生相电压、频率和相位。该任务并非通过 EDME 自身进行，而是由电动机电子装置 EME 来进行。EDME 通过 PT-CAN2 以总线电码型式将所需驱动力矩发送至 EME，EME 控制单元据此计算出相电压并由安装在相同壳体内的 EME 供电电子装置最终产生相电压。

**4. 电源管理系统功能**

出于历史原因以及与驱动功能存在的间接联系，将其他功能集成在驱动控制单元特别是 EDME 控制单元内。

多年以来，传统车辆的电气电源管理系统一直以功能型式集成在发动机管理系统内。这项电源管理系统功能包括通过智能型蓄电池传感器 IBS 分析 12V 蓄电池充电状态以及关闭用电器等。在 I01 上也继承了这一传统：由 EDME 控制单元针对低电压车载网络执行电源管理系统功能。低电压车载网络内的电源管理系统包括以下子功能：确定当前用电器能量需求（总线电码型式信号，例如车身域控制器 BDC 提供的车外照明装置接通状态）；确定 12V 蓄电池的运行状态、充电状态和充电电流/放电电流（IBS 提供的信号）；控制 DC/DC 转换器的功率；监控休眠电流，关闭总线端或用电器，以免 12V 蓄电池过度放电。

在 I01 上，电动机电子装置内的 DC/DC 转换器执行了传统 12V 发动机的任务，因此 EDME 内的电源管理系统根据功率需求以总线电码型式要求电动机电子装置提供相应功率。

EDME 控制单元的电气接口。

① EDME 控制单元 12V 供电（总线端 30B，总线端 31）。

② 带两个霍尔传感器的加速踏板模块：供电，接地和传感器输出信号（输出电压范围为 0~2.5V 和 0~5.0V）。

③ 制动信号灯开关和制动信号灯测试开关：相互倒置，冗余信号（操作/未操作），通过总线端 R 供电。

④ LIN 总线：读取智能型蓄电池传感器 IBS 信号和控制电动冷却液泵（电动机/电动机电子装置和充电电子装置冷却循环回路）。

⑤ 控制电风扇：可通过 PWM 信号由 EDME 控制用于冷却前部冷却套件的电风扇功率。执行应急运行模式时，EDME 可通过一个继电器以最大功率接通电风扇。

⑥ 车身域控制器 BDC（启动授权）。

⑦ PT-CAN（EDME 内没有终端电阻）。

⑧ PT-CAN2（EDME 内没有终端电阻）。

⑨ FlexRay（EDME 内没有终端电阻）。

# 第四节　宝马 i3 电动汽车高压蓄电池

## 一、高压蓄电池概述

在 I01 高电压蓄电池内使用的蓄电池组属于锂离子电池类型（电池类型为 NMC/LMO

混合）。锂离子电池的阴极材料基本上是锂金属氧化物。"NMC/LMO 混合"这一名称说明了这种电池类型使用的金属：一方面是镍、锰和钴的"混合物"；另一方面是锂锰氧化物。通过选择阴极材料优化了高电压蓄电池特性（能量密度较高、使用寿命较长）。像往常一样使用石墨作为阴极材料，放电时锂离子存储在石墨内。根据所使用的材料，电池额定电压为 3.75V。表 8-3 所示总结了 I01 高电压蓄电池的一些重要技术数据。

表 8-3　I01 高压蓄电池单元的技术参数

| 项目 | 指标 |
| --- | --- |
| 电压/V | 360（额定电压）<br>259～396V（电压范围） |
| 电池 | 96 个电池串联（每个电池均为 3.75V 和 60A·h） |
| 可存储能量/kW·h | 21.8（粗算）<br>18.8（净值，实际使用） |
| 最大功率（放电）/kW | 147（短时），至少 40（持续） |
| 最大功率（充电）/kW | 约 20（快速充电至 80%SoC），约 3.6（在 8h 内完全充电至 100%SoC） |
| 总质量/kg | 约 233 |
| 尺寸/mm | 1584×892×171（容积 213L，包括壳体） |
| 冷却系统 | 使用制冷剂 R1234yf/R134a |
| 加热装置 | 电气，最大 1000W（选装配置） |

I01 的高电压蓄电池单元由以下主要组件构成：带有实际电池的电池模块、电池监控电子装置、带有冷却通道和加热装置的热交换器、蓄能器管理电子装置 SME、导线束、安全盒、接口（电气、制冷剂、排气）壳体和固定部件。电池由韩国公司 Samsung SDI 向 BMW Dingolfing 工厂提供。在此将电池组装成电池模块并与其他组件一起安装为完整的高电压蓄电池单元。SME 控制单元和电池监控电子装置的制造商是 Preh 公司。

高电压蓄电池单元除高电压接口外，还带有一个低电压接口。此外还为集成式控制单元提供电压信号、总线信号、传感器信号和监控信号。为对高电压蓄电池进行冷却，将其接入制冷剂循环回路内。高电压蓄电池单元上的提示牌向进行相关组件作业的人员说明所用技术及可能存在的电气和化学危险。

高电压蓄电池单元位于车内空间以外，如图 8-44 所示。如果由于严重故障导致电池产生过压，不必通过排气管向外排出所产生的气体。通过高电压蓄电池单元壳体上的一个排气口便可进行压力补偿。

与当前 BMW ActiveHybrid 车辆一样，高电压安全插头（"售后服务时断开连接"）不是高电压蓄电池单元的组成部分，它位于发动机室盖下方。高压蓄电池单元系统电路图 8-45 所示。

## 二、机械接口

高电压蓄电池单元的壳体通过总共 26 个螺栓以机械方式与 I01 的 Drive 模块连接在一

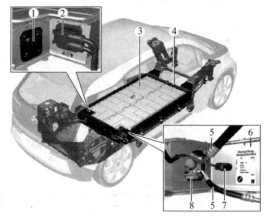

图 8-44　高电压蓄电池单元的安装位置
1—排气口；2—高电压接口；3—高电压蓄电池单元；
4—框架（Drive 模块）；5—制冷剂管路；
6—提示牌；7—低电压接口；8—膨胀和截止组合阀

第八章　宝马 i3 电动汽车　337

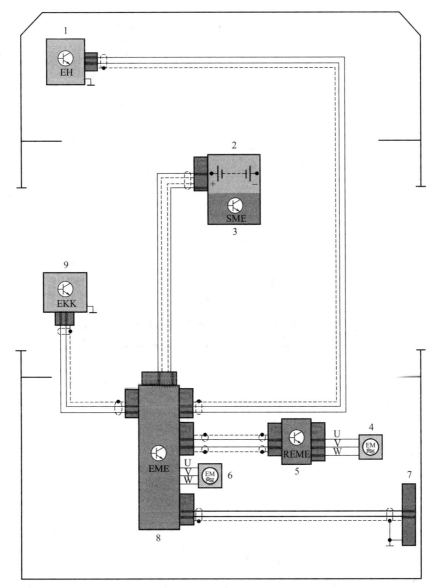

图 8-45　高电压蓄电池单元系统电路图

1—电气加热装置 EH；2—高电压蓄电池单元；3—蓄能器管理电子装置 SME；4—增程电动机；5—增程电动机电子装置 REME；6—电动机；7—车辆上的充电接口；8—电动机电子装置 EME；9—电动制冷剂压缩机

起。通过这种方式可使重力以及行驶期间产生的加速力作用在车身上。固定螺栓可直接从下方接触到，不必事先拆卸底部饰板。拆卸高电压蓄电池单元时必须首先进行维修说明中规定的所有准备工作（诊断、切换为无电压等）。松开固定螺栓前必须将下降高度专用工具（可移动总成升降台 MHT 1200）固定在高电压蓄电池单元下方。

通过另一个电位补偿螺栓在壳体与 Drive 模块之间建立电气连接，如图 8-46 所示。

进行多次拆卸和安装后无法再按规定力矩拧紧电位补偿螺栓时，应针对电位补偿螺栓重新钻孔。图 8-47 展示了电位补偿螺栓孔的大致位置。

与带有框架结构的车辆相似，Life Drive 方案由两个平行分开的独立模块构成。"Life"模块主要由碳纤维增强塑料（CFK）制成的高强度超轻乘员区构成。"Drive"模块即底盘构

图 8-46　将高电压蓄电池单元固定在 Drive 模块上
1—框架（Drive 模块）；2—高电压蓄电池单元；3—固定螺栓；4—电位补偿螺栓

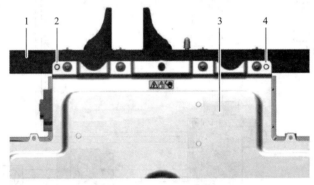

图 8-47　电位补偿螺栓孔的大致位置
1—框架（Drive 模块）；2—维修时新的电位补偿螺栓孔；3—高电压蓄电池单元壳体；4—出厂时的原始电位补偿螺栓孔

成了集成有高电压蓄电池单元的稳定基础。Drive 模块前端和后端由铝合金制成的碰撞主动式结构能够确保发生正面和尾部碰撞时提供额外的安全保护。为了提供最佳保护，将蓄电池安装在车辆底板内，因为发生碰撞事故时车辆在此区域内的变形程度最小。发生侧面碰撞时，Life 模块的碰撞特性也有助于保护高电压蓄电池单元，因为在此已吸收全部能量，不会使其传输至蓄能器。高强度 CFK 乘员区和 LifeDrive 模块内的智能化作用力分配共同构成了最佳乘员保护的前提条件。

在 I01 的高电压蓄电池单元上装有三个提示牌，即一个型号铭牌和两个警告提示牌。型号铭牌提供逻辑信息（例如零件编号）和最重要的技术数据（例如额定电压）。两个警告提示牌提醒注意高电压蓄电池单元采用锂离子技术且电压较高以及可能存在的相关危险。图 8-48 展示了高电

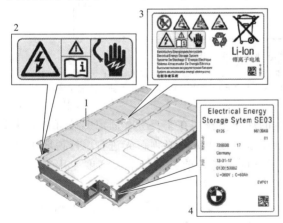

图 8-48　高电压蓄电池单元壳体上
三个提示牌的安装位置
1—高电压蓄电池单元壳体端盖；2—高电压组件警告提示牌；
3—警告提示牌；4—标注技术数据的提示牌

压蓄电池单元上三个提示牌的安装位置。

## 三、电气接口

### 1. 高电压接口

在高电压蓄电池单元上带有一个 2 芯高电压接口，高电压蓄电池单元通过该接口与高电压车载网络连接，如图 8-49 和图 8-50 所示。

围绕高电压导线的两个电气触点还各有一个屏蔽触点，这样可使高电压导线屏蔽层（每根导线各有一个屏蔽层）一直持续到高电压蓄电池单元壳体内，从而有助于确保电磁兼容性 EMV。

此外，高电压接口还可防止接触导电部件。实际触点带有塑料外套，因此人员无法直接接触。只有连接导线时才压开外套并进行接触。塑料滑块用于机械锁止插头。此外，它还是安全功能的组成部分：未连接高电压导线时，滑块盖住高电压触点监控电桥的接口。只有按规定连接了高电压导线且插头已锁止时，才能接触到这个接口并插上电桥，这样可以确保只有连接了高电压导线时高电压触点监控电路才闭合。

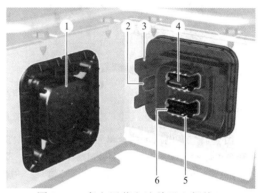

图 8-49　高电压蓄电池单元左侧接口
1—排气口；2—带高电压触点监控
电路内电桥接口的插孔；3—机械滑块；
4—高电压导线自身触点；
5—屏蔽触点；6—接触保护

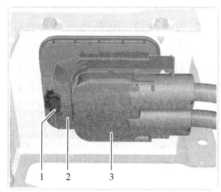
(a) 已插上高电压导线的高电压接口

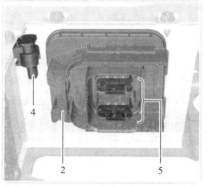
(b) 已松开高电压导线的高电压接口

图 8-50　高电压接口
1—高电压触点监控电桥（已插上）；2—机械滑块；3—高电压导线的高电压插头；
4—高电压触点监控电桥（已松开）；5—高电压接口

该原理适用于 I01 的所有高电压接口，即高电压蓄电池单元上、电动机电子装置上、便捷充电电子装置上和增程电动机电子装置上的高电压接口。因此只有连接所有高电压导线后，高电压系统才会启用，这样可以额外防止接触可能带电的接触面。

像高电压蓄电池单元的所有其他组件一样，高电压接口可作为独立部件进行更换。

### 2. 低电压接口

在 I01 的高电压蓄电池单元上带有两个低电压接口：SME 控制单元导线接口；膨胀和

图 8-51 高电压蓄电池单元右侧接口
1—膨胀和截止组合阀接口；2—制冷剂抽吸管路接口；
3—膨胀和截止组合阀；4—高电压蓄电池
单元壳体；5—高电压蓄电池单元低电压
接口；6—制冷剂压力管路接口

截止组合阀控制接口，高电压蓄电池单元右侧接口如图 8-51 所示。

SME 控制单元接口带有以下导线：通过总线端 30F 和总线端 31 为 SME 控制单元供电、用于为电动机械式接触器供电的总线端 30C、车身域控制器唤醒导线、高电压触点监控导线的输入端和输出端、用于控制膨胀和截止组合阀（未配备"热力泵"）的输出端（+12V 和接地）、PT-CAN2、两个未使用的信号（仅用于研发）。

未配备"热力泵"时，从 SME 控制单元连出的膨胀和截止组合阀控制导线首先接入车辆导线束内，从此处可重新直接连接至该阀，没有其他车辆电气组件会对该控制信号产生影响。配备"热力泵"时，由热力泵控制单元而非 SME 控制单元控制膨胀和截止组合阀。SME 控制单元仅发送高电压蓄电池冷却要求，之后由 IHKA/IHKR 控制单元和热力泵控制单元具体执行。

### 3. 排气口

排气口有两个任务：第一个任务是补偿高电压蓄电池单元内部和外部的较大压力差。只有某一电池损坏时才会产生这种压力差，出于安全原因，损坏电池的电池模块壳体会打开，以便降低压力。气体首先存在于高电压蓄电池单元壳体内，从此处可通过排气口排到外面。第二个任务是向外输送高电压蓄电池单元内部产生的冷凝物。在高电压蓄电池单元内部除技术组件外还有空气，通过较低环境温度或启用冷却功能后通过制冷剂对空气或壳体进行冷却时，空气中的部分水蒸气就会冷凝，因此在高电压蓄电池单元内部可能会形成少量液态水，这不会对功能产生任何影响。空气或壳体再次受热时水就会重新蒸发，同时壳体内的压力稍稍增大。排气口可通过向外排出受热空气进行压力补偿，同时会将空气中包含的水蒸气（以及之前产生的液态冷凝物）一同向外排出。

为了完成上述任务，排气口（图 8-52）带有一个透气（和水蒸气）但不透水的隔膜。在隔膜上方有一个两件式盖板，可防止粗杂质进入隔膜。

图 8-52 排气口
1—固定螺栓（4 个）；2—排气口

维修时可将排气单元作为一个整体进行更换。排气单元污染严重或出现机械损伤时需要进行更换。

## 四、加热装置和冷却系统

为了尽可能延长高电压蓄电池的使用寿命并获得最大功率，需在规定温度范围内使用蓄电池。-40~50℃时，高电压蓄电池处于可运行状态，但这些温度限值是指实际电池温度而非车外温度。就温度特性而言，高电压蓄电池单元是一个惰性系统，即电池需要几个小时才能达到环境温度，因此在极其炎热或寒冷的环境下短暂停留并不表示电池也已经达到同样温度。

但就使用寿命和功率而言的最佳电池温度范围明显受限，为25~40℃。尤其在电池温度持续显著超出该范围并要求提供较高功率时，会降低电池的使用寿命。为了消除这种影响并在任何车外温度条件下确保最大功率，I01的高电压蓄电池单元带有自动运行的加热装置和冷却装置。

I01标配用于高电压蓄电池的冷却系统。为此像在当前BMW Active Hybrid车辆上一样，将其接入空调系统制冷剂循环回路内。如果客户订购了选装配置SA 494驾驶员和前乘客座椅加热装置，则其I01也带有高电压蓄电池加热装置，可利用电流的热效应对高电压蓄电池进行加热。该加热装置包括控制装置，位于高电压蓄电池单元内部。车外温度或电池温度及所连充电电缆温度极低时，会根据需要自动启用加热装置，从而对电池进行加热。通过这种方式可以明显改善在极低温度下受到限制的功率输出并提高行驶里程。

高电压蓄电池单元加热和冷却的整个系统概览如图8-53所示。

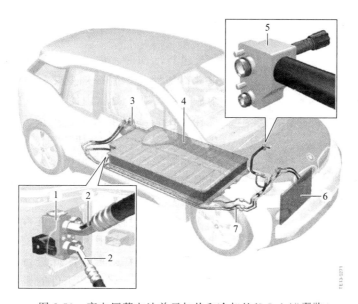

图8-53 高电压蓄电池单元加热和冷却的整个系统概览
1—膨胀和截止组合阀；2—用于冷却高电压蓄电池单元的制冷剂管路；3—电动制冷剂压缩机；4—高电压蓄电池单元；5—用于车内冷却的膨胀阀；6—制冷剂循环回路内的冷凝器；7—制冷剂管路

### 1. 高电压蓄电池冷却系统

I01的高电压蓄电池单元直接通过制冷剂进行冷却。空调系统的制冷剂循环回路由两个"并联"支路构成：一个用于车内冷却；另一个用于高电压蓄电池单元冷却。两个支路各有一个膨胀和截止组合阀,用于相互独立地控制冷却功能,如图 8-54 所示。蓄能器管理电子装置可通过施加电压打开膨胀和截止组合阀进行控制,这样可使制冷剂流入高电压蓄电池单元内,在此进行膨胀、蒸发和冷却。车内冷却同样根据需要来进行。蒸发器前的膨胀和截止组合阀同样可以对电气进行控制,但一般由发动机电气电子系统 EDME 进行控制。

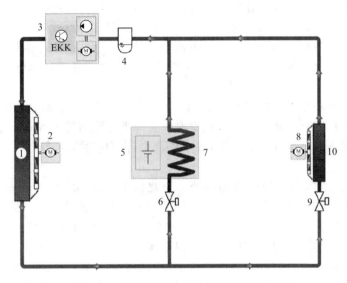

图 8-54 高电压蓄电池的整个冷却系统
1—制冷剂循环回路内的冷凝器;2—用于车内空间的制冷剂循环回路电风扇;3—电动制冷剂压缩机;4—干燥器瓶;5—高电压蓄电池单元;6—制冷剂循环回路内的膨胀和截止组合阀(用于冷却高电压蓄电池);7—热交换器;8—车内鼓风机;9—制冷剂循环回路内的膨胀和截止组合阀(用于冷却车内空间);10—车内蒸发器

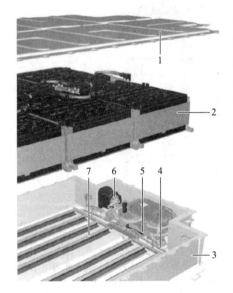

图 8-55 高压蓄电冷却组件
1—高电压蓄电池盖板;2—电池模块;3—高压蓄电池壳体;4—制冷剂回流管路;5—制冷剂供给管路;6—膨胀和截止阀连接法兰;7—热交换器

进行冷却时,电池将热量传至制冷剂。因此在电池冷却期间,制冷剂变热。电动制冷剂压缩机压缩制冷剂,在冷凝器内使其重新变为液体聚集状态,这样可使制冷剂重新吸收热量。通过这种方式可产生约 1000W 的最大冷却功率,反过来说,高电压蓄电池可排放出最高 1000W 的热功率。当然只有在车外温度极高且驱动功率较高的情况下才需要上述最大冷却功率。

为了通过制冷剂对电池进行冷却,在电池模块下方配有铝合金平管构成的热交换器。它与内部制冷剂管路连接在一起,因此进行冷却时有制冷剂流过。图 8-55 展示了这些组件的概览。

### 2. 加热装置

在相反的情况下,例如车辆停放在 0℃ 以下的户外多日,应在行驶前使电池加热至最佳温度水平,之后从开始行驶时蓄电池就会提供其最大功率。通过充电电缆将车辆与电网连接并选择车辆温度调节功能时,客户可执行上述方案。对电池进行加热时会启用高电压系统并使电流经过加热丝网。该网沿冷却通道布置，由于冷却通道与电池模块接触，因此加热线圈内产生的热量会传至电池模块和电池。高电压蓄电池单元的加热组件如图8-56所示。

### 3. 热交换器

在高电压蓄电池单元内部，制冷剂在管路和铝合金冷却通道内流动。通过入口管路流入的制冷剂直接在高电压蓄电池单元接口处分入两个供给管路，之后再次分别进入两个冷却通道并在冷却通道内吸收电池模块的热量。在冷却通道末端制冷剂被输送至相邻冷却通道内，由此回流并继续吸收电池模块的热量。高电压蓄电池单元内的冷却组件如图8-57所示。

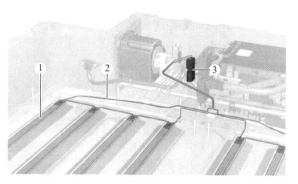

图8-56　高电压蓄电池单元的加热组件
1—加热线圈；2—接口；3—高电压加热装置插头

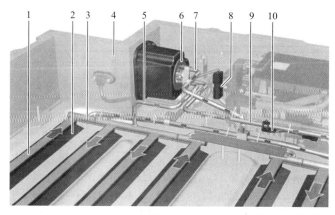

图8-57　高电压蓄电池单元内的冷却组件
1—热交换器；2—弹簧条；3—冷却通道连接装置；4—高电压蓄电池壳体；5—制冷剂供给管路；6—膨胀和截止阀连接法兰；7—制冷剂回流管路；8—电气加热装置插头；9—制冷剂供给管路；10—制冷剂温度传感器

最后带有蒸发制冷剂的四个管路段重新汇集到一起，一个共同的回流管路通到抽吸管路接口处。在其中一个供给管路上还有一个温度传感器，传感器信号用于控制和监控冷却功能，该信号直接由SME控制单元读取。

为了确保冷却通道完成排出电池模块热量的任务，必须以均匀的作用力将冷却通道整个面积压到电池模块上。该压紧力通过嵌有冷却通道的弹簧条产生，弹簧支撑在高电压蓄电池单元壳体上，从而将冷却通道压到电池模块上。

## 五、高电压蓄电池单元的内部结构

为了满足高压蓄电池的设计使用寿命和功率的最大化，在使用时必须有严格的保护措施：使蓄电池运行在最佳的温度范围内（加热/冷却或限制电流）；均衡所有电池的充电状态；在特定的范围内可用完蓄电池的储存能量。

为此设计了IHKA/IHKR高压蓄电池控制单元，其电路图如图8-58所示。除8个电池模块的电池本身外，还包括蓄能器管理控制单元，电池监控电子装置CSC，接触器、传感器和熔丝的安全盒，以及可选装的电器加热控制装置。

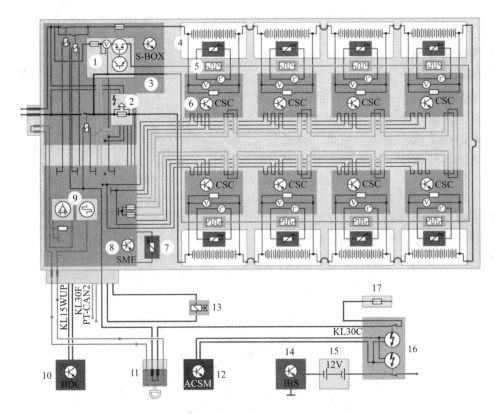

图 8-58 高电压蓄电池单元系统电路图

1—电气加热控制装置;2—用于测量高电压蓄电池单元负极导线内电流强度的传感器;3—安全盒;4—电池模块;5—电气加热装置;6—电池监控电子装置(电池监控电路CSC);7—制冷剂管路温度传感器;8—蓄能器管理电子装置;9—高电压触点监控电路控制装置;10—车身域控制器;11—高电压安全插头(售后服务时断开连接);12—用于触发安全型蓄电池接线柱的ACSM控制管路;13—冷却液管路截止阀;14—智能型蓄电池传感器;15—蓄电池;16—安全型蓄电池接线柱;17—前部配电盒

从该电路图中可以看出,除汇集在 8 个电池模块内的电池本身外,I01 的高电压蓄电池单元还包括以下电气/电子部件:蓄能器管理电子装置(SME)控制单元,8 个电池监控电子装置(电池监控电路 CSC),带接触器、传感器和过电流熔丝的安全盒,电气加热装置控制装置(选装)。

## 1. 蓄能器管理电子装置(SME)

在高电压蓄电池单元中,SME(图 8-59)是电池的核心控制管理模块。SME 控制单元需要执行以下任务:由电动机电子装置 EME 根据要求控制高电压系统的启动和关闭;分析有关所有电池的电压和温度以及高电压电路内电流强度的测量信号;控制高电压蓄电池单元冷却系统;确定高电压蓄电池的充电状态(SoC)和老化状态(SoH);确定高电压蓄电池的可用功率并根据需要对电动机电子装置提出限制请求;安全功能(例如电压和温度监控、高电压触点监控、绝缘

图 8-59 蓄能器 SME

监控);识别出故障状态,存储故障码存储器记录并向电动机电子装置发送故障状态。

在 SME 控制单元的故障码存储器内不仅可存储控制单元故障,而且还可查阅高电压蓄电池单元内其他组件的故障记录。这些故障码存储器记录根据严重程度和尚可提供的功能分为不同类型。

(1) 立即关闭高电压系统  因出现故障影响高电压系统安全或产生高电压蓄电池损坏危险时,就会立即关闭高电压系统并断开电动机械式接触器触点,之后驾驶员可让车辆滑行并停在路面上。通过 12V 车载网络提供能量确保转向助力、制动助力和 DSC 调节。

(2) 限制功率  高电压蓄电池无法继续提供最大功率或全部能量时,为了保护组件,会限制驱动功率和行驶里程。此时驾驶员可在驱动功率明显降低的情况下继续行驶较短距离,在最好的情况下可行驶至最近的 BMW 维修站点,或将车辆停放在所选地点。

(3) 对客户没有直接影响的故障  例如 SME 控制单元或 CSC 控制单元之间的通信短时受到干扰时,不表示功能受限或危及高电压系统安全。因此只会产生一个故障码,必须由 BMW 维修站点通过诊断系统对该记录进行分析,但客户不会看到检查控制信息或感到功能受限。

从高电压蓄电池单元外部无法接触到 SME 控制单元。为在出现故障时更换 SME 控制单元,必须事先将其打开。

SME 控制单元的电气接口是 SME 控制单元 12V 供电(车内配电盒的总线端 30F 和总线端 31)、接触器 12V 供电(总线端 30 碰撞信号)、PT-CAN2、局域 CAN1 和 CAN2、车身域控制器 BDC 唤醒导线、高电压触点监控输入端和输出端、制冷剂循环回路内的截止和膨胀组合阀控制导线、制冷剂温度传感器。

用专用的 12V 导线为高电压蓄电池单元内的接触器供电,该导线称为总线端 30 碰撞信号,简称为总线端 30C。总线端名称中的 C 表示发生事故(碰撞)时关闭该 12V 电压。该导线是安全型蓄电池接线柱的一个(第二个)输出端,即触发安全型蓄电池接线柱时也会断开该供电导线。此外该导线穿过高电压安全插头,因此关闭高电压系统供电时也会关闭接触器供电。在上述两种情况下,高电压蓄电池单元内的两个接触器会自动断开。

局域 CAN1 使 SME 控制单元与电池监控电子装置 CSC 相互连接。局域 CAN2 用于实现 SME 控制单元与 S 盒之间的通信,通过该总线可传输测量的电流强度等信息。车辆带有选装配置 SA494 驾驶员和前乘客座椅加热装置时,还通过局域 CAN2 传输高电压蓄电池加热装置控制指令。

**2. 电池模块**

高电压蓄电池单元由 8 个串联连接的电池模块构成,每个电池模块都分配有一个电池监控电子装置。电池模块自身由 12 个串联连接的电池构成,每个电池的额定电压为 3.75V,额定电容量为 60A·h,电池模块额定电压为 45V。高压电池模块如图 8-60 所示。

为确保 I01 所用的锂离子电池正常运行,必须遵守特定边界条件:电池电压和电池温度不允许低于或高于特定数值,否则可能导致电池持续损坏。因此高电压蓄电池单元内带有 8 个名称为电池监控电路 CSC 的电池监控电子装置。在 I01 高电压蓄电池单元内,每个电池模块都有一个电池监控电子装置,其控制电路如图 8-61 所示。

电池监控电子装置执行以下任务:测量和监控每个电池的电压;测量和监控电池模块多处的温度;将测量参数传输至 SME 控制单元;执行电池电压补偿过程。

在此以较高扫描率(每 20ms 测量 1 次)测量电池电压。通过测量电压可以识别充电过程或放电过程是否结束。温度传感器安装在电池模块上,根据其测量值可确定各电池的温度。借助电池的温度可以识别是否过载或有电气故障。出现以上任一种情况时必须立即降低

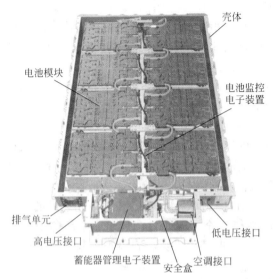

图 8-60 高压电池模块

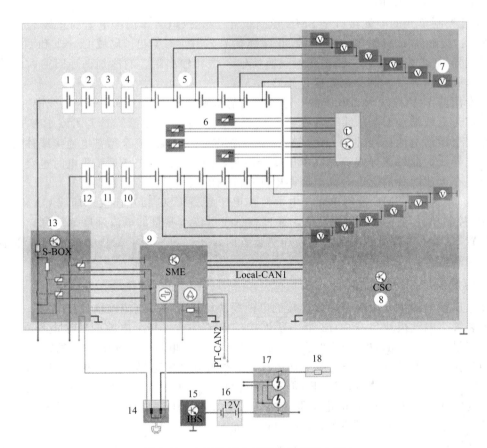

图 8-61 电池监控电子装置的控制电路

1—电池模块 1；2—电池模块 2；3—电池模块 3；4—电池模块 4；5—电池模块 5；6—电池模块上的温度传感器；
7—电池电压测量；8—电池监控电子装置；9—蓄能器管理电子装置；10—电池模块 6；11—电池模块 7；
12—电池模块 8；13—安全盒；14—售后服务断开连接；15—智能型蓄电池传感器；16—12V 蓄电池；
17—安全型蓄电池接线柱；18—前部配电盒

电流强度或完全关闭高电压系统,以免电池进一步损坏。此外,测量温度还用于控制冷却系统,从而确保电池始终在最有利于自身功率和使用寿的温度范围内运行。由于电池温度是一个重要参数,因此每个电池模块装有 4 个 NTC 温度传感器,其中 2 个是另外 2 个的冗余装置。

电池监控电子装置通过局域 CAN1 传输其测量值,该局域 CAN1 使所有电池监控电子装置相互连接并与 SME 控制单元相连,在 SME 控制单元内对测量值进行分析并根据需要做出相应反应(例如控制冷却系统)。

两个局域 CAN1 和 CAN2 的传输速度为 500kbit/s,与采用相同传输速度的 CAN 总线一样,总线导线采用绞线型式。此外,两个局域 CAN 端部采用终端型式。用于局域 CAN1 两端分别为 120Ω 的终端电阻位于 SME 控制单元内。用于局域 CAN2 两端分别为 120Ω 的终端电阻位于 SME 控制单元和 S 盒控制单元内,其电路原理图如图 8-62 所示。

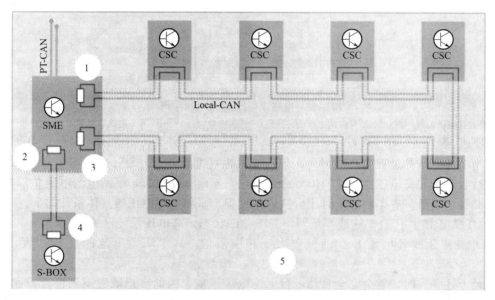

图 8-62　高电压蓄电池单元局域 CAN 电路原理图
1—SME 控制单元内的局域 CAN1 终端电阻;2—CSC 控制单元内的局域 CAN2 终端电阻(序号 5);3—高电压蓄电池单元;4—安全盒内的局域 CAN2 终端电阻;5—SME 控制单元内的局域 CAN2 终端电阻

在故障查询期间测量局域 CAN 上的电阻时,在所有总线设备已连接且终端正常的情况下会得到大约 60Ω 的数值。

如果一个或多个电池的电压明显低于其他电池,高电压蓄电池的可用能量含量就会因此受限。因此放电时由"最弱"电池决定何时停止释放能量:最弱电池的电压降至放电限值时,即使其他电池还存有充足能量,也必须结束放电过程。如果仍继续放电过程,会因此造成最弱电池损坏。因此通过一项功能使电池电压调节至几乎相同的水平,该过程也称为"电池对称"。

为此 SME 控制单元将所有电池电压进行相互比较,在此过程中对电压明显高于其余的电池进行有针对性地放电。SME 控制单元通过局域 CAN1 将相关请求发送至这些电池的电池监控电子装置,从而启动放电过程。为此每个电池监控电子装置都针对各电池带有一个电阻,相应电子触点闭合后放电电流就会流过该电阻。启动放电过程后由电池监控电子装置负责执行该过程,或在期间主控制单元切换为休眠模式的情况下继续执行该过程。通过与总线端 30F 直接相连的蓄能器管理电子装置为 CSC 控制单元供电来达到此目的。所有电池的电压处于规定的较小范围内时,放电过程就会自动结束。"电池对称"继续进行,直至所有电池达到相同电压水平,电路原理图-电池电压平衡如图8-63所示。

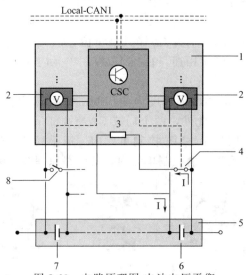

图8-63 电路原理图-电池电压平衡

1—电池监控电子装置;2—用于测量电池电压的传感器;3—放电电阻;4—用于某个电池放电的闭合(启用)触点;5—电池模块;6—通过放电使电池电压下降的电池;7—未放电的电池;8—用于某个电池放电的断开(未启用)触点

平衡电池电压的过程会造成损失,但损失的电能非常小(小于0.1% SoC),而优势在于可使行驶里程和高电压蓄电池使用寿命最大化,因此总体而言,平衡电池电压非常有利而且十分必要。当然只有车辆静止时才会执行该过程。平衡电池电压的具体条件如下。

① 总线端15关闭且车辆或车载网络处于休眠状态,高电压系统已关闭。

② 电池电压或各电池SoC的偏差大于相应限值,高电压蓄电池的总SoC大于相应限值。

满足上述条件时,就会完全自动进行电池电压平衡。因此客户既看不到检查控制信息,也无需为此进行特殊操作。即使更换电池模块后,SME控制单元也会自动识别出电池电压平衡需求。

如果电池电压的偏差过大或电池电压平衡未顺利进行,就会在SME控制单元内生成一个故障码。通过一条检查控制信息提醒客户注意车辆状态,此后必须通过诊断系统分析故障码,并采取排除措施。

### 3. 安全盒(S盒)

图8-64 安全盒(S盒)

每个高电压单元内都有带独立壳体的接口单元,该单元称为开关盒或简称为S盒,如图8-64所示。由于它位于高电压蓄电池单元内部,因此只允许由具有"BMW I 扩展型蓄电池服务"或"BMW I 全方位服务"型式的经销商对其进行更换。

安全盒内集成了以下组件:蓄电池负极电流路径内的电流传感器;蓄电池正极电流路径内的熔丝;两个电动机械式接触器(每个电流路径一个开关触点);用于缓

慢启动高电压系统的预充电电路；用于监控开关触点、测量蓄电池总电压和监控绝缘电阻的电压传感器。

在带有选装配置 SA494 驾驶员和前乘客座椅加热装置的车辆上，高电压蓄电池单元还带有一个电气加热装置。此时在安全盒内带有加热装置的控制和供电电子装置，用于控制加热装置的微控制器通过一个局域 CAN2 与 SME 控制单元相连。此外微控制器接收接通加热装置和相关运行功率要求，随后微控制器通过 Power MOSFET 接通和关闭加热装置，通过进行脉冲宽度调制调节所需加热功率。加热装置所需能量来自于高电压车载网络，如果从高电压蓄电池自身获取所需能量，行驶里程就会明显降低，因此只有与外部电网连接进行充电时才会对高电压蓄电池进行加热。

## 六、高电压蓄电池充电

电动汽车的"充电"过程相当于采用传统驱动方式车辆的"加油"过程。

由于使用了充电电缆，因此也称为导电（接线）充电。在 I01 上无法进行感应充电，而是在研发过程中使用该功能。

充电时既需要车内组件，也需要车外组件。在车辆上需要一个充电接口和一个供电电子装置用于转换电压。在车辆外部，除交流电压网络和一根充电电缆外，还需要一个执行保护和控制功能的设备。在相关标准和研发部门内将该设备称为"电动车辆供电设备 EVSE"。如图 8-65 所示为电动车内部和外部的高电压蓄电池充电组件，并将其与传统车辆加油所需组件进行比较。

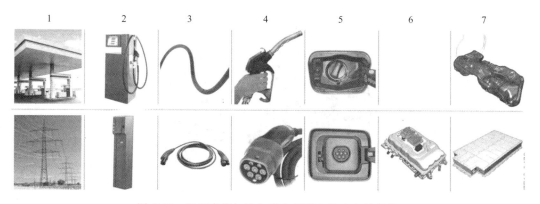

图 8-65　用于车辆加油和高电压蓄电池充电的组件

1—加油站网络（交流电压网络）；2—加油机（电动车辆供电设备，例如充电箱）；3—加油枪与加油机之间的燃油管路 充电电缆；4—加油枪（连接充电电缆的车辆插头）；5—充电接口；6—供电电子装置；7—高电压蓄电池

电动车辆供电设备可集成在充电电缆内或作为固定安装式充电站的组成部分（又称为"充电箱"）。EVSE 负责与交流电压网络建立连接并满足车辆充电电气安全要求。此外还可通过控制导线与车辆建立通信，这样可以安全启动充电过程并在车辆与 EVSE 之间交换充电参数（例如最大电流强度）。

交流电压网络电压可为 110~240V。通过单相方式传输至车辆。交流电压网络的理论最大充电功率为 $P_{max}=U_{max}I_{max}=240V\times32A=7.7kW$。

### 1. 充电插头

所用充电插头也为标准化部件（IEC 62196-2）。根据车辆配置和国家规格使用不同充电接口，最常见的插头如图 8-66 所示。

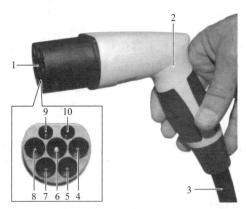

图 8-66 连接车辆接口的充电电缆插头

1—机械导向件/插头壳体；2—手柄/插头壳体；3—导线；4—零线 N 接口；5—相位 $L_3$ 接口（不在 I01 上使用）；6—地线 PE 接口；7—相位 $L_2$ 接口（不在 I01 上使用）；8—相位 $L_1$ 接口；9—接近导线接口；10—控制导线接口

### 2. 车辆上的充电接口

I01 充电接口与传统内燃机车辆燃油加注管所在位置完全相同。像在传统车辆上必须打开燃油箱盖一样，在 I01 上也必须打开充电接口盖。按压充电接口盖可操作开锁按钮，从而使充电接口盖开锁。此外还通过另一个端盖防止真正的充电接口受潮和弄脏，因此充电接口满足保护等级 IP5K5 要求。充电接口盖和接口分配（欧规）如图 8-67 所示。

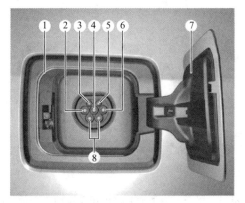

图 8-67 充电接口盖和接口分配（欧规）

1—定向照明装置；2—相位 $L_1$ 接口；3—接近导线接口；4—地线 PE 接口；5—控制导线接口；6—零线 N 接口；7—充电接口盖；8—未使用的接口

充电接口的高电压导线与电动机电子装置相连。相位 $L_1$ 和零线 N 采用带有屏蔽层的高电压导线设计，端部通过一个扁平高电压插头连接电动机电子装置的交流电接口。控制导线和接近导线使用普通信号导线，这些信号导线也带有屏蔽层，端部连接充电接口模块 LIM 内的一个插头。地线在充电接口附近与车辆接地电气连接，通过这种方式使车辆接地。

充电插头在 I01 的充电接口上以电气方式锁止。只要有充电电流，电气锁止功能就会启用，这样可以防止在承受负荷状态下（电流流动时）拔出充电电缆时产生电弧。有一个 C 形光导纤维围绕在车辆充电接口周围，通过其可显示出充电状态，通过两个由 LIM 控制的 LED 进行光导纤维照明。

### 3. 充电接口模块 LIM

LIM 可实现车辆与充电站之间的通信，通过总线端 30F 为 LIM 控制单元供电。在 LIM 内带有一个用于 PT-CAN 的终端电阻，此外插入充电电缆时，LIM 可唤醒车辆车载网络内的控制单元。还有一根导线直接由 LIM 控制单元连接至电动机电子装置，如图 8-68 所示。只有当 LIM 控制单元通过该导线上的信号授权充电过程时，电动机电子装置才会开始转换电压，从而执行充电过程，如图 8-69 所示。

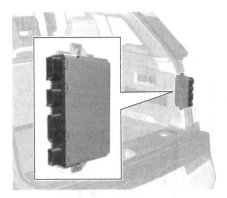

图 8-68　LIM 安装位置

LIM 的主要任务：通过控制和接近导线与 EVSE 进行通信；协调充电过程；控制用于显示充电状态的 LED；控制用于锁止充电接口盖的电动机；控制用于锁止充电插头的电动机。

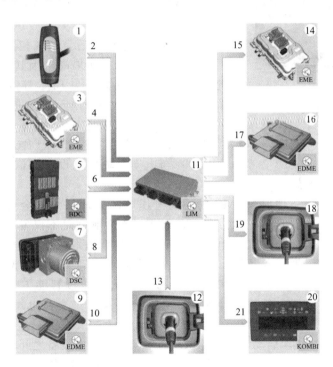

图 8-69　充电接口模块输入/输出

1—电动车辆供电设备；2—最大可用电流强度的信息；3—电动机电子装置 EME；4—所要求的充电功率、充电电压和充电电流强度（规定值）；5—车身域控制器 BDC；6—总线端状态，行驶准备已关闭；7—动态稳定控制系统 DSC；8—车速；9—数字式发动机电气电子系统 EDME；10—驻车锁状态（已挂入/已松开），高电压车载网络功率需求；11—充电接口模块 LIM；12—车辆上的充电接口；13—充电接口盖和充电插头的状态；14—电动机电子装置 EME；15—充电授权；16—数字式发动机电气电子系统 EDME；17—有关充电电缆是否插入和充电过程；18—充电接口；19—控制用于定向照明和显示充电状态；20—组合仪表；21—用于显示充电信息的信号

（1）通过控制和接近导线与 EVSE 进行通信　控制导线和接近导线使用普通信号导线，这些信号导线带有屏蔽层，端部连接充电接口模块内的一个插头。

通过接近导线可识别出将充电插头插入车辆充电接口内并确定充电电缆最大电流负载能

力。在充电电缆插头内,在接近接口与地线之间接有一个电阻。LIM 施加测量电压并确定接近导线上的电阻值。电阻值可以说明所用充电电缆允许的最大电流强度(根据导线横截面)。在标准 IEC 61851 中规定了电阻和电流强度的分配情况。

控制导线用于确定和传输最大可用充电电流强度。控制信号是双极方波信号(-12~12V)。电压值和占空因数用于在 EVSE 与 I01 之间进行不同状态的通信:电动车已做好充电准备(是/否);出现故障(是/否);交流电压网络可提供的最大充电电流。

图 8-70  BMW i RemoteApp——
高电压蓄电池充电
1—充电设置,例如出发时间;2—接通/关闭
出发时调节空气;3—接通/关闭低电费充电

(2) 协调充电过程  LIM 控制单元负责协调充电过程的开始和结束。

充电过程开始时,客户有两项工作要做:设置充电开始;连接充电电缆。

客户可通过车上的控制器和中央信息显示屏内的菜单设置充电开始。此外还可以通过用于 Apple iPhone$^{TM}$ 的"BMW i RemoteApp"进行设置,如图 8-70 所示。客户可选择连接充电电缆后立即开始充电或规定开始充电的时间。

客户连接充电电缆后,LIM 控制单元就会唤醒车载网络内的控制单元(如果尚未因其他事件而发生)。为此,LIM 控制单元使用与 BDC 控制单元直接相连的唤醒导线。随后 LIM 控制单元检查进行充电的功能前提,并通过 PT-CAN 获取与安全有关的条件情况:行驶准备功能关闭;车速为零;驻车锁已挂入;充电电缆已连接(接近);与电动车辆供电设备通信正常(控制);高电压系统处于正确启用状态。

满足所有充电前提条件时,EME 内的高电压电源管理系统就会要求 EME 内的供电电子装置提供充电功率并开始充电过程。此时 EME 控制单元不仅发送充电功率规定值,而且还发送最大充电电压和最大充电电流限值。这些数值取决于高电压蓄电池的当前状态(例如充电状态和温度)以及剩余车载网络功率需求(例如用于空调系统)。EME 控制单元不仅考虑规定值,而且还考虑其他边界条件,从而通过智能方式实施这些规定值,其中包括电动机电子装置自身状态(故障、温度)以及通过交流电压网络和充电电缆限制的电流强度。

只有通过控制导线成功启动车辆(LIM)与电动车辆供电设备之间的通信时,才会向相位 $L_1$ 施加电压,这样还能加强针对客户和维修人员的电流危险防护。

(3) 控制用于显示充电状态的 LED  有一个 C 形光导纤维围绕在车辆充电接口周围,通过其可显示出充电状态。同时光导纤维还用作充电接口定向照明,通过两个由 LIM 控制的 LED 进行光导纤维进行照明。

① 定向照明装置  充电接口定向照明装置用于插上和拔下充电电缆时为驾驶员提供方向引导。充电接口盖打开后,两个 LED 就会发出白光。只要总线系统处于启用状态,定向照明装置就会一直保持接通状态。识别出正确插入充电插头后,就会关闭定向照明装置并显示初始化状态,如图 8-71 所示。

② 初始化  正确插入充电插头后就会立即开始初始化。初始化阶段最长持续 10s,期间 LED 以频率为 1Hz 的橙色闪烁。成功进行初始化后可开始为高电压蓄电池充电,如图 8-72 所示。

图 8-71　定向照明装置

图 8-72　初始化

③ 充电过程启用　通过 LED 以蓝色闪烁表示目前正处于高电压蓄电池充电过程。闪烁频率约为 0.7Hz。

充电暂停：初始化阶段已顺利完成且将来才会开始充电（例如自低费用时刻起充电）时，充电暂停或充电就绪如图 8-73 所示。

（4）充电结束　LED 以绿色持续亮起时表示高电压蓄电池充电状态"已完全充电"，如图 8-74 所示。

图 8-73　充电暂停或充电就绪

图 8-74　充电结束

（5）充电期间故障　如果在充电过程中出现故障（图 8-75），就会通过 LED 以红色闪烁表示相关状态。在此 LED 以约 0.5Hz 的频率闪烁 3 次，每 3 组暂停约 0.8s。

**4. 充电接口盖锁止**

通过一个弹簧操纵的锁钩使充电接口盖保持关闭状态。该锁钩是充电接口盖中控锁传动装置的组成部分。通过一个电动机使充电接口盖开锁/上锁，该电动机通过 LIM 进行控制，由车身域控制器要求充电接口盖开锁/上锁。

图 8-75　充电期间故障

充电接口盖锁止如图 8-76 所示。在中控锁传动装置内装有一个微型开关，微型开关的状态（操作/未操作）说明充电接口盖（已打开/已关闭）的状态。处于静止位置时，即充电接口盖关闭时，不操作微型开关。充电接口盖打开时，操作微型开关。此外，将充电接口盖压过限位位置时也会操作微型开关。

与锁止充电接口盖时类似，通过一个电控锁钩来锁止充电插头。

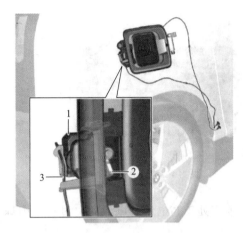

图 8-76 充电接口盖锁止
1—用于锁止充电接口盖的电动机；2—锁止钩；3—用于充电接口盖应急开锁的拉线

电气锁止充电插头可防止充电期间拔出充电插头从而产生电弧。启用车辆锁止功能时就会电气锁止充电插头。只要有充电电流流动，电气锁止功能就会一起启用。通过一个微型开关可识别锁止状态（图 8-77），微型开关打开时表示充电插头处于锁止状态；微型开关关闭时表示充电插头处于中间位置或开锁状态。车辆开锁时也会以电气方式使充电插头开锁，在此之前会通过 LIM 结束正在进行的充电过程。

电气部件损坏时（例如上锁电动机失灵），可通过手动方式使充电接口盖或充电插头开锁，如图 8-78 所示。

为此必须打开充电接口盖一侧的后车门。

打开后车门时可看到下部区域有两个蓝色按钮。需要打开充电接口盖时必须拉动上方蓝色按钮。拉动下方蓝色按钮会使充电插头开锁。

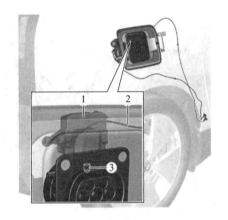

图 8-77 充电插头锁止
1—用于锁止充电插头的电动驱动装置；2—用于充电插头盖应急开锁的拉线；3—锁钩

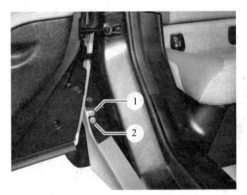

图 8-78 应急开锁按钮
1—用于充电接口盖应急开锁的按钮；2—用于充电插头盖应急开锁的按钮

### 5. EME 内的供电电子装置

供电电子装置安装在电动机电子装置内，用于将充电接口提供的交流电压转换为高电压蓄电池充电所需的直流电压。交流电压通过单相方式传输至电动机电子装置。电动机电子装置可处理的输入电压范围：100～240V，50Hz 或 60Hz。

供电电子装置模块是一个单向 AC/DC 转换器，即整流器。电动机电子装置在与输入端电隔离的输出端上提供电子调节式直流电压或直流电流。由 EME 控制单元内的"高电压电源管理系统"功能提出输出电压和输出电流要求，计算数值并由 EME 进行调节时，确保可为高电压蓄电池进行最佳充电并为 I01 上的其他用电器提供充足电能。

EME 的设计确保在其输出端侧可提供最大电功率 3.7kW，在 I01 上这已足够在最佳边界条件下，在约 6h 内，使高电压蓄电池完全充电。

### 6. 便捷充电电子装置

便捷充电电子装置安装在 I01 后部一个与后备厢隔开的区域内，如图 8-79 所示。

进行 7.4kW 交流电充电时，便捷充电电子装置 KLE 的主要任务是将交流电压转换为直流电压，由 KLE 内两个模块构成的整流器电路执行该任务。供电电子装置模块由一个独立控制单元进行控制，该控制单元与整个单元名称相同，即便捷充电电子装置 KLE。

便捷充电电子装置的设计确保在其输出端侧可提供最大电功率 3.7kW。在 I01 上与标配 EME 供电电子装置一起可确保在最佳边界条件下在 3~4h 内使高电压蓄电池完全充电。这么短的充电时间可为客户带来较高的 I01 使用舒适性，因此将该充电电子装置称为"便捷充电电子装置"。

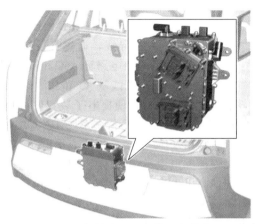

图 8-79　便捷充电电子装置安装位置

交流电压通过单相方式传输给车辆或便捷充电电子装置。便捷充电电子装置可处理的输入电压范围：100~240V，50Hz 或 60Hz。便捷充电电子装置在与输入端电隔离的输出端上提供电子调节式直流电压或直流电流。由 EME 控制单元内的高电压电源管理系统功能提出输出电压和输出电流要求，计算数值并由 KLE 进行调节时，确保可为高电压蓄电池进行最佳充电并为 I01 上的其他用电器提供充足电能。

虽然便捷充电电子装置以明显高于 90% 的较高效率工作，但在完全功率输出时需要进行主动冷却，因此将其集成在电动驱动装置的冷却液循环回路内。

便捷充电电子装置上的接口可分为四个类别：低电压接口；高电压接口；电位补偿导线接口；冷却液管路接口。

7.4kW 交流电充电型号的便捷充电电子装置接口如图 8-80 所示。

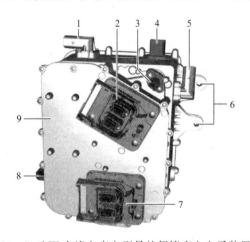

图 8-80　7.4kW 交流电充电型号的便捷充电电子装置接口
1—自充电接口的高电压导线（交流电）；2—至电动机电子装置的高电压导线（直流电）；3—冷却液管路（供给）；4—低电压导线；5—从 KLE 至 EME 的高电压导线（交流电）；6—KLE 固定装置（电位补偿触点）；7—自 REME 的高电压导线（直流电）；8—冷却液管路（回流）；9—便捷充电电子装置 KLE

（1）低电压接口　便捷充电电子装置上的多芯低电压插头包括以下导线和信号。

① KLE 控制单元供电（前部配电盒和接地的总线端 30B、总线端 30）。

② 通过总线端 30C 供电（发生事故时快速关闭）。

③ 总线系统 PT-CAN2。
④ 至 BDC 控制单元和 EDME 控制单元的唤醒导线。
⑤ 自 LIM 的控制导线，通过其授权充电过程。
⑥ 高电压触点监控电路输入端和输出端（KLE 控制单元分析信号）。

KLE 控制单元由总线端 30 和总线端 30B 供电，拥有两个唤醒导线输出端。通过这种方式，插入充电电缆后，便捷电子装置便可唤醒车辆车载网络内的控制单元。

KLE 控制单元通过总线系统 PT-CAN2 接收有关充电的要求和控制信号。此外还有一根导线直接由 LIM 连接至便捷充电电子装置，只有当 LIM 通过该导线上的信号授权充电过程时，便捷充电电子装置才会开始转换电压从而执行充电过程。

便捷充电电子装置的高电压插头也集成在高电压触点监控电路内，通过低电压接口输送高电压接触监控检测信号并发送给其他高电压组件。KLE 控制单元监控检测信号并在超出特定范围时中断充电过程。

（2）高电压接口 在便捷充电电子装置上带有三个高电压接口，用于高电压导线与充电接口（1个）以及与电动机电子装置（2个）连接。在带有增程器的 I01 车辆上，便捷充电电子装置还有一个高电压接口，用于连接增程电动机电子装置 REME。

## 第五节　宝马 i3 电动汽车电动制冷剂压缩机

I01 的空调功能需要满足很高要求，一方面必须使客户始终感觉车内温度舒适；另一方面必须使高电压蓄电池使用寿命最大化，必须在高温条件下进行高电压蓄电池冷却。

### 一、安装位置和接口

电动制冷剂压缩机 EKK 固定在电机壳体上，如图 8-81 所示。
EKK 通过三个螺栓固定在电动机壳体上如图 8-82 所示。

图 8-81　I01 上的 EKK 安装位置
1—电动机；2—电动制冷剂
压缩机；3—高电压蓄电池

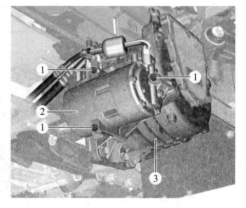

图 8-82　电动机上的 EKK 固定装置
1—螺栓；2—电动制冷
剂压缩机；3—电动机壳体

EKK 壳体和电动机壳体以机械方式分离，这样可改善声音特性。由于两个壳体未相互连接，因此从 EKKE 壳体上有一根独立电位补偿导线连接至后桥模块。

在八芯信号插头内带有用于 LIN 总线、接地和 12V 供电（总线端 30）的接口，如图 8-83 所示。

通过压力管路内的一个专用隔音部件更好地隔绝噪声，因此即使在车辆静止状态下也几乎感觉不到空调系统的噪声。电动制冷剂压缩机与电动机机械分离可更好地隔绝噪声。

## 二、EKK 的结构

提及电动制冷剂压缩机时指的是整个组件。电动制冷剂压缩机由以下部件构成：EKK 控制单元、三相交流同步电动机、交流电整流器、制冷剂压缩机。

### 1. EKK 控制单元

EKK 控制单元根据 IHKA 要求控制制冷剂压缩机内的三相交流电动机转速并将运行状态发回至 IHKA 控制单元。EKK 控制单元通过 LIN 总线与 IHKA 通信。IHKA 是 EKK 的主控控制单元。

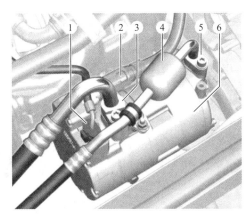

图 8-83　I01 电动制冷剂压缩机接口
1—低电压插头；2—高电压插头；3—抽吸管路接口；4—消音器；5—压力管路接口；6—电动制冷剂压缩机

### 2. 三相交流同步电动机

使用一个三相交流同步电动机作为电动制冷剂压缩机的驱动装置，此时从高电压蓄电池获取所需能量。电动制冷剂压缩机运行所需的三相交流电流通过电动制冷剂压缩机内的一个交流电整流器（DC/AC 转换器）进行转换。三相交流同步电动机的转速范围是 860~8600r/min 且可进行无级调节，在此最大电功率为 4.5kW。在车外温度较高、车内温度较高、高电压蓄电池温度较高以及冷却模块气流较少等情况下需要最大功率。

### 3. 交流电整流器

交流电整流器（DC/AC 转换器）将直流电压转换为用于驱动三相交流同步电动机所需的三相交流电压。EKK 控制单元和 DC/AC 转换器集成在整个制冷剂压缩机的铝合金壳体内，通过流经的气态制冷剂进行冷却。DC/AC 转换器温度超过 125℃ 时，EKK 控制单元就会关闭高电压供电，通过提高转速用于自身冷却等各种措施可有效防止达到如此高的温度。在此由 EKK 控制单元进行温度监控，温度降至 112℃ 以下时，EKK 就会重新运行。

在 200~410V 的电压范围内为 EKK 供电，高于和低于该电压范围时就会降低功率或关闭 EKK。

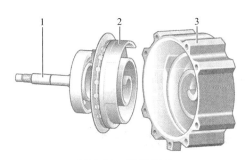

图 8-84　螺旋型盘
1—轴；2—螺旋型内盘；3—螺旋型外盘

### 4. 制冷剂压缩机

使用螺旋型压缩机压缩制冷剂，螺旋型盘如图 8-84 所示。制冷剂使用新型制冷剂 R1234yf 或以前常用制冷剂 R134a（根据国家型号）。有关制冷剂 R1234yf 的更多信息参见产品信息"I01 暖风和空调系统"。

螺旋型内盘由三相交流同步电动机通过一个轴驱动并进行偏心旋转。通过固定式螺旋型外盘上的两个开口吸入低温、低压气态制冷剂，然后通过两个螺旋型盘的移动使制冷剂压缩、变热，其原理如图 8-85 所示。

转动三圈后，吸入的制冷剂经压缩、变热，可通过外盘中部的开口以气态形式释放。高温、高压气态制冷剂从此处经油气分离器向冷凝器方向流至空调压缩机接口。

电动制冷剂压缩机最高转速为 8600r/min，可产生约 30bar（$1bar=10^5 Pa$）的最大工作压力。

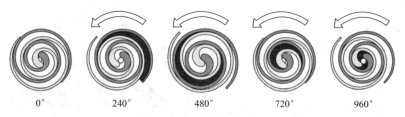

图 8-85　制冷剂压缩原理

电动制冷剂压缩机系统方框图如图 8-86 所示。用于电动制冷剂压缩机的圆形高电压插头和高电压触点采取了防触摸保护措施。电动制冷剂压缩机的高电压插头并非高电压触点监控电路的组成部分。

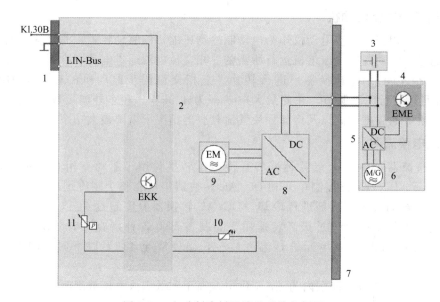

图 8-86　电动制冷剂压缩机系统方框图
1—低电压插头；2—电动制冷剂压缩机（EKK 控制单元）；3—高电压蓄电池；4—电动机电子装置；5—EME 内的双向 AC/DC 转换器；6—电动机；7—电动制冷剂压缩机上的高电压插头；8—EKK 内的单向逆变器（DC/AC 转换器）；9—三相交流同步电动机；10—温度传感器；11—压力传感器

EKK 内的电容小于 $100\mu F$，该电容量通过 EKK 内的被动电阻放电。EKK 关闭后，电压在 5s 内降至 60V 以下。

## 第六节　宝马 i3 电动汽车电气加热装置

由于效率较高，电动机释放出的热量远远低于内燃机，因此无法利用电动机余热进行加热。为了调节出舒适的车内温度，在 I01 上装有一个电气加热装置。

## 一、安装位置和接口

电气加热装置安装在发动机室盖下方空间内,如图 8-87 所示。电气加热装置上的接口如图 8-88 所示。

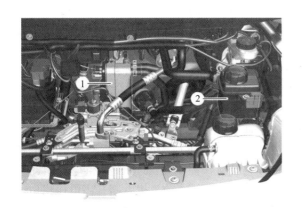

图 8-87　电气加热装置安装位置
1—电气加热装置;
2—冷却液补液罐

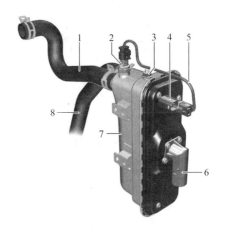

图 8-88　电气加热装置上的接口
1—冷却液回流管路接口;2—电气加热装置输出端冷却液温度传感器;3—电位补偿导线接口;4—信号插头(低电压插头);5—传感器接口;6—高电压插头接口;7—电气加热装置壳体;8—冷却液供给管路接口

## 二、工作原理

冷却液在电气加热装置内加热并通过电动冷却液泵(20W)循环。变热的冷却液流经车内的暖风热交换器并在此释放出热量,最终加热的空气通过鼓风机到达车内。制冷剂从暖风热交换器输送至冷却液补液罐。标准配置车内加热装置如图 8-89 所示。

冷却液使用名为"冷却液浓缩液 i3"的水与新型冷却液浓缩液的混合物。水与冷却液浓缩液按 50∶50 比例混合。

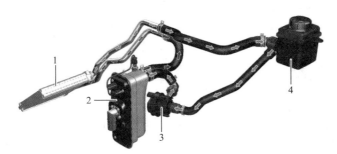

图 8-89　标准配置车内加热装置
1—车内的暖风热交换器;2—电气加热装置;3—电动冷却液泵(12V);4—冷却液补液罐

电气加热装置(图 8-90)的最大功率为 5.5kW,它通过三个功率约为 0.75kW、1.5kW 和 2.25kW 的加热线圈实现加热功能。在电气加热装置内通过电子开关(Power MOSFET)切换加热线圈线路(单独或一起)。

电气加热装置系统控制电路如图 8-91 所示。流经各线路的电流经过测量并由电气加热装置控制单元进行控制。电压范围为 250～400V 时,最大电流为 20A,高于和低于该电压范围时就会降低功率。耗电量提高时,通过关闭硬件,中断能量供应。

该电路的设计确保即使控制单元出现故障也能有效断开供电。冷却液温度通过电气加热装置输出端的一个传感器进行测量。在电气加热装置内断开高电压电路与低电压电路之间的导电连接。在低电压插头上带有 LIN 总线接口和供电装置(总线端 30B)。

在高电压插头内,除高电压触点外还集成有一个电桥。高电压插头内的电桥触点采用前置式设计,也就是说,拔出高电压插头时首先断开高电压电桥触点,这样可以断开控制单元(EH)供电。因此在还未完全拔出高电压插头前,也会断开高电压供电,这样可以确保在高电压触点上不会形成电弧。高电压触点采取了防触摸保护措施,电气加热装置的高电压插头不是高电压接触监控电路的组成部分。

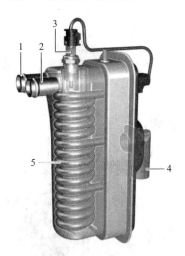

图 8-90 电气加热装置
1—冷却液供给管路接口(自电动 12V 冷却液泵,或在配备相应选装配置的情况下自热力泵冷凝器);2—冷却液回流管路接口(至车内的暖风热交换器);3—电气加热装置输出端冷却液温度传感器;4—高电压接口;5—三个加热线圈

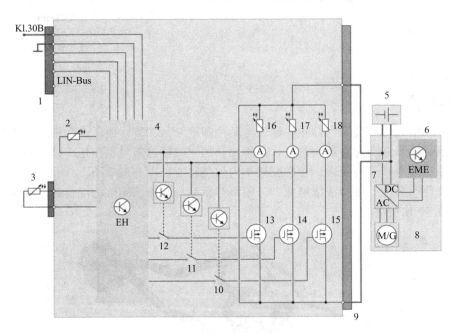

图 8-91 电气加热装置系统控制电路图
1—低电压插头;2—电气加热装置控制单元印制电路板温度传感器;3—回流管路内冷却液温度传感器;4—电气加热装置(控制单元);5—高电压蓄电池;6—电动机电子装置;7—EME 内的双向 AC/DC 转换器;8—电动机;9—电气加热装置上的高电压插头;10—加热线圈 3 内电流过高时关闭硬件;11—加热线圈 2 内电流过高时关闭硬件;12—加热线圈 1 内电流过高时关闭硬件;13—用于加热线圈 1 的电子开关(Power MOSFET);14—用于加热线圈 2 的电子开关(Power MOSFET);15—用于加热线圈 3 的电子开关(Power MOSFET);16—加热线圈 1;17—加热线圈 2;18—加热线圈 3

## 第七节　宝马 i3 电动汽车增程电动机

通过上述高电压组件可以纯电动方式驱动 I01。电动机从高电压蓄电池获取驱动所需电能，EME 将高电压蓄电池的直流电压转换为三相交流电压。

I01 纯电动驱动设计确保可在高电压蓄电池重新充电前行驶约 150km，当然也可提前为高电压蓄电池充电。

带有可达里程延长系统（增程器）的 I01 可在高电压蓄电池重新充电或加注燃油前行驶约 300km，就是说带增程器 I01 的行驶里程是纯电动驱动 I01 的 2 倍。

在带增程器 I01 上采用的主要驱动方式也是由高电压蓄电池为电动驱动装置提供能量，只有高电压蓄电池充电状态降至规定值以下时，才会启用增程器系统。增程器系统由以下组件构成：W20 内燃机、增程电动机、增程电动机电子装置、增程器数字式发动机电子系统。

W20 内燃机是一个双缸发动机，这款小型发动机运行非常平稳且噪声非常低，通过一个啮合轴与增程电动机以机械方式连接在一起。高电压蓄电池电量不足时，通过增程电动机启动 W20 发动机。在此情况下，增程电动机处于电动机运行模式。通过高电压蓄电池提供启动 W20 发动机的电能。启动 W20 后，增程电动机就会从电动机运行模式切换为发电机运行模式并产生电能，以便通过（主）电动机用于驱动车辆。W20 发动机通过机械方式与驱动轮进行连接，W20 发动机的机械能通过增程电动机仅转换为电能，（主）电动机使用该电能并将其转换为用于驱动后车轮的机械能，这种组件布置是串联式混合动力的一个特点。

## 一、技术数据

表 8-4 总结了增程电动机的功率数据。

表 8-4　增程电动机的功率数据

| 参数 | 数值 |
| --- | --- |
| 额定电压/V | 250 |
| 持续功率（电气） | 约 23.3kW 直流电功率,4300r/min,330V DC |
| 效率/% | 约 94 |
| 外径/mm | 约 300 |
| 长度/mm | 约 115 |
| 质量/kg | 约 26 |

增程电动机安装位置如图 8-92 所示。I01 的增程电动机是一个同步电动机，其基本结构

图 8-92　增程电动机安装位置
1—后桥模块；2—增程电动机；3—增程器（W20 发动机）

和工作原理与带内转子的永磁激励同步电动机相同。转子位于内部且装有永久磁铁，定子由带铁芯的三相绕组构成，以环形方式布置在转子外围。如果在定子绕组上施加三相交流电压，所产生的旋转磁场（在电机运行模式下）就会"带动"转子内的磁铁。

## 二、冷却系统

电动机设计用于较大温度范围。输入端（供给）冷却液流量为 6L/min 时，最高温度为 70℃。在一定时间内输入端温度最高可升至 85℃，虽然能量转换时电动机损失比内燃机小，但其壳体温度最高可能达到 100℃。

两个冷却液管路接口将增程电动机接入驱动装置的冷却液循环回路内，如图 8-93 所示。有时外面还带有泡沫部件，这样可实现增程电动机隔音，从而降低可能对客户产生干扰的噪声。

增程电机壳体采用气密和防水设计。为了避免因温度变化及由此引起的湿气冷凝导致增程电动机内部积水，在此需使用一个通风口。

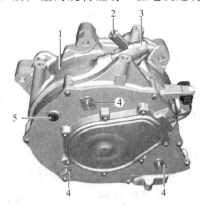

图 8-93　冷却液管路接口
1—增程电动机；2—冷却液管路接口（供给）；3—冷却液管路接口（回流）；4—覆盖物固定弹簧；5—排气装置

## 三、传感器

### 1. 温度传感器

为避免因温度过高而造成组件损坏，I01 增程电动机内有一个温度传感器。该温度传感器是一个热敏电阻，位于定子绕组内，不直接测量转子温度，而是根据定子内的温度传感器测量值进行确定，信号以模拟方式由增程电机读取和分析。

### 2. 转子位置传感器

为确保增程电动机电子装置正确计算和产生定子内绕组电压的振幅及相位，必须知道准确的转子角度位置，因此在增程电动机内有一个转子位置传感器。

转子位置传感器固定在增程电动机定子上，如图 8-94 所示。它依据旋转变压器原理工作，在转子位置传感器内有三个线圈，在其中一个线圈上存储规定交流电压，另外两个线圈彼此错开 90°，在这些线圈内产生的感应电压表示转子的角度位置。转子位置传感器由增程电动机制造商安装并进行相应调整，因此原则上已正确校准。

## 四、外部特征和接口

增程电动机机械固定位置如图 8-95 所示。增程电动机通过六个螺栓与 W20 发动机壳体固定在一起，内燃机曲轴与增程电动机之间通过一个啮合轴进行动力传输，如图 8-96 所示。

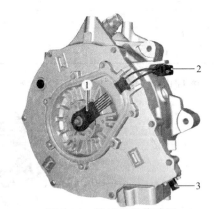

图 8-94　转子位置传感器
1—增程电动机内的转子位置传感器；2—转子位置传感器接口；3—温度传感器接口

第八章 宝马 i3 电动汽车

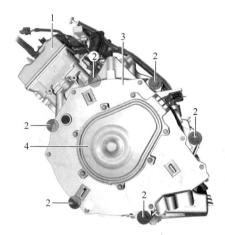

图 8-95 增程电动机固定装置
1—W20 内燃机；2—增程电动机固定螺栓（6 个）；
3—增程电动机；4—转子位置传感器端盖

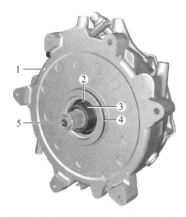

图 8-96 用于传输动力的啮合轴
1—增程电动机；2—O 形密封环；
3—深槽球轴承；4—密封环；5—啮合轴

在增程电动机上既带有用于两个传感器的接口，也带有一个高电压接口，如图 8-97 所示。

## 五、增程电动机电子装置

增程电动机电子装置（REME）的主要任务是控制增程电动机，它将高电压蓄电池的直流电压转换为用于控制增程电动机（作为电动机）的三相交流电压［最高约为 420V（AC）］，此时最高电流为 200A；反之，增程电动机作为发电机运行时，增程电动机电子装置将增程电动机的三相交流电压转换为直流电压，从而为 I01 提供驱动能量，此时持续相电流约为 130A。对于这两种运行方式来说都需使用双向 DC/AC 转换器，该转换器可作为逆变器和直流整流器工作。

I01 的整个增程电动机电子装置位于一个铝合金壳体内，在该壳体内装有控制单元和双向 DC/AC 转换器。

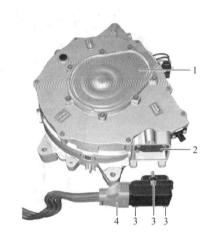

图 8-97 电气接口
1—增程电动机；2—增程电动机上的
高电压接口；3—高电压接口固定螺栓；
4—高电压插头和 REME 导线

### 1. 安装位置和固定

增程电动机电子装置安装在 I01 后部一个与后备厢隔开的区域内，如图 8-98 所示。REME 通过三个螺栓固定在右侧后桥模块上。

隔热板可减少因内燃机导致 REME 受热。隔热板通过三个螺栓固定在 REME 上，为松开 REME 上的扁平高电压插头和信号插头，必须拆卸该隔热板。

### 2. REME 上的接口

图 8-99 和图 8-100 展示了增程电动机电子装置的所有接口。

增程电动机电子装置上的接口可分为四个类别：低电压接口、高电压接口、电位补偿导线接口、冷却液管路接口。

 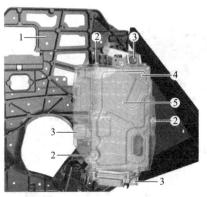

图 8-98 REME 安装位置

1—后桥模块；2—隔热板固定螺栓；3—后桥模块上的 REME 固定螺栓；4—REME；5—REME 隔热板

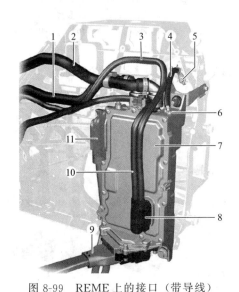 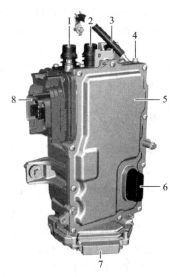

图 8-99 REME 上的接口（带导线）

1—冷却液管路（回流）；2—冷却液管路（供给）；
3—自车载网络的信号导线；4—电位补偿导线；
5—后桥模块上的电位补偿导线螺栓连接件；
6—REME 上的电位补偿导线螺栓连接件；
7—增程电动机电子装置；8—信号插头；
9—至增程电动机的三相高电压导线；10—自增程电动机的信号导线；11—至 EME 或 KLE 的两相高电压导线

图 8-100 REME 上的接口（不带连接导线）

1—冷却液接口（回流）；2—冷却液接口（供给）；
3—电位补偿导线；4—REME 上的电位补偿导线螺栓连接件；5—增程电动机电子装置；
6—信号插头接口；7—自增程电动机的三相高电压导线接口；8—自 EME 或 KLE 的两芯高电压导线接口

（1）低电压接口　在增程电动机电子装置多芯低电压插头内汇集了两个带有以下信号的多芯导线。

① REME 控制单元供电（总线端 30B 和总线端 31）。

② PT-CAN2。

③ ACSM 的两根导线，用于发生相应严重程度的事故时传输快速关闭高电压系统的信号。

④ 唤醒导线。

⑤ 高电压触点监控电路输入端和输出端（REME 控制单元分析信号）。

⑥ 电动机的转子位置传感器（供电和传感器信号）。

⑦ 电动机定子绕组内温度传感器的信号。

这些导线和信号的电流强度相对较小。

(2) 高电压接口　在 REME 上连接两根高电压导线 (图 8-101)：自增程电动机的三相高电压导线；自 EME 或 KLE 的两芯高电压导线。

三个螺栓中的两个便于接触和易于松开，如图 8-102 所示。松开第三个螺栓时，必须首先取下高电压触点监控电桥，之后才能看到并松开第三个螺栓。断开高电压触点监控电桥可使高电压系统关闭。

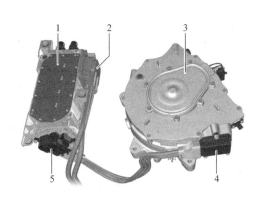

图 8-101　REME 上的高电压导线
1—增程电动机电子装置；2—扁平两芯高电压插头；3—增程电动机；4—增程电动机上的三相高电压插头；5—增程电动机电子装置上的三相高电压插头

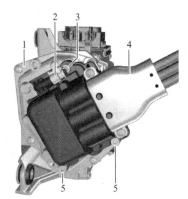

图 8-102　REME 上的三相高电压插头
1—增程电动机电子装置；2—高电压触点监控电桥；3—REME 上高电压插头的固定螺栓（电桥下方）；4—三相高电压插头；5—REME 上高电压插头的固定螺栓

REME 上的高电压接口如图 8-103 所示。

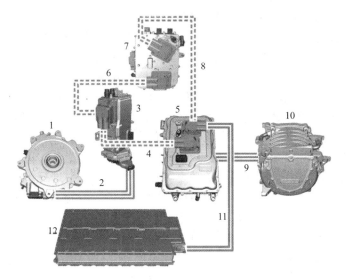

图 8-103　REME 上的高电压接口
1—增程电动机；2—增程电动机与 REME 之间的三相高电压导线；3—增程电动机电子装置 REME；4—REME 与 EME 之间的两芯高电压导线；5—电动机电子装置 EME；6—REME 与 KLE 之间的两芯高电压导线；7—便捷充电电子装置 KLE；8—KLE 与 EME 之间的两芯高电压导线；9—EME 与电动机之间的三相高电压导线；10—电动机；11—EME 与高电压蓄电池之间的两芯高电压导线；12—高电压蓄电池

在标配情况下，REME 通过一根两芯高电压导线与 EME 连接，EME 将 REME 的较高直流电压转换为三相交流电压并将其输送至电动机，电动机根据驾驶员的要求消耗相应电能。如果电动机未完全消耗所提供电能，可将其中部分能量用于高电压蓄电池充电。需要启动增程器内燃机时，就会从高电压蓄电池获得所需电能。直流电压通过两芯高电压导线首先输送至 EME。EME 将该直流电压输送至 REME，在此转换为三相交流电压，最后输送至增程电动机。

在装有便捷充电电子装置的车辆上，REME 通过一根两芯高电压导线和一个扁平高电压插头连接到 KLE 上，KLE 同样通过一根两芯高电压导线和一个扁平高电压插头连接到 EME 上。由增程电动机产生的三相交流电压通过 REME 转换为直流电压并通过高电压导线从 REME 经由 KLE 输送至 EME，由高电压蓄电池提供启动增程器内燃机的所需能量。在此通过两芯高电压导线经由 EME、KLE 将直流电压输送至 REME，EME 和 KLE 不对该直流电压进行转换，而是仅负责接通。通过采用这种接通方式（通过 KLE），在 I01 上只需安装一种 EME 型号（不根据配置情况）。

（3）结构和功能　增程电动机电子装置内部由两个子组件构成，即双向 DC/AC 转换器和 REME 控制单元。功率电子电路也由中间电路电容器构成，用于平滑电压和过滤高频部分。通过上述子组件执行以下功能：通过 DC/AC 转换器控制电动机（转速和扭矩）；读取和分析增程电动机的温度传感器；读取和分析转子位置传感器；接通增程电动机；接通电动机电子装置或便捷充电电子装置；与其他控制单元通信；中间电路电容器主动和被动放电到低于 60V 的电压；自检和诊断功能。

用于控制电动机的供电电子装置主要由双向 DC/AC 转换器构成。这是一种脉冲变流器（又称为"换流器"），带有一个两芯直流电压接口和一个三相交流电压接口。该 DC/AC 转换器可作为逆变器工作，作为电动机工作时将电能从高电压蓄电池传输至增程电动机。它也可以作为整流器工作，将电能从增程电动机（通过 EME，必要时通过 KLE）传输至电动机或高电压蓄电池，如图 8-104 所示。

DC/AC 转换器的运行模式由 REME 控制单元决定。为此，REME 控制单元从 EME 控制单元接收作为主要输入参数的规定值。REME 控制单元根据该规定值和当前增程电动机运行状态（转速和扭矩）确定 DC/AC 转换器的运行模式以及增程电动机相电压的振幅和频率，根据这些规定值以脉冲方式控制 DC/AC 转换器的功率半导体。

除 DC/AC 转换器外，供电电子装置还包括 DC/AC 转换器交流电压侧所有三相内的电流传感器。REME 控制单元通过电流传感器信号监控供电电子装置和增程电动机内的电功率以及增程电动机产生的扭矩，通过电流传感器信号以及增程电动机内转子位置传感器信号还能接通增程电动机电子装置控制电路。

增程电动机电子装置和增程电动机的功率数据在研发过程中进行了相互匹配，因此增程电动机电子装置能够持续提供约 23.3kW 的电功率（4300r/min 时的 DC 功率）。为了防止供电电子装置过载，在 DC/AC 转换器上还有一个温度传感器。如果根据该传感器信号识别出功率半导体温度过高，REME 控制单元就会降低增程电动机提供的或输出至增程电动机的功率，以保护供电电子装置。如果功率降低程度能够让客户明显感觉到，就会通过一条检查控制信息提示客户。如果增程电动机温度超出允许范围，客户也会获得相同的故障响应（降低功率）和相同的检查控制信息。

第八章 宝马 i3 电动汽车 367

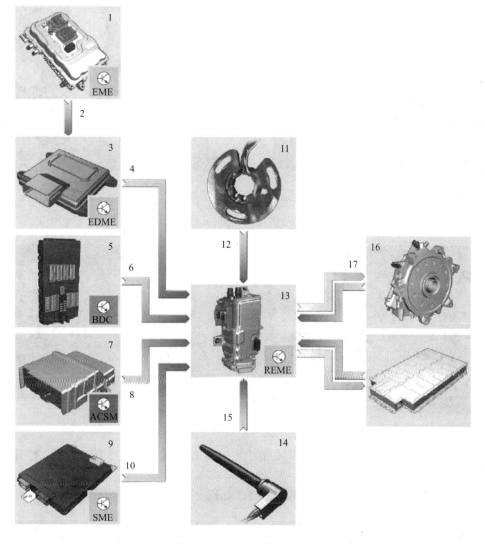

图 8-104 REME 输入/输出

1—车身域控制器 BDC；2—总线端状态；3—电动机电子装置 EME；4—规定值转速；5—碰撞和安全模块 ACSM；6—用于发生事故时快速关闭高电压系统的信号；7—蓄能器管理电子装置 SME；8—有关高电压蓄电池充电状态的信息；9—增程电动机的转子位置传感器；10—转子位置传感器信号；11—增程电动机电子装置 REME；12—增程电动机的温度传感器；13—温度传感器信号；14—增程电动机；15—REME 与增程电动机之间的双向能量流；16—高电压蓄电池；17—REME 与高电压蓄电池之间的双向能量流

## 第八节 宝马 i3 电动汽车拆装

### 一、拆卸和安装电动变速箱 I01

**1. 拆卸**

① 松开螺栓 1，如图 8-105 所示。

② 松开螺栓 1，拆下变速箱支架 2，如图 8-106 所示。

 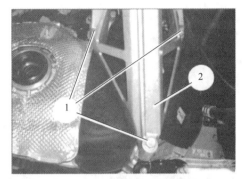

图 8-105　松开螺栓　　　　　　　图 8-106　拆下变速箱支架

③ 撬出隔热板 2 的夹子 1 并拆下隔热板 2，如图 8-107 所示。

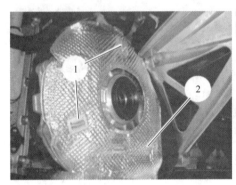 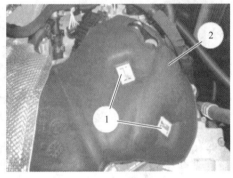

图 8-107　拆下隔热板

④ 脱开驻车锁止器上的插头 1，从支架中松开冷却液软管 2，松开螺栓 3，松开变速箱的插头 4，如图 8-108 所示。

⑤ 撬出隔音板 2 的夹子 1，拆下隔音板 2，如图 8-109 所示。

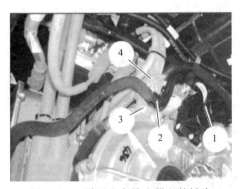 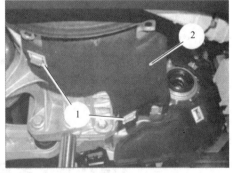

图 8-108　脱开驻车锁止器上的插头　　　　图 8-109　撬出隔音装置

⑥ 松开铝螺栓 1，如图 8-110 所示。
⑦ 松开螺栓 1，如图 8-111 所示。
⑧ 拆下变速箱，松开铝螺栓 1，如图 8-112 所示。
⑨ 将导向销旋入至电动机中，如图 8-113 所示。

图 8-110 松开铝螺栓

图 8-111 松开螺栓

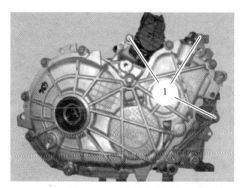

图 8-112 拆下变速箱

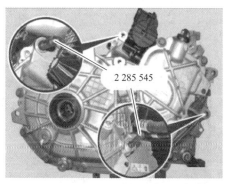

图 8-113 将导向销旋入至电动机中

## 2. 安装

（1）安装变速箱前 如图 8-114 所示，转子轴 1 的轮毂基座和啮合处务必完全无油脂，只允许使用 GE 清洁剂进行清洁，订货号为 83 23 2 357 553。不掉毛的织物用于粗略清洁，毛刷用于细微清洁并配合使用压缩空气。

（2）涂油脂 将完整的油脂量 4g 涂覆到转子轴 1 的轮毂基座上。

## 二、拆卸和安装驱动单元

图 8-114 将油脂涂覆到转子轴的轮毂上

### 1. 拆卸

① 拆下后备厢底板饰板 1，松开螺栓 2，并向上取出维修盖板 3，如图 8-115 所示。

② 松开螺栓 1 并取下卸压件，松开卸压件支架的螺栓 2，如图 8-116 所示。

③ 如图 8-117 所示，将电位补偿电缆 1 的螺钉由驱动模块上拆下，脱开 EME 上高压蓄电池单元的高压线 2。

④ 松开 EME 上蓄电池负极导线的螺母 3（图 8-117）。

⑤ 取下盖板并松开 EME 上蓄电池正极导线的螺母 4（图 8-117）。

⑥ 松脱蓄电池负极导线和蓄电池正极导线（图 8-117）。

图 8-115 取出维修盖板

图 8-116 松开卸压件支架的螺栓

⑦ 将充电插座或便捷充电系统的高压线 5（图 8-117）由 EME 上脱开。

⑧ 电控辅助加热器的高压线 6（图 8-117）由 EME 上脱开。

⑨ 如图 8-118 所示，松开电位补偿导线 2 的螺栓 1。

图 8-117 脱开线束

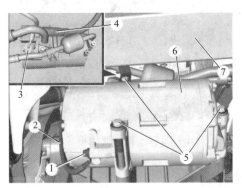

图 8-118 脱开分离不同的插头连接

⑩ 脱开信号线的插头连接 3（图 8-118）。

⑪ 脱开高压线的插头连接 4（图 8-118）。

⑫ 松开空调压缩机 6 的螺栓 5（图 8-118）。

⑬ 用导线扎带或后备厢张紧带将空调压缩机 6 固定在驱动模块 7 上（图 8-118）。

⑭ 松开导线槽 2 的螺栓 1（图 8-119）。

⑮ 向下抽出高压线及导线槽 2 并在外部侧面固定，如图 8-119 所示。

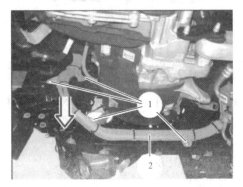

图 8-119 抽出高压线及导线槽

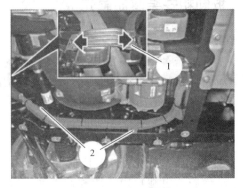

图 8-120 松开螺栓

⑯ 向外按压锁止凸耳并拔下导线架 1，松开螺栓 2，如图 8-120 所示。
⑰ 将电缆盒 1 的锁止凸耳沿驱动模块 2 的箭头方向取下，如图 8-121 所示。
⑱ 向下抽出高压线及电缆盒 1（图 8-121）并在外部侧面固定。
⑲ 松开螺栓 1 并取下导轨槽 2，如图 8-122 所示。

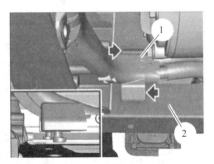
图 8-121 将电缆盒取下

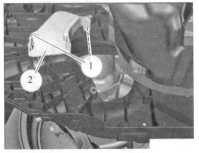
图 8-122 取下导轨槽

⑳ 脱开电线束的插头连接 1，如图 8-123 所示。
㉑ 如图 8-124 所示，将 EME 的冷却液管 1 脱开。
㉒ 将电动机的冷却液管 2（图 8-124）脱开。
㉓ 抽出便捷充电系统的冷却液管 3（图 8-124）。
㉔ 松脱用于便捷充电系统的冷却液管 4（图 8-124）。

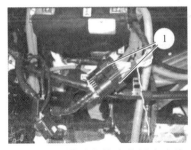
图 8-123 脱开电线束的插头连接

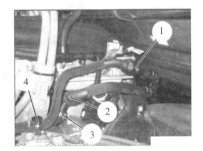
图 8-124 脱开管路

㉕ 打开固定夹 1 并露出冷却液管 2，如图 8-125 所示。
㉖ 升降台从后部行进到车辆下方，并将固定点定位到驱动单元下方。如图 8-126 所示，升降台升起，并将专用工具定位到电动机 1 的固定点上，将定位盘 2 定位到电动机的固定点上。

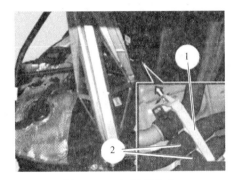
图 8-125 打开固定夹

图 8-126 将定位盘定位到电动机的固定点上

㉗ 松开电动机铰链柱 3 的螺栓 1，松开螺栓 2 并拆下电动机铰链柱 3，如图 8-127 所示。

㉘ 将专用工具定位到电动机上，并借助螺母 1 固定，如图 8-128 所示。提示：垫圈 2 必须位于电动机的圆锥体 3 上。

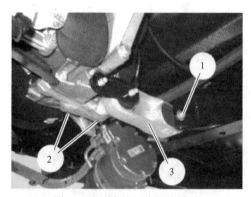

图 8-127　拆下电动机铰链柱

图 8-128　将专用工具定位到电动机上

㉙ 如图 8-129 所示，松开左侧和右侧螺栓 1 并移除缓冲挡块 2。

㉚ 松开支承轴承的左侧和右侧螺栓 3（图 8-129），通过驱动单元小心降低升降台。

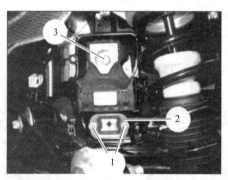

图 8-129　松开支承轴承的左侧和右侧螺栓

### 2. 安装

倒序安装并注意：安装新变速箱安装支架或发动机支撑时，安装螺栓连接前必须校准钻孔是否已对齐。安装螺栓连接前，使用合适的工具（例如杆直径 11mm 的钻头）使支座与发动机支撑/变速箱安装支架对齐。

## 三、拆卸和安装便捷充电系统

### 1. 拆卸

① 如图 8-130 所示，将冷却液管 1 解除联锁并脱开。

② 将连接电动机-电子伺控系统的高压线插头 2（图 8-130）解除联锁并脱开。

③ 将连接电动机-电子伺控系统增程设备的高压线插头 3（图 8-130）解除联锁并脱开。

④ 将冷却液管 1（图 8-131）解除联锁并脱开。

⑤ 将连接充电插座的高压线插头 2（图 8-131）解除联锁并脱开。

⑥ 将连接充电插座的高压线插头 3（图 8-131）解除联锁并脱开。

⑦ 将信号线插头 4（图 8-131）解除联锁并脱开。

⑧ 将连接电动机-电子伺控系统的高压线插头 5（图 8-131）解除联锁并脱开。

⑨ 松开螺钉 6（图 8-131）并取下便捷充电系统。

图 8-130 解除联锁并脱开

图 8-131 取下便捷充电系统

### 2. 安装

安装按倒序工作步骤。

## 四、拆卸和安装高压蓄电池单元

### 1. 拆卸

① 拆卸高压蓄电池单元之前必须确保高压蓄电池单元充分充电。如果组合仪表上还显示剩余续航里程，则高压蓄电池单元充电充分。

② 脱开高压插头连接 1，如图 8-132 所示。

③ 如图 8-133 所示，松开制冷剂管路 2 上的螺栓 1，并按箭头方向将其拔出。

④ 使用塞子将制冷剂管路 2（图 8-133）封堵，以免污染。

⑤ 如果已经安装有电气膨胀阀，则必须脱开插头 3（图 8-133）。

⑥ 脱开信号插头 4（图 8-133）。

⑦ 松开高压蓄电池单元上的螺栓 1（图 8-134），缓慢降低升降台。

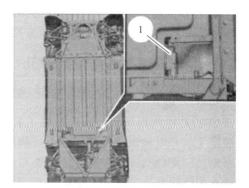

图 8-132 脱开高压插头连接

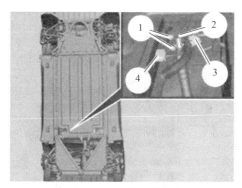

图 8-133 脱开信号插头

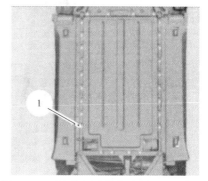

图 8-134 松开高压蓄电池单元上的螺栓

### 2. 安装

① 安装说明：如图 8-135 所示，定位件在安装到行走模块 2 中时，用于对正高压蓄电池

单元1。

② 安装新的等电位连接螺栓1（图8-136）。

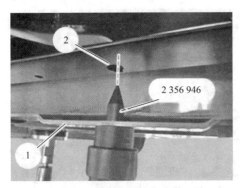 

图 8-135　定位件在安装　　　　　　图 8-136　安装新的等电位连接螺栓

③ 在安装高压蓄电池单元之前必须使用测试仪对高压蓄电池单元进行测试。在安装高压蓄电池单元之前必须检查是否安装有安全标签和提示标签，缺失或损坏标签必须予以更新！

## 五、拆卸和安装高压蓄电池单元

### 1. 拆卸

① 拆卸电池模块或电池监控电子装置前，必须打印诊断系统位置图。首先必须遵守安全规定并断开电池模块4与壳体上所固定导线之间的高电压导线。在此必须按照位置图使用防水销（EDDING）对所有电池模块和电池监控电子装置（CSC）进行编号。松开相关电池模块上的螺栓并取下隔板，如有必要可松开大范围的CSC环形导线束，松开时可根据需要使用鱼骨，切勿使用带有尖锐棱边的物体。应拔下相关电池模块的高电压插头并稍弯向一侧，从而确保能够非常顺畅地抬出电池模块。使用磁套筒头松开电池模块的螺母。小心抬出电池模块包括电池监控电子装置，为了便于操作可使用专用工具抬出，此时要注意电池模块之间的高电压导线能否顺畅通过。将电池模块底部向下以防滑、防倒方式放在一个洁净平面上，如图8-137所示。

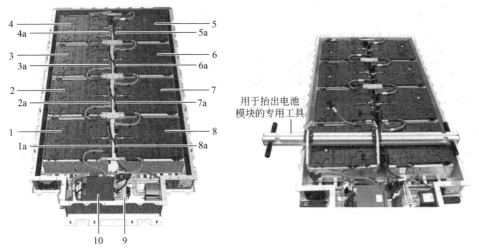

图 8-137　高压蓄电池

1～8—电池单元模块；9—安全盒S；10—蓄能器管理电子装置；1a～8a—电池监控电子装置

② 拆卸高压蓄电池单元盖罩，松开密封螺栓 1，如图 8-138 所示。
③ 为了避免不易觉察的绝缘故障，打开盖罩之后目检绝缘监控插头 1 是否正确嵌入，如图 8-139 所示。

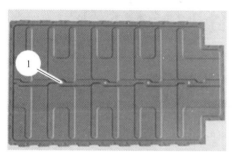

图 8-138 拆卸高压蓄电池单元盖罩

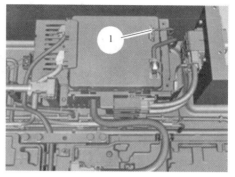

图 8-139 检绝缘监控插头

④ 为安全起见，执行其他维修工作时脱开高压插头 1，如图 8-140 所示。
⑤ 拆下存储器电子管理系统 SME，如图 8-141 所示。
⑥ 脱开插头 1（图 8-141）。
⑦ 脱开绝缘监控器 2（图 8-141）插头。
⑧ 松开螺栓 3（图 8-141）。
⑨ 将 SME 从侧面松脱 4（图 8-141）并沿箭头方向向上撬出。

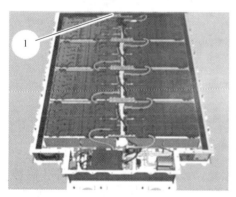

图 8-140 脱开高压插头

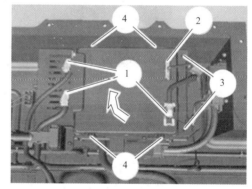

图 8-141 拆下存储器电子管理系统

⑩ 安装存储器电子管理系统 SME，如图 8-142 所示。
⑪ 嵌入 SME1（图 8-142）。
⑫ 拧紧螺栓 2（图 8-142）。
⑬ 连接插头 4（图 8-142）。
⑭ 连接绝缘监控器 3（图 8-142）插头，检查是否正确嵌入。

### 2. 安装

高压蓄电池更换维修后，在装车前必须使用 EoS 测试仪（图 8-143）进行最终测试。

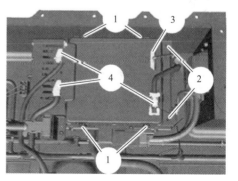

图 8-142 安装存储器电子管理系统

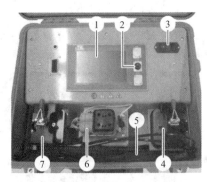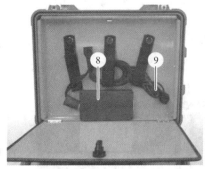

图 8-143　EoS 测试仪

1—用于操作的触摸屏；2—用于更新的 USB 接口；3—网络电缆和主开关接口；4—I01 加压钟形罩；5—连接电缆；
6—高电压插头；7—I12 加压钟形罩；8—用于高电压测试的继电器盒；9—网络电缆

安装前必须使用 EoS 测试仪（End of Service "维修结束"）进行测试。安装适用于排气单元的检测适配器，连接用于压力接口、高电压插头和 12V 车载网络插头的检测接口（图 8-144）。

进行总测试前先进行密封性测试，随后进行耐压强度、绝缘电阻和 SME 绝缘监控测试。然后读取故障码存储器记录，如果没有故障就会输出测试代码。

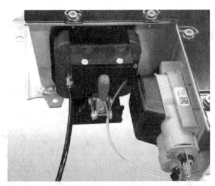

图 8-144　高电压蓄电池单元上的接口

读取测试代码并进行记录，以便稍后输入诊断系统，或直接扫描 DMC 矩阵代码数据。通过 EoS 测试仪设置运输位，从而确保无法启用接触器。最后进行诊断时使用服务功能"高电压蓄电池单元试运行"，在输入代码后复位运输位，从而启用接触器并将 FASTA 数据输入维修车间系统。

# 第九章 特斯拉电动汽车

## 第一节 特斯拉电动车概述

特斯拉电动车（TESLA Roadster）动力性能优异，整车各项参数如下：整备质量1235kg；电池系统可用能量53kW·h；0～100km/h加速3.9s；最高时速可以达到200km/h；最大输出功率215kW；最大扭矩400N·m；最大续驶里程可以达到390km，甚至创造过单次充电行驶501km的量产电动车续驶里程世界纪录；电池-里程（battery to wheel）的转换率可达135W·h/km（EPA公路循环）。

TESLA Roadster出色的动力性能不仅得益于碳纤维材料在车身上的应用，更离不开所搭载的动力电池系统的卓越表现，其动力电池系统布置示意图如图9-1所示。

图9-1 动力电池系统布置示意图
1hp＝745.7W

## 一、特斯拉三元锂离子电池结构

三元锂离子电池是指正极材料使用镍、钴、锰三元正极材料的锂电池。三元复合正极材料前驱体产品，是以镍盐、钴盐、锰盐为原料，其在容量与安全性方面比较均衡，循环性能好于正常的钴酸锂电池。前期由于技术原因其标称电压只有3.5～3.6V，在使用范围方面有所限制。但到目前，随着配方的不断改进和结构完善，电池的标称电压已达到3.7V，在容量上已经达到或超过钴酸锂电池的水平。

与磷酸铁锂电池相比，特斯拉Model S使用的三元锂离子电池（图9-2）在质量能量密度上要高出许多，约为200W·h/kg，这也就意味着同样重量的三元锂离子电池比磷酸铁锂电池的续航里程更长。不过其缺点也显而易见，当自身温度为250～350℃时，内部化学成分就开始分解,因此对电池管理系统提出了极高的要求,需要为每节电池分别加装保险装置。

### 1. 外部特征

特斯拉 Model S 电池组安放在前后轴之间的底盘位置,其质量可达 900kg。电池组整体有标明其身份的铭牌,如图 9-3 所示。其中标明了其容量为 85kW·h,400V 直流电电池组表面不仅有塑料膜保护着,而且塑料膜下面还有防火材料的护板。护板下面才是电池组。护板通过螺栓与电池组框架连接,并且连接处充满了密封黏合剂,从外观来看电池组保护得很好。

图 9-2 特斯拉 Model S 三元锂离子电池　　图 9-3 特斯拉 Model S 动力电池组密封盖上的提示牌

### 2. 内部结构

特斯拉 Model S 电池组内部结构由电池模组、连接电缆、电池管理器、采样线、电池组固定压条、冷却管路、密封条等组成,如图 9-4 所示。电池板中的 16 块电池组均衡地平铺在壳体上,整体结构紧凑,平铺有利于散热。每一组电池模组由 6 组单体电池模组串联而成,但单体电池模组的布置并没有采用均衡布置,而是采用不规则的结构,是为了方便电池组内的散热管路布置。

图 9-4 特斯拉 Model S 电池组内部结构

特斯拉 Model S 电池组由 16 组电池模组串联而成,并且每组电池模组由 444 节单体锂离子电池、每 74 节并联形成,如图 9-5 所示。

因此特斯拉 Model S 电池组由 7104 节 18650 锂离子电池组成。186650 锂电池即普通笔记本电脑用的锂离子电池,众多 18650 锂离子电池组成单体电池模组,再由电池模组组成电池组,并由 16 组电池组构成电池板。看似简单,但实际需要解决很多连接和散热的问题。每个 18650 锂离子电池都有导热的管路,并且都采用绝缘带进行包裹,以防电池和外壳发生短路。

总熔丝位于电池组的前端,并且有外壳保护以防受到撞击,如图 9-6 所示。其采用德国巴斯曼工艺,额定工作电流为 630A,额定电压为 690V,分断电流为 $700\sim2\times10^5$ kA。

电池组内每一节电池都有熔丝连接着,以防单节电池过热危及整体电池过热,每节电池的熔丝焊接非常精美,如图 9-7 所示。电池组中央有采样线连接到电池管理器,这些采样线用来检测电池组的电压,从而保证电池组正常工作。

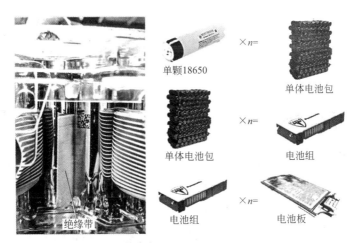

图 9-5　特斯拉 Model S 电池组的构成

图 9-6　特斯拉 Model S 电池组的总熔丝

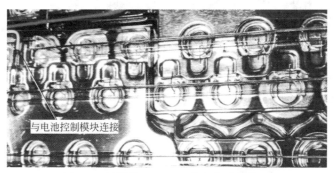

图 9-7　特斯拉 Model S 单个电池的熔丝

　　特斯拉采用美国 Champlain 公司专门为其生产的线缆，其最高可承受 600V 的电压，并且可在 $-70 \sim 150$℃ 之间工作。2/0 主线由许多根铜线组成，不仅有护板保护，而且还有防火材料包裹，如图 9-8 所示。每一组电池组都由一条 2/0 主线串联起来，输出电流，因此 2/0 主线尤其重要。主线位于电池板中央，并且由护板覆盖着，较为隐蔽。

　　2/0 主线汇集电流后连接到输出端的接触器，并经过接触器和电池管理器相连，如图 9-9 所示。特斯拉电池管理系统为自行研发，拥有高度知识产权的核心技术，该系统能自行处理充放电以及发热问题。每一组电池模组都有其独立的电池管理器，位于电池模组的侧面。

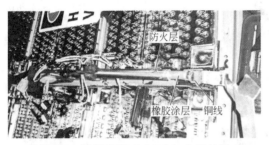
图 9-8 特斯拉 Model S 2/0 主线材料

图 9-9 特斯拉 Model S 接触器和电池管理器

## 二、特斯拉电池系统

特斯拉选择使用 18650 电芯组成 Roadster 的电池系统，总计共使用了 6831 节电芯，其组成结构如图 9-10 和图 9-11 所示。

图 9-10 动力电池系统外观及其在车辆上的装配位置

① 由 69 节 18650 电芯构成一个"Brick"，每个"Brick"中的电芯全部并联在一起，如图 9-12 所示。

图 9-11 电芯

图 9-12 Brick

② 9个"Brick"串联构成一个"Sheet",如图9-13所示。

③ 11个"Sheet"串联之后,构成整个电池系统,在电池系统中,"Sheet"是最小的可更换单元,如图9-14所示。

图9-13　Sheet

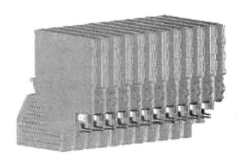

图9-14　电池系统

特斯拉之所以在其首款量产电动车上配备由18650电芯组成的电池系统,是其认为过去15年多的时间里18650电芯在消费类电子产品中得到了广泛应用。全球每年要生产数十亿个18650单元,其安全级别不断提高,所积累的先进技术完全能够应用于车载电池领域。并且,消费类电子产品对18650电芯的大量需求可帮助其在降低成本的同时提高电芯的能量密度。另外,由于每个电芯的尺寸较小,因此电芯的能量可控制在较小的范围。与使用大尺寸电芯的电池组相比,即使电池组的某个电芯发生故障,也能降低故障带来的影响。

从散热角度分析,18650电芯的"表面积/体积"与方形电芯(假设其容量为18650电芯的20倍)相比,约为方形电芯的7倍,这将大大增加18650电芯在散热方面的优势。

为了确保电池系统安全性,特斯拉从电芯到电池系统采取了多种安全措施,如下所示。

**1. 电芯的安全措施**

① 在电芯正极附近装有PTC(positive temperature coefficient)装置,当电芯内部温度增高时其电阻会相应增高,从而起到限流作用。

② 电芯内部均装有CID(current interrupt device),当电芯内部压力超过安全限值时会自动断开,从而切断内部电路。

③ 电芯材料选择会显著影响电芯在热失控情况下的易燃性,并提高燃点温度。

**2. 电池系统的安全措施**

① 电池系统外壳体采用铝材,结构强度较高,并且电池箱体后部设有通气孔,以防止箱体内部气压过高,如图9-15所示。

图9-15　电池箱体后部通气孔

② 每个电芯的正、负极均设有熔丝，如果个别电芯发生短路，此安全设计可以实现问题电芯与系统之间电路快速断开，如图9-16所示。

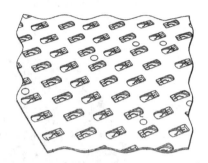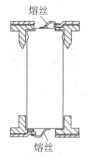

图9-16　电芯正、负极均设有熔丝

"Sheet"上模架通过绝缘垫片和圆柱形帽结构对电芯正极或负极端面进行限位，并且"Sheet"中个别电芯端面与模架间打胶固定，如图9-17所示。

图9-17　电芯及其在"Sheet"中的固定方式

"Brick"的极板与电池模架之间通过环氧树脂胶固定，电压采样点通过铆接方式与极板相连，如图9-18所示。

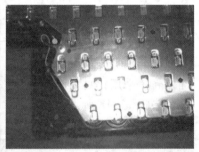

图9-18　电池极板及采样点连接方式

③ 部分"Sheet"设有保险装置，如图9-19所示，"U"表示无保险，"F"表示有保险。一旦"Sheet"电流超过限值，保险立刻熔断，保证系统安全。

"Sheet"之间由金属编织铜排串联，外部有塑料外壳（橙色）提供绝缘保护，其中的红色垫片功能类似铆接螺母，如图9-20所示。

④ 每个"Sheet"均设置有电池监控板（battery monitor board，BMB），用以监控"Sheet"内每个"Brick"的电压、温度以及整个"Sheet"的输出电压，如图9-21所示。

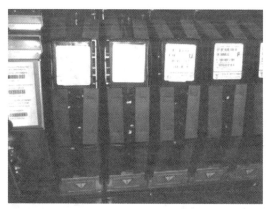

图 9-19 "Sheet" 细节图

图 9-20 "Sheet" 间连接图

⑤ 电池系统内设置有电池系统监控板（battery system monitor, BSM），其通过相应传感器监控整个电池系统的工作环境，其中包括电流、电压、温度、湿度、烟雾以及惯性加速度（用于监测车辆是否发生碰撞）、姿态（用于监测车辆是否发生翻滚）等，如图9-22所示。并且，可以与车辆系统监控板（vehicle system monitor, VSM）通过标准CAN总线实现通信。

图 9-21 BMB 安装位置　　　　　图 9-22 BSM 安装位置

⑥ 电池系统内部设置有冷却装置，冷却液为水和乙二醇的混合物（比例为1∶1），冷却装置的管路接口如图9-23所示，图9-24显示了 "Sheet" 内部冷却管路的布置。

电池系统中的共计6831个18650电芯的表面积合计可以达到约27$m^2$，并且每个18650

图 9-23 冷却装置的管路接口

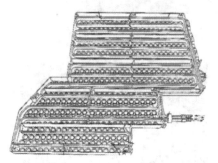
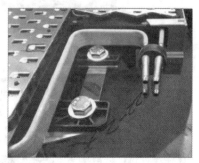

图 9-24 "Sheet"内部冷却管路的布置

电芯附近均布置有冷却管路,冷却管路与电芯间填充有绝缘导热胶质材料(图 9-25),固化后非常坚硬。在这些因素的作用下,电芯可以将热量快速传递至外部环境,并在电池系统内部保持热平衡。

图 9-25 电池模块"Sheet"内部冷却管路与导热介质

冷却液的进、出管路设计为交叉布置方式,共分为 4 个接口,如图 9-26 左图所示,接口分别为 2 个进口和 2 个出口。

这种设计方式可以有效避免因为管道过长而使得管道始、末端冷却液温度差异过大,进而造成电芯温度差异过大。另外,每条进、出管道又分为 2 个子管道(图 9-26 右图所示),使得冷却液与管道接触面积增加,提高热传递效率。

⑦ 高压电气系统设计特点。电池箱体内部由 11 个"Sheet"串联,两边空隙处安装各电器元件,其中包括 DC/DC、Relay(2 个 EV200)、预充电阻、FUSE、BSM 等,其型号如图 9-27~图 9-30 所示。

图 9-26 冷却液的进、出管路设计为交叉布置方式

图 9-27 继电器 EV200　　　　　图 9-28 快速熔断器

图 9-29 Sheet 熔断器　　　　　图 9-30 预充电阻

## 第二节　特斯拉电动汽车充电技术

### 一、特斯拉 Model S 充电情况

特斯拉 Model S 电动汽车配备有 10kW 车载充电器，输入兼容性：85～265V，45～65Hz，1～40A（可选 20kW 双充电器，输入兼容性增加至 80A）。峰值充电效率为 92%。特斯拉配备有 10kW 通用移动连接器，110V、240V 以及 J1772 适配器。

由此可知，美国版的特斯拉 Model S 电动汽车的充电接口符合 SAE J1772 标准，和宝马 Active E 的充电接口相同，如图 9-31 所示。

图 9-31 充电接口

## 二、充电方式

### 1. 充电方式一——移动充电包

特斯拉 Model S 电动汽车总共有三种充电方式：移动充电包、高能充电桩和超级充电桩。移动充电包属于选装配，美国官网售价为 650 美元，其中包含一根充电线、一个家用电源转接头、一个公共充电桩转接头。

所谓的移动充电包（图 9-32）就是一条充电线，就像用手机一样，只要你带着这根线，任何有普通电源插口的地方都可以充电，非常方便，只不过这种充电方式的速度是最慢的。

### 2. 充电方式二——高能充电桩

如果用户有固定车位，那么可以选择安装特斯拉的高能充电桩（图 9-33），它在单充电模式下最大输出为 240V/40A，充电速度比普通家用接口速度更快。

图 9-32 移动充电包

图 9-33 高能充电桩

在双充电模式下可以输出 240V/80A，所谓双充电模式就是用户的车内部拥有两个充电单元，其中一个是原车出厂自带，而另外一个是需要用户付费选装的，官网价格 3600 美元。它的作用和效果其实很简单，就是给用户的车增加了一个充电通道，充电速度提升为原来的一倍，这个速度要比普通电源插座快得多，基本一个晚上就能将车辆的电池充满电。

### 3. 充电方式三——超级充电桩

第三种就是最受用户喜欢的充电方式——超级充电桩（图 9-34），因为这里的充电效率最高，一辆车从没电到充满电最多只需要 75min，一般情况下用户只需要充电半小时左右，所充的电能就足够用户在市区里用一整天。

超级充电桩输出电压为380V，电流接近200A。当然，超级充电站的充电速度也不是永远都这么快，每个充电站的输出电流都是额定的，当只有一辆车充电的时候，它可以享受充电站70%的电流额度，但是当充电的车数量增加时，电流就会平均分配到每辆车上，不过这仍然是最快捷的充电方式。

### 4. 快速充电站的发展

特斯拉充电桩代表着世界上发达的充电技术，如图9-35所示。特斯拉承诺，Model S用户将永久获得免费充电的服务。特斯拉充电技术的更新换代，充电速度变得更快，充电时间相对之前减少了30%，充满一半电量只需20min，而一辆60kW·h电池组版本的特斯拉Model S充满电可以续航368km。同时，这个充电速度是普通电动汽车充电速度的20倍。

图9-34 超级充电桩

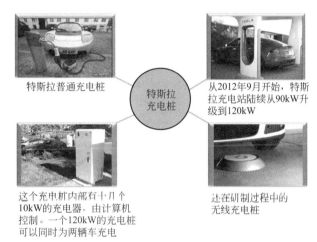

图9-35 特斯拉充电桩

每个充电桩的造价大概在10万～17.5万美元之间，其中多半的资金将用在地基的重塑上。这些充电站会位于餐馆、商场等所有可能的（高档）公共停车场所。场所的业主只需同意充电桩的建造，所有建造、维护和电力费用都是由特斯拉承担。

### 5. 太阳能充电站

电动汽车制造商特斯拉启用了一批太阳能充电站网络，为该公司的电动汽车免费提供独家充电服务，如图9-36所示。这些充电站使用快速增压器直流充电技术，汽车电池仅需要30min就能完成充电。

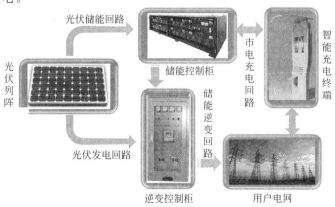

图9-36 太阳能充电站设备组成

特斯拉已经在加利福尼亚州的几个高速公路休息区推出太阳能汽车充电站，包括福尔瑟姆、吉尔罗伊、科林加、勒贝克、巴斯托和霍桑。特斯拉的汽车制造厂位于加利福尼亚州的弗里蒙特。

特斯拉计划迅速扩大太阳能充电站的基础设施建设。在未来，该公司计划在北美——比如从温哥华到圣地亚哥，从迈阿密到蒙特利尔，从洛杉矶到纽约，以及在欧洲和亚洲建设更多的超级充电站。

# 第十章 纯电动公交客车

## 第一节 纯电动公交客车结构

### 一、纯电驱动系统的整体布置

目前,纯电驱动系统的布置型式有单电动机直接驱动、双电动机匹配减速器驱动、单电动机匹配AMT变速器驱动和轮边电动机匹配减速机构驱动四种类型,如图10-1所示。

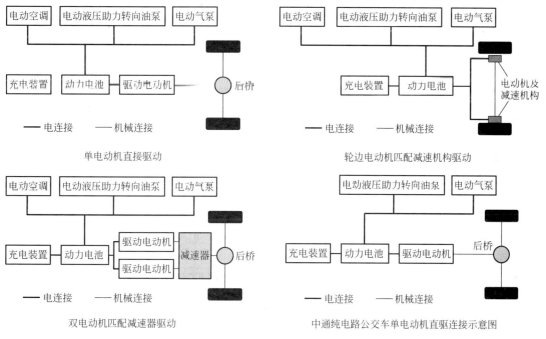

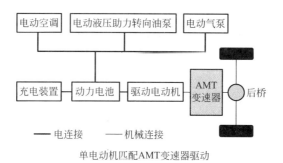

图10-1 纯电驱动系统的布置型式

## 二、中通公交客车纯电驱动系统的组成

纯电动公交客车是完全依靠储能动力源（动力电池）为整车提供能量的一种电动客车。纯电动公交客车采用了驱动电动机直接驱动的结构布置型式，该车纯电驱动系统主要由电驱动子系统、能源子系统以及辅助子系统三部分组成，如图 10-2 所示。

中通纯电动公交车采用了单电动机直接驱动的结构布置，其高压系统电气连接、高压原理图如图 10-3 和图 10-4 所示。

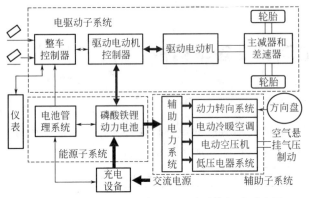

图 10-2 纯电动公交客车纯电驱动系统组成示意图

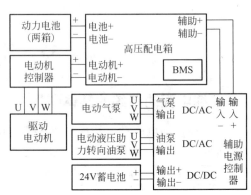

图 10-3 纯电动公交客车高压系统电气连接

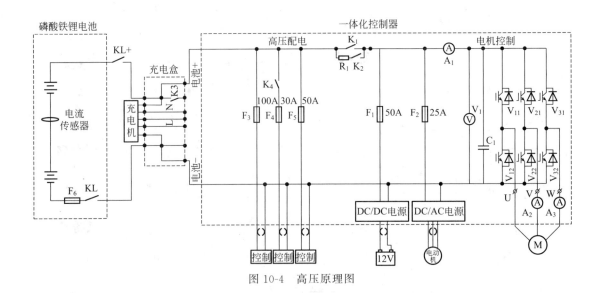

图 10-4 高压原理图

## 三、中通公交客车纯电驱动系统主要零部件

### 1. 动力电池

动力电池是纯电动汽车行驶的能量来源。该型纯电动公交客车采用动力电池类型为磷酸铁锂电池，额定电压为 518.4V，额定容量为 107.5A·h，总电能为 55.728kW·h。动力电池外观如图 10-5 所示。

动力电池系统主要由电池模块组、箱体、电池管理系统 BMS（battely management sysem）及高低压线束四部分组成。

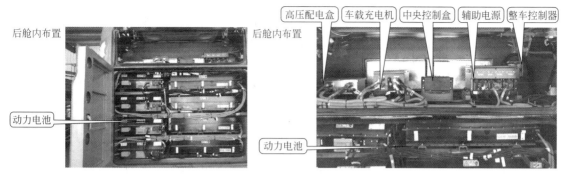

图 10-5 动力电池外观

动力电池模块组由若干个单体电芯通过串联或并联的方式组装而成,串联用于提高电压,并联用于增加能量;单体电芯的型号为 IFP20100140,额定电压为 3.2V,额定容量为 21.5A·h;动力电池由 2 箱串联而成,每箱由 81 个电池模块组串联而成(5 并 81 串)。

电池管理系统包括从机和主机两个模块。从机模块安装在动力电池的箱体内,用于采集各个箱体中电池模块组的电压、温度等信号;主机模块集成在高压配电箱内,是动力电池系统的控制中心,其主要作用是接收从机模块发送的信息,采样总电流、电压,计算荷电状态 SOC(state of charge,俗称剩余电量),向整车控制器发送动力电池信息,同时根据动力电池信息对电池进行充放电管理。

高压线束主要用于连接箱体中的电池模块组,并与整车的高压部件连接。低压线束主要用于传输动力电池的电压、电流、温度等信号,以及为电池管理系统提供电源连接。

### 2. 高压配电箱

高压配电箱的作用是将来自动力电池的直流高压电分配给各高压部件,连接暖风、加热、除霜及充电座等设备,实现通信功能(整车通信、充电通信及主从机通信),并连接程序调试。高压配电箱、电动机控制器、辅助电源控制器如图 10-6 所示。电池管理系统 BMS 的主机模块集成在高压配电箱内。

图 10-6 高压配电箱、电动机控制器、辅助电源控制器

(1)集成辅助电源的主要功能
① 为整车低压蓄电池充电,保证整车低压期间的用电。

② 为气泵提供三相交流电源，为整车提供充足的气压。

③ 为助力转向提供三相交流动力电源，保证助力方向的正常工作。

（2）高压配电箱 将储能系统的高压电分配到电动机控制器、发电机控制器、空调、集成辅助电源等高压用电设备。

（3）电动机控制器 其主要功能是将输入的直流电逆变成电压、频率可调（简称VVVF）的三相交流电，用于驱动永磁/异步电动机，或者将制动时永磁/异步电动机发出的三相交流电整流成直流电，回馈到电池进行储存。

### 3. 驱动电动机及电动机控制器

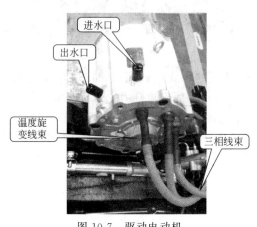

图 10-7 驱动电动机

（1）驱动电动机 该型纯电动公交客车采用上海大郡动力控制技术有限公司生产的驱动电动机，型号为 ZTM60-350，如图 10-7 所示。该驱动电动机为三相永磁同步电动机，额定功率为 60kW，峰值功率为 100kW，额定转速为 1910r/min，最高转速为 3200r/min，额定转矩 350N·m，绝缘等级为 H，防护等级为 IP55，冷却方式为液冷（≥14L/min）。驱动电动机上有 U、V、W 三相高压线接头（来自于电机控制器）以及用于散热的冷却液进、出管接头，并集成了旋变器及负温度系数的温度传感器。旋变器的作用是精确测量驱动电动机转子的位置及转速，并将信号提供给电动机控制器，用于对驱动电动机的相序进行精确控制，实现对驱动电动机的转速、转矩控制以及电动机驱动及发电的转换。旋变器安装在驱动电动机的后端，由转子及 3 组定子线圈组成，其转子随电动机轴同步旋转，3 组定子线圈分别为励磁绕组、正弦绕组及余弦绕组。温度传感器的作用是实时监测电动机的温度，并将信号提供给电动机控制器。

（2）驱动电动机控制器 该型纯电动公交客车采用上海大郡动力控制技术有限公司生产的电机控制器，型号为 ZTM60-90，额定输入电压为 380V，额定输出电压为 147V，额定输入电流为 136A，额定输出电流为 200A，额定输出容量为 90kW，最大输出容量为 150kW，最高输出频率为 320Hz，防护等级 IP67，冷却方式为液冷（≥14L/n1in）。电动机控制器的主要作用是接收整车控制器的指令，将直流高压电转化为交流高压电，控制驱动电动机的扭矩输出；制动时，接收整车控制器的指令，控制驱动电动机发电，实现制动能量回馈给动力电池；将驱动电动机及电动机控制器的状态信息反馈给整车控制器。

（3）驱动电动机及电动机控制器的冷却 为了维持驱动电动机及电动机控制器的正常工作温度，采用了独立的冷却系统。冷却系统主要由储液罐、散热器（带风扇）、电动液泵、驱动电动机及驱动电动机控制器等组成。

（4）控制总成驱动电动机控制主电路图 如图 10-8～图 10-10 所示。

$I_s$+ 为直流电流传感器；F 为熔断器；充放电回路包含主接触器 K，充电电阻 $R_1$（电阻为 1kΩ），控制器内部支撑电容 C，放电电阻 $R_2$（电阻为 20kΩ），电压检测板 $B_4$（内部包含充电接触器 $K_1$，电源电压 U 检测电路，电容 C 的电压 $U_z$ 检测电路）。充电时，先由电压检测板检测得到电源电压 U；电源电压 U 满足要求时，控制板发送控制信号给充电接触器 $K_1$；使 $K_1$ 闭合后，通过充电电阻 $R_1$ 给电容 C 充电；直到检测到 U 与 $U_z$ 的压差小于一定值时，主接触器 K 闭合，同时 $K_1$ 断开。

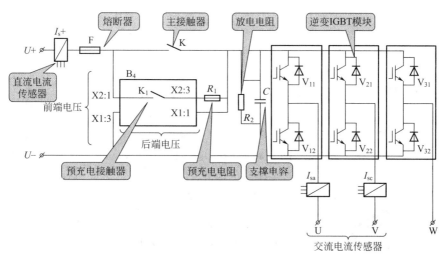

图 10-8　电动机控制主电路

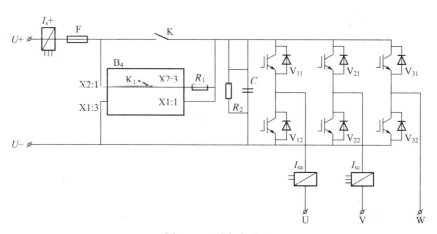

图 10-9　预充电过程

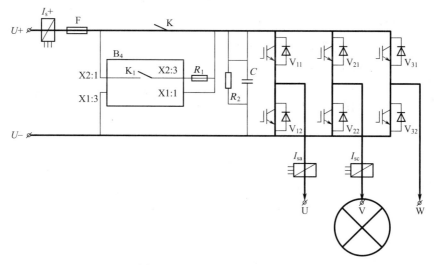

图 10-10　电驱动系统驱动过程

当切断主接触器 K 后,电容 C 通过 $R_2$ 放电,在 5min 内释放到安全电压以下。

注意:如果放电回路故障(如 $R_2$ 坏了或接触不良),则电容 C 的电只是缓慢释放。因此需通过拆卸控制器来查故障时,必须测量控制器电容上的电压,确认是否在安全电压(小于 36V)范围内。逆变电路由 IGBT $V_{11}$、$V_{12}$、$V_{21}$、$V_{22}$、$V_{31}$、$V_{32}$ 构成的三相桥组成;$I_{sa}$ 和 $I_{sc}$ 为控制用交流电流传感器。

### 4. 三合一型辅助电源控制器

该型纯电动公交客车采用武汉合康动力技术有限公司生产的辅助电源控制器,型号为 H1EG384-3YQD-0F-2T,采用风冷。该辅助电源控制器为三合一型,即一个箱体内集成了 DC/DC 控制器、DC/AC 电动液压助力转向油泵电动机控制器、DC/AC 打气泵电动机控制器。DC/DC 控制器主要为整车 24V 铅酸蓄电池充电,满足整车 24V 低压电器的正常工作。

### 5. 整车控制器

整车控制器(vehicle control unit,VCU)的型号为 HK-VCU0N1-03,输入电源为 8~32V(DC),防护等级为 IP65,散热方式为自然冷却。整车控制器如图 10-11 所示。

图 10-11 整车控制器

整车控制器是纯电动汽车的控制核心,通过采集油门踏板位置、制动踏板位置、电动机转速和换挡面板的挡位等信号,判断驾驶员的驾驶意图,并计算出目标牵引力矩,以电动机耗电量最小为原则,同时参考电动机外特性和储能系统的各项边界条件,对驱动电动机的力矩进行控制,最终实现驱动电动机按照驾驶意图驱动整车运行。整车控制器具有驾驶员驾驶意图解析、系统工作模式控制、车辆能量管理及优化、智能化的整车故障识别和处理、车辆网络管理、车辆状态监控、自诊断及保护等多项功能。整车控制器外部端口如图 10-12 所示。

(1)汽车驱动控制 整车控制器根据驾驶人的驾驶要求及车辆状态等,经处理和计算,向电动机控制器发出指令并控制驱动电动机,以满足驾驶工况要求。

(2)制动能量回馈控制 整车控制器根据制动踏板和加速踏板位置、车辆行驶状态、动力电池的荷电状态 SOC 等信息,经处理和计算,当满足制动回馈条件时,向电动机控制器发出指令,使驱动电动机发电并将能量回馈给动力电池。

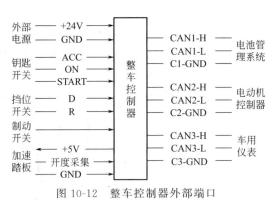

图 10-12 整车控制器外部端口

(3)整车能量管理与优化 整车控制器通过 CAN 总线与电池管理系统连接共同承担整车的能量管理,以提高能量的利用率。在电池管理系统的协助下完成参数监测、信息通信、充放电控制、热管理、故障诊断等功能,同时针对具体行驶情况实现安全行驶和能量的合理分配。

(4)整车网络化管理 整车控制器作为信息控制中心,负责组织信息传输、网络状态监控、网络节点管理、信息优先权的动态分配等功能。

(5)车辆状态的监视和故障诊断及保护 总线所连接的各个子系统控制器实时将各自控

制对象的信息发布至 CAN 总线，由整车控制器通过综合数字仪表显示出来。整车控制器能对故障信息及时处理并做出相应的安全保护处理。

（6）控制器总成各电路板　如图 10-13 所示，主要功能如表 10-1 所示。

控制板实物如图 10-14 所示，其接口和编号顺序已经在图上标出，其端口含义如表 10-2 所示，控制板得到控制电时，上面的 LED 会闪烁。

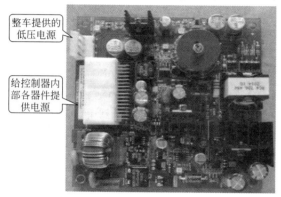

图 10-13　电路板

图 10-14　控制板实物

控制板的接口共有五个：X1 为供电电源接口（控制总成对外的弱电接线表如表 10-3 所示）、X2 为驱动信号接口（控制总成对外的弱电接线表如表 10-4 所示）、X3 为传感器接口、X4 为电动机信号（旋变信号、温度信号）接口、X5 为接触器信号和 CAN 信号接口。注意：务必确保所有插头及线都可靠插入。

表 10-1　各电路板功能

| 插件 | 功能 |
| --- | --- |
| 接口板 | (1) 信号转接的桥梁（外部信号与控制板之间）<br>(2) 钥匙信号使能和延迟断电功能<br>(3) 控制器散热系统风机控制功能 |
| 电源板 | 为控制电路各用电电路提供低压稳压电源 |
| 控制板 | (1) 对温度、速度/位置、电压和电流等传感器采集的模拟量进行处理<br>(2) 接收 CAN 网络指令，结合采集的数据进行矢量控制，发出调制脉冲、接触器控制指令给驱动板和接触器<br>(3) 异常情况下发出保护指令 |
| 驱动板 | (1) 高压和低压隔离功能<br>(2) 驱动 IGBT 功能<br>(3) 保护 IGBT 功能（门极欠压保护和短路保护） |
| 门极附板 | 保护 IGBT 门极 |

表 10-2　控制板端口定义

| 代号 | 线缆去向 | 线缆定义 | 输入/输出 | 插座型号 | 插头型号 | 线径/mm² |
| --- | --- | --- | --- | --- | --- | --- |
| X1 | 整车 | 35 芯矩形插座 | 输出 | 1-776231-1 | 776164-1 | |
| X2 | 电动机 | 23 芯矩形插座 | 输出 | 1-776228-1 | 770680-1 | |
| X3 | 电空调 | 空调+<br>空调- | 输出 | 2.4mm 两芯高压插座<br>HV1-RP024-2ZLA-C03 | 2.4mm 两芯高压插头<br>HV1-PS024-2ZLA-C03 | 4 |
| X4 | 电除霜 | 除霜+<br>除霜- | 输出 | 2.4mm 两芯高压插座<br>HV1-RF024-2ALA-C02 | 2.4mm 两芯高压插头<br>HV1-PS024-2ALA-C02 | 2.5 |

续表

| 代号 | 线缆去向 | 线缆定义 | 输入/输出 | 插座型号 | 插头型号 | 线径/mm² |
|---|---|---|---|---|---|---|
| X5 | 12V 电池 | 12V+ | 输出 | 6mm 两芯高压插座 HV1-RF060-2ALA-H12 | 6mm 两芯高压插头 HV1-PS060-2ALA-C06 | 25 |
| | | 12V− | | | | |

表 10-3 控制总成对外的弱电接线表（X1 插头）

| 管脚号 | 定义 | 功能 | 管脚号 | 定义 | 功能 |
|---|---|---|---|---|---|
| 1 | BACKWARD | 向后方向指令信号 | 19 | CANA-H | CANA 高 |
| 2 | DRV-K | 牵引踏板开关信号 | 20 | an-out2 | 预留,模拟信号输出 2 |
| 3 | +5V | 踏板电源 | 21 | CANC-H | CANC 高 |
| 4 | BRV-K | 制动踏板开关信号 | 22 | CANC-L | CANC 低 |
| 5 | DRV-L | 牵引踏板位置信号低 | 23 | +12V4 | 辅助模块 12V 控制电源正 |
| 6 | DRV-H | 牵引踏板位置信号高 | 24 | +12V2 | 预留备用 12V 控制电源正 |
| 7 | FORKWARD | 向前方向指令信号 | 25 | +12V3 | 电机控制器模块电源正 |
| 8 | GND-AN | 模拟信号参考地 | 26 | KEY | 上电控制,高有效,输入 |
| 9 | 水泵 | 水泵,高有效输出 | 27 | GND-AN | 模拟信号(参考地) |
| 10 | 油泵 | 油泵,高有效输出 | 28 | K2 | 预充电接触器控制信号负控 |
| 11 | START | 开始,高有效输入 | 29 | ON | ON 挡检测,高有效,输入 |
| 12 | 风扇 | 风扇,PWM 输出 | 30 | DELAY | 延时断电信号 |
| 13 | CANB-L | CANB 低 | 31 | P2 | 电除霜控制(负控) |
| 14 | BRV-H | 制动踏板位置信号高 | 32 | K1 | 主接触器控制信号(负控) |
| 15 | CAN4-H | CAN4 高 | 33 | +12V1 | 整车控制器模块电源正 |
| 16 | CAN4-L | CAN4 低 | 34 | 12VGND | 12V 地共用 |
| 17 | CANB-H | CANB 高 | 35 | | |
| 18 | CANA-L | CANA 低 | | | |

表 10-4 控制总成对外的弱电接线表（X2 插头）

| 管脚号 | 定义 | 功能 | 管脚号 | 定义 | 功能 |
|---|---|---|---|---|---|
| 1 | +12V | 12V 电源正 | 13 | SINLO | 旋变输入正弦信号低 |
| 2 | CANB-L | 电动机控制器 CANB 低 | 14 | SIN | 旋变输入正弦信号高 |
| 3 | CANB-H | 电动机控制器 CANB 高 | 15 | TS | 电机 NTC 输入信号 |
| 4 | CANA-L | 电动机控制器 CANA 低 | 16 | GND1 | 12V 输入电源地 |
| 5 | CANA-H | 电动机控制器 CANA 高 | 17 | EXC− | 旋变激励信号负 |
| 6 | GNDC | CAN 信号屏蔽地 | 18 | EXC+ | 旋变激励信号正 |
| 7 | TM | 电动机 PT100 温度接口 | 19 | Sa | 速度传感器 Sa 输入信号 |
| 8 | KMF | 风机控制信号 | 20 | Sb | 速度传感器 Sb 输入信号 |
| 9 | GNTM | 电动机 PT100 温度接口地 | 21 | +15VS | 速度传感器 15V 电源正 |
| 10 | KEY | 上下电控制信号 | 22 | GNDS | 速度传感器 15V 电源地 |
| 11 | COS | 旋变输入余弦信号高 | 23 | TMV | 电机 NTC 输出信号 |
| 12 | COSLO | 旋变输入余弦信号低 | | | |

驱动板（图 10-15）上端插头从左到右（每个插头的 1、2、5 脚分别对应 IGBT 的 G、E、C 极），每个插头分别连接到三个桥的 IGBT 组件。连接时，注意是顺序连接，没有交叉。注意：务必确保所有插头及线都可靠插入。下端插头连接控制板的插头 X2。

图 10-15　驱动板

控制总成主电路元器件功能如表 10-5 所示。

表 10-5　控制总成主电路元器件功能

| 器件 | 功能 |
| --- | --- |
| 充电接触器、充电电阻 | 对支撑电容进行预充电、保护支撑电容和主接触器 |
| 前端电压和后端电压传感器 | (1) 为主接触器闭合提供依据(ΔV)<br>(2) 采集母线电压参与矢量控制<br>(3) 过压和欠压保护 |
| 交流电流传感器 | (1) 采集交流电流参与矢量控制<br>(2) 用于过流保护 |
| 直流电流传感器 | 采集直流电流用于效率计算和保护 |
| 放电电阻 | 控制器停止工作后，在规定时间内释放支撑电容的电能，保证维护人员安全 |
| 支撑电容 | 直流电压平波，提供无功补偿 |
| IGBT 模块 | 整流或逆变 |

① 电流传感器　电流传感器（图 10-16）负责采集交流电流、直流电流信号，供控制所用，任何一个电流传感器回路不能正常工作，都会造成整个驱动系统不能正常工作的故障（主要是过流故障和模块故障）。

| 针脚 | 信号 |
| --- | --- |
| 1 | +15V |
| 2 | −15V |
| 3 | M |
| 4 | GND |

图 10-16　电流传感器

② 电压检测板　X2:1 与 X1:3 之间采样的是前端电压；X2:3 与 X1:1 之间测量的阻值为预充电电阻（1kΩ）；X3 包含电源板的供电 +15V、−15V、GND 和 +24V。充电接触器控制信号 $K_1$、充电接触器反馈信号 $K_1B$，以及检测的电压输出信号：电源电压信号 OUT1、电容电压信号 OUT2 电源检测板如图 10-17 所示，各端子含义如表 10-6 所示。

注意，X1、X2接触不良，会导致控制器误报过流、过压、过温故障。

图 10-17 电源检测板

表 10-6 电源检测传感器端子含义

| 插头 | 针脚 | 信号 | 名称 |
| --- | --- | --- | --- |
| X1 | 1 | U2+ | 电容电压正 |
|  | 2 | — |  |
|  | 3 | U− | 电压负 |
| X2 | 1 | U1+ | 电源电压正 |
|  | 2 | — |  |
|  | 3 | $K_1-$ | 接充电电阻 |
| X3 | 1 | 24V+ | 控制电源正极 |
|  | 2 | $K_1$ | 充电接触器控制 |
|  | 3 | $K_1B$ | 充电接触器反馈 |
|  | 4 | GND |  |
|  | 5 | +15V | +15V/−15V 电源 |
|  | 6 | −15V |  |
|  | 7 | OUT1 | 电源电压测量值(1/100) |
|  | 8 | OUT2 | 电容电压测量值(1/100) |

③ IGBT 模块　IGBT 模块如图 10-18 所示。注意：IGBT 模块上门极附板的各焊点有无虚焊现象，如有虚焊可能会在成报 25 号故障。检查门极附板上的稳压二极管是否击穿，测量 G、E 之间的电阻值。

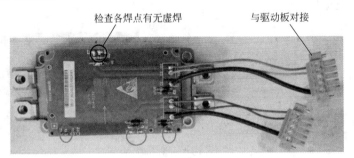

图 10-18 IGBT 模块

## 6. 电动打气泵

当纯电动公交客车采用气压制动时，必须安装电动打气泵（液压制动的纯电动公交客车，需安装电动真空泵，以实现制动真空助力）。该型纯电动公交客车采用耐力股份有限公司生产的电动打气泵，型号为 AZE1.5H，容积流量为 $0.16m^3/min$，排气压力为 1.0MPa。电动机为三相异步电动机，其功率为 1.5kW，转速为 1410r/min，电压为 220V，频率为 50Hz，最高工作温度 110℃，专用润滑油加注量为 1.35L。电动打气泵如图 10-19 所示。

电动打气泵总成主要由空气压缩机、电动机、冷却器及固定底盘支架 4 大部件组成。空气压缩机为滑片式（叶片式）。空气压缩机用的空气滤清器（图 10-20）安装在车辆后方高压设备舱的左上角。

图 10-19　电动打气泵

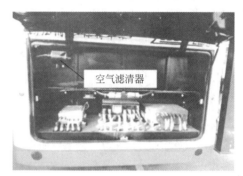

图 10-20　空气滤清器

空气经过空气滤清器的过滤后，由进气阀（进气阀是由内部的伺服阀通过液压管路控制，该阀可以根据用气需求自动调节空气压缩机的进气量）进入空气压缩机。转子在定子中偏心旋转，转子表面开有垂直的槽，滑片放置在槽内，并在离心力的作用下紧贴定子的内壁，这样，定子、转子和滑片就形成了一系列的空腔和压缩腔，空气在压缩腔中被压缩。压缩过程中的润滑和冷却是由一个高效的注油系统来完成的，该系统可以保证在较低的润滑油消耗水平下很好地完成过程控制，该系统在转子内壁上形成油膜，还可以避免金属部件的直接接触，从而大大减少了部件的磨损。随着转子的转动，当转子与定子形成的压缩腔体积减小时，完成压缩过程。分离后的纯净空气经过油冷却器冷却（产生的冷凝水经过排水阀排出）后进入储气筒，作为气源用于车辆的制动或车门的开启和关闭。

电动气泵接线盒上有 U、V、W 线与辅助电源控制器的气泵输出接口连接，后侧面上安装了一个温度传感器，用于检测打气泵的工作温度，并将信号传递给整车控制器。辅助电源内部的 DC/AC 控制器将高压直流电转换为三相交流电，驱动空气压缩机工作，空气压缩机与储气筒连接。储气筒上的压力传感器将气压信号传递给仪表，仪表在主界面显示气压（柱状，2 个）。当气压较低时，仪表控制 DC/AC 控制器使电动气泵电动机开启工作，气压达到规定值时，则控制 DC/AC 停止工作。

### 7. 电动液压助力转向油泵

该型纯电动公交客车采用全兴精工集团有限公司生产的电动液压助力转向油泵，型号为 EHPS-1010R1.5/16，电动机的额定电压为 220V，额定电流 6.86A，额定功率 1.5kW，额定转速为 1440r/min；油泵的最大压力为 10MPa，进油口直径为 M27×1.5，出油口直径为 M18×1.5。电动液压助力转向油泵的电动机为三相异步电动机，电动液压助力转向油泵如图 10-21 所示。

电动液压助力转向油泵电动机的转速是恒定

图 10-21　电动液压助力转向油泵

的，向制动系统提供稳定流量，该电动机的工作噪声比永磁同步电动机大，但成本较低。基于成本考虑，目前纯电动公交车的电动液压助力转向油泵常采用三相异步电动机驱动。

### 8. 选挡面板

该型纯电动公交客车的按钮式选挡面板上有 4 个挡位按钮，D（前进挡）、N（空挡）、R（倒挡）及 S（低速挡，未使用）。选挡面板的挡位信号（开关信号）通过整车 CAN 总线传递给整车控制器，电动机控制器收到相应的指令后会控制电动机做出相应的动作（正反转）。而电动机的传动轴直接与车辆的后桥相连，从而控制车辆的前进后退。选挡面板如图 10-22 所示。

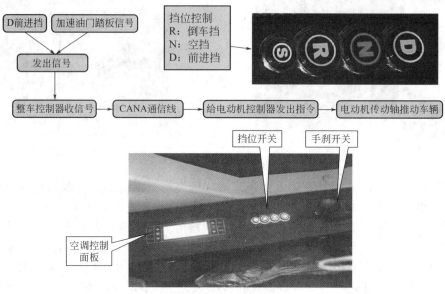

图 10-22　选挡面板

### 9. 仪表

该型纯电动公交客车采用了纯电动车专用仪表（带 CAN 总线），可显示总电压、总电流、SOC（剩余电量）、单体电芯 MCU 温度、单体电芯的最高电压、最低电压、最高温度、最低温度、气压（柱状，2 个）、挡位等参数以及相关的报警信号。仪表显示如图 10-23 所示。

### 10. CAN 总线

中通纯电动公交车采用了三套 CAN 总线，即整车 CAN 总线、内部 CAN 总线及充电 CAN 总线。CAN 总线的拓扑结构如图 10-24 所示。内部 CAN 总线只用于故障检测及程序烧结（刷程序），无终端电阻。

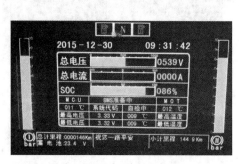

图 10-23　仪表显示

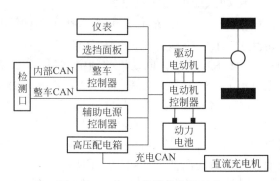

图 10-24　CAN 总线的拓扑结构

### 11. 充电座

中通纯电动公交车的充电插座（图 10-25）位于车辆右侧最后方的设备舱内（国标），充电接口定义见表 10-7 所示。中通公司为方便用户充电，配套提供了便携式电动汽车直流充电机。注：领示线是完全独立的安全系统，它用以确定所有高压部件是否正确连接至高压系统，领示线是低压系统。

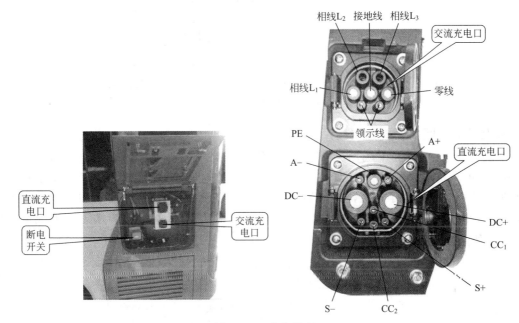

图 10-25 充电插座

表 10-7 充电接口针脚定义

| 标识符号 | 接口定义 |
| --- | --- |
| DC+ | 直流电源正极,与动力电池的正极连接 |
| DC- | 直流电源负极,与动力电池的负极连接 |
| PE（搭铁） | 保护搭铁,连接充电设备和车辆底盘搭铁线 |
| S+ | 充电通信 CAN-H,连接充电设备与车辆的通信线 |
| S- | 充电通信 CAN-L,连接充电设备与车辆的通信线 |
| $CC_1$ | 充电连接确认 1,充电机确认 |
| $CC_2$ | 充电连接确认 2,电池管理系统确认 |
| A+ | 低压辅助电源正极,充电设备为车辆提供低压辅助电源 |
| A- | 低压辅助电源负极,充电设备为车辆提供低压辅助电源 |

## 第二节 纯电动公交客车控制原理

### 一、纯电动公交客车的运行模式

#### 1. 纯电驱动模式

当车辆起步或正常行驶（前进或倒车）时，为纯电驱动模式，由动力电池提供动力，整车控制器通过采集加速踏板位置、电动机转速、换挡面板的挡位等信号,判断驾驶人的驾驶意愿,并计算出目标牵引转矩,对驱动电动机进行控制,驱动电动机将动力电池的电能转变为机械能,驱动后桥使车辆行驶,如图 10-26 所示。

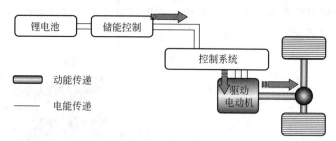

图 10-26 纯电动模式

### 2. 制动能量回馈模式

车辆行驶中,当满足一定的条件(与具体标定的参数有关,例如车速较高,如大于 15km/h;电动机转速较高,如大于 650r/min;动力电池 SOC 低于 96%;踩制动踏板或者松开加速踏板且车速高于某值,如 30km/h 驱动电动机无故障)时,松开加速踏板或踩下制动踏板,根据整车控制器的控制策略,后桥带动驱动电动机发电并为动力电池充电,如图 10-27 所示。

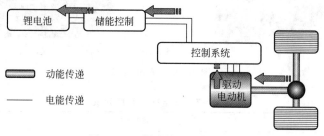

图 10-27 制动能量回馈模式

### 3. 车辆加速

车辆加速时,需求功率较大,如果锂离子电池电量足,则加速比较快;如果电量比较低,有可能加速度上不去,如图 10-28 所示。

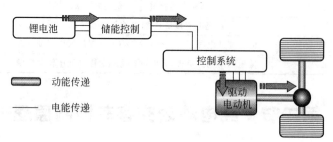

图 10-28 车辆加速模式

### 4. 外接充电

当动力电池系统能量不足时,需要利用外部电源进行充电,充电时整车高压零部件停止工作,如图 10-29 所示。

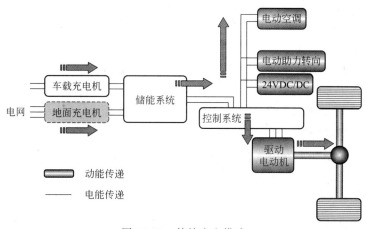

图 10-29 外接充电模式

## 二、中通纯电动公交客车的控制策略

### 1. 电池管理系统 BMS 高压上电控制

BMS 上高压电需要电动机控制器允许上高压电请求，再通过仪表 CAN 数据通信检测到钥匙启动信号，整车控制器得到仪表启动信号后，发送上高压电指令给 BMS，BMS 再根据自身逻辑判断当前是否能上高压电，整车控制器等待 BMS 反馈高压接触器状态后，进入主程序运行。

### 2. 电池管理系统 BMS 高压下电控制

电池管理系统 BMS 下高压电控制有 2 种控制方式。第 1 种是当驾驶员将点火开关从 ON 挡关闭后，整车控制器立即向三合一辅助电源控制器发送指令，然后延时 200ms 发送 BMS 高压下电指令；第 2 种是当电池管理系统 BMS 或电动机控制器出现最高级故障，此时整车控制器向电动机控制器发送 0 扭矩指令，控制驱动电动机无输出扭矩，并发送 BMS 高压下电指令。

### 3. 驱动电动机控制

整车控制器通过电动机控制器对驱动电动机进行控制。若电动机反馈状态为准备就绪，整车控制器控制电动机运行；若电动机反馈状态为未准备好，整车将停止电动机驱动。在 BMS 功率上限范围内，通过采集加速踏板与车速等信息来计算当前电动机所需的扭矩并用来驱动车辆运行，同时，通过采集制动踏板与车速等信息来计算电动机制动扭矩并用来对车辆进行制动。

### 4. 三合一型辅助电源控制器控制

三合一型辅助电源控制器供电部件有电动气泵、电动液压助力转向油泵以及蓄电池。在整车控制过程中，需要电池管理系统 BMS 反馈高压接触器状态，若为吸合状态，电动液压助力转向泵与蓄电池控制电路开始处于工作状态。当储气筒气压低于 0.65MPa 时，仪表输出高电平信号，电动打气泵工作；在达到 0.8MPa 时，仪表输出低电平信号，电动打气泵停止工作。

### 5. 电动液泵控制

电动液泵主要作用是给驱动电动机、电动机控制器提供冷却液循环，给驱动电动机以及电动机控制器提供良好的散热环境。电动液泵控制策略：只要检测到点火开关位于 ON 挡位置，电动液泵将开始工作；若检测不到 ON 挡位置信号，电动液泵将关闭。

### 6. 散热风扇控制

散热风扇的主要作用是控制驱动电动机与电动机控制器在一定的温度范围内工作。当电动机控制器温度高于 50℃ 或驱动电动机温度高于 110℃ 时，风扇将开启；当电动机控制器温度低于 46℃ 并且驱动电机温度低于 105℃ 时，风扇停止工作。

### 7. 车辆停止行驶控制

当车辆处于驻车制动、充电、仪表未显示 READY、仪表显示严重故障以及电动机运行中出现过流状态时，车辆无法行驶。

### 8. 能量控制

在冬季寒冷地区由于气温的下降，根据磷酸铁锂动力电池的特性，在电池电量低的情况下，如果驱动电动机大功率工作，将会导致电池的单体电压瞬间大幅下降到保护电压，从而导致车辆急加速断电，车辆不能正常行驶。为解决上述问题并适当延长行驶里程，中通公司对驱动电动机的功率采用的控制策略为：当动力电池电量＞50% 时，驱动电动机功率不受限制；当电池电量≤50% 时，电动机功率为 60kW；当电池电量≤40% 时，电动机功率为 55kW；当电池电量≤30% 时，电动机功率为 45kW；当电池电量≤20% 时，电动机功率为 30kW。

控制功率时扭矩不会受到影响，直接影响表现为车辆油门响应慢，车辆加速度较原来迟缓，但不影响车辆爬坡能力。

### 9. 失效保护控制

① 当车辆出现一级故障时，只报警不限功率。

② 当出现二级故障时，限制电动机功率为 50%。

③ 当出现三级故障时，根据车辆运行状态，车辆未停止时，限制电动机功率为 50%，待车辆停止后，再将停止电动机输出，但高压保持闭合。

④ 当出现四级故障时，整车控制器发送 CAN 指令，控制电动机停止输出扭矩，待车辆静止后，整车控制器先停止三合一型辅助电源控制器使能输出，然后发送断开高压接触器指令。如果上电时存在四级故障，则不允许下发上电指令。

## 第三节　AMT 变速器

### 一、AMT 变速器结构

#### 1. 结构

AMT 变速器（图 10-30）采用了中德科技有限公司生产的自动机械变速器，该变速器结构为三轴式、单中间轴、定轴传动，有 6 个前进挡，1 个倒挡。运转齿轮全部采用斜齿轮，中间轴齿轮与中间轴之间采用过盈配合连接，两轴上各挡齿轮全部浮动支承在滚针轴承上。1/2 挡、3/4 挡均采用双锥面同步器换挡，5/6 挡采用短行程同步器换挡。第 1 轴后轴承，第 2 轴前、后轴承，以及中间轴前、后轴承全

变速箱本体

图 10-30　AMT 变速器结构

部采用圆锥滚子轴承支承。变速器传动比范围为 0.73～6.39。

该变速器采用了电控换挡执行机构实现挡位自动切换。电控换挡执行机构采用的是双电动机驱动，一个电动机负责选挡，另一个电机负责换挡，选挡采用的是蜗轮蜗杆加齿轮齿条的传动结构，换挡采用的是蜗轮蜗杆加齿轮组的传动结构，如图 10-31 所示。电控换挡执行机构采用独立的润滑脂润滑系统，终生免维护。

图 10-31  AMT 换挡执行机构

AMT 变速器上安装了输入轴（1 轴）转速传感器及输出轴（2 轴）转速传感器，如图 10-32 所示，给 AMT 控制器提供输入轴及输出轴的转速信号，用于对 AMT 变速器挡位的控制。注：输入转速传感器位于中间轴位置，输出转速传感器位于后轴承盖。

### 2. AMT 变速器的操纵机构

该变速器的操纵机构与传统变速器不同，拨叉轴的运动由选挡、换挡直流电动机直接驱动，因此，取消了手动换挡手柄，用 AMT 操纵面板代替。操纵机构总成包括换挡电动机及换挡电动机位置传感器、选挡电动机及选挡电动机位置传感器。

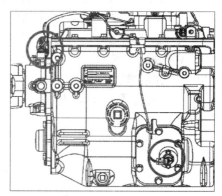

图 10-32  输入轴、输出轴转速传感器

AMT 变速器的选挡电动机及换挡电动机由 AMT 变速器控制单元 TECU 控制，换挡电动机位置传感器及选挡电动机位置传感器给 TECU 反馈位置信息。

## 二、AMT 变速器控制单元

图 10-33  AMT 变速器控制单元

AMT 变速器控制单元（TECU）控制变速器及故障诊断有 2 个 38 针接口。整车、电源、接地、变速器其他部件间的数据通信 TECU 安装在下部，如图 10-33 所示。

AMT 变速器控制单元直接安装在变速器中，用于对 AMT 变速器进行升挡、降挡自动控制并用于故障诊断。

TECU 上有 2 个 38 端子连接器，其右侧连接器的电路连接如图 10-34 所示，主要用于接收电动机位置、输入轴及输出轴转速信息并实现对换挡及选挡电动机的控制，左侧连接器主要是与电源、搭铁、其他控制器 CAN 通信等的连接。

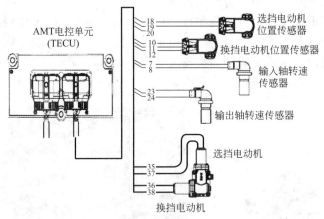

图 10-34　TECU 右侧连接器的电路连接

## 三、电子离合器执行器（ECA）及离合器

① 安装在离合器壳体上，与拨叉轴花键连接。
② 电动机驱动取代传统离合器操作系统。
③ 由 HCM 通过 CAN 总线控制。
④ 内部有无刷永磁电动机、电路板、位置传感器、行星齿轮机构以及电磁锁止机构。
⑤ 无需维护调整。

电子离合器如图 10-35 所示。

采用 365mm 膜片弹簧拉式离合器。离合器滑磨会报告代码 26，故障指示灯亮，离合器的结构如图 10-36 所示。

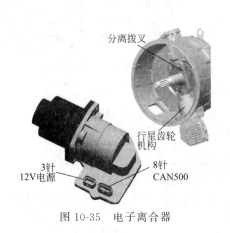

图 10-35　电子离合器

图 10-36　离合器的结构

## 第四节　维护及故障检修

### 一、日常维护及车辆检查

① 公交车启动后，在驻车制动未解除之前，公交车不得起步，储能制动指示灯灭后，

才表明驻车制动完全解除，制动系统压力达到 0.65MPa 以上后，公交车方可以起步。

② 车辆行驶过程中，禁止关闭总电源；驾驶员在首、尾站候车或停车需超过 5~10min 的情况，请关闭总电源。

③ 检查整车侧舱门是否关闭，处于锁止状态。

④ 24V 总开关与低压配电盒如图 10-37 所示。日常的保养维护中需要检查低压插件和保险是否有烧黑、烧毁的迹象。

⑤ 检查高压配电盒中的高压插件是否有烧黑、烧毁的迹象，如图 10-38 所示。

图 10-37  24V 总开关与低压配电盒

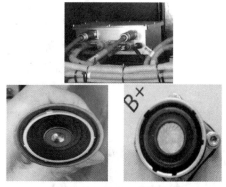

图 10-38  高压配电盒检查

⑥ 手动断路器的主要作用是检修高压电路时，将其拔下，断开高压，保障检修人员的安全。图 10-39 为动力电池回路的断路器。注意：当检修完毕之后，将断路器安装进去时一定要到位，卡紧装置要按到位，确保断路器插接牢固。

⑦ 出现异常时的处理方法。

a. 停车：挂入"N"挡，将手刹位置于驻车挡，断开钥匙电源，2s 之后，关闭总电源开关。

b. 如果没有按此顺序停车，可能会造成电动机控制器等部件在下次启动时出现故障。

c. 如果车辆需要长时间停车或者检修时，务必关掉车载 24V 蓄电池旁的电源总开关，否则会导致缺 24V 电，车辆无法启动。

图 10-39  手动断路器

## 二、故障诊断及检测

### 1. 助力转向电动机不工作

① 测量直流高压是否到逆变器，并且电压高于 260V，如图 10-40 所示。

② 打开高压配电盒，测量辅助逆变输入熔断器是否断路。

③ 测量是否有三相交流电源输出。

④ 观察仪表界面是否出现报助力转向电源故障（系统代码为 37），如图 10-41 所示。故障原因：集成逆变器内部故障故障；助力转向电动机故障。

检修高压电路时，将其拔下，断开高压，保障检修人员的安全。注意：当检修完毕之后，将断路器安装进去一定要到位，卡紧装置要按到位，确保断路器插接牢固，如图 10-42 所示。

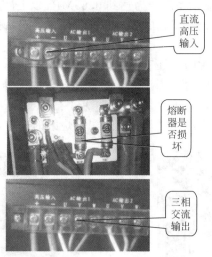

图 10-40　测量电压及检查熔断器

图 10-41　故障代码

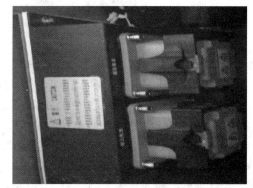

图 10-42　将断路器安装到位

### 2. 高压检测

① 非专业电工禁止对高压系统进行拆装、检测。
② 穿戴绝缘劳保用品，如绝缘鞋。
③ 高压检测时，工具需进行绝缘防护，如图 10-43 所示。注意：高压警示标志与要求。

图 10-43　高压检测注意事项

### 3. 电动机控制器通信故障

电动机控制器通信故障的故障代码是 101，报此故障一般的解决方法如下。
① 查看外部 24V 电源是否供到控制器内部，电源板是否亮灯正常。

② 如果电源板亮灯正常的话，则更换控制板。

③ 如果更换了控制板故障没有解决，则测量CAN通信线，必须测量控制器和整车控制器两端的CAN电阻值，正常的是两端分别为120Ω左右。这样就基本能判断出问题的所在。

④ 判断辅助触器有没有损坏很容易，给控制电的情况下，手动给一个控制信号看看辅助接触器能不能吸合，手动给控制信号的方法是，控制板X5的第3脚是辅助接触器的负控信号接口，退出该线，将其接地，接触器便吸合。然后量一下辅助接触器两端（电压检测板X2的1、3脚）是不是通的。如不是，则辅助接触器损坏，更换电压检测板。

⑤ 判断控制板控制信号没有给出。如果控制板控制信号没有给出，则预充电一般不能进行，直接的故障现象就是控制器前端电压会有384V，而控制器后端电压没有或只有10几伏。如果判断电压检测板没有问题，检测板上的预充电接触器没有吸合的声音，则更换控制板。

⑥ 量一下电压检测板的X2：3和X1：1的电阻是否为1kΩ。如不是，则更换预充电电阻；如果没问题，则接着往下查。

⑦ 以上是与预充电相关的逻辑原理，为现场判断故障提供思路，快速的解决办法是更换控制板或者电压检测板。再不行的话就根据以上预充电的工作原理进行检查排故。

### 4. 电动机超温故障

先检查冷却循环系统，检查水泵、散热风扇（开电自检时风扇会自转30s）、水箱是否正常。

测量温度传感器是否正常，具体的方法是测量温度传感器的电阻值。

具体算法如下公式：$y℃=(x\Omega-100\Omega)\div 0.385$，得出温度值之后再与当前的温度做对比。

每个温度传感器有3根引出线，其中2根红色线需并联成一根线使用。连接前，用万用表测量电阻，在常温下电阻值一般在120Ω左右，再计算电动机温度。

例如，测量出两端电阻值为134Ω（即$x=134$），则对应的温度值$y$为

$$y=(134-100)\div 0.385\approx 88.3(℃)$$

判断所测温度是否接近当前的环境温度（±3℃），如不正常，请标记出来，并换用其他组。

驱动电动机的降功温度为130℃，停机温度为160℃。

如果判断是温度传感器损坏，则更换另一组温度传感器。

如果是水泵、水箱或者散热风扇损坏，在更换之后加冷却液时切记要记得排空气，以免影响散热效果。

### 5. 超速故障

一般现场来讲，控制器因车辆真正超速而报超速的情况很少。一般情况下是由于控制器的某个部件坏了而导致报199。

一般情况下导致控制器报199的主要有以下几个部件。

① 控制板旋变部分的某个部件损坏，如旋变芯片、旋变晶振等，所以，优先考虑更换电动机控制器。

② 电源板旋变供电有问题也会导致控制板报199。一般而言更换完控制板之后车辆还是报199超速故障，则可以考虑更换电源板。

③ 如果更换了控制板和电源板还是不能解决问题，这时就可以测量一下电动机的旋变，测量各组旋变的阻值以判断旋变的好坏，如果旋变损坏，则更换电动机整机。

### 6. 车辆不行驶故障

满足车辆的行车条件要有钥匙 ON 挡信号、方向信号、踏板信号、动力电源。在发生不走车故障时，先看看这几个必备条件是否满足。

如果上述条件都满足，可以看看仪表上是否报故障，如果没有就看电动机扭矩这个数值：如果扭矩达到了 450N·m（扭矩的峰值），原地抖动，车辆无转速，则检查旋变线束是否脱落，车轮是否卡死（新车装车时看看是否是底盘气路装反）这就说明是旋变器异常，需要更换电机整机解决问题。如果仪表显示无扭矩，则说明控制板损坏，没能正常给定电动机目标扭矩值。

# 第十一章 电动汽车CAN总线

## 第一节 电动汽车 CAN 网络概述

电动汽车的局域网必须与动力蓄电池组所属电力驱动系统的控制系统相连接，其主控单元必须与通信单元连接，而专门设置的通信单元不仅可通过无线电方式［全球定位仪 GPS，伽利略卫星通信系统（Galileo，使用 SIS 信号），多频音发生器 UMTG（universal multifrequency tone generator），3G、4G 和车载通信/专用短程通信/窄域通信 DSRC（dedicated short range communications，主要用于高速公路交通管理）］实现通信，而且还具有与电力驱动系统的控制系统的接口，实现对电力驱动系统（特别是对蓄电池组）的控制。电动汽车的拓扑结构图如图 11-1 所示。

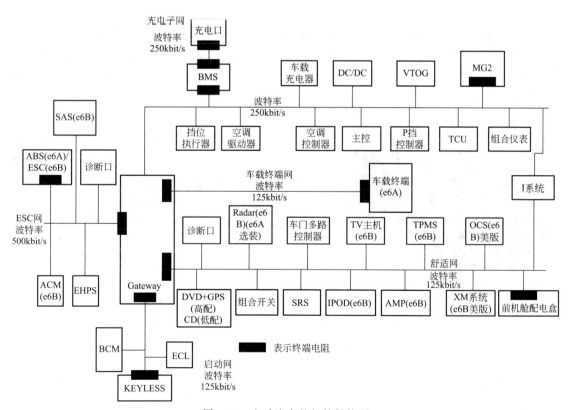

图 11-1 电动汽车的拓扑结构图

## 一、术语释义

### 1. 多路传输

多路传输就是在同一通道或线路上同时传输多条信息，分时多路传输，即分时复用，无线电广播和移动电话的电波分为不同的频率，CAN-BUS 也可以同时传输不同的数据流，基于频率、幅值或其他方法调制调节，汽车上采用双线制分时多路传输。

### 2. 模块

模块是一种装置，也称节点，如 ECM，出现故障更换模块即可，维修较为方便。

### 3. 数据总线

数据总线是模块间运行数据的通道，即信息高速公路。双向数据总线可实现模块间发送和接收数据，双线制数据总线其中一条总线不是用作额外的通道，它的作用像公路的"路肩"，上面立有交通标志、信号灯，一旦数据通道出了故障，这些"路肩"被用来承载"交通"，或令数据换向，通过另一条数据总线来发出故障部分的数据，为了抗电磁干扰，采用双绞线。模块（节点）就是信息高速公路的进口和出口。

### 4. 网络

网络为了实现信息共享而把多条数据总线连接在一起，或把数据总线和模块当作一个系统。电动汽车 CAN-BUS 总线上有多个行车电脑相互交换信息的模块（节点），形成局域网。

### 5. 架构

架构信息是高速公路的配置，其输入和输出端规定了什么信息能进和什么信息能出，如指挥交通需要"警察"（一种特殊功能的芯片），那么就要有"警局"，也就是模块的输入、输出端。架构就是双绞数据总线，在传输数据时基于两线的电压差。其中每一线传输数据时，对地都有电压差。

图 11-2 网关控制器

### 6. 网关

因为车上有总线和网络，因此需要采用一种方法达到信息共享和不产生协议间的冲突，为使采用不同协议及速度的数据总线间实现无差错数据传输，需要特制的计算机来控制，即网关。网关就像"门卫"，在通信前核实数据的身份是否合法，是否应邀前来，或通知模块有数据"拜访"。网关控制器如图 11-2 所示。

网关控制器有以下 3 个功能（并包含车速采集功能）。

（1）报文路由　网关具有转发报文的功能，并对总线报文状态进行诊断。

（2）信号路由　信号在不同报文间的映射。

（3）网络管理　网络状态监测与统计、错误处理、休眠唤醒。

### 7. 通信协议

有特定的通信协议才能称为架构。

通信协议——数据传输的"交通规则"，包含交通标志和优先权。如当 ECM 检测到发动机已接近过热时，相对于其他不太重要的信息（如模块 B 发送最新的大气压力变化的数据）有优先权唤醒访问和握手。唤醒访问就是指，模块为了省电而处于休眠的状态，给模块一个信号。握手就是模块间的相互确认兼容并处于工作状态。

通讯协议的作用如下。

① 定义主从方式（主模块，从属模块）、仲裁方式、各取所需方式、优先级，它决定哪个从属模块发送数据和何时发送数据；

② 在同一通信协议上所有的模块中任一模块有了有用的信息，都发送到 CAN-BUS 上，其他模块需要即可取用。

③ 通信协议中有仲裁系统，按照每条信息的数字拼法为数据传输设定优先规则，如以 1 结尾的数字信息要比以 0 结尾的数字信息有优先权。

## 二、CAN 总线结构

CAN 总线由控制单元、控制器、2 个终端电阻、2 条传输数据线组成（CAN-H、CAN-L），其中部分豪华车则有 3 条传输数据线（用于 GPS 卫星导航与智能通信系统），如图 11-3 所示。

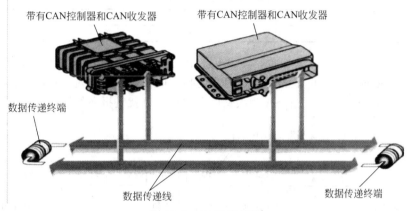

图 11-3　CAN 线结构

### 1. 传输数据线（数据总线）

总线进行帧的传输，它由两根铰接在一起的绝缘铜线组成，截面为 $0.6\mathrm{mm}^2$，传输反相位的电信号，分为 CAN-H 数据线和 CAN-L 数据线。

### 2. 终端电阻

数据传递终端实际是一个电阻器，作用是避免数据传输终了反射回来时产生的反射波使数据遭到破坏。终端电阻阻值为 $120\Omega$，从 DLC 处测量则为 $60\Omega$。终端电阻如图 11-4 所示。

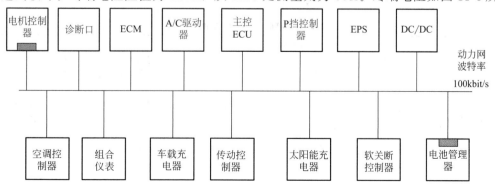

图 11-4　终端电阻

## 第二节　电动汽车 CAN 报文

CAN 报文是指发送单元向接收单元传送数据的帧。通常所说的 CAN 报文是指在 CAN 线（内部 CAN、整车 CAN、充电 CAN）上利用控制单元和 CAN 连接收到的十六进制报文。

### 一、CAN 报文的组成

通常接收到的 CAN 报文由很多部分组成，如图 11-5 所示，解析报文时用到的主要是帧 ID 和数据两部分。

#### 1. 帧 ID 的组成

接收到的十六进制的 ID 实际上是由 29 位标识符转换而来的，目前大多数的通信协议中都直接给出了相应的帧 ID，不需要换算，如表 11-1 所示。

表 11-1　帧 ID 的组成

| P | R | DP | PF | PS | SA |
|---|---|---|---|---|---|
| 3 | 1 | 1 | 8 | 8 | 8 |

表 11-1 中，P 为优先级，有 3 位，可以有 8 个优先级（0~7）；R 为保留位，有 1 位，固定为 0；DP 为数据页，有 1 位，固定为 0；PF 为报文的代码，有 8 位；PS 为报文的目标地址（也就是报文的接收方），有 8 位；SA 为报文的源地址（也就是报文的接收方），有 8 位。

| 序号 | 传输方向 | 第几路 CAN | 时间标识 | 帧ID | 帧格式 | 帧类型 | 数据长度 | 数据 |
|---|---|---|---|---|---|---|---|---|
| 0x00000000 | 接收 | 0 | 0x000380ce | 181056F4 | 数据帧 | 扩展帧 | 0x05 | ce181a0e01 |
| 0x00000001 | 接收 | 0 | 0x000381d7 | 1812F456 | 数据帧 | 扩展帧 | 0x06 | 2a18a00f0600 |
| 0x00000002 | 接收 | 0 | 0x00038300 | 181056F4 | 数据帧 | 扩展帧 | 0x05 | ce181a0e01 |
| 0x00000003 | 接收 | 0 | 0x000383da | 1812F456 | 数据帧 | 扩展帧 | 0x06 | 2a18a00f0600 |
| 0x00000004 | 接收 | 0 | 0x00038532 | 181056F4 | 数据帧 | 扩展帧 | 0x05 | ce181a0e01 |

图 11-5　CAN 报文的组成

#### 2. 数据段的组成

数据段一般由 1~8 个字节（Byte）组成，来代表通信协议中相应的含义。每个字节有 2 个字符，分为高 4 位和低 4 位。有的数据需要相邻的 2 个字节组合才能表示，则需要分为高字节和低字节。BMS 与 VCU 之间的报文如表 11-2 所示。

表 11-2　BMS 与 VCU 之间的报文

| OUT | IN | ID | | | | | | 通信周期/ms | 位置 | 数据名 | SPN |
|---|---|---|---|---|---|---|---|---|---|---|---|
| | | PNG=6352 | | | | | | | 1Byte | Ubus(电池系统测量总线电压值)低字节 注：两字节数据低字节在前,高字节在后；同一字节中高位在前、低位在后 | |
| | | P | R | DP | PF | PS | SA | | | | |
| 电池管理系统 | 整车控制器 | | | | | | | 100 | 2Byte | Ubus(电池系统测量总线电压值)高字节 | |
| | | | | | | | | | 3Byte | Ibattery(一/+)(电池充/放电电流)低字节 | |
| | | | | | | | | | 4Byte | Ibattery(一/+)(电池充/放电电流)高字节 | |
| | | 6 | 0 | 0 | 24 | 208 | 243 | | 5Byte | SOC(电池模块 SOC) | |
| | | | | | | | | | 6Byte | 最高电池模块电压低字节 | |
| | | | | | | | | | 7Byte | 最高电池模块电压高字节 | |
| | | | | | | | | | 8Byte | 保留 | |

## 二、CAN 报文的解析

例如，某款电动车无法进行慢充。

① 首先插上充电枪后确认充电回路已形成（充电机直流输出端能测到电池电压）。

② 再找到通信协议中 BMS 的慢充部分，如表 11-3 所示。

表 11-3 电动汽车 BMS 慢充部分通信协议

| 字节 | 位 | 信号名称 | 物理含义 | 范围 | 物理范围 | 分辨率 | 偏移量 |
|---|---|---|---|---|---|---|---|
| 0 | 0<br>1 | CAN_CHARGE_HV_CTRL_CMD | 充电器高压控制指令 | 00~11 | 11:充电器开启高压<br>00:充电器关断高压<br>其他:充电器关断高压 | — | — |
| | 2<br>3<br>4<br>5<br>6<br>7 | | | | | | |
| 1<br>2 | High<br>Low | CAN_CHARGECURRENT_CMD | 充电电流指令 | 0~1000 | 0~100A | 0.1A/bit | 0 |
| 3<br>4 | High<br>Low | CAN_CHARGEVOLTAGE_LIMIT | 最高允许充电电压 | 0~4000 | 0~400V | 0.1V/bit | 0 |

③ 然后通过整车 CAN 接收到报文，如表 11-4 所示。

表 11-4 通过 VCU 收到的 CAN 报文

| 序号 | 传输方向 | 时间标识 | 帧 ID | 帧格式 | 帧类型 | 数据长度 | 数据 |
|---|---|---|---|---|---|---|---|
| 651 | 接收 | 0x0008fd12 | 0X00000400 | 数据帧 | 标准帧 | 0x08 | c8 9c 09 33 50 86 5b 00 |
| 652 | 接收 | 0x0008fd14 | 0X00000402 | 数据帧 | 标准帧 | 0x08 | d0 cc 03 97 97 00 09 33 |
| 653 | 接收 | 0x0008fd17 | 0X00000404 | 数据帧 | 标准帧 | 0x08 | 00 00 00 00 00 00 00 00 |
| 654 | 接收 | 0x0008fd1a | 0X00000403 | 数据帧 | 标准帧 | 0x08 | 03 00 3c 0d 8c 00 00 00 |
| 655 | 接收 | 0x0008fd1d | 0X00000406 | 数据帧 | 标准帧 | 0x08 | 00 00 00 00 00 00 00 0 |

④ 接着找到 ID 403（0x00000403 数据帧标准帧 0x08 03 00 3c 0d 8e 00 00 00）进行解析。

a. 控制指令：03 转换为二进制为 11——充电器开启，说明 BMS 允许充电。

b. 充电电流需求=60（003c 转换为十进制）×0.1（分辨率）+0（偏移量）=6A。

c. 充电电压需求=3470（0d8e 转换为十进制）×0.1（分辨率）+0（偏移量）=347V。

总之，在充电回路形成、BMS 允许充电、充电需求正常的情况下，充电机仍然无输出，肯定是充电机本身有问题。

## 第三节 CAN 总线故障检修

### 一、CAN 总线经常出现的故障

① CAN 线是否正常，一般可以通过在诊断口测量 CAN-H 和 CAN-L 的电阻来判断。如果通过测量，电阻值在 60~70Ω，则 CAN 主线可以正常通信；如果无限大，表明断路；无限小表明短路。

② 测量 CAN-H 和 CAN-L 的对地电压。正常情况下，CAN-H 的对地电压在 2.5～3.5V 之间；正常情况下，CAN-L 的对地电压在 1.5～2.5V 之间；如果在 0 左右，表明对地短路；如果大于正常值，则可能对电源短路。

③ 总线各模块通过 CAN 线进行诊断。诊断口的 6 和 14 脚分别为高速 ESC 网的 CAN-H 和 CAN-L。3 和 11 脚分别为车载低速网的 CAN-H 和 CAN-L。

④ 各模块都记录有与 CAN 通信相关的故障码，用于判断 CAN 通信是否正常。

⑤ 通过诊断仪读出通信异常时，先检查 CAN 线是否有故障，如果 CAN 正常，再检查模块。

## 二、CAN 总线检测

### 1. 故障型式

CAN 总线故障型式主要有 CAN-H 和 CAN-L 短路、CAN-H 对正极短路、CAN-H 对地短路、CAN-H 断路、CAN-L 对正极短路、CAN-L 对地短路和 CAN-L 断路共七种故障。

### 2. 故障码

CAN 网络故障码如表 11-5 所示。

表 11-5　CAN 网络故障码

| 项目 | 内容 |
| --- | --- |
| 内部错误 DTC | 各 ECU 执行内部检查，如果其中一个发现内部 ECU 问题，则它会提出一个内部错误 DTC，指示该 ECU 需要更换 |
| 失去通信 DTC | 失去通信 DTC（和总线关闭 DTC）是在 ECU 之间的通信出现问题时提出的，问题可能出在连接、导线或 ECU 本身上 |
| 信号错误 DTC | 各 ECU 对某些输入回路执行诊断测试，以确定此回路功能是否正常（无断路或短路）。如果一个回路未通过诊断测试，则会相应设置一个 DTC（注意：并非所有输入都检测是否有错误） |

### 3. CAN 总线终端电阻的测量

终端电阻可以用万用表进行测量，如图 11-6 所示。

① 拆下蓄电池的电源线。

② 等待约 5min，直到所有的电容器充分放电。

③ 连接万用表至 DLC 接口，测量电阻值。

④ 将 ABS 总泵插头拔下，检测总的阻值是否发生变化。

⑤ 检测总的阻值是否发生变化，并分析测量结果。

图 11-6　终端电测量

由于带有终端电阻的两个控制单元是相连的,所以两个终端电阻是并联的。当测量的结果为每一个终端电阻大约为 120Ω,而总值为 60Ω 时,可以判断连接电阻是正常的,但是终端电阻不一定就是 120Ω,其相应的阻值依赖于总线的结构。如果在总的阻值测量后,将一个带有终端电阻的控制单元插头拔下,显示阻值发生变化,这是测量的一个控制单元的终端电阻阻值。当在一个带有终端电阻的控制单元插头拔下后测量的阻值没有发生变化,则说明系统中存在问题,可能是被拔下的控制单元终端电阻损坏或是 CAN-BUS 出现断路。如果在拔下控制单元后显示的阻值变化无穷大,则可能是连接中的控制单元终端电阻损坏,或是到该控制单元的 CAN-BUS 出现故障。

### 4. CAN 总线电压的测量

CAN 总线电压的测量如图 11-7 所示,其测量值范围如表 11-6 所示。

表 11-6 CAN 总线电压的测量值范围

| 连接端子 | 线色 | 测试条件 | 正常值/V |
| --- | --- | --- | --- |
| CAN-H-车身地 | P | 始终 | 2.5~3.5 |
| CAN-L-车身地 | V | 始终 | 1.5~3.5 |

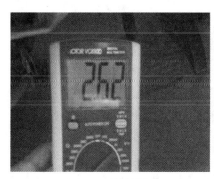
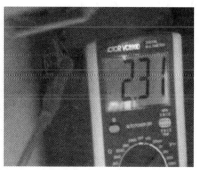

(a) CAN-H 正常电压值　　(b) CAN-L 正常电压值

图 11-7 CAN 总线电压的测量

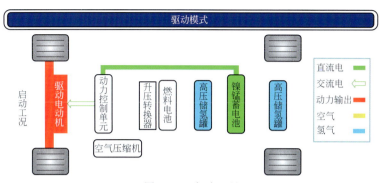

图 2-40 启动工况

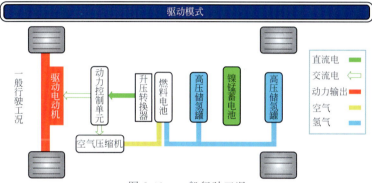

图 2-41 一般行驶工况

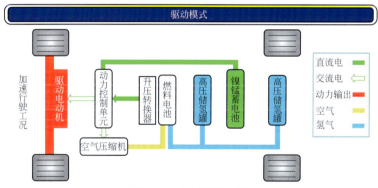

图 2-42 加速行驶工况

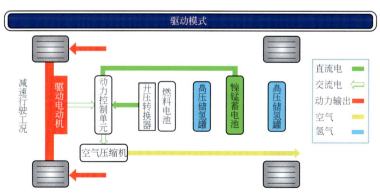

图 2-43 减速行驶工况

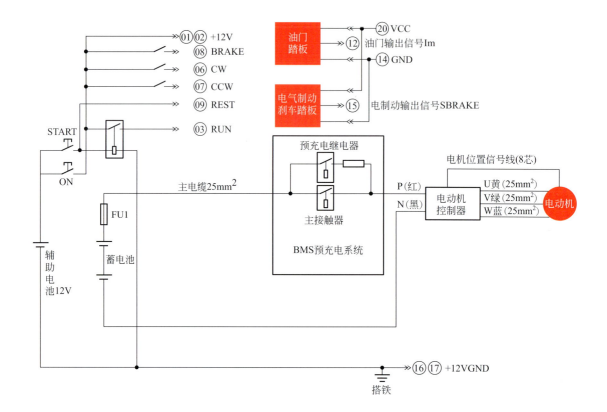

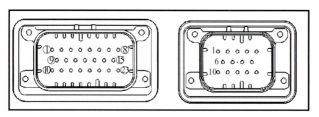

图 5-21 线路连接原理及插头

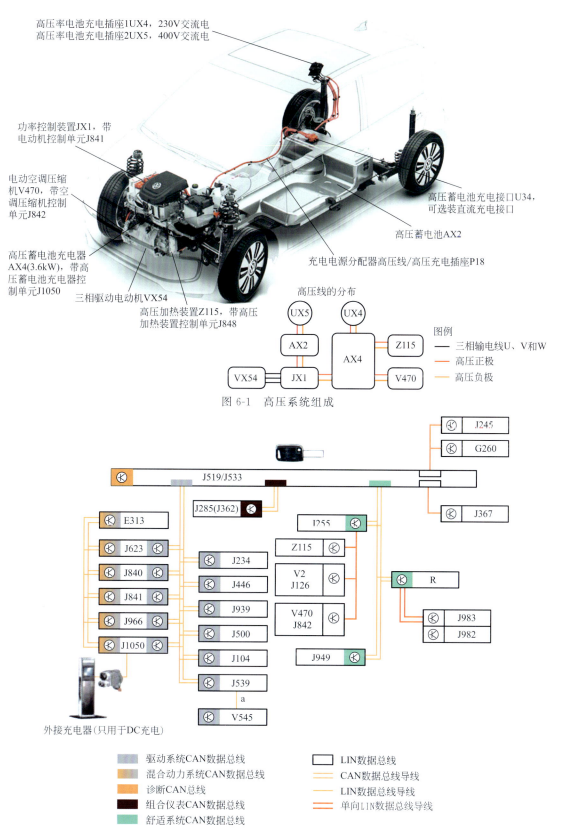

图 6-1 高压系统组成

图 6-17 e-up 车型车载网络拓扑图

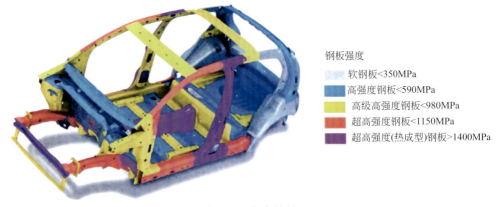

图 6-20 车身材料

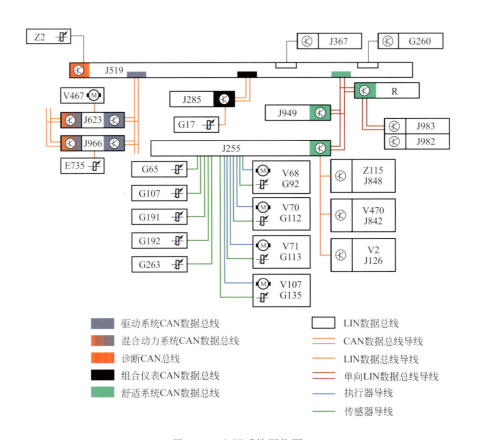

图 6-21 空调系统网络图

E735—驾驶模式选择键；G17—车外温度传感器；G65—高压传感器；G92—温度翻板伺服电动机电位计；G107—日照光电传感器；G112—中央出风口伺服电动机电位计；G113—速滞压力风门伺服电动机电位计；G135—除霜翻板伺服电动机电位计；G191—中部出风口温度传感器；G192—脚部空间出风口温度传感器；G260—空调的空气湿度传感器；G263—蒸发器出风口温度传感器；J126—新鲜空气鼓风机控制单元；J255—全自动空调控制单元；J285—组合仪表控制单元；J367—蓄电池监控控制单元；J519—车载电网控制单元；J623—发动机控制单元；J842—空调压缩机控制单元；J848—高压加热装置控制单元；J949—紧急呼叫模块和通信单元的控制单元；J966—高压蓄电池充电电压控制单元；J982—便携式导航和信息娱乐系统；J983—携式导航和信息娱乐系统接口；R—收音机；V2—新鲜空气鼓风机；V68—温度翻板伺服电动机；V70—中央出风口伺服电动机；V71—速滞压力风门伺服电动机；V107—除霜翻板伺服电动机；V467—高温循环回路冷却液泵；V470—电动空调压缩机；Z2—可加热挡风玻璃；Z115—高压加热装置

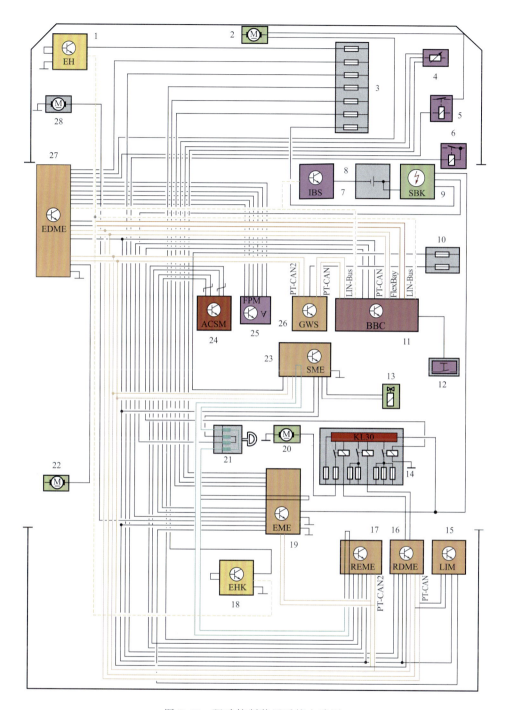

图 8-42 驱动控制装置系统电路图

1—电气加热装置 FH；2—电风扇；3—BDC 内的前部配电盒；4—制动真空压力传感器；5—用于接通电风扇的继电器；6—燃油泵继电器；7—智能型蓄电池传感器 IBS；8—12V 蓄电池；9—安全型蓄电池接线柱 SBK；10—BDC 内的前部配电盒；11—车身域控制器 BDC；12—驾驶体验开关；13—膨胀和截止组合阀（未配备热力泵）；14—集成式供电模块；15—充电接口模块 LIM；16—增程器数字式发动机电子系统 RDME；17—增程电动机电子装置 REME；18—电动制冷剂压缩机 EKK；19—电动机电子装置 EME；20—二次空气泵；21—高电压安全插头；22—电动冷却液泵；23—蓄能器管理电子装置 SME；24—碰撞和安全模块 ACSM；25—加速踏板模块；26—电子选挡开关 GWS；27—数字式发动机电气电子系统 EDME；28—电动真空泵